大家受啟發的

大家身影系列 020

昨日的世界

一個歐洲人的回憶

Die Welt von Gestern: Erinnerungen eines Europäers

史蒂芬・茨威格 Stefan Zweig —— 著
徐友敬 —— 等譯

大家受啟發的大家身影

走過，必留下足跡；畢生行旅，彩繪了閱歷，也孕育了思想！人類文明因之受到滋潤，甚至改變，永遠持續！

將其形諸圖文，不只**啟人尋思**，也便**尋根與探究**。

昨日的行誼，即是今日的史料；不只是傳記，更多的是思想的顯影。一生浮萍，終將漂逝，讓他走向永恆的時間和無限的空間；**超越古今，跨躍國度，「五南」願意！**

思想家、哲學家、藝文家、科學家，只要是能啟發大家的**「大家」**，都不會缺席。至於以「武」、以「謀」、以「體」，叱吒寰宇、攪動世界的風雲人物，則不在此系列出現。

我們命該遇到這樣的時代！

莎士比亞《辛白林》

前言

我從來沒有把自己看得那麼重要，以至於非要把我的生平向他人講述不可。在我鼓起勇氣寫這本以我爲主角，或者更確切地說，以我爲中心的書之前，所發生的許許多多的事件、災難和考驗，已遠遠超過以往一代人所經歷的。我讓自己站在前面，僅僅是作爲放幻燈片時的解說員；時代提供了圖景，我無非是對這些圖景加以解釋而已，因爲這並非我個人的經歷，而是我們整整一代人的經歷——幾乎沒有任何一代人像我們這樣，命運的負擔如此沉重。我們中間的每個人，即使是年紀最小或是最微不足道的，無不在心靈深處被歐洲大地上幾乎是無休止的火山般的激盪所震撼。我很清楚，在千千萬萬人中，沒有任何人具備像我這樣的優越條件：我是奧地利人、猶太人，也是作家、人道主義者與和平主義者，恰恰站在震盪最激烈的地方。震盪三次摧毀了我的家園和生存的條件，使我澈底脫離了與過去的一切聯繫。震盪戲劇性地把我拋入一片荒漠，在此境中，我清醒地認識到：「我不知道要奔向何方。」

但是，我並不抱怨，恰恰是流離失所的人才能夠獲得一種新涵義的自由，只有與一切失去聯繫的人才會無所顧忌。因此我希望，我至少能具備完成一部眞正反映時代的作品所必需的首要條件：公正和無偏見。

由於我脫離了原來的根系，甚至脫離了養育根系的土地——像我這樣公正的人在哪個時代都是罕見的。一八八一年，我出生在一個強大的帝國，哈布斯堡王朝的帝國，可是在如今的地圖上已找不到它：它無聲無息地被沖刷掉了。我是在維也納長大的，那是一座有兩千年歷史的、多個國家曾在此建都的城市，在它淪爲德國的一個省會之前，我像罪犯似的逃離了它。在那裡，我用母語寫的文學作品被燒成灰燼，而在我身處的這個國家，我的書成了上百萬人的朋友。因此，我不再有任何歸屬，所到之處不過是作爲一個陌生人，充其量也不過是朋友；就連我心中選擇的故鄉歐洲，在同室操戈的第二次自相殘殺之後，在我心中業已消失。與我的願望相悖，我見證了理性遭到最可怕的失敗，而野蠻獲取最大的勝利；過去從沒有過像我們這一代人的經歷，道德從如此的精神高度墜落到如此低下的地步——我這樣說絕非出於高傲，而是飽含著恥辱。從我剛萌發鬍鬚到鬍鬚變白這短短的時間跨度之內所發生的急劇轉換和變化，遠遠超過以往十代人所經歷的。我們每個人都感到：變化有點太大了！我居然一會兒攀登向上，一會兒節節衰落，我的今天和昨天是多麼不同啊！有時我認爲，好像我的生活不只有一種，而是有完全不同的許多種。因爲在我身邊經常發生這樣的事，當我提到「我的生活」時，我情不自禁地問自己：「這是哪一種生活？」是第一次世界大戰前的生活，還是第二次世界大戰前的生活，又或者是今天的生活？我還不時感覺到，當我想到「我的家」時，我並不能立刻知道，是在巴斯的那個家，還是奧地利薩爾茲堡的那個家，抑或是維也納我父母的家。當我說起「在我們這裡」時，我不得不惶恐不安地提醒自己，對我家鄉的人來說，我早已不是他們中間的一員，就像我不是英國人或美國人一樣，我與他們並無實質的聯繫；而在這裡，我還沒有完全成爲他們中間的一員。我長大成人的世界和今天的世界，以及介於兩者之間的世界，給我越來越多的感覺就是，它們是完全不同的世界。每當我同年輕的朋友談到第一次世界大戰以前的事情時，我從他們驚異的提問中發現，對我來說不言而喻的事，對他們來說已經成了歷史，變得不可思議。我潛藏的內心本能認爲，他們的發問是正確的。因爲，在我們的今天、昨天和前天之間，所有的橋梁都已被拆除。甚至在今天，我也不能不對我們能把如此龐雜的事情壓縮在我們這代人短促的時間裡而感到驚奇，特別是當我把這種生活——誠然充滿極度難堪和不安——與祖輩的生活相比較時，更是如此。我的父親，我的祖父，他們看到過什麼？他們一輩子過著單調的生活，生活方式一成不變，沒有飛黃騰達，也不會跌落深淵，沒有震盪，也沒有危險，生活中只有一點點焦慮和一種不易覺察的漸變；這種生活安寧又平穩，生活節奏始終如一，時間的波浪把他們從搖籃送到墳墓。他們從生到死都是生活在同一塊土地上、同一個城市裡，甚至同一座房屋裡；外面的世界發生的事僅僅停留在報紙上，並不會來敲他們的房門。在他們的一生中，也會時不時在什麼地方發生戰爭，但用今天的規模來衡量，充其量不過是一場小仗，發生在遙遠的邊境上，聽不到大炮聲，半年之後就煙消雲散，被人忘卻，成爲歷史上不起眼的一頁；一成不變的生活又重新開始。可是我們這一代人的生活一點兒也不會重複，過去了的生活再也不會回來，也留不住任何痕跡。我們這一代人最大限度地經受的苦難，比過去落到一個國家和一個世紀的苦難還要多。以往，第一代經歷革命，下一代碰上暴亂，第三代遭遇戰爭，第四代遇到饑饉，第五代趕上國家經濟崩潰。——況且，總有一些幸運的國家、幸運的幾代人，他們根本沒碰到這些事。而今天，我們這些六十多歲以及比我們略微年長一點的人，什麼事情沒見過、沒經歷過、沒遭受過？凡是能想像出來的災難，我們從頭到尾一一飽嘗過，苦難至今尚無盡頭。我自己就是兩次人類最大戰爭的同代人，甚至還有過兩次不同戰線上的經歷，一次站在德國一邊，一次站在反對德國的一邊。戰前我享受過最高度最完整的自由，可是戰後卻嘗到了數世紀以來最大的不自由。別人讚美過我，也責備過我，我自由過，也不自由過，我富有過，也貧窮過，《啟示錄》裡那幾匹蒼白的大馬全都闖入我的生活，這就是：戰爭和饑饉、通貨膨脹和暴政，疾病和政治流亡。我目睹各種群眾思潮，如義大利的法西斯主義、德國的國家社會主義[1]，尤其是那個不可救藥的瘟疫——毒害了歐洲文化繁榮局面的民族主義的產生和蔓延。我成了一個手無寸鐵、無能為力的見證人，目擊人類想像不到地倒退到早已被人遺忘的野蠻時代中去，這是一種有自覺綱領的反人道主義的野蠻。在我們經歷了若干世紀以後，又看到了不宣而戰的戰爭和集中營，看到了嚴刑拷打和大肆掠奪，以及對不設防城市的狂轟濫炸。所有這些獸行都是我們在以往的五十代裡所未曾見過的，但願我們的後人不再容忍這些暴行發生。但是，十分荒謬的是，我在這個道德上倒退了一千年的時代裡，也看到了人類在技術和智力方面獲得的意想不到的成就，一躍超過以前幾百萬年所取得的成績：飛機征服了天空；在一處說的話，一秒鐘就傳遍全球，從而縮短了世界空間的距離；原子分裂；戰勝了最險惡的疾病。昨天所不能做的事，如今幾乎每天都可以做到。在我們的時代之前，人類作爲一個整體，既沒有露出魔鬼般的嘴臉，也沒有創造出驚人的奇蹟。

爲我們所經歷的緊張、驚奇而又富於戲劇性的生活作見證，似乎是我應盡的義務。我再

1 納粹主義的全稱。

說一遍，我們每個人都是這次大變動的見證人，而且是迫不得已的見證人。我們這一代人不存在任何逃避的可能，也無法像前輩那樣置身事外；由於同步性的新技術，我們與時代的聯繫更緊密了。比如說，炸彈把上海的一些房子炸毀了，傷患還沒有被抬出房屋，消息就傳到了我們的房間。一千海里以外大洋發生的事，很快就被印成圖片，我們如身臨其境。由於這種不斷地彼此溝通和互相參與，再也沒有安全和保險的地方了。現在無一處可逃避的地方，沒有可以用錢買來的安寧。命運之手無時無刻不在抓住我們，把我們拖進沒完沒了的戲弄之中。

另外，一個人必須永遠服從國家的要求，作爲最愚蠢政治的犧牲品，去適應最離奇的變化，儘管他竭力保護自己，還是不可避免地被捲進去。自始至終經歷過這個時代的人，或者說，被驅趕、被追逐的人——我們很少有喘息的機會——他們所經歷的比前人多得多。就在今天，我們正處在新舊交替的轉折關口，所以我讓我的回憶暫時在一個特定的日期結束。這樣做並非沒有意圖，因爲一九三九年九月的一天，標誌著造就我們這些六十歲的人的時代澈底結束。如果我們用自己的見證給後代留下那個分崩離析的時代的眞實情況，哪怕是一星半點，也算是沒有完全枉度一生。

我非常清楚，我是在一個對我極爲不利但又極具時代特徵的環境下寫這些回憶的。時值戰爭，我客居異鄉，缺乏任何幫我回憶的材料。在我的旅館房間裡，我手頭沒有一本自己的書。沒有紀錄，也沒有朋友的信件。我無處詢問，因爲世界各國之間的郵路已經中斷，或者說由於審查制度而受到了阻礙。我們每個人都過著與世隔絕的生活，好像數百年前尚未發明輪船、火車、飛機和郵電時一樣。所以，關於我過去的一切，僅僅是憑我腦中的記憶。記憶以外的其他一切，眼下無法找到，或者已經遺失。我們這一代人學到了一種極好的技巧：對失去的絕不緬懷。也許，資料和細節的欠缺正是我這本書的得益之處。因爲在我看來，我們的記憶不是把一個純粹偶然的事件記住，而把另一個純粹偶然的事件忘掉的機制，而是具有整理和明智捨棄的能力。人的一生中所忘掉的一切，本就是應該忘卻的，這是人的內在本能早已決定了的。唯有我自己想要記住的事，才好爲別人保存下來。所以，這裡敘述和選擇的，不是我的回憶，而是爲他人所作的回憶，但這些回憶至少反映了在我的生命進入冥府之前的一生！

目次

太平世界

我們在一片安謐中長大成人，
忽然被拋進大千世界，
無數波浪從四面向我們襲來，
我們對一切都興致盎然，
有些我們喜歡，有些我們厭煩，
時時刻刻都在出現微微的不安，
我們感受著，而我們感受到的，
卻被各種塵世的紛擾沖散。

——歌德

如果我要為第一次世界大戰前即我長大成人的那段時間作一個簡要的概括，那麼我希望如此說：這是一個太平的黃金時代——這是最確切不過了。我們那個幾乎有千年歷史的奧地利君主國，好像它的一切都會天長地久地延續下去，國家本身就是這種延續的最高保證。國家賦予公民的權利，是由人民自由選舉出的議會以書面形式確認的，每項義務都有嚴格的規定。我們的貨幣，奧地利克朗，是以閃閃發光的金幣形式流通的，因此它的價值是不會改變的。人人都知道他有多少錢或者他掙了多少錢，能幹什麼或者不能幹什麼都有一定的規範、標準和法度。擁有財產的人可以精確計算出每年有多少盈利，公務員和軍官看日曆就能知道他會在哪一年升職或退休。每戶人家都有自己確定的預算，知道一家人吃住開銷多少，夏季旅行和社交應酬要花費多少錢，此外還要留下一小筆費用，以備生病和意外之需。有房子的人把房子看作留給後代的萬無一失的家園；農場、商店則代代相傳。就連襁褓中的嬰兒，也已經在儲蓄罐或儲蓄所存下第一筆錢，這是爲他的將來準備的一筆小小的儲蓄金。在這個遼闊的帝國裡，所有的一切都緊緊依靠國家和那個至高無上的白髮蒼蒼的皇帝。誰都知道（也都這樣認爲），即使老皇帝去世，新皇繼位後，舊的一切會原封不動地得到保持。誰也不相信會有戰爭、革命，會有顛覆政權的行動。在一個理性的時代看來，任何激烈的暴力行動都是不可能發生的。

這種安全的感覺是千百萬人的財富和共同的生活理想。唯有在這樣的太平世界裡，生活才具有價值，越來越多的社會階層渴望從這份寶貴的財富中分享自己的那一份。最初只是那些有錢人對這種太平盛世歡欣鼓舞，後來逐漸擴展到平民百姓。這個太平的世紀成了保險業的黃金時代。人們爲房子投了火災險和防盜險；爲自己的耕地投了防雹和防風暴險；爲防意外事故和疾病投了人身保險；爲自己的晚年買了終身養老金券；將一張保險單放在女兒的搖籃上，作爲將來的嫁妝。最後，工人也組織起來了，爲自己爭到了應得的工資和醫療保險；傭人們爲自己儲蓄了養老保險，並預先存入一筆喪葬費。只有那些對未來充滿信心無憂無慮的人，才能盡情享受眼前的好生活。

當時人們認爲，他們的生活能夠完全阻止厄運的入侵，這種感人的信念是非常危險的自負，儘管他們對生活的態度謙虛又正派。在十九世紀，對自由的理想主義深信不疑的人，認爲自己找到了一條通向「最美好世界」的平坦大道。他們用鄙夷的眼光看待以前充滿戰爭、饑饉和暴亂的年代，認爲那是人類尚未成熟和不夠開化所致。而現在，所有的禍害和暴政似乎已經全部被消滅，這不過是近幾十年的事。人們對不可阻擋的持續「進步」的堅定信念，是那個時代眞正的信仰力量。這種力量甚至超過了人們對《聖經》的信仰，日新月異的科技進步雄辯地爲它作了證明。事實上，在這個和平世紀行將結束的時候，普遍的繁榮變得越來越明顯，越來越迅速，越來越豐富多彩。街道的夜間照明已不再是昏暗的燈光，而是耀眼的電燈。從城市的主幹道直到市郊，沿街店鋪燈火輝煌。用電話能與遠方的人對話。乘坐的車輛已不是馬車，速度就快得多啦。人們已實現了伊卡洛斯的夢想，在空中遨遊。舒適的設備從富裕之家進入普通百姓家。已不需要從井裡或河裡汲水。爐灶生火簡便多了，人人講衛生，骯髒不再存在。人們從事體育鍛煉以來，身體變得越來越漂亮，越來越強壯，越來越健康。患有畸形、甲狀腺腫大及其他殘疾的人在街上越來越少見。所有這些奇蹟都是科學和「進步」的天使創造的。還有，社會也在不斷進步：司法變得更加溫和與人道，每年都賦予個人新的權利；甚至那個最棘手的問題，即廣大群眾的貧困問題似乎也不再難以解決。越來越廣泛的社會階層有了選舉權，從而可能合法地維護自己的利益。社會學家和教授們競相爲無產階級生活得更加健康和幸福出謀劃策——因此，如果不爲本世紀所取得的成就感到榮耀，不覺得每隔十年社會就向前邁一大步，那才怪呢！人們不相信歐洲各民族之間還會有戰爭，就像不相信世上還有鬼怪一樣，認爲那是野蠻的倒退。我們的父輩堅信寬容和友好是不可缺少的約束力。他們眞誠地認爲，各個國家及各個教派之間的界限和信仰的分歧，將會在人們的友善中逐漸化解，整個人類將享有最寶貴的財富：和平與安全。

被理想主義蒙蔽的那代人抱著樂觀主義的幻想，他們以爲科技進步必然帶來人類道德的迅速提高，這同我們今天幻想把「安全」這個詞從詞彙表中抹掉一樣，是十分可笑的。我們這一代人在新世紀裡已經學會了對集體殘暴行爲的爆發不再感到驚奇，總有一天會出現更殘酷的暴行，所以我們對人類的道德教育持懷疑態度。我們不能不承認佛洛伊德是正確的，他把我們的文化、我們的文明看作薄薄的一層紙，隨時都會被邪惡的力量擊破。我們這一代人必須逐漸習慣這個沒有立足點、沒有權利、沒有自由、沒有安全的世界。我們早已爲了自己的生存摒棄了父輩的堅強信念，他們認爲人道主義會持續不斷地飛速提高。一場災難使我們的人性一下子倒退了近千年。在我們這些有深刻教訓的人看來，輕率的樂觀主義是十分陳腐的。儘管這只是一種幻想，卻是我們的父輩爲之獻身的，這比那些空洞的口號更有人性，更有內容。時至今日，我內心深處仍無法完全擺脫這種幻想，雖然我對它已充分認清，完全失望。一個人童年時耳濡目染，時代氣息已溶入他的血液，是難以磨滅的。不管現實每天在我耳邊鼓噪些什麼，不管我和我的眾多同代人遭受過什麼侮辱和考驗，我還是不能否認青年時代的信仰：總有一天會好起來，儘管來之不易。今天，我們心神不寧地懷著破碎了的心情，像個盲人在恐怖的深淵中四處摸索，我依然能從中看到曾照耀我童年的星辰，用這種繼承下來的信念，認爲這種倒退只是「前進」過程中的一個間歇，以此來安慰自己。

今天，巨大的風暴把世界擊得粉碎，我才完全明白，太平世界不過是夢幻中的宮殿。我的父母就是住在這個宮殿裡，就像住在一幢牢不可破的石頭房子裡一樣。從來沒有什麼風暴或者強烈的穿堂風闖入他們溫暖舒適的生活；當然，他們具備防風遮雨的特殊手段：他們是有錢人，他們是逐漸發跡的，已經變成富豪。但在他們那個時代，抵擋風雨全靠窗戶和牆壁。我覺得，他們的生活方式屬於典型的「上流猶太資產階級」，這個階級對維也納的文化做出過重要的貢獻，而所得到的報答卻是被澈底消滅。我在這裡敘述我父母安閒自在和無聲無息的生活，其實講的並非個人的私事，因爲在那個重視一切價值保障的世紀裡，像我父母這樣的家庭在維也納有一萬或二萬個之多。

我父親的祖籍在摩拉維亞[2]。在那個不大的鄉村裡有猶太人聚集區。他們與當地的農民和小市民相處得非常融洽，所以他們完全沒有壓抑心理，也沒有東方加利西亞[3]猶太人隨時都出現的急躁。由於生活在農村，他們個個體魄健壯，走起路來邁著穩健、從容不迫的步伐，像農民穿越田野一般。他們早就從正統的教派分離出來，成爲「進步」這個時代宗教的狂熱追隨者。政治上恰逢自由主義時期，他們選出了自己最尊敬的議員進入國會。當他們從自己的故鄉遷居到維也納以後，便以驚人的速度適應了較高的文化生活。他們的發跡是和時代的普遍繁榮有機地聯繫在一起的。在這個轉變過程中，我們的家庭是非常典型的。我的祖父曾經銷售過手工紡織品。上世紀下半葉，奧地利的工業開始發展，從英國進口織布機和紡紗機，由於合理的機械化生產，紡織品的價格大大低於手工製品的價格。猶太人具備天才的商業洞察力和全球的視野，認識到率先在奧地利實行工業化生產的重要性。唯有工業化才能獲得厚利。他們以最少的資金、最快的速度建立了一些臨時搭建的工廠，先是以水力作動力，這些工廠以後逐漸發展成控制整個奧地利和巴爾幹半島的波希米亞紡織工業中心。如果

2 地名，位於今捷克東部。
3 舊地名，位於今波蘭東南。

說我的祖父是一個經營成品的中間貿易商的早期典型代表，那麼我的父親已決定跨入一個新時代。他三十歲時在波希米亞北部創辦了一個小型的織布作坊，經過多年的悉心經營，它逐漸發展成一家規模相當大的企業。

儘管當時的經濟發展速度十分驚人，可我父親依然採取那種小心謹慎的擴展方式，這完全是那個時代的觀念。再說，這也非常符合我父親那種克制而不貪婪的性格。他堅持那個時代的信條：穩妥第一。他覺得依靠自己的資本「紮紮實實」——那個時代最喜歡說這個詞——辦起來的企業，比利用銀行貸款或實物抵押建成的企業更偉大。他一生中從未簽發過一張債券，也從未簽發過一張期票。他開戶的銀行，毫無疑問是最可靠的信貸銀行：羅斯柴爾德銀行，該銀行始終處在貸方的地位，這是他一生中唯一的驕傲。他從來就討厭投機生意，哪怕有一點風險他也不幹。他一生中從未做過一筆生疏的交易。當他漸漸有錢和越來越有錢時，他從不把這些歸功於大膽的投機，也不歸功於他眼光的長遠，而是歸功於自己所處的那個時代最普遍的小心謹慎的做法：始終只用收入的極小部分作爲日常開銷，把逐年遞增的巨額收入投入經營，擴大再生產。我父親像他同輩的大多數人一樣，如果看到一個人把收入的一半毫無顧忌地花光，而不顧太平年代常說的一句話——「爲將來想一想」——這樣的人肯定被看作靠不住的敗家子。其實，對一個有錢人來說，這種變利爲本不斷積累財富的方法，在經濟騰飛的時代僅僅是一種保守的生財之道，因爲當時國家還沒有想到從巨額收益中多徵收百分之幾的稅。再者，國家的有價證券和工業股票在當時也能帶來很高的利息。不論怎麼說，這種保守的生財之道也是值得稱讚的。當時，通貨膨脹還沒有到來，克勤克儉的人家還不容易遭偷盜，規矩正派的人也不會遇到詐騙。恰恰是最有耐心和不搞投機的人獲利最多。我的父親由於順應了他那個時代的一般規律，在他五十歲時，縱然用國際的標準來衡量，也稱得上是一位巨富了。但是，我們家庭生活的開銷，與財產的驟增相比，依然是十分節儉的。我們只是逐漸買點方便的生活用品；我們從一幢較小的寓所搬到一幢較大的住宅；只是在春天的午後才租一輛出租馬車。我們外出旅行坐的是二等臥鋪車廂，我父親五十歲時才享受了一次豪華生活：同母親乘車去尼斯度過冬天的一個月。總之，我們家持家的基本原則始終不變：克勤克儉，絕不揮霍，絕不挪用款項。我父親成爲百萬富翁以來，從未吸過一支進口雪茄，而只吸普通的國產雪茄，就像法蘭茲・約瑟夫皇帝只吸廉價的維吉尼亞雪茄一樣。玩牌時，他只下很小的賭注。他堅定不移地秉持他的克制作風，堅持過一種舒適又不惹人注意的平靜生活。雖然他比大多數同行體面得多，也有教養得多——他鋼琴彈得出色，書法清秀，會講法語和英語——卻堅決拒絕任何榮譽和榮譽職位。他一生中從未追逐或接受過任何頭銜和地位，而像他這樣的大工業家理應獲得這些。他從未向別人求過什麼，所以他從未向別人說過「請求您」或「多謝」之類的話。他覺得這種隱藏在內心的驕傲，比顯露出來更加重要。

的確，每個人的一生中總會出現一段和父親的本性相同的時期。我父親不聲不響又不願拋頭露面的個性，現在開始影響我，一年比一年明顯。在職業上，我同父親迥然不同，我的職業不能不宣揚自己的名字，不能不拋頭露面。我同父親一樣，內心的驕傲促使我拒絕任何形式上的榮譽。我從未接受過一枚勛章、一個頭銜或任何一個學會會長的職位；我從未擔任過研究院的院士、理事或評獎委員會的委員；甚至我覺得，坐在豐盛的宴會桌旁是折磨自己，一想到要同人攀談或向別人祝酒，還沒等說出一句話，我的喉嚨就先乾澀了。我知道，在世界上這樣克制和拘束是多麼不合時宜，只有圓滑或者逃脫現實才能保全自己，正如歌德老人所言：「勛章和頭銜可免於在窘境中遭衝擊。」但是，父親遺傳給我的那種內心的驕傲，我無法違抗，這也許是我唯一的可靠的財產，我之所以今天內心裡還感到自由，應當歸功於父親留給我的寶貴遺產。

我的母親婚前姓布雷陶爾，她是另一種出身，一個國際化的大家族。她出生在義大利南部的安科納，所以義大利語和德語她從小就會說。每當她同我的外祖母或者她的姊妹說些不想讓傭人知道的話時，就說義大利語。我從孩提時就十分熟悉義大利式燴飯和當時還十分稀罕的洋薊，還有許多其他南方菜。所以，我以後到義大利去，就有一種回家的感覺。不過，我母親一家並非義大利人，而是有意成爲國際化的大家族；布雷陶爾家族最早開銀行——他們以猶太大銀行世家[4]爲榜樣，但是規模小得多——他們很早就從瑞士邊境上一個叫霍恩埃姆斯的小地方分散到世界各地，一部分遷到聖加倫，另一部分遷到維也納和巴黎，我外祖父到了義大利，我的一位舅舅到了紐約。這種國際性的聯繫使這個家族更加體面，視野更加開闊，從而爲整個家族帶來了自豪感。在這個家族裡，不再有小商人、掮客等，而是遍布銀行家、經理、教授、律師和醫生。每人都會說幾國語言。如今我還清楚地記得，在巴黎姨媽家的餐桌上，我看到他們從一種語言輕鬆自如地過渡到另一種語言。這是一

4 指羅斯柴爾德家族。

個謹愼「自重」的家族，每逢一個窮親戚家的女孩要出嫁，這個家族就給她籌措一份可觀的嫁妝，目的僅僅是防止女孩「低嫁」。我父親是一個大工業家，雖然備受尊敬，但是我母親從不允許我父親的親戚和她的親戚相提並論，儘管他們倆的結合極其美滿幸福。這種出身名門的自豪，在所有姓布雷陶爾的人身上根深蒂固。若干年以後，他們中間的一員爲向我表示特殊的好感，懷著優越感對我說：「你才是眞正的布雷陶爾的後代呢！」他這句話似乎是想說：「你算是投對胎了。」

還有一類貴族，一些依靠自己的力量發跡的猶太家族就是這一類。我和我的兄弟從童年起，對他們的作爲一會兒感到有趣，一會兒感到討厭。我們老聽他們說，這些人是「高雅」的人，那些人是「粗魯」的人；對每個朋友都要審查一番，看他是否出身「上流」，甚至對他的家庭成員和親戚的出身以及經濟狀況都要詳細調查。一直把人分成等級的議論成了家庭和社交中的主要話題，當時我們看到這個覺得極可笑，認爲是故作高雅的表現，因爲猶太家族之間出現的貧富差距不過是近五十年或一百年的事，猶太家族都是在那個時候先後從一個猶太人聚集區遷移出來的。一直到了很久以後我才明白，「上流」家庭的概念在我們男孩看來，完全是假貴族的一種裝模作樣的鬧劇的產物，體現了猶太人的精神實質中最祕密最核心的那一部分。人們通常認爲，發財致富是猶太人根本的、典型的生活目的。沒有比這個看法更錯誤的了。發財致富對猶太人來說只不過是階梯，是達到目的的手段，並非他們的核心目標。猶太人眞正的願望，他們的潛在理想，是提高自己的才智，使自己進入更高的文化層次。「精神高於物質」是他們的至理名言，這反映了整個猶太民族——其中包括正統的猶太人——的優點和弱點。比方說，一個虔誠的信徒，一個研究《聖經》的學者，他們的地位在猶太人看來要比一個富翁高一千倍，就連最有錢的富豪也寧願把自己的女兒嫁給一個窮得像乞丐的知識分子爲妻，也不嫁給一個有錢的商人。對知識的敬重在猶太人各階層都是一樣的。就連扛著背包、頂風冒雨在街頭討生活的小販，也願意付出最大的代價讓兒子去上大學。如果家庭成員中有一人算得上有知識，又當了教授、學者或音樂家，那麼，他就把這種榮譽和頭銜歸功於全家，好像他透過他的成就使全家都貴族化了。不言而喻，在猶太人中間，他們竭力防止自己成爲一個道德不可靠、令人討厭、錙銖必較、只會做生意而無知識的人，而是努力躋身於較清高的、不計較金錢的知識分子中間。說得直率一點，就好像要把自己和整個猶太民族從金錢的災禍中解救出來似的。因此，一個猶太家族往往經過兩代最多三代，追求財富的勁頭就枯竭了。恰恰在家族鼎盛時期，出現了不願接受父輩的銀行、工廠及規模巨大生意興隆的商號的子孫。例如，羅斯柴爾德勛爵成了鳥類學家，沃伯格家族有了藝術史家，卡西爾家族出現了哲學家，賽松家族有了一位詩人，這都不是個別現象。擺脫那種只知賺錢的猶太人小天地，成了他們不外露的共同渴望。透過進入知識界，他們使自己擺脫了純粹猶太人的狹隘氣質，獲得普遍的人性。換言之，一個「名門」世家的涵義遠遠高於這個稱呼所帶來的社會地位，因爲一個猶太「名門」世家不僅適應一種文化，而且多半要兼容其他文化，以使自己擺脫或開始擺脫猶太人社區留給他們的一切缺陷、狹隘和小氣。後來，由於猶太知識分子人數猛增，在猶太人中占很大比重，這種現象也給猶太民族帶來了災難。這種永遠的自相矛盾，大概是猶太人命中註定的吧！

在歐洲，幾乎沒有一座城市像維也納那樣熱衷於追求文化生活。正因爲奧地利君主國數百年來既無政治野心又無軍事行動，穩定帶來了全面繁榮，全面繁榮必然引起對藝術的最強烈的追求，這也是奧地利民族自豪感的體現。古老的哈布斯堡王朝統治歐洲那段時間，那些最重要最有價值的地區，像德意志、義大利、佛蘭德斯、瓦隆都已衰落，唯有維也納閃耀著古老的光輝。它是王朝的寶都，是千年傳統的保護神，羅馬人為這座城市建造了第一座石頭城牆，對防禦野蠻人、保護拉丁文化起了很大作用。一千年以後，奧斯曼人西侵，摧毀了這座城牆。尼伯龍根人也到過這裡。這裡出現了七位不朽的音樂大師——格魯克[5]、海頓、莫札特、貝多芬、舒伯特、布拉姆斯、約翰·史特勞斯，他們都在這裡生活過，從這裡向全世界發出耀眼的光芒；歐洲的各種文化潮流都聚集在這裡；在宮廷裡、在貴族中、在民間，奧地利德語的文化傳統同斯拉夫、匈牙利、西班牙、義大利、法蘭西和佛蘭德斯文化有著血肉的聯繫。這座音樂之都的眞正天才表現在能把一切有巨大差異的文化熔為一爐，成為一種新的獨特的奧地利文化、維也納文化。這座城市具有博採眾長的欲望，對那些特殊的事物特別敏感，它吸引各種類型的人才到自己身邊，逐漸使他們融洽相處。在這種融洽的氣氛中生活，使人倍感溫暖。這座城市的每個市民都在不知不覺中被培養成超民族主義者、世界主義者和世界公民。

這種兼容並蓄的藝術，這種富於音樂性的柔和過渡的藝術，從城市裡的各類建築上就可以看出。經過數百年的緩慢發展，從內向外有計畫的擴張，維也納現在已是一座擁有兩百萬

---

5 克里斯多夫·格魯克（一七一四—一七八七），德國作曲家。

人口的城市。城內居民的一切消費和各方面的需要早已配套供給。維也納雖大，但還沒有大到像倫敦、紐約那樣脫離大自然的地步。維也納邊緣的排排房屋，有的倒映在多瑙河的微波上，有的面向遼闊的平原，有的散落在花園和田野之中，有的分布在樹木蔥郁的阿爾卑斯山餘脈之端的緩緩的山崗上。人們幾乎分辨不出哪裡是自然景色，哪裡是城市，自然景色和城市建築和諧地融爲一體。從市郊走進市區，你會看到城市的發展軌跡像樹幹的年輪那樣層次分明。在古老的要塞圍牆的舊址上，現在是一條環形大道，大道上的華麗樓閣環抱著城市最中間、最珍貴的核心，這便是朝廷和貴族的古老宮殿，它們訴說著過去的沉重歷史。貝多芬曾在這裡的利希諾夫斯基侯爵府上演奏過；海頓曾在這裡的艾斯特哈齊侯爵府上做過客，當時，海頓的《創世記》在那所古老的大學[6]首場演出。維也納最著名的霍夫堡宮曾有幾代皇帝在那裡居住；拿破崙住過美泉宮。基督教世界的諸侯們聯合起來，在聖史蒂芬大教堂裡下跪，爲歐洲從土耳其人手中解救出來而祈禱謝恩。在那所大學的校院裡，有無數科學名人在任教。在這些宮殿之間，一些新派建築高傲地屹立著，燈火輝煌的商店和光彩奪目的林蔭大道組成一幅壯美的圖畫。舊的建築物並不抱怨新的建築物，就像敲下來的石頭並不抱怨巋然不動的大自然一樣。生活在這個城市裡是絕妙無比的，它好客地接納所有外來者，願意爲他們奉獻一切。這裡的氣氛是那麼輕鬆愉快，就像巴黎一樣到處充滿快樂，只不過在這裡能享受到更自然的生活罷了。所以誰都知道，維也納是一座享樂者的城市。但是，所謂的文

6 指維也納大學。

化難道不是用藝術和愛情編織的精品給粗魯的物質生活蒙上一層最美好、最溫情和最精純的色彩嗎？享受美食，喝一瓶上等葡萄酒和一瓶微苦的鮮啤酒，品嘗精美的甜品和大蛋糕，在這座城市裡算是一般的享受。從事音樂演奏、跳舞、演戲、社交活動，講究儀表風度，才是這裡的一種特殊的藝術。不論是個人生活還是社會生活，頭等重要的事，不是軍事，不是政治，不是商業，而是文化生活。一個普通的維也納市民，每天早上讀報時，第一眼看的不是國會的辯論或世界上發生的大事，而是皇家劇院上演的劇目。這家劇院在公眾生活中的地位，在其他城市裡是無法想像的。皇家劇院亦稱城堡劇院，對維也納人乃至奧地利人來說，它不僅僅是一座演員在上面演戲的舞臺，也是反映大世界的小天地，從它五光十色的反射光中可以看到社會本身。它是眞正的唯一具有高尚情趣的「宮廷侍臣」。觀眾從皇家演員身上可以看到，一個人應該怎樣穿戴，怎樣行事，怎樣談吐，一個情操高尚的人該說哪些言辭。舞臺不僅是娛樂的場所，也是一本教人正確發音、學習優雅風度的有聲有色的教科書。就連那些和皇家劇院稍稍沾邊的人，也好像頭上有了神聖光圈似的，散發出令人敬畏的光輝。總理、大臣和富豪在維也納的大街上可以四處行走，而不會有人回頭仰望；可是，一位皇家劇院男演員或歌劇女演員在街上走過時，所有的女售貨員和馬車夫都認識他們。當我們這些男孩子看到一個演員（照片和簽名我們都蒐集）從我們身邊走過，我們會洋洋得意地議論個沒完。這種近乎宗教式的個人崇拜甚至會波及他身邊的人。索嫩塔爾的理髮師，約瑟夫・凱恩茲的馬車夫，都是人們暗暗羨慕的體面人物。年輕的公子哥以穿同演員一樣的衣服爲榮。一位著名演員的生日聚會或葬禮能壓倒一切政治大事。自己的作品能在皇家劇院上演，這是維也納作家夢寐以求的事，因爲這意味著他從此一生高貴，享受一系列榮譽：他終生不用再買戲票，他會收到參加一切首演的請柬，還有可能成爲某個皇室成員的賓客。我還記得我親身受到的一次隆重的接待。一天上午，皇家劇院的經理請我到他的辦公室，在一番祝賀之後，他鄭重地對我說，皇家劇院已經接受我的劇本；我當晚回家時，在房間裡看見他留給我的名片，他對我——一個二十六歲的年輕人——進行了正式回訪。我本人，作爲皇家劇院的作者，一舉成了「上流人物」，劇院經理像對待皇家學院院長那樣對待我。皇家劇院裡發生的每件事，都好像和每一個人有關，甚至一個與劇院毫不相干的人。我想起在我還很年輕的時候，有一天，我家的廚娘噙著眼淚跌跌撞撞衝進房間，對我們說，她剛聽人說，夏洛蒂・沃爾特（皇家劇院最著名的女演員）死了。目不識丁的廚娘這麼悲傷使我們都深感意外，因爲她從來沒去過那高貴的皇家劇院，在舞臺上或日常生活中她從來沒見到過她。但是在維也納，一位全國聞名的女演員是屬於大家的，是全城的集體財富，所以她的死牽動了一個毫不相干的廚娘的心。任何一位受人愛戴的歌唱家或藝術家去世，頓時就變成舉國哀悼。當曾經首次上演過莫札特《費加羅的婚禮》的「老」城堡劇院被拆毀的時候，維也納整個社交界像參加葬禮似的，神情嚴肅而又激動地聚集在劇院大廳裡，前幕剛落下，人們就衝到舞臺上，爲的是至少能撿到一塊地板的碎片——他們知道藝術家曾在這塊地板上演出過——帶回家去，當作珍貴的紀念品。幾十年以後，我還在數十戶人家裡看到這些木片被裝在精緻的小匣子裡，就像教堂裡收藏神聖的十字架碎片一樣。那座貝森朵夫音樂廳被拆除時，我家的舉動也不見得理智。這座小型音樂廳是專供演奏室內樂用的，是一座平平常常毫無藝術價值的建築物，早年是利希滕斯坦爵士的一所馬術學校，爲適應演奏音樂的需要進行了改建，四壁鑲上了木板；雖然它並不華麗，卻像一把古老的小提琴一樣很有價值，是音樂愛好者的一塊聖地，因爲蕭邦、布拉姆斯、李斯特、魯賓斯坦在這裡演出過，許多著名的四重奏在這裡首場演出。而現在，它卻必須爲一座新建築物讓路，我們這些曾在這裡度過美好時光的人怎麼也不願接受。最後一場演出，紅玫瑰四重奏樂隊在這裡演奏貝多芬的樂曲，當最後的旋律漸漸消逝後，沒有一個人離開座位。我們鼓掌、歡呼，一些婦女激動得哭起來，誰也不願相信這是最後的告別演出。大廳的燈滅了，爲把我們「趕走」，但是四、五百名狂熱的樂迷沒有一個離開座位；我們在這裡待上半小時、一小時，好像我們這一行動會把這座神聖的大廳拯救下來似的。我們上大學的時候，有人要把貝多芬臨終的房子拆掉，我們是怎樣用請願書、遊行、寫文章等方法進行抗爭的啊！在維也納，每當有歷史意義的房子被拆除時，都像抽走了我們的一部分靈魂。

這種對藝術尤其是對戲劇藝術的狂熱，遍及維也納社會各界。由於近百年的傳統，維也納本身就是一座社會階層分明而互相之間融洽相處的城市——如我以上所述。社會輿論始終受皇家控制。皇家城堡不僅是空間意義上的中心，也是哈布斯堡帝國的超民族的文化中心。城堡四周是奧地利、波蘭、捷克、匈牙利大貴族的宮殿，可以說它們構成了第二道圍牆。在這道圍牆以外則是那些「社會名流」，諸如小貴族、高級官員、大工業家、名門世家的府第；再向外是小市民階層和無產階級。每個階層都生活在自己的圈子裡，甚至生活在自己特定的區域。大貴族住在城市核心區自己的宮殿裡；外交使團住在第三區；工業家和商界人士住在環城大道附近；小資產階級住在第二區至第九區；無產階級住在最外層。但所有的人在皇家劇院和盛大節日中都可以互相交往。在普拉特公園舉行鮮花彩車遊行時，數十萬人熱情地向坐在馬車裡的「萬名上流人士」山呼三次。在維也納，凡事都可成爲慶祝的理由，如宗教遊行、基督聖體節、軍事檢閱、皇家音樂節等盛大節日，無不如此。就連出殯，也是一件盛事。每個維也納人都講究習俗，追求「壯觀的葬禮」：豪華壯觀的排場，送葬人數眾多。維也納某個人物辭世，甚至成爲維也納人大飽眼福的機會。人們對聲響色彩的感覺，對表演生活、反映生活的興趣，不論是在舞臺上，還是在現實中，全城人都是一致的。

維也納人對戲劇的偏愛，如果按大多數戲迷的生活條件來說，有時可謂達到了荒唐可笑的地步。與我們剛強的鄰國德國相比，我們奧地利人淡漠政治，經濟落後，其中部分原因是我們過於追求享受。不過，這種對藝術過分的重視倒是我們的長處。因爲，我們對每一種藝術都抱著崇敬的態度，經過幾世紀的藝術薰陶，才有無與倫比的鑑賞力，而正因如此，我們才得以在一切文化領域中達到超群的水準。藝術家只有在備受推崇和尊重的地方才能感到最舒暢、最受鼓舞；藝術只有在全民族生活中是一件大事時才能達到頂峰——文藝復興就是有力的佐證。當時的佛羅倫斯和羅馬吸引了大批畫家，培養出無數個巨匠；每個畫家都感到必須面對全體市民和其他同行，在市民的鑑賞言論中，在與同行的競爭中，不斷超越自己的水準。同樣，維也納的音樂家和演員們都清楚自己在這座城市中的地位。不論在維也納歌劇院還是在皇家劇院，來不得半點馬虎。任何一個錯音都會立刻被發現，一旦進入合聲部的時間不合拍或者音符略短，都會立刻受到指責。這種監督不僅來自首演時的專業評論家，也來自現場觀眾。透過不斷的比較，他們的聽覺越來越靈敏。維也納在政治、行政管理方面因循守舊，社會風紀已成了人們的習慣，沒人再去想它，所以在這些方面出現點什麼「紕漏」，人們都會包容，有點違反常規也能寬容諒解。但在另一方面，藝術方面的差錯可絕不容忍，因爲這關係到全城的榮譽。因此，每位歌唱家、演員、音樂家都必須竭盡全力，不然就會被淘汰。能夠在維也納成爲明星已屬不易，要始終保持明星的地位實在更難；任何鬆懈都不可原諒。在維也納的每位藝術家都清楚這種長期的、嚴格的監督，這促使他們鍥而不捨，將藝術水準錘煉到爐火純青的地步。我們從年輕時起就習慣於在平時用嚴格甚至苛刻的標準要求藝術家的每一場演出。一個當年非常熟悉古斯塔夫・馬勒指揮的歌劇裡鐵的紀律細節的人和非常熟知把交響樂團樂師調動起來自覺演奏的人，在今天很難對一次戲劇或音樂的演出感到十分滿意。這樣也使我們學會了對自己的每件作品嚴格要求。當時的藝術水準是我們學習的榜樣。在世界上培養出一代一代的藝術家，才會有高水準的作品，除了維也納，世上沒有幾個城市能達到這麼高的水準。人民大眾的知識和情緒有時能節制，有時也迸發，即便是坐在酒館裡的小市民也會要求樂隊演奏出高水準的音樂，如同要求掌櫃的給一杯上好的葡萄酒一樣。就連普拉特區周圍的居民也都清楚地知道，哪家的軍樂隊演奏得最帶勁，不論是德國的音樂大師還是匈牙利人；好像住在維也納的人從空氣中就能獲得樂感似的。如同我們這些作家在一篇特別精緻的散文中表現出優美的音樂性一樣，其他人則在社交場合和日常生活中充滿溫良恭儉讓的精神。在上流社會裡，出現一個沒有藝術感和不崇尚禮儀的維也納人是不可想像的。即使在下層社會，一個最貧窮的人也有一種對美的本能的要求，這種本能是由於自然景色、人生的樂趣對他的生活長期薰陶造成的。不熱愛文化就不是一個眞正的維也納人；同樣，不會享受安逸舒適的生活、缺乏審美意識，也不是一個地道的維也納人。

對猶太人來說，適應居住國民族的環境，適應自己居住的國家，這不僅是一種對外的保護措施，也是他們內心深處的需要。他們需要有自己的國家，渴望安寧、養息、安全，渴望消除外來者的陌生感覺，這就促使他們與周圍環境的文化聯繫起來。這種聯繫，除了十五世紀以來的西班牙，幾乎沒有一個國家比奧地利做得更出色更有成效。猶太人在這座京城定居二百多年以來，他們遇到的是輕鬆自在、喜歡和睦共處的人民，雖然這些人看起來有點放蕩、不拘小節，可是內心裡飽藏著追求精神生活和美的價值的強烈本能；同樣，猶太人認爲追求美的價值對自己也十分重要。猶太人在維也納確實遇到了不少機會，也在這裡找到一項個人的任務。上個世紀的奧地利藝術曾一度失去了自己傳統的保護人和贊助者：皇室和貴族。十八世紀的時候，瑪麗亞・特蕾莎讓格魯克來指導她女兒的音樂；約瑟夫二世作爲一個行家同莫札特討論過他的歌劇；利奧波德三世自己就作過曲。但後來的皇帝法蘭茲二世和斐迪南一世對藝術絲毫沒有興趣，而法蘭茲・約瑟夫皇帝在他八十餘年的人生中除了閱讀軍隊的花名冊以外，就沒有讀過一本書或者僅僅在手裡拿過一本書，他甚至流露出對音樂的反感。同樣，那些大貴族也放棄了贊助。以前，艾斯特哈齊侯爵請海頓到家中並奉爲賓客；洛布科維茲侯爵、金斯基家族、華德斯坦家族競相爭取在自己的府第首演貝多芬的作品；伯爵夫人圖恩還懇求這位偉大的精靈——貝多芬——不要把三幕歌劇《費黛里奧》從歌劇院的保留節目中撤下。然而這樣的黃金時代一去不復返了。就連華格納、布拉姆斯、約翰・史特勞斯，還有胡戈・沃爾夫[7]，也得不到他們的半點資助。於是市民階層[8]爲了讓交響音樂會保

---

7 胡戈・沃爾夫（一八六〇—一九〇三），奧地利著名作曲家。

8 指城市裡除貴族和僧侶外的所有居民。

持原來的水準，爲了讓畫家和雕塑家維持生計，他們挺身而出，代替皇室貴族支持藝術家們。猶太市民階層站在維護維也納古老燦爛文化榮光的最前列，這是猶太人的自豪和遠大抱負。他們一向熱愛這座城市，一心一意地住在這裡，但是他們覺得，只有熱愛維也納藝術的人，才算是眞正的維也納人，才無愧於這片土地。本來，他們在公共生活中產生的影響微乎其微。皇室的顯赫使個人的財富黯然失色。領導國家的高位是世襲的，外交界由貴族把持，軍隊和高級官吏的職務均由名門世家掌握；猶太人從未有過鑽進這個特權階層的奢望，他們服服帖帖地尊重這種傳統的特權——這是理所當然的事。有些事，至今我還記得很清楚，比如說，我父親一生都不願意到扎赫爾飯店去吃飯，並不是爲了節約——它比其他大飯店的價格稍微高一點——而是有一種敬而遠之的想法。他覺得，和施瓦岑貝格親王或洛布科維茲侯爵鄰桌是很難堪的，也是不得體的。在維也納，唯有在藝術面前，大家才是平等的，擁有相同的權利；愛護藝術是大家的共同義務。猶太資產階級透過資助的方式，對維也納文化所做的貢獻是不可估量的。他們是眞正的觀眾、聽眾和讀者。他們光顧劇院和音樂廳，購買圖書和繪畫，參觀各種展覽。他們受傳統束縛較少，思想活躍，是新事物的促進者和先驅戰士。十九世紀幾乎所有的藝術品收藏都經他們之手；幾乎所有的藝術嘗試透過他們才得以實現。如果沒有猶太人堅持不懈的努力，單純依靠皇室、貴族和那些熱衷於賽馬打獵而不願促進藝術進步的信奉基督教的百萬富翁，那麼維也納在藝術方面就會落後於柏林，就像奧地利在政治方面落後於德國一樣。誰想在維也納做出點新成績，外來客人想在維也納與別人友好相處或找到知音，那就要依賴猶太資產階級。記得在反猶太主義時期，曾有過這樣一次唯一的嘗試，人們建了一座所謂的「民族劇院」，可劇院既找不到編劇，也找不到演員，更沒有觀眾，不到幾個月，「民族劇院」就慘澹收場。恰恰是這個實例第一次公開揭示出：被世界人民稱頌的十九世紀維也納文化的十分之九，是維也納猶太人促成和哺育的，甚至是他們自己創造的。

正是在十九世紀最後幾年，維也納猶太人在藝術創作方面異常活躍，而此時的西班牙猶太人在藝術方面正面臨著可悲的沒落。誠然，猶太人創造的文化不能以特有的猶太人文化的原始形式出現，而是以與奧地利文化交融的形式出現的，體現了奧地利及維也納的特點——這是一個奇蹟。在音樂方面，戈德馬克[9]、古斯塔夫·馬勒和荀白克成了國際性的人物；奧斯卡·史特勞斯、萊奧·法爾[10]、卡爾曼[11]使圓舞曲和輕歌劇的傳統獲得新的繁榮。霍夫曼斯塔爾[12]、亞瑟·史尼茲勒、貝爾—霍夫曼、彼得·艾騰貝格等人使維也納文學達到歐洲水準。這是格里爾帕策和施蒂弗特所代表的維也納文學從未達到過的。索嫩塔爾、馬克斯·萊因哈特使這座戲劇城再度譽滿全球。佛洛伊德和科學界的名流使早已聞名的維也納大學舉世矚目——這些身為作家、學者、藝術名流、畫家、導演、演員、建築師和新聞工作者的猶太人，在維也納的精神生活中享有無可爭辯的崇高地位。因為對這座城市的熱愛和入鄉

---

9 卡爾·戈德馬克（一八三〇—一九一五），匈牙利作曲家，長期生活在維也納。

10 萊奧·法爾（一八七三—一九二五），奧地利輕歌劇作曲家。

11 艾梅里希·卡爾曼（一八八二—一九五三），匈牙利著名輕歌劇作曲家。

12 胡戈·馮·霍夫曼斯塔爾（一八七四—一九二九），奧地利著名詩人、戲劇家。

隨俗的願望，他們使自己完全適應了這裡的環境。他們認為，為奧地利服務是一種光榮，也是一種幸福。他們覺得，為自己的奧地利做貢獻是自己的世界使命。的確，應該實事求是地再次指出這一點：當今美洲、歐洲在音樂、文學、戲劇和工藝美術諸多方面的發展，都受到奧地利文化的滋養和薰陶，而奧地利文化有相當一部分是維也納猶太人創造的；猶太人在與當地人融合的過程中，達到千年以來精神追求的最高點。幾百年以來，猶太人的文化發展本無目標，在這裡與逐漸形成的傳統相結合，產生了新的生機和蓬勃的活力，使舊的傳統也獲得了新的生命，煥發出新的青春。然而，最近幾十年來，這座城市強調民族化和地方化的做法，給維也納帶來了極大的壞處。這座城市的精神和文化是多種要素的融合體，所以其精神和文化完全是超民族的。維也納的天才——特別在音樂方面——從來就是把各民族和各種語言的對立因素融合在一起；維也納文化是西方一切文化的合成體。凡是在維也納工作過和生活過的人，都會覺得自己擺脫了狹隘和偏見。不會有任何地方比在維也納更容易當一名歐洲人。我知道，我之所以能早早學會把歐洲共同聯合起來的思想作為我心中的最高理想，並加以熱愛，在相當程度上應當感謝早在馬可・奧理略時代就受到維護的羅馬精神，即包羅一切的精神。

在古老的維也納，人們生活得很好，輕鬆愉快，無憂無慮。北方的德國人帶著輕微的惱怒和藐視的眼光望著我們這些住在多瑙河之濱的鄰居。這些鄰居並不能幹，沒有嚴格的紀律，只要享受生活：吃得好，在節日的劇院裡尋快樂，促使了音樂向最高處發展。維也納人很不喜歡德國人給其他民族的生活帶來無比痛苦和澈底破壞的能幹，也不喜歡那種凌駕於他人之上的野心和追逐。在維也納，人們喜歡愉快地聊天，習慣於和平共處，每個毫不嫉妒的人和那些與人爲善的人在不知不覺中和睦相處，平安無事。窮人和富人，捷克人和德國人，猶太人和基督徒，在維也納都能和平相處，儘管偶爾會互相嘲弄。即使出現政治和社會運動，也不帶可怕的仇恨之心。仇恨之心是第一次世界大戰的餘毒，已浸入時代的血液循環中。以前的奧地利，人們互相攻擊時，尚存豪爽俠氣。那些國會議員在報紙上互相責罵，在經過西塞羅式的長篇大論之後，仍會友好地坐在一起喝啤酒或咖啡，講話時以「你」相稱。就是反猶太主義政黨的黨魁盧埃格爾[13]當維也納市長期間，他與別人私下來往的態度也絲毫沒有改變。我個人必須承認，身爲猶太人，無論上中學還是上大學，還是在文學界，我沒有遇到過一點麻煩和歧視。國與國之間、人與人之間、黨派與黨派之間的仇恨，還不常見報；還沒有把人與人、民族與民族澈底分類；在日常生活中，老百姓的情緒也沒有像今天這樣激烈，令人厭惡。個人的所作所爲是自由的，這在當時是順理成章的事，在今天卻變得不可想像。今天的人把寬容視爲軟弱，而那時的人把它看作一種道德力量。

我出生和長大成人的那個世紀，並非是一個充滿激情的世紀。那是一個層次分明、泰然自若、秩序井然、從容不迫的世界。機器、汽車、電話、收音機、飛機等還沒有把人的生活節奏提高到一個新的速度。歲月和年齡也沒有影響到另外一種速度，人們生活得相當舒適安逸。今天，我盡力回想我童年時那些成年人的形象，我記得最清楚的莫過於一些人過早的

13 卡爾·盧埃格爾（一八四四—一九一〇），奧地利政治家，基督教社會黨人，反猶太主義者。

發福了。我父親、我的叔叔伯伯、我的老師、商店的營業員、樂譜架旁的交響樂演奏員，他們四十歲就成了大腹便便、受人「尊敬」的人。他們步履艱難，談吐斯文，說話時用手捋著那精心保養的灰白的鬍鬚。而灰白的鬚髮僅僅是莊嚴的一種新標誌；一個「穩重」的男子需要有意識地避免青年人那種不太得體的舉止和自負的神氣。我怎麼也想不起來：在我孩提時代曾看到過父親急匆匆地上下樓，或者是有過其他慌慌張張的舉動，當時他還不到四十歲呢！在那個時候，匆忙不只被看作不禮貌，況且在行動中也沒有這個必要，因爲市民階層生活在穩定的世界裡，生活有保障，行動上有措施，從來沒有突發事件，所以沒有必要匆忙。即使外面的世界發生了災難，也透不過「穩定安逸」生活的厚牆。英布戰爭、日俄戰爭，就連鄰近的巴爾幹戰爭，對我父母的生活也毫無影響。他們把報紙上關於戰爭的報導當作體育專欄的文章一掃而過。事情就是這樣，奧地利以外發生的事與他們有什麼相干呢？他們的生活又會發生什麼變化呢？在他們的奧地利，正是一個風平浪靜的時代，國家沒有什麼變革，貨幣不會突然貶值。那個時候，證券交易所的股票若是跌了百分之四或百分之五，就可以斷定該企業破產了，人人都要皺起眉頭，憂心忡忡地談論這場「災難」。那時候，有人抱怨「高額」稅收，這種抱怨與其說是眞實的看法，倒不如說是一種習慣罷了。實際上，當時的稅收和第一次世界大戰以後的稅收相比，只不過是給國家的一點小費。那時候，人們時興立詳盡的遺囑，好像這樣就能使自己的孫子和曾孫免受財產損失，好像用一張債券就能一勞永逸地保證子孫們的安逸生活。他們自己的生活也悠哉游哉，即使出現一點點擔驚受怕，也只不過像撫摸好玩又聽話的家畜時那種根本不用害怕的心情。每當我偶然得到一張那個時候的報紙，讀到那些描寫小小的區議會選舉的激動文章時，每當我回想起我們年輕時代對一些無關緊要的事爭辯得面紅耳赤，或回想起爲了皇家劇院的演出中微不足道的問題議論紛紛時，我就會忍俊不禁。所有的憂慮加起來也不過那麼一丁點，那是一個多麼風平浪靜的世界啊！我的父母和祖父母那兩代人遇到了好時代，他們平靜、順利、清白地度過了一生。但是，我並不知道我是否羨慕他們。他們像生活在天堂裡，對人間的眞正痛苦、爾虞我詐及命運多舛等都沒有認識，使人焦慮的危機和問題他們看不到、也想不到，然而那些危機和問題越來越嚴重！他們陶醉在安寧、富裕和舒適的生活裡，所以很少知道生活還可能成爲一種負擔，使人異常緊張；生活中甚至會不斷出現意想不到或天翻地覆的事。他們沉湎於自由主義和樂觀主義之中，所以料想不到會有一天，也可能是熹微之時，我們的生活會遭到澈底破壞。即使在最黑暗的深夜裡，他們也不會想到人會兇險到什麼程度，因而他們也不可能知道，人有多少戰勝險惡和經受考驗的力量。我們這些被驅趕著經歷了一切生活激流的人，我們這些完全脫離了與他人聯繫的人，我們這些常被驅趕到盡頭又要重新開始的人，我們這些神祕力量的犧牲品，同時又甘心情願爲之服務的人，我們這些認爲舒適安逸只是一種神話、太平盛世只是一種夢想的人——已經切身感受到了極端對立的緊張和使我們每根神經都顫抖的新恐懼。我們一生中每時每刻都與世界命運聯繫在一起。我們遠遠超出了自己狹隘的生活小圈子，分享著時代和歷史的苦難和歡樂，而以前他們只侷限於自己的小圈子。因此，我們堅定地說，今天我們每個人，縱然是我們當中最微不足道的，對現實的認識都要比我們祖先中聖賢的認識高過千倍。不過，我們從中並沒有占到便宜，而是爲此付出了代價。

上世紀的學校

我從國民小學畢業後被送到中學，這不過是一件順理成章的事。每戶有錢的人家為了提高自己的社會地位，都精心培養「受過教育」的兒子，要他們學法語和英語，讓他們熟悉音樂，先請家庭女教師，後請家庭男教師管教他們的舉止。在那個開明的自由主義時代，只有進入所謂的高等學府，即進入大學，才有眞正的價値。每個上流家庭都貪圖功名，希望自己的兒子裡有一個被冠以博士頭銜。可是這條通往大學的路卻相當漫長又使人不快。國民小學五年，人文中學八年，十三年的硬板凳，每天坐五至六小時，課餘時間完全被作業占領，還要接受課堂以外的常規教育，除了學古希臘語、古拉丁語，還要學習活的語言：法語、英語、義大利語。也就是說，除了幾何、物理和學校規定的其他課程，還要學習五種語言。學習負擔已超重，幾乎沒有體育鍛煉和散步的時間，更談不上消遣和娛樂。

我依稀記得，我七歲的時候，學校要求我們學會並合唱一首叫〈愉快幸福的童年〉的歌曲。這首曲調簡單樸素的兒歌至今還在我耳邊迴響。但它的歌詞我當時唱不好，因為它的內容並沒有進入我的心田。老實說，從小學到中學，我始終感到學校生活乏味又無聊，一年比一年不耐煩，渴望早日結束像水磨一樣轉的求學生活。今天，我記不得當時那種枯燥無味、缺乏溫暖、毫無生氣的學校生活中曾有過愉快和幸福。學校生活澈底破壞了我一生中最美好、最無拘無束的時光。我看到本世紀的兒童比我們當時幸福、自由、獨立得多，我眞有點嫉妒呢！當我看到現在的兒童無拘無束地幾乎是平等地同自己的老師閒聊時，當我看到他們不像我們那樣始終對學校懷著隔閡，而是毫無畏懼地奔向學校時，當我看到他們在學校像在家裡那樣可以坦率地說出自己的願望和年輕人好奇的心靈中的愛好時，我總覺得有點難以置信。他們是自由、獨立、自然的人；而我們那個時代，在踏進那道可憎的學校大門前，我們就全身緊縮，以免前額碰到大門的橫梁上。對我們來說，學校意味著強迫、沉悶、無聊，是一處不得不在那裡死記硬背那些仔細劃分好的「毫無價值的科學」的場所。我們從經院式或裝扮成經院式的內容中感覺到，它們和現實，和我們個人的興趣毫無關係。這種毫無生氣、枯燥無味的學習，不是爲生活而學習，而是爲學習而學習，是舊教育制度強加在我們身上的學習。而唯一眞正令人歡欣鼓舞的幸福時刻，就是我們永遠離開學校的那一天，爲此，我必須感謝學校。

這並不是說我們奧地利的學校不好。恰恰相反，學校的教學計畫是根據一百年來的經驗認眞制訂的。倘若教學方法生動活潑，確實能夠奠定相當紮實的學習基礎。正是因爲計畫刻板和乾巴巴的教條，我們的課堂死氣沉沉，枯燥無味；課堂成了一架冷冰冰的學習機器，它不根據學生的要求而轉動，僅僅是一台標有「良好、及格、不及格」刻度的自動裝置，以此來表示學生適應教學計畫的要求達到什麼程度。這種缺乏人性、抹煞個性的兵營般的生活，無疑給我們帶來巨大的痛苦。我們必須學習規定的課程，學完的課程要通過考試。中學時期的八年裡，老師從來沒有問過我們想學些什麼知識——每個年輕人內心的強烈願望，老師從不表示鼓勵。

學習氛圍死氣沉沉，從學校建築物的外表就可以看出來。這是一座典型的符合宗旨的建築物，是五十年前低價、倉促、馬馬虎虎建立起來的。陰冷的走廊粉刷得十分粗糙，低矮的教室裡沒有一幅畫或其他賞心悅目的裝飾，整座樓房都能聞到廁所的氣味。兵營似的學校用的家具是旅館裡那種舊家具，這些家具以前被許多人使用過，以後還會有許多人將就著使用下去。樓房裡那股在奧地利所有官署辦公室比比皆有的霉味，直到今天我怎麼也忘不了，當時我們稱之爲「國庫」味。凡是堆滿雜物、供暖過高和空氣不流通的房間裡皆有這股霉味；氣味先沾染衣服，然而再沾染心靈。學生們兩人一排坐在低矮的長木板凳上，像在划艇上搖櫓的囚犯一樣。板凳矮得足以使人佝僂，一天下來骨頭都疼。冬天，沒有燈罩的煤氣燈發出幽幽的光，在我們的書本上閃爍；夏天，所有的窗戶都被精心地裝上窗簾，爲的是不讓學生看到一點藍色天空而想入非非。那個世紀的科學還沒發現，正在發育的青少年需要新鮮空氣和運動。人們以爲，在硬板凳上坐了四、五個小時以後，只要在陰冷、狹窄的走廊上休息十分鐘就足夠了。一星期兩次，我們被帶到體操房，在那裡的地板上毫無意義地來回踏步。體操房的窗戶關得嚴嚴實實，每踏一步，塵土就揚起一米多高。就是這樣，也算作是有足夠的衛生保健措施了，國家也算對我們盡到了「智育基於體育」的責任。許多年後，當我路過那幢暗淡、凋零的樓房時，我還有一種如釋重負的感覺，我再也不用踏進那間我少年時代的牢房了。當這所顯赫的學校舉行五十周年校慶時，我作爲以前的高材生受到邀請，要我在部長和市長面前致賀詞，但我婉言謝絕了。因爲我對這所學校沒有什麼可感激的，每句感激的話無非是謊言而已。

不過，那種懊喪的學校生活也怪不得老師。對他們既不能說好，也不能說壞。他們既不是暴君，也不是樂於助人的夥伴，而是一些可憐蟲。他們是條條框框的奴隸，官方規定的教學計畫束縛著他們，他們也像我們一樣，必須完成自己的「課程」。我們也清楚地感覺到，每逢中午校鈴一響，他們也像我們一樣快樂，一樣感到獲得了自由。他們不愛我們，也不恨我們，因爲他們根本不了解我們。過了好幾年，老師們還是只知道我們中間極少數幾個人的名字。在當時的教學法的指導下，他們除了批改學生作業中有多少錯誤，便再也不關心學生什麼事了。他們高高地坐在講臺上，我們坐在臺底下，老師提問，我們回答，除此之外，老師與學生再也沒有任何聯繫。因爲在老師和學生之間，在講臺和課桌之間，在臺上和臺下之間，清晰分明地有一道看不見的權威之牆，它阻礙彼此之間的任何接觸。老師對待學生，應該把他看作一個獨立的個體，還必須深入了解這個個體的特點。老師有責任把觀察到的學生情況寫成報告，這在今天已習以爲常。可在當時，這大大超出了他的權限和能力。另一方面，寫出與學生的談話會降低老師的權威；學生同老師談話，意味著平等，意味著「學生」與「前輩」平起平坐——在那時，這些是行不通的。我覺得，最能說明我們和老師之間在思想上感情上毫無交往的例子就是，我早已把他們的名字和容貌忘得一乾二淨，在我的記憶中，清清楚楚地記得那座講臺和我們始終都想偷看的班級記事簿，裡面記著我們的分數；在我腦海中依然清晰的是老師那本用來評分的紅色小筆記本，還有記分用的那支黑色短鉛筆，記得自己那些被老師用紅墨水筆批改的作業本，可是，我怎麼也記不起他們中任何一個人的面孔，也許是我們坐在他們面前時總是低著頭，從來不看他們一眼之故。

對學校的這種反感並非我個人的成見；我記不得在我們同學中有誰對這種一成不變的生活不反感，它壓抑和磨平了我們最好的興趣和志向。過了很久我才明白，對青少年的教育採取冷漠無情的方法，並非出於國家主管部門的疏忽，而是包藏著一種經過深思熟慮、祕而不宣的既定目的。我們面臨的世界，或者說，主宰我們命運的世界，它的一切做法集中在把太平無事的世界奉爲偶像，希望它萬古長青。這個世界是不喜歡青年一代的，說得透澈一點，它懷疑青年一代會打碎這個偶像。市民社會對自己有條不紊的「進步」和秩序沾沾自喜，並宣稱，在一切生活領域中適度平穩有節制是人唯一的有成效的品德。任何急忙推進的事都應避免。奧地利這個古老的國家是由一位白髮蒼蒼的皇帝統治著，由年邁的大臣們管理著。這是一個沒有進取心的國家，它只希望防止任何激烈的變革，從而保住自己在歐洲範圍內牢不可破的地位。而年輕人，其天性就是不斷進行迅速、激烈的變革。因此，年輕人成了令人憂慮的因素。這種因素必須盡可能地被排斥在外或者壓制下去。所以，國家根本不讓學生生活得好。所以，我們應該耐心等待提拔我們的時機來臨。由於奧地利不斷衰退，因此年齡的大小具有不同的價值，像今天一樣。那時候，一個十八歲的中學生還被當作孩子，如果當場抓住他在吸菸，他就要受到懲罰；如果他想上廁所，就得畢恭畢敬地先舉手，得到許可後才能離開座位。縱然一個三十歲的男子，也同樣被看作羽毛未豐不能獨立的人；即便到了四十歲，也被認爲不足以擔當重任。所以，當三十八歲的古斯塔夫・馬勒被任命爲皇家歌劇院院長時，全市譁然，這個首屈一指的藝術機構竟交給一個「如此年輕的人」。他們完全忘了，莫札特三十六歲、舒伯特三十一歲就已經完成了自己的主要作品。這種不信任感——認爲每一個年輕人都「不完全可靠」——遍布當時所有的社會階層。我父親在他的商行裡從未接收過一個年輕人。如果有人長得特別年輕，那他到處都會碰到這種不信任感。這樣一來，必然會產生一個令人不能理解的現象：提拔年輕人處處有障礙，年長卻成了有利條件。而在我們今天這個完全變了樣的時代，四十歲的人扮成三十歲的樣子，六十歲的人願意自己看起來只有四十歲。今天，到處推崇年輕、活力、幹勁和自信，而在那個太平年代，任何有進取精神的人，爲了使自己看起來老成一些，都不得不打扮一下自己。報紙上介紹能使鬍鬚快長的藥品。剛剛從醫學院畢業的二十四、五歲的大學生，從醫時留起大鬍子，戴上金邊眼鏡，儘管他們的眼睛不需要戴眼鏡，爲的只是裝扮自己，在病人面前顯得自己是有「經驗」的老醫生。男人們穿著長長的黑色大禮服，步履從容穩重，如果可能的話，挺起微微凸起的圓肚子，刻意表示自己老成持重。追求功名的人，都竭力讓自己脫離靠不住的青年人的樣子，至少在外表上下足工夫。我們在中學六七年級的時候，就不願意再背初中生的書包，而是用公事包，爲的是讓人一看就知道我們不是初中生。青年人的朝氣、自信、大膽、好奇、歡樂——這些在今天受我們羨慕的素質，在那個一味追求「持重」的時代，卻被看成靠不住的表現。

在了解了這種特殊的觀念以後，我們才會理解國家是要充分利用學校作爲維護自己權威的工具。學校首先教育我們：現實的一切是完美無缺的，教師的話是完全正確的，父親的話是不可反駁的，國家的一切設施是絕對有效、與世永存的。這種教育的第二個原則，就是不應該讓青年人舒服。這一原則也在家庭中得以貫徹。在給予青年人某些權利之前，他們應該首先懂得自己應盡的義務，那就是完全服從。從一開始就要我們牢記，我們至今尚未做出任何貢獻，沒有絲毫經驗，對給予我們的一切要永懷感激之情，而沒有資格提什麼問題和要求。在我那個時代，從孩提時起人們就採取嚇唬人的笨方法。女僕和愚蠢的母親嚇唬四五歲的孩子，說什麼他再鬧，就去喊警察。當我們還是中學生的時候，如果把分數不高的副課成績單拿回家，我們就會受到恫嚇，說再也不准去上學了，要送我們去學一門手藝。在資產階級社會裡，這是最可怕的恫嚇了，因爲它意味著退步到無產階級中去。當年輕人懷著最眞誠的學習目的，要求成年人解釋重大的時代問題時，遇到的則是盛氣凌人的訓斥：「這些事你還不懂。」不論在家裡，還是在學校或國家機關裡，到處都用同樣的話來回答，不厭其煩地懇切勸導，他還沒「成熟」，還什麼也不懂，他應該恭恭敬敬聽別人說話，沒有資格插嘴或反駁。基於這種觀點，學校裡的這些可憐蟲高高地坐在講臺上，儼然一尊不可接近的泥像。我們的全部心思都應該囿於「教學計畫」之內。我們在學校裡是否覺得舒服，是無關緊要的。按照那個時代的眞正意向，學校的使命與其說是引導我們前進，毋寧說是阻止我們向前；不是把我們培養成有豐富內心世界的人，而是要我們盡可能百依百順地去適應既定的社會結構；不是提高我們的能力，而是限制我們的能力，消滅我們之間的差異。

對青年一代這種心理上的壓力，或者更確切地說，這種反心理的壓力，只會產生兩種截然不同的效果：不是使他們麻木，就是使他們興奮不已。不妨查閱一下精神分析學家們的文獻，看看這種荒唐的教育方法究竟造就了多少「自卑情結」。「自卑情結」這個詞恰恰是經歷過奧地利教育的人發明創造的，或許並不是巧合吧！我本人也要感謝這種壓力，它使我很早就流露出對自由的酷愛，其激烈的程度是今天的青年人無法理解的。還有，在我的一生中，我對一切權威，對所有「教訓口吻」的談話恨之入骨，對一切不容置疑的說教反感至極——多年來，這已成了我的一種本能。這種反感如何產生，我早已忘記。可是我記得有一次，在巡迴演講會上，有人讓我在大學的禮堂演講。這時我突然發現，我要從臺上向臺下說話，而坐在下面的聽眾，就像我們當學生時那樣，老老實實、不言不語地坐在那裡，我頓時感到一陣不快。我想起了中學階段那種從上對下的、權威的、非同伴式的誇誇其談的說教，使我遭了多大的罪。想到這裡我一陣害怕，怕我在臺上講話會像當年老師對我們教訓的那樣，令人討厭。正是這種思想顧慮，使那次演講成了我一生中最糟糕的一次。

在十四、五歲之前，我覺得學校生活還不錯。我們開老師的玩笑，懷著冷靜好奇的心情學習課程；但是後來，我們在學校裡越來越感到沉悶無聊。一種值得注意的現象在不知不覺中產生了：我們十歲上中學，八年中學裡的前四年，我們就學到了中學階段的全部知識。我憑直覺感到，在後四年我們已經沒有正經東西可學了，甚至在感興趣的課程上我們知道的比可憐的老師還要多。那些老師在念完專業以後，由於工作性質的原因，再也沒有打開過一本書。同時，我們也日益感覺到另一種矛盾出現：我們在課堂上埋頭讀書，已學不到什麼新知識和有價值的東西，而在學校外面卻是另一番景象，城市繁榮，有劇院、博物館、書店、大學，處處有音樂，時刻都有意外的歡樂。我們的求知慾被壓制，對知識世界、藝術世界、人生享樂的好奇心在學校裡無法滿足，便一股腦兒轉向校外的精彩世界。起初，我們同學中間只有兩、三個發現自己對藝術、文學、音樂有強烈的興趣，接著是十幾人，最後幾乎是全體。

青年人的熱情從來都是互相感染的，在一個班上，它像麻疹或猩紅熱一樣從一個人傳染到另一個人。由於新感染者天真的虛榮心作祟，促使他儘快在校外的知識方面超過別人，所以他們之間互相促進，儘早適應新天地。至於他們的熱情朝哪個方向發展，一般都是偶然的。如果這個班裡出現一個集郵者，那麼不久就會有十幾個人同樣痴愛集郵；如果有三個人愛慕女舞蹈演員，那麼每天就會有一些人站在歌劇院舞臺門旁，一睹她們的風采。比我們低三個年級的一個班完全被足球迷倒，而比我們高一個年級的一個班則熱衷於社會主義和托爾斯泰。而我正巧在一個對藝術發生狂熱興趣的班級，或許正是這樣決定了我一生的道路。

對戲劇、文學和藝術的熱愛，就其本身來說，是維也納的天性。維也納報紙爲文化界發生的新鮮事騰出特別的版面。一個人無論走到哪裡，隨時都能聽到身邊的成年人在談論歌劇院和皇家劇院的事；所有的證券交易所裡都掛著著名演員的畫像；體育被看作粗魯的事情，中學生羞於參加；有廣泛觀眾的電影那時還沒發明出來。我們的這種熱情也無須擔心在家裡會遇到什麼阻礙，因為這與打牌、同女孩子交朋友都不一樣，戲劇、文學屬於無害的嗜好。就連我的父親也像維也納其他父親一樣，年輕時對戲劇如醉如痴，懷著同我們類似的熱情去觀看理查．華格納的歌劇《羅恩格林》，就像我們去觀看理查．史特勞斯和蓋爾哈特．霍普特曼[14]的戲劇首場演出一樣。我們中學生擠著去看每場首演，是很容易理解的。因為，要是有人第二天在學校裡不能敘述首演的每一個細節，那麼他在那些看過首演的同伴面前不知有多麼羞愧呢！假如老師們不是那麼漠不關心的話，那麼他們會發現，在每次盛大的首演前一天下午，會有三分之二的學生神祕地生病了——因為我們必須三點鐘去排隊，以買到我們唯一可能買的站票。倘若老師們細心注意的話，就可以發現，在我們的拉丁語法書的封皮裡夾著里爾克的詩，而我們的數學練習本則用來抄錄借來的書籍中那些優美的詩句。每天我們都想方設法利用無聊的上課時間偷偷看我們自己帶來的書。當老師在講臺上念他那不知念了多少遍的講稿——關於席勒的《論質樸的詩和感傷的詩》時，我們在課桌下看尼采和史特林堡的作品，這兩位的名字是臺上那位循規蹈矩的先生從來沒有聽說過的。我們渴望了

14 蓋爾哈特．霍普特曼（一八六二—一九四六），德國著名劇作家，德國自然主義戲劇的代表人物，一九一二年諾貝爾文學獎得主。

解和認識在藝術和科學等所有領域裡發生的一切。每天下午，我們混在大學生中間，到大學去聽課。平時我們參觀各種藝術展覽，走進解剖學教室裡去看屍體解剖。我們用好奇的鼻孔去辨別一切氣味。我們偷偷溜進交響樂隊排練場，到舊書店去翻古書，每天都瀏覽一遍書店的陳列，以便立刻知道昨天又有什麼新書。看書是我們最主要的事。凡是到手的書，我們全部都看。我們從公共圖書館借書，同時將借來的書交換著看。但是，我們了解一切新事物的最佳場所則始終是咖啡館。

要了解這一點，就必須知道，在維也納，咖啡館是一個非常特殊的場合，在世界上找不出任何一個地方的咖啡館能與這裡相比。它實際上是一個只花一杯咖啡錢，人人都可以進去的民主俱樂部。每個顧客只要花上那麼一點點錢，就可以在裡面坐上幾個鐘頭，討論問題、寫作、玩牌、閱讀信件，而最主要的是可以免費閱讀無數的報刊。有一家較好的咖啡館，裡面擺著維也納所有的報紙，不僅有本地的報紙，還有德國的報紙，以及法國、英國、義大利及美國的報紙；另外還有世界上重要的文學雜誌和畫報，如《法蘭西信使》、《新觀察家》、《創作室》、《伯林頓雜誌》等。我們可以從第一手材料——每一冊新出版的書，每一次首場演出——知道世界上新發生的一切，並且把各種報紙上的評論加以比較。一個奧地利人能夠在咖啡館裡廣泛了解到世界上發生的一切，並且能夠隨時和朋友們進行討論，再也沒有別的地方能使人頭腦那麼靈活、迅速掌握如此多的國際動態了。我們每天坐在咖啡館裡幾個小時，竟什麼都知道了，因爲我們依靠的是趣味相投的集體力量。不是用兩隻眼睛去看全球的藝術動態，而是用二十隻或四十隻眼睛。一個人疏忽了，另一個人會提醒他。我們青年人幼稚，愛顯擺，像競技場上的運動員一樣，竭力去爭第一。我們也想用最新的知識超過別人，所以我們競相爆出聳人聽聞的消息。比如說，當我們討論時有人提起尼采，突然從我們這些人中間冒出一人，帶著故作姿態高人一等的神氣說：「不過就自由思想而言，齊克果還超過他（尼采）呢！」聽了這話，我們感到驚奇不安。「齊克果是何許人，為何只有他知道，而我們卻不知道？」第二天，我們全都擠進圖書館，去追蹤這位丹麥哲學家的著作。因為我們覺得，別人知道的事，我們若不知道，這就是一種自我貶低。我們的熱情促使我們去發現和預先知道那些尚不為人涉及的最近、最新、最怪、最奇的事——首先是一份正經的日報的官方文學批評尚未涉及的事——這種熱情在我們身上持續了多年。我們的特殊愛好，就是去認識那些尚未得到普遍承認的事，那些難以理解、異想天開、新鮮和前衛的事。因此，沒有什麼事情能夠遠離人世，隱藏得那麼巧妙，以致我們競賽似的集體好奇心竟無法把它從隱藏處發現。譬如，史蒂芬．格奧爾格或者里爾克，在我們中學時代，他們的書就已印刷了兩百或三百冊，可是最多只有三、四冊到了維也納。沒有一個書商的倉庫裡存著他們的書，官方批評家中沒有一個人提到過里爾克的名字。而我們小組的人憑著意志，奇蹟般地找到了他的每一行和每一節詩。我們這些尚須坐在教室裡、嘴上沒毛、身量還未長足的小夥子，是每個年輕詩人夢寐以求的理想讀者。我們既好奇又會鑑賞，還有傾心喜愛的熱情。因為，我們那股狂熱勁是無限的。有好幾年時間，我們這些半成年的大孩子在學校裡，在上學和放學的路上，在咖啡館和劇院裡，在散步的時候，除了討論書籍、繪畫、音樂和哲學，什麼也沒幹。不論是男演員還是樂隊指揮，誰經常登臺，誰出版了一本書，誰在報紙上發表了文章，都像星辰一般出現在我們的天空。好多年以後，當我在巴爾札克的書中讀到這樣一句描寫他青年時代的話：「我總以為名人像上帝一樣，他們不像平常人那樣說話、走路、吃飯。」我幾乎大吃一驚，因爲他的描寫和我們的感覺一模一樣。當我在大街上看到古斯塔夫・馬勒時，我就像取得偉大的勝利一般感到驕傲，第二天早上便會得意地向同學們報告。當我還是小男孩的時候，有一次被介紹給約翰尼斯・布拉姆斯，他友好地拍拍我的肩膀，我簡直受寵若驚，神魂顚倒了好幾天，雖然我那時只是個十二歲的男孩，一點也不知布拉姆斯的成就何在，僅憑他享受的榮譽之高和影響之大，就完全爲之傾倒。當蓋爾哈特・霍普特曼的戲劇準備在皇家劇院首演，在排練開始前，我們全班同學就興奮了幾個星期。我們悄悄溜到演員和跑龍套演員的身旁，爲的是先了解到劇情的發展和演員的陣容。我們到皇家劇院理髮部去理髮，以便探聽到一些關於沃爾特或索嫩塔爾的祕聞（我在這裡並不羞於寫出我們當年的荒唐事）。如果低年級中有個學生是歌劇院燈光師的外甥，他肯定會受到我們高年級同學的寵愛和各種各樣的籠絡，因爲我們透過他能夠偷偷溜到舞臺上看他們排練——剛登上舞臺時七上八下的心情，比維吉爾登上神聖天國時還要厲害。在我們看來，演員的聲望所具有的威力奇大無比，即便是中間轉了幾個彎，仍然會使我們肅然起敬。某個貧窮的小老太太在我們看來超凡脫俗，僅僅因爲她是法蘭茲・舒伯特的姪孫女。縱然是約瑟夫・凱恩茲的一個男僕，一旦被我們在街上看到，我們也會懷著崇敬的心情注視著他。因爲他很幸運，可以待在這位最受愛戴、最富有天才的演員身邊。

我今天當然知道得很清楚，在這種盲目的狂熱中包含著多少荒唐的行爲；我們有多少次互相模仿演員的動作，隨之帶來多少身體上的樂趣，我們想方設法勝過別人，這又包含多少幼稚的虛榮心。我們趾高氣揚，覺得自己的藝術鑑賞力已凌駕於周圍不懂藝術的親友和老師之上。不過，時至今日，我依然感到驚訝：我們這些年輕小夥子憑藉過分的文學熱情能知道不少事呢！我們透過不斷地討論和分析竟這麼早就具備了批判鑑別的能力！我十七歲時不僅知道波特萊爾或者華特・惠特曼的每一首詩，而且還能背誦重要的名篇。我覺得在我的一生中，再也沒有像我中學和大學時那樣的勤奮好讀。不言而喻，那些通常要十年以後才被人重視的作品名字，在我腦海裡卻是相當熟悉的，包括那些生命十分短暫的作品，因為我們以莫大的熱情搜羅一切。有一次，我告訴我尊敬的朋友保羅・瓦勒里，我和他的作品打交道有許多年了。我還告訴他，早在三十年前，我就喜歡他的詩歌，並拜讀過。瓦勒里帶著善意的微笑對我說：「你別胡說了，老朋友！我的詩一九一六年才出版。」可是我當場就分毫不差地向他描述出我們於一八九八年在維也納第一次讀到他的詩登載的那本文學刊物的顏色和開本，他驚奇萬分：「那本刊物在巴黎幾乎沒人知道，你在維也納又怎麼找到的呢？」我只能這樣回答：「正如您中學時在自己的省會城市能讀到馬拉美那些當時鮮為人知的詩歌一樣。」他表示贊同：「是啊，年輕人總想發現自己的詩人，並從中發現自己。」事實上，在這股風還沒有越過邊界來到奧地利之前，我們就已聞到了風向，因為我們始終是帶著靈敏的嗅覺過日子的。我們能夠找到新知識，因為我們需要新知識，我們如飢似渴地尋找那些屬於我們和只屬於我們——而不屬於我們父輩和我們周圍的人——的知識。就像某些動物對自然現象的變化具有特殊的敏感一樣，我們這一代比我們的師長更早地感覺到：隨著舊世紀的結束，有些藝術見解也將隨之告終，一場革命或者至少是價值觀的改變業已開始，而其他人並沒有看到這一點。父輩們喜愛的那些藝術大師——文學界的戈特弗里德・凱勒，戲劇界的易卜生，音樂界的約翰尼斯・布拉姆斯，繪畫界的威廉・萊布爾，哲學界的愛德華・馮・哈特曼——我們覺得，他們屬於那個太平世界，緩慢節制是他們的特徵，儘管他們在藝術性和思想性方面十分卓越，但我們不再感興趣。我們憑直覺感到，他們那種冷靜的、中庸的節奏和我們好動的氣質不相協調，也與加快了的時代速度不相合拍。而恰恰在維也納，住著那位德意志青年一代中最機警的天才——赫爾曼・巴爾[15]，這個思想界的闖將正爲變革和未來披荊斬棘。在他的幫助下，在維也納創建了直線派[16]，這一分離派爲了震驚舊的畫派，展覽了巴黎的印象派和點彩派畫家的作品，以及挪威的孟克，比利時的羅普斯，還有其他我們想到的激進畫家的作品，從而爲不受重視的先驅格呂內瓦爾德、葛雷柯和哥雅開闢道路。這個展覽讓人突然見到了一個新的天地。在音樂方面，穆索斯基、德布西、史特勞斯、荀白克帶來了快節奏和突出的音色。在文學方面，左拉、史特林堡、霍普特曼開創了現實主義。杜斯妥也夫斯基帶來了斯拉夫的魔力。魏崙、蘭波、馬拉美使抒情詩的語言藝術達到前所未有的純粹和精煉。尼采使哲學發生了革命。一種大膽的、更自由的建築藝術風格代替了繁文縟節的古典風格。舒適平穩的舊秩序突然間遭到破壞。迄今爲止標榜爲「美學上的美」（漢斯力克[17]語）的規範面臨挑戰。資產階級正統報紙的官方批評家對我們常常是大膽冒失的實驗感到吃驚，並且試圖用「頹廢墮落」或「無法無天」的罪名遏制這種不可阻擋的潮流。而我們年輕

---

15 赫爾曼・巴爾（一八六三—一九三四），奧地利詩人、文學評論家。

16 十九世紀末德國的一個藝術流派，又稱分離派。

17 愛德華・漢斯力克（一八二五—一九〇四），奧地利音樂評論家。

人則熱烈地投身到這股潮流的洶湧波濤中去。我認爲，一個由我們開創的，我們終將在其中獲得權利的時代——我們自己的時代——開始了。我們並不安分，四處尋找探索新東西的那股狂熱一下子獲得了新的意義。我們這些上中學的年輕人能夠爲新藝術的生存而進行激烈的、常常是粗暴的戰鬥中，助上一臂之力，這就是我們的狂熱獲得的新意義。凡是進行試驗的地方，我們必定到場。例如，魏德金[18]戲劇的演出，一次新抒情詩的朗誦會，我們不但必定到場，而且全神貫注，用盡力氣去鼓掌。記得有一次首演阿諾爾德・荀白克青年時代的一部十二音體系的作品，有一位紳士使勁吹口哨並發出噓聲，我親眼看到我的朋友布施貝克同樣使勁地打了他一耳光。我們是每一種新藝術的突擊隊，也是它的開路先鋒。只是因爲它是新的，只是因爲它要爲我們改變那個世界，現在輪到我們過我們自己的生活了。因而我們覺得，「那是與我們有關的事」。

我們這些年輕人之所以對新藝術如醉如痴，還有另外一個原因，就是這些作品幾乎全部是年輕人創作的。在我們父輩那個時代，一位詩人、一名音樂家，只有當他經過了磨練，適應了資產階級社會的四平八穩、循規蹈矩的藝術趣味之後，才能出名。父輩教導我們去尊敬所有這些男士，他們的舉止儀表也想贏得我們的尊敬。他們留著漂亮的灰白鬍鬚，衣

18 法蘭克・魏德金（一八六四—一九一八），德國表現主義劇作家。

冠楚楚，不可一世。例如維爾布蘭特[19]、埃貝斯[20]、達恩[21]、保羅・海澤[22]、倫巴赫[23]——這些人早已銷聲匿跡，卻是我們的父輩那個時代的寵兒。他們在拍照時總是目光深沉，擺出一副「高貴」、「詩人」的姿態。他們的一舉一動，儼如樞密顧問和紅衣主教，而且像他們那樣佩帶勛章。在他們看來，年輕一代的詩人、畫家和音樂家最多不過是「有希望的人才」罷了。如若想得到他們的首肯，目前還爲時尚早。在那個小心持重的年代，他們不會在某個人取得「卓越」成就之前就承認他。可是新湧現的詩人、音樂家、畫家，又都那麼年輕。蓋爾哈特・霍普特曼從默默無聞中突然成名，是因爲他三十歲時就統治了德語的戲劇舞臺。史蒂芬・格奧爾格和萊內・馬利亞・里爾克二十三歲時，還不到奧地利法定的成人年齡，就已經有了文學聲譽和眾多的狂熱追隨者。在我們這個地區，一夜之間就出現了一個由亞瑟・史尼茲勒、赫爾曼・巴爾、理查・貝爾－霍夫曼、彼得・艾騰貝格等人組成的「青年維也納派」。他們把自己的各種藝術作品精煉加工，給維也納文化以全新面貌，第一次在歐洲範圍內產生影響。不過，使我們迷戀和大力崇拜的，主要還是胡戈・馮・霍夫曼斯塔爾這個非同

---

19 阿道夫・馮・維爾布蘭特（一八三七－一九一一），德國作家，曾任維也納皇家劇院院長。

20 格奧爾格・埃貝斯（一八三七－一八九八），德國埃及學研究者、作家。

21 菲力克斯・達恩（一八三四－一九一二），德國作家、歷史學家、法學家。

22 保羅・海澤（一八三〇－一九一四），德國作家，一九一〇年諾貝爾文學獎得主。

23 法蘭茲・馮・倫巴赫（一八三六－一九〇四），德國寫實主義肖像畫家。

凡響的人物。我們不僅在他身上看到了自己的崇高志向，也在這個同齡人身上看到了一個完美的詩人形象。

年輕的霍夫曼斯塔爾的出現是莫大的奇蹟，他年紀輕輕就取得很大的成就，使今天和以後的人無不稱道。在世界文學中，除了濟慈和蘭波以外，我還沒發現像他這樣的語言天才。年紀這麼輕，就能駕馭如此完美無瑕的語言，想像力這麼豐富，即便是草草寫成的一首詩，也都充滿詩意。他在十六、七歲的時候就已寫下許多不朽的詩篇和無人能及的散文，從而使他載入德國語言的永恆年鑑。他的突然出現，從一開始就表現得完全成熟，這種不尋常的現象在這代人中間不會出現第二個。他的出現是一件超乎自然、不可思議的事，所有最早知道他的人無不爲之驚訝。赫爾曼・巴爾常常向我敘述他當時的震驚。有一次，他的刊物收到一篇文章，是從維也納寄來的，作者是一個不見經傳的名叫「洛里斯」的人——當時不允許中學生用眞名發表作品。他從世界各地收到的眾多稿件中，唯有這篇極不尋常：語言典雅富於想像，內涵豐富，落筆嫻熟飄逸。這位洛里斯是誰呢？他問自己。肯定是一位把自己的見解琢磨了多年，並且在神祕的隱居中用純淨精闢的語言冶煉成一篇幾乎是魅力無窮的文章的老人。這是一位智者，也是一位天才詩人。我們住在同一個城市，我怎麼就沒聽說過呢？巴爾立刻給這位素不相識的人寫了一封信，約定在一家咖啡館——著名的格林斯坦特爾咖啡館、文學青年的大本營——會面。突然，一個穿著童裝童褲、身材修長、尚未留鬍子的中學生，邁著輕快的步伐走到巴爾面前，微微一鞠躬，簡短又堅決地說道：「我是霍夫曼斯塔爾！也就是洛里斯。」他的嗓音還沒有完全變爲成年人的低音。事情過了許多年，可每當巴爾回憶起這段往事，他仍然十分激動。他說，他一開始簡直不敢相信，一個中學生竟會創造出這樣美的藝術，有這樣的遠見，思想這麼深刻，在他自己尚未有親身經歷前，對生活就有鞭辟入裡的認識，實在令人稱奇。亞瑟・史尼茲勒也曾向我講過類似的故事。史尼茲勒當時還是個醫生，他最初的文學成就還不足以維持生計，不過這時，他已是青年維也納派的領袖，一些年輕人喜歡向他請教，傾聽他的建議和看法。有一次，他在相識的熟人那裡偶然認識了這個細高身材的中學生。他巧妙的機智引起了他的注意。這個中學生想請他聽自己朗讀詩劇中的一段，他高興地把這個年輕人請到自己家裡，儘管沒抱什麼希望。他想，這無非是中學生寫的詩劇，不是感傷主義就是假古典主義，所以他只請來了幾個朋友。霍夫曼斯塔爾穿著童裝進來了，顯得有點緊張，接著他開始朗誦。史尼茲勒告訴我：「一開始沒人在意，但幾分鐘後，我們全都豎起耳朵仔細聆聽。大家交換著贊許和驚奇的目光。詩句是那麼完美，形象是那麼動人，音樂性是那麼鮮明。我們還沒有聽到一個在世的人能寫出這樣的詩句，我們甚至認為，自歌德以後幾乎不可能有這樣的詩句。而且，比形式上的無可匹敵（以後在德語中再也無人達到過）更為令人讚歎的，是他對生活的認識。對一個整天坐在教室裡的中學生來說，這種認識只能來自神祕的直覺。當霍夫曼斯塔爾朗讀結束後，我們呆呆地坐在那裡。「我覺得，」史尼茲勒對我說，「我平生第一次遇到一個天生的奇才，在那以後，我再也沒遇上過如此令人激動的場面。」一個十六歲的孩子，一開始就這樣完美，必然會成為歌德和莎士比亞的一個兄弟。實際上，這種完美日臻成熟：繼第一部詩體劇《昨天》之後，便是雄偉壯闊的《提香之死》，在這裡，他用德語體現出了義大利語的優美音調；然後就是詩作。他每發表一首詩，對我們來說都是不尋常的大事。直到數十年後的今天，我還能逐行背誦那些詩。後來他又寫短劇和散文。他的散文把豐富的知識、對藝術的精闢見解和對世界的瞭望，神奇地濃縮到十幾頁的稿紙上。總之，這位中學生和後來的大學生創作的所有作品，都如同水晶一般從裡向外放射光芒，同時又表現出深沉熾熱的情感。詩歌、散文，在他手中將猶如伊米托斯山上芬芳的蜂蠟，緊緊地糅合在一起。他的每一篇詩作篇幅適中，不落俗套。我們始終覺得，在前人足跡未至的道路上，必定有一種不可知曉的力量在神祕地引導著他。

我幾乎無法重複這個奇特的人物在當時是如何使我們著迷的，那時，我們已學會追求眞正的價值。對年輕人來說，知道在我們身旁，在我們這一代人中間，就有這麼一位卓越、純正、崇高的詩人，對他，我們只能用荷爾德林、濟慈、萊奧帕爾迪的傳奇色彩來想像：可望而不可即，一如夢幻，難道還有什麼比這更使人陶醉的嗎？所以，直到今天，我仍清楚地記得我第一次親眼見到霍夫曼斯塔爾時的情形。當時我十六歲，我非常注意我們這位理想的良師益友的一舉一動，因此，當我在報紙上看到一條不起眼的簡訊：他要在科學俱樂部作關於歌德的報告時，我們非常激動（我們簡直無法想像，這位天才竟在這麼個小地方作報告，我們中學生如此崇拜他，以爲他一定會在大地方露面，大廳裡一定爆滿）。那次報告會再次證實，我們這些小小的中學生的判斷力和對富有生命力的事物的敏感力，遠遠超過公眾和官方的評論。因爲他講演的地方實在太小，總共才能容納一百三、四十人，所以我提前半小時就去占位子。其實沒有這個必要。我們只等了片刻，忽然有一個不惹人注意的瘦高青年匆匆穿過我們這一排座位，向講臺走去，接著講演開始。他行動之快，以致我們沒有時間仔細打量他。霍夫曼斯塔爾身材靈活、蓄著尚未成形的柔軟的上髭，看起來比我想像的還要年輕。

他的臉輪廓分明，有點像義大利人那樣黝黑，繃得緊緊的，顯然有點緊張。他那雙深色、柔和又高度近視的雙眼流露出來的不安，也證實了這個印象。他一下子就投入到滔滔的演說中，像一個游泳者一下子躍入水中一樣。他越向下講，舉止就越靈活，神態就越鎮靜；一旦思路展開，開始時的拘束便全部消失，只見他輕鬆自如，侃侃而談，簡直像一位靈感豐富的人平時說話一樣（以後我在與他私下談話時也常常發現如此）。他講演時說的頭幾句話，讓我覺得他的嗓音並不好聽，有時近乎假嗓，很容易變得尖銳刺耳。不過，當他講得眉飛色舞忘乎所以時，我們也顧不上注意他的嗓音和面孔了。他講演時沒有講稿，沒有提綱，甚至可能沒有詳細的準備，然而，由於他具有與生俱來的講究形式的直覺，他的每句話都十分完美。在講演中，他提出最大膽的反命題，使人一時迷惑，接著他便用清晰而又驚人的論證加以解答，這不禁使聽眾感到，他講的僅僅是從他的豐富多彩的知識中信手拈取的一部分。他輕鬆自如地駕馭講演的內容，如果要深入展開，他會滔滔不絕地講上幾個小時，也不會使內容貧乏、水準降低。以後幾年，我與他私下交往中依然感到他談吐的魅力，正如史蒂芬・格奧爾格讚譽時所說的，他是「氣勢磅礴的詩歌的發明家，是妙趣橫生的對話的首創者」。他的性格急躁、無常、敏感，在私人交往中常常容易激動和怏怏不快，不易接近。他碰到感興趣的問題時會變成一團火，迅速又熱烈地將它辯論一番，再引入他自己的和只有他自己才能達到的知識範圍中。與開明穩重的瓦勒里和脾氣急躁的凱澤林[24]談話，我感到水準已經比較

---

24 赫爾曼・凱澤林（一八八〇—一九四六），舊譯蓋沙令，德國哲學家。

高，可還不及與霍夫曼斯塔爾談話時那樣的思想水準。當他的靈感勃發的時候，他接觸過的一切：讀過的一本書，見過的每一幅畫和每一處風景，都會在他那精靈般的記憶中復活。他用的比喻是那麼自然、生動，就像用左手比喻右手一樣；他的觀點是那麼突出，就像屹立在地平線盡頭處的背景——在那次講演會和後來的幾次私人交往中，我眞正感到他身上的這種氣息，是一種令人振奮，但又難以用理性理解、不可捉摸的氣息。

從一定意義上說，霍夫曼斯塔爾後來再也沒有超過他在十六歲至二十四歲這個階段所創造的無與倫比的奇蹟。雖然我對他後期的作品同樣讚賞，如他的優秀散文，長篇小說《安德烈亞斯》——這部未完成的作品或許是最美的德語長篇小說——以及部分戲劇段落，但是，隨著他日益看重現實戲劇和時代趣味，隨著他的創作具有明顯的意圖和功利目的，早年那些充滿童稚自然的詩歌中的純淨靈感消失了，夢遊者似的模糊不定的描寫消失了，從而也就失去了對我們這些愛挑剔的青年人的吸引力。我們這些未成年人的神祕知覺預先就知道，在我們這一代，像他這樣的奇蹟只可能出現一次，在我們一生中再也不會重演。

巴爾札克曾以無可比擬的方式描寫拿破崙這個人物是怎樣把法國年輕一代振奮起來的。小小的少尉波拿巴登上了風雲世界的皇帝寶座，這不僅意味著他個人的勝利，也是青年人思想上的勝利。一個人要早早獲得權勢，並非一定要生在官宦之家，非是王子和侯爵不可；一個人不論生在哪個小戶人家，即使一個貧困之家，同樣可以在二十四歲當上將軍，在三十歲成爲法國的統治者，進而成爲全世界的統治者。這種舉世無雙的成就，促使數以百計的人離開自己微賤的職業和省城。波拿巴少尉使整個青年一代頭腦發熱、野心勃勃。他造就了那支偉大軍隊的將軍和英雄，以及《人間喜劇》的主人公和烈士。一個出類拔萃的年輕人，一旦他在自己的領域中獲得前所未有的成功，僅憑這一點，就永遠鼓舞他周圍或他身後的年輕人。從這個意義上講，對我們這些更年輕的人來說，霍夫曼斯塔爾和里爾克是對我們這些能力尚未成熟的人的一次不同尋常的推動。我們並不期望在我們中間會有人再現霍夫曼斯塔爾的奇蹟，但是只要他存在，就會給我們增添力量。因爲他的存在本身就清楚地表明，在我們這個時代，在我們的城市裡，在我們的環境中，同樣可以產生詩人。霍夫曼斯塔爾的父親是一家銀行的經理，他像我們一樣，出身於猶太市民階層，因此，這位天才詩人是在一幢和我們住的差不多的房子裡長大的，裡面的家具是一樣的，從小接受和我們同樣的道德教育，進入一所同樣死氣沉沉的中學，學同樣的課本，也在同樣的木板凳上坐了八年，像我們一樣感到不耐煩，像我們一樣熱衷於一切精神財富。可是你看，他成功了，當他還必須坐硬板凳磨破褲子，在體操房裡來回踏步的時候，就成功地跳出了自己狹隘的小圈子，跳出了使人窒息的城市和家庭，一下子飛入無限的世界中去。可以這樣說，霍夫曼斯塔爾這個實例向我們顯示了，即使在我們這個年齡，身處一所奧地利中學牢籠般的氣氛中，要創造富有詩意的作品甚至完美的詩歌，原則上也是可能的。甚至他在家裡或者學校裡尚未成年、毫無功名可談的時候，他的詩作就已經出版了，帶來了榮譽和名聲。這對一顆童心具有多大的誘惑力啊！

里爾克對我們而言又是另一種類型的鼓勵，這是一種慰藉，補充了霍夫曼斯塔爾的那種激勵。如果我們中間有人要和霍夫曼斯塔爾比高低，實屬大逆不道。我們知道，他至善至美的早熟是舉世無雙的奇蹟，這種奇蹟是不能再現的。當我們這些十六歲的人把自己的詩句和他在同樣的年齡寫下的詩句加以比較，我們會羞愧滿面，無地自容。我們同樣感到，自己的知識在他面前相形見絀，他念中學時就已經博學多才。而里爾克則不同，他也是十七、八歲開始寫作和發表詩歌，但這些早期的詩歌與霍夫曼斯塔爾同期寫的詩相比，從絕對意義上說，還是不太成熟，幼稚、簡單了一點。唯有抱著寬容的態度，才能看出幾分天才的光芒。這位詩人是逐漸成名的，他直到二十二、三歲才開始成爲受我們無限愛戴的傑出詩人。這對我們來說，無疑是個安慰。一個人不一定非要像霍夫曼斯塔爾那樣在中學階段早熟成才；一個人也可以像里爾克那樣，一步一步地成才。所以，一個人不必因爲暫時寫了一些不像樣、不成熟、缺乏責任感的作品，馬上就認定自己沒有指望了。一個人也許不會再現霍夫曼斯塔爾的奇蹟，但可以走里爾克走過的那條比較平穩尋常的成才之路。

我們所有人早已開始寫文章或寫詩，有的人則喜歡玩樂器或朗誦，這是很自然的事。青年人的每個被動的激情觀點，就其本身來說，是不自然的，因爲，就青年人的本性來說，他不僅要獲得許多表象的東西，還要對表象的東西進行批判、消化和吸收，並做出新的回答。譬如，熱愛戲劇的青年，會夢想親自登上舞臺，或者至少爲戲院做點什麼。青年人熱烈崇拜各類天才，必然會回過頭來看看自己，能否在自己尚未認清的軀體裡，或者在半明半暗的心靈中，找到那種優良本質的苗頭和可能。於是，藝術創作在我們班上十分盛行，當時維也納的氣氛和那個時代的條件也起了很大的推動作用。我們每個人都在自己身上尋找天賦，並試圖發揮它。有四五個人想當演員，他們摹仿皇家劇院演員的腔調，精心練習和朗誦臺詞，悄悄去聽表演課；學校休息時，他們各自扮演一個角色，即興表演古典戲劇的整場或片斷，其他人則充當好奇又挑剔的觀眾。班上還有兩、三個人相當有音樂素養，他們還沒決定是當音樂家、演奏家，還是樂隊指揮。最初我得到的有關新音樂的知識，應歸功於這幾個人。新音樂在當時的交響音樂會上是不登大雅之堂的。他們也向我索取他們喜歡的歌曲和合唱歌詞。我們班上還有一個人，他是當時一位著名畫家的兒子，上課的時候，他在我們的練習本上畫滿各種圖畫，同時爲我們班所有未來的天才都畫了肖像。但是，我們班上最喜愛的還是文學。透過彼此之間的互相激勵，我們在文學方面成熟得越來越快；我們相互切磋每一首詩，這使得我們這些十七歲的人的水準遠遠超過業餘愛好者；而且我們每人都做出了眞正實際的成績，這一點爲下面的事實所證明：我們的作品不僅被不知名的地方小報所採納，也被新一代所創辦的雜誌接收和刊登，我們甚至拿到了稿費——這是最令人信服的證明。班上有個叫Ph. A. 的同學，我過去稱他爲天才，他的名字在當時最出色的豪華刊物《潘神》上居然和戴默爾[25]、里爾克的名字一起排在最前面。還有一個叫A. M. 的同學，用奧古斯特·厄勒的筆名找到了進入當時所有德語雜誌中最難入門和最嚴肅的文藝刊物《藝術之頁》大門的途徑。這本雜誌是史蒂芬·格奧爾格專爲自己神聖的成員保留的園地，而這些成員是經過文藝團體嚴格挑選出來的。我的第三個同學，在霍夫曼斯塔爾的鼓勵下，寫了一部有關拿破崙的劇本；我的第四個同學提出了一種新的美學理論，並寫出意義深遠的十四行詩；我的名字則進入現代人的主要報紙《社會》和馬克西米利安·哈爾登[26]的《未來》週刊——一份關於新德國政治史和文化史的德語刊物。今天，當我回首往事時，我必須客觀地承認，當時我

---

25 理查·戴默爾（一八六三—一九二〇），德國詩人。

26 馬克西米利安·哈爾登（一八六一—一九二七），德國政治家、作家。

們知識之淵博，文藝技巧之嫺熟，藝術水準之高雅，對年僅十七歲的人來說，確實是難能可貴的。然而，霍夫曼斯塔爾那種神奇的早熟的例子，也是可以理解的。恰是這個鼓舞人心的例子促進我們奮發努力，互不示弱。我們掌握各種藝術的技巧，也掌握大膽誇張的語言手法，我們熟悉每種詩體的技藝，在無數的習作中，我們嘗試過各種不同的風格，從品達羅斯[27]詩歌的莊重，到民歌的質樸，都一一嘗試過。我們每天都相互交換作品，提出其中的疏忽和不足，討論每一個韻律的細節。我們迂腐的老師在用紅筆批改我們的作業少了幾個逗號，他們並不知道，我們早已對自己的作品互相展開批評，要求之嚴、審查之細、見解之高，就連那些大型日報上官方文學評論權威在分析古典大師們的作品時，也無法做到。由於我們專心致志地對待文學，到了中學最後幾年，我們在專業的判斷和風格的表現力方面，甚至超過了那些著名的專業評論家。

對我們在文學上的早熟作如此眞實的描寫，也許會導致這樣一種看法：我們是個特殊的神童班。絕非如此。在當時維也納十幾所鄰近的學校裡，同樣可以看到學生對文學的狂熱和文學早熟的現象。這不可能是偶然現象，這是由一種特殊有利的環境決定的：維也納這個城市是藝術的沃土，正處在非政治化的時代，在世紀之交出現了思想和文學突飛猛進的局面。有這樣適宜的環境，加上我們內在的文學創作願望，兩者有機地結合在一起，才讓我們在那個年齡做出了巨大的成就。年輕人總有一股詩興和寫詩的衝勁，儘管大多數人的衝動

27 品達羅斯（約前五一八—前四四二或前四三八），古希臘抒情詩人。

不過是心靈中泛起的微小浪花。青年人心中不出現這種衝動是極少見的，因爲這種想寫詩的衝動本身就是青春煥發的表現。後來，我們班上那五個想當演員的同學，沒有一個登上舞臺；在《潘神》和《藝術之頁》登過名字的那幾位詩人，在鋒芒初露之後當上了庸庸碌碌的律師和官員[28]。也許他們今天會對自己當年的雄心壯志自嘲地付之一笑。我是我們那些人當中唯一始終保持創作熱情的人，而且這種熱情成了我一生的核心。但是，我今天仍懷著感激之情懷念我們那一夥人。他們給了我多麼大的幫助啊！那種火熱的討論，你追我趕的狂勁，互相之間的表揚和批評，提前鍛煉了我的手和大腦，大大開闊了我的精神世界。我們是如何鼓起勇氣擺脫單調無聊的學校生活啊！如今，每當我聽到舒伯特那首不朽的歌：「你，迷人的藝術，總是在無比空虛的時刻……」往事又歷歷在目，我彷彿又看到我們垂著雙肩坐在冰冷的板凳上，然後在放學回家的路上閃著興奮、激動的目光，評論和朗誦詩歌，興之所至，狹隘的小天地全拋在腦後，如舒伯特歌曲說的那樣，我們「沉湎在一個美好的世界」。

這種對藝術過分的酷愛，這種對「美」近乎荒唐的推崇，只有犧牲了我們那個年齡的通常興趣才能得以實現。今天，當我問自己，我們當學生時，白天都已被上學和必要的起居和用餐時間擠滿，哪有時間看那麼多的書籍呢？回想一下我才明白，我們是以大大縮短睡眠時

---

28 茨威格在這裡記錯了，奧古斯特・厄勒已經離世。——原注

間，損害精力充沛的身體爲代價的。雖然我早上七點起床，可是我從來沒有在半夜一、二點鐘前放下書本，而且從那時起就養成了一個壞習慣，即使到了深夜，我還要看一、二小時的書。所以，每天早上我總是最後一分鐘匆匆忙忙奔向學校，睡眼惺忪，臉洗得馬馬虎虎，一邊疾步向前，一邊嚼著抹上黃油的麵包片。我現在記不起，有哪一天不是這樣度過的。我們這群小學究，看起來滿臉菜色，像一個未成熟的水果，此外，衣著也不講究——這些絕不奇怪。因爲，我們的零用錢中的每個赫勒[29]都用在看戲、聽音樂會和買書上了，根本顧不上陪年輕女孩；我們並不在乎女孩是否喜歡我們，不同她們交往，一是怕浪費寶貴的時間，二是要給學校一個良好的印象。體育活動我們無暇顧及，甚至瞧不起它。要讓今天的青年人了解這一點，恐怕不大容易。體育浪潮在上世紀尚未從英國衝擊到歐洲大陸；當時也沒有現在這樣的體育場，更沒有過多的體育活動。今天，當一個拳擊手朝對手的下頷頻頻出擊時，上萬名觀眾激動得狂呼亂叫；報館還設有特派記者，用通欄篇幅像《荷馬史詩》似的報導一場曲棍球比賽。在我們那個時代，摔跤、田徑、舉重等都是在郊外舉行，參賽者都是屠夫和搬運工之流；賽馬才是一種高雅的比較貴族氣的運動，一年有幾次把上流社會吸引到賽場，但也不是我們這些把任何體育活動都視爲純粹浪費時間的人會去看的。我十三歲時染上了對學問和文學的嗜好，我停止了滑冰，把父母給的學跳舞的錢全買了書。我到了十八歲還不會游泳，不會打網球，也不會跳舞。直到現在，我既不會騎自行車，也不會開汽車。在體育方

29 奧地利貨幣名稱，一克朗爲一百赫勒。

面，任何一個十歲的男孩都可以譏笑我。即使到了今天的一九四一年，我還搞不清棒球和足球、曲棍球和馬球的區別。每張報紙上的體育版，我覺得都像是用漢語寫的，怎麼也看不懂。我對所有體育運動的成績——速度和評分的紀錄，就像那位波斯國王一樣不開竅。有一次，有人鼓動這位國王去參加賽馬，他卻表現出東方人的智慧：「賽什麼馬？我本來就知道總有一匹馬跑得最快，哪一匹跑得快與我有何相干？」我們也像波斯國王一樣輕視鍛煉自己的身體，覺得這是浪費時間。只有下棋我還有幾分喜歡，因爲下棋需要動腦筋。更加荒謬的是，雖然我們覺得自己正在成爲詩人或者有可能成爲詩人，可是我們很少關心大自然。我人生中的頭二十年裡，幾乎沒有好好看過維也納周圍的美麗景色。最美最熱的夏天來臨時，城裡的人外遊，整座城顯得空蕩蕩的，我覺得這時的維也納城才更加迷人，因爲可趁機在咖啡館裡讀更多的報刊雜誌，還沒有人搶著看。後來，我用了幾年甚至十幾年的時間，來彌補我身體上那種不可避免的笨拙，來調整那種幼稚的貪多求快的生活。不過，總的說來，我對中學時的狂熱，對那種只用眼睛和腦子的生活，從來沒後悔過。它把求知慾注入了我的血液中，使它永遠不會失去。以後我讀的書和學到的一切，都是建立在中學時期打下的堅實基礎上的。一個人的肌肉誤了鍛煉，以後還可以補上；而智力的飛躍，即心靈中那種內在的理解則不同，它只能在決定性的那幾年裡成型；只有早早地學會敞開自己心扉的人，以後才能把整個世界包容在自己的心裡。

我們年輕時代親身經歷的，正是藝術中的新事物醞釀發展的階段，這些新事物遠比我們的父母及其周圍的人的要求更爲熱烈，更難解決，更具誘惑力。但是，由於我們被那段生活所迷惑，致使我們沒有注意到美學領域中的這種變革只是許多意義更爲深遠的變革的先兆。這種變革將動搖和最終毀滅我們父輩的太平世界；一場令人矚目的社會大變革正在我們這個衰老的、昏昏欲睡的奧地利醞釀。幾十年來，心甘情願不聲不響地把統治地位讓給自由資產階級的廣大群眾，突然不再安分守己。他們組織起來，要求得到自己的權利。於是，在上世紀最後十年，政治像暴風驟雨般沖進平靜安逸的生活。新的世紀要求有一種新的制度、一個新的時代。

在奧地利興起的各種聲勢浩大的群眾運動中，首當其衝的是社會主義運動。至今，被我們錯誤地稱之爲「普遍」的選舉權，實際上只賦予了交納一定稅款的有產階級。從這個階級選舉出來的律師和農場主都十分相信，自己在國會裡是民眾的代表和發言人。他們都受過教育，大部分人甚至受過高等教育，所以他們感到非常自豪。他們儀表莊嚴、體面，談吐高雅，因此，國會開會就像一家高級俱樂部的晚間討論會。出於對自由主義的信仰，資產階級的民主主義者完全相信，寬容和理性必定促進世界的進步；他們一致認爲，小的妥協和逐漸的改善能促進全體臣民的福利，並認爲這是最好的辦法。但是，他們完全忘記了，他們只代表這座大城市裡的五萬或十萬富裕的人，並不代表整個國家的幾十萬或幾百萬人。這期間，機械化生產開始普及，過去分散的工人集中到工業中去了，在一位傑出人物維克托・阿德勒博士的領導下，奧地利建立了一個社會主義正義黨。實現無產階級的各種要求，爭得眞正的普遍的人人平等的選舉權，是該黨的宗旨。可是這種選舉權剛一施行，或者說剛一被迫施行，人們就立刻發現備受推崇的自由主義是何等的脆弱。隨著自由主義的消失，公共政治生活中的和睦相處不見了，現在，處處是利益與利益的激烈衝突，抗爭開始了。

至今我還清楚地記得，在我還是幼童的時候，奧地利的社會主義政黨發生決定性轉折的那一天。工人們爲了顯示自己的力量和眾志成城的決心，提出了這樣一個口號，宣布五月一日是勞動人民的節日，並決定在普拉特公園舉行遊行。遊行隊伍將通過那條主要的林蔭大道，而那條美麗、寬闊、兩旁栽滿栗子樹的大道，從來都是供達官貴人的馬車和華麗車輛行駛的。善良的自由派市民聽到這一消息宣布時，嚇得不知所措。社會黨人這個詞，在當時的德國和奧地利帶有一股血腥氣和恐怖主義的味道，就像以前的雅各賓派和以後的布爾什維克一樣。人們剛聽到這個消息時，絕不相信這些從郊區遊行來的赤色分子在進入市區時會不焚燒房屋，會不搶劫商店並幹出其他一切不可想像的暴行。全城一片驚駭。城區和郊區的警察都被派到普拉特大街值勤，軍隊處於警戒狀態。那一天，沒有一輛私人豪華馬車或計程車敢靠近普拉特地區，街邊的店鋪早已放下鐵製的防護板。我還記得，父母嚴厲禁止我們這些孩子在將會發生大火的那一天上街。可是實際上，什麼也沒有發生。工人們帶著妻小，列成四人一排的隊伍，秩序井然地走進普拉特大街。每個人的扣眼裡都別著一朵紅色丁香花，這是黨的標誌。他們一路行進，唱著國際歌；不過，當孩子們第一次走進諾貝爾林蔭大道的綠草坪時，卻無憂無慮地唱起了校園歌曲。沒有人挨罵，沒有人遭打，也沒有人揮拳頭，警察和士兵向他們報以友好的微笑。這種無可指責的行動，使資產階級也不好再稱他們是「革命的痞子」。最後，互相做了讓步——就像在古老智慧的奧地利通常處理的那樣。當時還沒有發明今天的大棒毆打和滅絕的政策，在那些黨魁身上尚且活生生地保持著（顯然已褪色）人性的美好理想。

這種以紅色丁香花爲黨徽的事剛出現，馬上就有人把白丁香花別在扣眼裡，這是基督社會黨黨員的標誌（當時人們用花作爲黨的標誌，而現在卻用翻口皮靴、短劍和骷髏，在今天看來，怎不令人感動呢？）。基督社會黨是一個澈底的小資產階級政黨，原來它是與無產階級政黨相伴相隨的一種對抗運動。從根本上說，它同樣是機器戰勝手工業的產物。一方面，機械化大生產把大批勞動者集中到工廠裡，工人聚成團，有了勢力，社會地位也大大提高；另一方面，它又威脅著小手工業。大商店和大規模生產，促使小資產階級和手工業的師傅面臨破產的境地。有一位機靈的受人歡迎的領袖卡爾・盧埃格爾博士，用「必須幫助小人物」的口號，把小市民和憤怒的小資產階級吸引到自己身邊；他們深恐淪爲無產者，這種恐懼遠遠超過他們對富有者的嫉妒。這使人想起，這同一個憂心忡忡的階層，後來又成爲擁護希特勒的第一批群眾。從這個意義上講，卡爾・盧埃格爾是希特勒的榜樣，是他教會了希特勒濫用反猶太主義的口號，而這一口號給心懷不滿和惱怒的小資產階級樹立了一個明顯的敵人，從而不知不覺地轉移了他們對大地主、封建貴族和工業資產階級的仇恨。今天的政治已變得庸俗和野蠻，這個世紀已倒退到可怕的地步，從這一點上講，這兩個人有很大的不同。卡爾・盧埃格爾滿腮金黃色柔軟的鬍鬚，儀表堂堂，維也納人稱「漂亮的卡爾」。他受過高等教育，沒有辜負這個精神文化高於一切的時代。他的講演通俗又淺顯，性格爽朗又詼諧，即便在作最激烈的演說時——那個時代最激烈的演說——也從來沒有失去本來的風度。他雖有一把刮刀，一把可以幹出殺人祭神的野蠻行徑的機械切削刀，但他萬分小心地控制著。他對待自己的對手始終保持君子雅量，他的私生活簡樸得無可非議，他公開的排猶立場從來沒有人阻止，他對以前的猶太朋友一如既往地關心和照顧。他領導的運動終於征服維也納市議會，他本人被任命爲市長——對排猶主義傾向十分反感的法蘭茲・約瑟夫皇帝曾兩次拒絕這一任命——以後，他一直公正廉明，政績卓著，無可指摘，他也是實行民主政治的表率。在這個排猶的政黨取得勝利以後，全市的猶太人非常害怕，可是猶太人的生活還像以前一樣，享有平等權利並受到尊重。仇恨的毒素和互相滅絕的願望尚未浸入到時代的血液循環之中。

這時又出現了第三種花，藍色的矢車菊花。這是俾斯麥最喜歡的花，也是德意志民族黨的標誌。該黨是一個徹底的革命黨——當時很多人都不明白這一點。該黨的目標是猛烈地衝擊並徹底摧毀奧地利君主制，建立一個在普魯士和新教徒領導下的大德意志國——比希特勒的夢想還早。當時，基督社會黨的勢力主要在維也納和農村地區；社會黨扎根在工業地區；而德意志民族黨的成員幾乎全部在波希米亞和阿爾卑斯山的邊遠地區。該黨人數少，勢單力薄，但它用野蠻的攻擊和極端的暴行彌補了那種被人瞧不起的地位。該黨的幾個議員是暴政的代表（從舊的意義上說），是奧地利國會的恥辱。希特勒——一個同樣出生在奧地利邊遠地區的人，在這幾個議員身上找到了自己在思想上、策略上所需要的東西。他從格奧爾格·舍納雷爾[30]那裡接過「脫離羅馬！」的口號——這個口號是當時數千名講德語的德意志民族黨黨員堅決遵循的。他們從天主教皈依新教，目的是激怒皇帝和天主教教士們。希特勒從他們那裡搬來了反猶太主義的種族理論——他們突出的傑作是「猶太民族是最下流骯髒的民族」。希特勒從他們那裡首先學會的是建立一支肆無忌憚、盲目服從、大打出手的衝鋒

---

[30] 格奧爾格·舍納雷爾（一八四二—一九二一），奧地利政治家。

隊，從而學會了一個原理：用少數人製造的暴行來恫嚇在數量上大得多的那些人，那些人既老實又誠實，不敢抗爭，逆來順受。衝鋒隊爲國家社會主義幹些什麼勾當呢？他們用橡皮棍驅散群眾集會，夜裡襲擊反對者，把他們打倒在地！德意志民族黨還利用學生的單純和狂熱爲他們服務。這些大學生在大學豁免權的庇護下，做出了史無前例的毆打恐怖暴行。他們採取的每次政治行動，都像軍隊一樣組織嚴密。他們高呼口號吹著口哨，在大街上列隊前進。那些大學生自己組成了所謂的「大學生團」，他們臉上帶著擊劍時留下的傷疤，經常酗酒鬧事。他們占據著學校大禮堂，不像普通學生那樣僅戴著袖章和學生帽，而是拿著粗重的木棒。他們一會兒毆打斯拉夫大學生，一會兒又猛擊猶太大學生，一會兒圍攻天主教大學生，一會兒又大打義大利大學生，把手無寸鐵的人趕出校門。大學生團的學生每次「閒蕩」（他們把每個星期六舉行的示威活動稱之謂「閒蕩」）都會造成流血事件。當時的大學仍享有古老的特權：警察不得入內。他們眼睜睜地看著這幫流氓欺負凌辱別人，能夠做的僅僅限於，當這幫民族主義流氓把遍體鱗傷的學生從樓梯口扔到大街時，立即把他們抬走。奧地利的德意志民族黨黨徒雖然數量極少，可是卻能大造聲勢，每逢這個黨計畫做些什麼事，總是派大學生團的學生打頭陣。當巴德尼伯爵[31]在皇帝和議會的同意下頒布一項語言法令時——他原以爲這項法令的實施會給奧地利各民族之間帶來和平，也許還可延長皇朝幾十年的壽命——一小撮被煽動起來的大學生團的年輕人遊行示威，抗議這項法令。他們占領了

31 卡西米爾・菲力克斯・巴德尼伯爵（一八四六—一九〇九），奧地利政治家，曾任奧地利總理。

環城大道，當局不得不出動騎兵，用軍刀和步槍來鎮壓。在那個講人道、懦弱得可悲的自由主義時代，人們憎恨任何形式的暴力行爲，也十分害怕流血衝突。政府不得不在德意志民族黨面前退縮，總理下臺，完全合法的語言法令被撤銷。在奧地利的政治生活中，野蠻的暴力行爲第一次取得了勝利。在那個容忍遷就的時代，各民族和各階級之間的聯合一下子全破裂了，變成了不可逾越的鴻溝和深淵。實際上，新世紀開始前的最後十年，一場全面的內戰已在奧地利拉開帷幕。

但是我們這些年輕人完全沉浸在對文學的偏愛之中，很少注意我們的國家所面臨的危險，我們的眼睛只盯著書籍和繪畫。我們對政治和社會問題毫不感興趣，那些刺耳的爭吵對我們的生活有什麼意義呢？當全城爲選舉激動不已時，我們去了圖書館。當群眾暴動時，我們正在寫作和討論詩文。我們沒有看到牆上著火的信號，而像古時的伯沙撒國王[32]一樣，無憂無慮地品嘗美味的藝術佳餚，沒有警惕地向前看一眼。直到幾十年後，當屋頂和牆垣倒在我們頭上時，我們這才明白，地基早已被挖空。隨著新世紀的開始，個人自由已在歐洲沒落。

32 伯沙撒（？—前五三八），巴比倫王國最後一位統治者。

情竇初開

在八年的中學期間，我們每個人身上都發生了一些純粹個人的變化：我們從十歲的孩子逐漸長到十六歲、十七歲和十八歲，成爲具有男子特徵的年輕人，自然的本能開始宣布自己的權利。好像青春期的性成熟完全是個人的問題，每個成長發育的人，都用自己獨特的方式爲自己解決這個問題。情竇初開的困惑完全不適於在公共場合談論，但對我們這一代人來說，青春發育已超出它本身的範圍，它必然同時促成另一種意識的覺醒，我們第一次學會批判地觀察這個我們在其中長大成人的世界，觀察它的社會習俗。一般說來，孩子甚至年輕人都願意首先體面地適應自己生活環境中的各種規範。但是，只有當他們看到，要他們遵守的那些社會習俗大家都堅決遵守時，他們才會去遵守。老師和父母身上的任何虛僞行爲，都必定促使年輕人用懷疑的，從而也是更爲尖銳的目光看待周圍的人。我們不需要多長時間就會發現，我們過去一直信任的學校的、家庭的和社會道德的權威，在「性」這個問題上，表現得極不眞誠，甚至可以說，他們要求我們在這個重要的問題上也要保守祕密，偷偷摸摸。

三四十年前對這個問題的看法與我們今天的看法完全不同。也許沒有一個領域像兩性關係那樣，僅僅在一代人的時間裡就發生這麼巨大的變化，這是由一系列因素造成的：婦女解放運動、佛洛伊德的精神分析學說、體育運動的發展、青年一代的獨立自主等。十九世紀的市民道德，基本上是維多利亞時代的道德。如果試圖區別它與今天流行的更爲自由、更爲無拘無束的道德觀有何不同，那麼也許首先應該看到一個具體情況：如果可以這樣說的話，那個時代的人由於自己內心不平衡而小心翼翼地回避性的問題。更早一些時候，在人們眞誠信奉宗教的時代，特別是在嚴格的清教徒時代，性的問題反而容易解決。中世紀的權威們曾深信，性慾的要求是魔鬼促使的，肉慾乃是罪惡和猥褻。他們用粗暴的禁令和殘酷的懲罰強行貫徹他們的無情的道德觀——特別是在喀爾文教的中心日內瓦。到了我們這個世紀就完全不同了，這是一個不再相信鬼神的寬容的時代，人們不再使用逐出教門的嚴厲手段。不過，人們仍然覺得性問題是一個亂世的因素，會破壞倫理道德，與當時的倫理是不相容的。因此，性問題不能暴露在光天化日之下，婚姻以外的任何形式的自由性愛，都有悖於資產階級的倫理道德。由於這個矛盾，我們那個時代發明了一個特別的折衷辦法：那時的道德規範雖不限制青年人過性生活，卻要求以不引人注意的方式處理這種難堪的事。既然性問題是天經地義地存在於地球上的，那麼最好是讓它不為人所見，不超出社會風氣的範圍之外。於是形成了一種默契：無論是在學校裡還是在家裡，或者在公共場合，都不談論這令人惱火的麻煩事；把一切能引起性慾的雜念全部壓制下去。

從佛洛伊德的學說中我們知道，有意識地去壓抑自然的性衝動，實際上是根本不可能的，不過是迫使它進入危險的潛意識之中罷了。今天我們很容易對那種無師自通的天眞的隱瞞手法啞然失笑。可是，整個十九世紀囿於一種妄想，以為人們能夠用理性主義的明智解決一切衝突；以為把人的自然本能隱藏得越深，他那煩躁不安的衝動就會越來越緩和；以為只要不向年輕人提性的問題，他們就會忘卻身上存在的自然本性。當時，社會的各個方面都抱著以不談性問題來克制性慾的妄想，社會所有的部門共同組成了一個對外祕而不宣的聯合抵制陣線。學校、教會的牧師、沙龍、司法機關、報刊、書籍、時尚和風氣，原則上都避免談任何性的問題。甚至於科學——本來它可以對任何事情進行澈底的研究和探討——也以可恥的方式參與「這明顯的不光彩行徑」。生理科學認為研究這些汙穢的課題有失科學的尊嚴，因而向世俗低下了頭。如果我們翻翻那個時候的書籍，如哲學、法學，甚至醫學方面的書，大家會一致發現，凡是涉及性的地方都有所顧忌地避開了。刑法學者在學術會上討論監獄中的人道主義措施和牢房生活中有失道義的內容時，對這個最本質的問題也膽怯地避開了。同樣，一些神經科醫生，雖然他們明明知道某些歇斯底里症狀的原因，卻不敢說出眞相。我們從佛洛伊德的著作中仍然可以讀到，像他所尊敬的老師夏爾科[33]這樣的人也曾私下裡向他承認，他雖然知道某些病人的眞正病因，卻從未敢公諸於世。至於當時所謂的「美」的文學，更是不敢如實描寫，因爲這種文學正是以體現美學的美爲己任的。在我們之前的幾個世紀裡，作家並不羞於提供一幅眞實而又廣闊的社會文化圖景。我們仍可以在笛福、普雷沃神甫、菲爾丁、雷蒂夫·德·拉布列東的作品裡看到那種眞實情況不加歪曲的描繪。可是到我們那個時代，只允許描寫「充滿感情」和「高尚」的事，不允許寫那些令人難堪的眞實的事。因此，我們在十九世紀的文學中幾乎看不到對大城市青年的所有危險、黑暗和困惑的描述。即使一個作家寫到賣淫，他也必須美化一番，把女主人公打扮成「茶花女」式的人物。所以我們今天正面對著一種特殊情況，如果當今的年輕人要想知道上一代或上上一代的年輕人是怎樣奮鬥一生而去翻閱縱然是那個時代的大師們的作品，如狄更斯、薩克雷、戈特弗里德·凱勒、比昂遜的作品——托爾斯泰和杜斯妥也夫斯基的作品除外，因爲他們是俄國人，站在歐洲假理想主義的對立面——那麼他會發現，書中寫的盡是經過加工昇華、溫和適中的事情，這是因爲那個時代的作家受時代的壓力而無法表達自己的自由見

33 尚·馬丹·夏爾科（一八二五—一八九三），法國著名神經病學家。

解。造成這種情況的原因在於那個時代對祖輩的道德觀幾乎達到頂禮膜拜的程度，再加上今天的人所不能想像的時代氣氛。要不，我們怎樣理解《包法利夫人》這樣一部完全寫實的小說竟會被法國一家法院判作淫書禁止發行呢？同樣，我們怎樣理解，在我年輕時候左拉的小說被看作色情文學，湯瑪斯・哈代這樣一位心平氣和的古典主義敘事文學家竟在英國和美國掀起軒然大波呢？因爲這些書儘管寫得很有節制，還是暴露了不少現實。

然而，我就是在這種不健康的、令人窒息而又夾雜著濃郁香味的空氣中，在不愁吃穿的環境裡長大成人的。那種虛僞的反心理學的道德觀，對「性」一直保持沉默和藏匿的伎倆，像一座魔山重重壓在我們頭上。作家們屈服於這種非人性的道德觀，所以在文學和文化史上缺少反映當時實情的眞實文獻資料，也使人很難將那些不眞實的東西恢復其本來面貌。當然，某種可循的線索還是有的，只要看看時裝的樣式就可斷定這個論據的正確性。因爲每個世紀的服裝從外觀情趣上看，自然而然地反映出當時的道德觀念。在一九四一年的今天，當電影院的銀幕上出現一九〇〇年的男女穿著當時的服裝參加社交活動時，無論是歐洲還是美洲，無論在城市還是在鄉村，觀眾準會笑個不停——這種事不是偶然的。甚至今天最憨厚的人也會笑話過去那種特別的打扮，覺得他們簡直像漫畫，是一群穿戴不自然、不方便、不合乎衛生的小丑。就連我們這些曾見過自己家的母親、姑姨、女朋友穿著古怪的晚禮服，自己童年時同樣打扮得令人可笑的人，也會覺得整整一代人都順從這個潮流，竟無人提出異議，簡直像一場噩夢。當時男人的打扮是讓人一動也不能動的高硬領，長長的黑色燕尾服，加上那頂像煙囪一樣的大禮帽，活像個「弒父者」，這已經夠可笑了。可是，那個時代的女人打扮得更加怪異，既費力又繁瑣，每個細節都違反自然！腰部繫著一件用鯨魚鬚骨做的緊身衣，把腰勒得像馬蜂腰一樣；下身穿著鼓成了鐘形的大裙子；衣領扣得又緊又高，直到下頷處；雙腳完全遮蓋著；頭髮梳成無數小卷，再編成螺旋髮髻，高高地盤在頭上，頭髮夾滿珠玉寶石；雙手總是戴著手套，即使炎熱的夏天也不摘下來。這種在今天已成爲歷史的女士，雖然滿身香氣，戴著各樣的首飾，全身是精細的花邊、流蘇之類，仍是一個令人同情又無人幫助的不幸之人。我們一眼就能看出，凡是裝扮成那樣全副武裝的女人，她再也不能自由活動，再也沒有活力，再也體現不出優美的身段；有了這副打扮，每個動作、每個姿態，以及她整個體態的表現，無不矯揉造作、違反自然。要把女人打扮成這樣——且不說參加社交活動時如何不便——只是晚禮服的穿上和脫下，其程序就非常複雜，沒有別人幫忙，根本無法做到。穿衣的程序是，首先把背後的衣扣從腰部扣到脖頸處，接著侍女用盡力氣將緊身衣繫上，每天來伺候的女理髮師用許許多多的髮針、髮夾、梳子、燙髮鉗、捲髮筒等，把長長的頭髮捲成形，梳理整齊後，做成高聳的髮型——我想提醒今天的年輕人注意，三十年前，除幾十名俄國女大學生外，歐洲每個女人的頭髮都長到腰部——然後再給這位女士像洋蔥一樣穿上一層又一層的襯裙、緊身內衣、上衣和短上衣，一直把她打扮到最後一絲女人氣息消失爲止。這種毫無意義的打扮還有一層祕密的涵義：一個女人的線條按風俗經過這樣複雜的加工完全掩蓋起來，使新郎在婚宴上無法預料自己身旁這個未來的伴侶究竟是長得挺直還是駝背，是豐腴還是乾癟，是直腿還是彎腿。這個「重道德」的時代根本不認爲把女人的頭髮、胸脯和身體其他部位喬裝打扮一番，以達到欺騙和適應普遍理想美的目的有什麼不對。那時，一個女子越想成爲眞正的「女士」，就越不該顯示出原來的自然美。其實，這種具有明顯目的的時尚無非是爲當時一般的道德觀效勞，那個時代主要關心的，是掩蓋和隱藏性愛。

但是，這種智慧的道德觀完全忘記了，如果把魔鬼關在門外，那麼魔鬼十有八九會從煙囪和後門進來。用今天我們客觀的眼光來看，那時候的服飾是把露在外面的丁點皮膚和眞實的身材儘量遮掩起來，使人看不出她有何德性，恰恰相反，這種時尚反而使人難堪地突出了女人的性別特徵。在我們今天這個時代，一名青年男子和一名年輕女子在一起，他們身材修長，留著短髮，面部沒有鬍鬚，從外貌上看，會覺得他們很般配；可是在以前那個時代，異性之間要儘量保持距離。男人爲了美，留著長長的鬍子，他們時不時撚一撚很濃的小鬍子，以顯示自己的陽剛之美；而女人則用緊身衣突出女性的主要特徵，胸脯高聳，故意顯耀。在舉止儀表方面，也特別強調剛強的男性和纖弱的女性。那時要求男子豪爽、好鬥、具有騎士風度，而要求女人羞怯、靦腆、小心謹愼；要求男人像獵手，女人像獵物，兩者是如此不同。在儀表上人爲造成的區別差異，反而增加了異性內在的吸引力，即性愛必然更加強烈。所以，當時那個社會用這種違反心理的方法來遮蓋和壓制性愛，非但沒有達到目的，反而使自己走到反面。那時，唯恐在文學、藝術、穿著等方面出現傷風敗俗之事，處處防範任何性衝動的刺激，反而使人的思想總想著那些不道德的勾當。那個社會一直不間斷地研究可能發生的出格的事，反而使自己陷於窺探色情的環境中。對那個世界來說，「正派作風」始終處於極度危險的境地：每個姿態、每句話都可能有失體面！今天人們肯定會理解，女子在運動中或打球時應穿褲子，而那個時代則認爲這是大逆不道。可是又怎能理解那些歇斯底里的假正經呢？當時的女人難道敢啟齒說穿褲子這件事嗎？如果非要說出引起性慾的「褲子」一詞，必須找另外的詞彙，用純潔又無刺激性的「下裝」來代替，或者用那個爲忌諱特意發明的詞：難以啟齒之物。從前，幾個身分相當而性別不同的年輕人想在無人監護的情況下一起去郊遊，那是完全不可想像的。更確切地說，首先想到的是可能會「出事」。這樣的聚會，只有監護人——母親或家庭女教師——形影不離地跟著，才能實現。一個年輕的女孩在最炎熱的夏天打網球，想穿件露出雙腿的衣服或者裸出雙臂，那簡直是荒唐的醜行。如果一個有教養的女子在社交生活中交叉著雙腿會被認爲有失體統，因爲這樣會露出裙下的肉體。就連自然要素，如陽光、水、空氣也不能觸及女人的皮膚，何況別人的眼睛。在遼闊的大海上坐船，女人們必須穿沉重的衣服，步履艱難地走動，寄宿在學校和修道院裡的年輕女孩們，必須從脖頸到腳後跟包得嚴嚴實實，爲的是忘掉自己還有軀體；甚至在室內洗澡也要穿著長長的白襯衫。婦女年長後直到去世，她的肉體，除了接生婆、丈夫和洗屍體的人以外，再也沒有其他人看見過她肩膀的線條或膝蓋，這絕不是故意誇張。四十年後的今天，我們覺得這些「規矩」簡直像童話或者滑稽的誇張。然而，在那時候，從社會最高層的人士到最底層的百姓，無一例外，都像得了神經病似的，害怕所有的肉體和自然。不了解這些，我們怎能想像如下這些事呢？——在本世紀之交，當第一批女人勇敢地騎上自行車，或者像男人一樣跨鞍上馬時，農民向這些冒險家大扔石頭。當我上小學的時候，維也納的幾家報紙曾連篇累牘地討論那個令人恐懼、傷風敗俗的革新之舉：皇家歌劇院的芭蕾舞女演員跳舞時不穿長襪。當伊莎朵拉·鄧肯第一次穿著古希臘式短袖及膝白色長衣，沒穿綢緞舞鞋而是赤著雙腳跳舞時，引起了軒然大波，成爲頭號新聞。我們不妨設想一下，在那個時代成長起來並目睹世事的年輕人，一旦發現那件遮蓋一切的體面大衣上滿是裂縫和洞孔時，他們一定會覺得，爲那一直受到威脅的正派體統而惶恐不安是多麼可笑。五十個中學生裡終究會有一個碰上他的老師在陰暗的小胡同幹那種有傷風化的事；他們也終究會從東鄰西舍那裡偷聽到這個或那個幹了見不得人的事，儘管他們在我們面前裝得一本正經。事實上，越是遮遮掩掩偷偷摸摸，就越引起我們強烈的好奇心，有時，好奇心甚至達到了難以控制的地步。因爲社會道德不准許人們讓自己的自然本能自由地、公開地流露出來，在大城市裡，這種自然本能找到了地下的和多半不乾淨的發洩管道。社會各階層人士都感到，由於對青年人性的壓抑，一種隱藏的性興奮便以一種幼稚的、笨拙的形式表現出來。幾乎沒有一座柵欄或一個廁所沒有被塗上下流的字畫；游泳池裡用來隔開女子游泳區的木板壁，凡有樹節子的地方都被捅成了洞。那些在今天由於道德風尚聽其自然而早已衰落的行當，在當時卻悄悄地十分興隆，特別是裸體人像攝影，寫眞照相業。不管在哪家酒肆飯店，都有小販在桌下向青少年兜售裸體照片。還有地下出版色情文學的行當，印的這些書粗製濫造，紙張極差，語病甚多，可銷路甚好；那些淫穢下流的雜誌銷路同樣很好，書刊中不堪入目的色情描寫，在今天找不到第二份。這是因爲嚴肅文學不得不堅持理想主義的說教和小心翼翼的態度。屬於嚴肅藝術的有皇家劇院，以表現高貴的思想和如雪的純潔爲宗旨。但除此之外，還有一些專門演出最粗俗下流的滑稽戲的劇場和歌舞場。凡是受到壓抑的東西，它總想方設法爲自己尋找一條出路，哪怕是一條曲折道路。說到底，假正經地不准談性的啟蒙和不許同異性無拘束相處的那一代人，實際上要比我們這一代享有自由戀愛的青年人更好色。這是因爲，只有那些不給予的東西，才會使人產生強烈的欲望；越是禁止的東西，越能刺激人拼命想得到它；耳聞目睹得越少，夢幻中想得越多；人的肉體接觸的空氣、光線和日光越少，性慾集聚得越多。總之，加在我們青年人身上的社會壓力，不過是引起我們內心對各有關當局的不信任和怨恨罷了，並沒有提高我們的道德水準。從我們的情慾萌發的第一天起，我們本能地感覺到，那種不誠實的道德觀用掩蓋和沉默從我們身上奪走本該屬於我們這個年齡的東西；爲了保存早已腐朽的習俗，而犧牲我們坦誠的願望。

這種社會道德，一方面承認性的存在，還給性的發洩創造了條件；另一方面在公開場合又對此諱莫如深，這種陰陽臉式的道德完完全全是一種欺騙。因爲它一方面對年輕人的事睜一隻眼閉一隻眼，甚至對他們使眼色，要青年人變得「圓滑一些」，就像當時人們在家庭隱語中善意地戲說的那樣，而另一方面它對女人則憂心忡忡地緊閉雙眼，裝成瞎子。甚至社會習俗也不得不默認：一個男人有性慾衝動是應該的，但如果老老實實地承認，一個女人也能被性慾征服，造物爲了人類的繁衍生息也同樣需要女性，這就觸犯了「女人聖潔」的觀念。在佛洛伊德以前的時代，一個女人不可能有肉慾的要求，男人也不許引起女人性的要求，只有結婚以後才被許可。這種社會約定曾被當作公理執行。可是，即便在那個講究道德的時代，空氣中也總是充滿了危險的引起色情的傳染物，維也納尤甚。因此，一個上流家庭的女孩，從她出生的那天起，直到她與丈夫走出教堂爲止，必須在絕對消毒的氣氛中生活。爲了保護年輕女孩，不讓她單獨離開家人的目光。給她請來家庭女教師，就是爲了照料她，絕不能讓她沒人陪伴就踏出家門一步，無論是上學還是去上舞蹈課和音樂課，都有人接送。她們讀的每本書都要經過檢查，而最主要的，是讓女孩們一天到晚忙個不停，使她們無暇生出非分之想。她們得練鋼琴，學唱歌、繪畫、外語、藝術史和文學史，她們受到各種教育，甚至有些過分。但是，在把她們教育得非常有文化有教養的同時，她們對最最自然的事物一點也不知。她們對男女之事一無所知的程度是我們今天的人無法想像的。一個上流家庭的女孩不准對男子的身體結構有任何了解，也不許她知道孩子是怎樣來到人間的，因爲這個天使在結婚前不僅肉體沒有被人觸及過，她的心靈也要保持絕對純潔。一個女孩，她受過良好的教育，在當時成了對生活毫無所知的同義語；有時，那個時代的婦女一輩子對生活都無知透頂。我一位姑媽身上曾發生了一件荒唐透頂的事，至今仍令我忍俊不禁。在她新婚夜的凌晨一點，她突然返回娘家，大吵大嚷，說再也不願意見到那個下流的男人，說他是個瘋子和妖魔，因爲他一本正經地要脫她的衣服。她費了不少力氣才擺脫了男方顯然是病態的要求，救了自己。

當然我不能不說，那時女孩們的無知反而會給她們增添神祕的魅力。這些羽毛未豐的女孩子預感到，在她們旁邊，在她們身後，還有一個她們一無所知的和不許她們知道的世界，這使她們感到好奇、嚮往、心醉，以及一種身不由己的心緒不寧。她們走在大街上，一旦有人打招呼，她們就會臉紅——現在的年輕女孩子會臉紅嗎？當女孩們單獨在一起，她們唧唧喳喳，交頭接耳，嘻嘻哈哈笑個不停，像微微喝醉似的。她們懷著對不熟悉的、與她們隔絕的世界的各種期待，做著羅曼蒂克的夢，但又怕被人發現。她們的肉體渴望著那種連自己都不甚了然的溫存愛撫。稍一想入非非，她們的整個舉止就會不斷失態。她們走路的姿態也與現在的女孩不同，現在的女孩經過體育鍛煉，身體動作像男孩子一樣輕鬆自如，而那時的女子走上幾百步就可以從步履和姿態上分清她是單身還是已婚。她們的小姐氣比現在的要足得多，已婚婦女就不是這樣了。從本質上看，她們恰似溫室裡培養出來的花朵，沒有經過任何風霜，嬌滴滴的，她們是用特定文化和教育精心培養出來的產物。

而那個社會就希望把年輕的女孩培養成這個樣子，既傻又頑固，既有教養又一無所知，既好奇又害羞，既無把握又無實際。這種脫離實際生活的教育，必然使她們在婚後失去自己的意願，任憑丈夫擺布。當時的社會風尙似乎是要把一個女孩作爲最祕密理想的標誌，作爲品行端莊、純潔無瑕、超脫世俗的象徵來加以保護。如果一個年輕的女孩二十五歲或者三十歲還沒有結婚，那是多大的不幸啊！因爲社會習俗毫無憐憫地要求一個三十歲的女孩爲了家庭和體統，始終保持那種和她的年齡早已不相稱的、沒有性經驗、沒有性需求的性盲狀態。然而，這個形象日後卻遭到可怕的醜化。未婚女孩成了「嫁不出去」的女孩，嫁不出去的女孩成了「老處女」，那些滑稽報刊便把她們當成譏諷打趣的對象。只要誰翻翻老版的《散頁畫報》或別的幽默刊物就會發現，每期都有對老小姐的低級無聊的嘲諷：她們由於精神失常，已不知掩蓋自己本能的性要求。她們曾爲了家庭和個人的名譽，不得不壓制自己內在的生理需求：對愛情和對成爲母親的需求。然而，人們非但不體諒她們因犧牲自己的生活而造成的悲劇，反倒拿她們開玩笑，這些不通人情的人，眞是可惡之極。一個以不誠實的態度壓制人的自然本性而犯了罪的社會，總是最殘酷地對待那些洩露了它的祕密並將之公諸於世的人。

當時的資產階級社會風俗極力維護這樣一種假設：一個上流社會的女子，只要她沒結婚，就不該有性慾且不准有性慾，否則，她就被視爲「不道德的人」而被逐出家門；但是人們又不得不承認，男子身上確有性慾衝動這回事。憑經驗毫無辦法去阻止成熟的男子的性生活，所以人們不存奢望，但願他們的不體面享樂在神聖的社會習俗大牆之外進行。一座城市，地面上是打掃乾淨的道路，街道兩旁是豪華的商店和優美的公園，而地下是泄瀉汙水的排水系統。青年人過性生活的地方，像城市一樣，只能在社會道德下面的陰溝裡進行。對青年人在這方面會遇到什麼危險或落入什麼人之手，則漠不關心。同樣，學校和家庭也由於過於謹愼而耽誤了對青年的性啟蒙。只是到上世紀最後幾年，才間或有遠見卓識的父親，用當時的話說，思想開明的父親，在發現自己的孩子剛剛長出鬍鬚時，就想幫他在這方面走上正路，先把家庭醫生請來，隨後醫生找機會把青年人請進屋，先慢條斯理地擦眼鏡，然後才慢慢開始他的演講，談性病的危險，並勸告年輕人要節制，不要忽視安全措施。其實，這個年齡的青年人早已對此無師自通。另有一些父親採取一種特殊的方法。他們聘一個漂亮的使女到家裡，她的任務就是教會男青年這方面的事。因爲父親們覺得這個辦法挺好，讓青年人在家裡幹這種勾當，外表上就不會失去禮儀，也免得青年人落入騙子之手。但是，這種公開的、露骨的啟蒙方法，始終爲社會各界所唾棄。

在資產階級社會裡，一個青年人究竟有哪些洩慾的途徑呢？這個問題在下層社會是根本不成問題的。譬如在農村，一個十七歲的長工與一個女工睡覺，一旦這種關係有了孩子，那麼以後就成了一對。在我們阿爾卑斯山的大多數農村裡，未婚生的孩子遠遠超過已婚生的孩子。在無產者中間，一個工人在結婚以前就已經有過數次同居的經歷。在加利西亞信奉正教的猶太人那裡，幾乎剛剛成年的十七歲男孩就娶妻成婚，四十歲時就當了祖父。只有我們資產階級社會裡才鄙視這種解慾的方法——早婚，因爲沒有一個家庭的父親願把自己的女兒託付給一個二十歲或二十二歲的毛頭小夥子，人們把他看作是「年輕」人，尚未成熟。這裡同樣又暴露出一種內在的虛僞，因爲資產階級的年曆與自然年曆根本不一致。從身體發育來看，一個人十六歲或十七歲就成熟了；從社會角度來說，年輕男子只有獲得社會地位才算成年，可是這在二十五、六歲以前幾乎是不可能的。於是，身體的實際成年和社會上的成年之間產生了六年、八年，甚至十年的人爲間隔。在這段時間裡，一個年輕男人不得不爲自己洩慾尋找「機會」或尋求「風流韻事」。

但在這個問題上，那個時代並沒有給年輕人提供很多機會。只有極少數特別富有的年輕人才能享受這種奢侈，包養一個情婦。也就是說，給她準備一套住房並負擔她的生活費用。和一個已婚婦女發生關係，這是當時長篇小說中描寫風流韻事的唯一文學典型。這種事只有少數幸運的人才能碰上，而另外大多數人是與小店裡的女售貨員或飯店裡的女招待廝混，解決一時的快樂。因爲那個時候婦女解放運動尚未開展，婦女尚未獨立參與社會生活，所以只有那些出身貧窮的無產者的女孩，一方面她們沒有那麼多清規戒律，另一方面她們在萍水相逢、不打算結婚的兩性關係方面擁有充分的自由。她們穿著簡樸，工作十二小時後已疲憊不堪，不可能修飾自己（那個時候私人浴室尚屬富人的特權），工資又少得可憐。貧窮的女孩們生活在一個狹小的圈子裡，生活水準要比自己的情人低得多，以致她們大多數人自慚形穢，不願與情人在公開場合露面。雖然當時的社會習俗已預先採取了一些特殊措施，以解決她們的窘迫，即所謂的單間餐室。在這裡，一個女孩和情人吃晚飯，不必擔心被人看見，至於那件事，可以到陰暗偏僻小街上的小旅館去幹，它們是專爲這種情人幽會而開設的。但這種幽會都是在倉促害怕中進行的，所以一點美感都沒有，純粹是爲了發洩性慾，因爲幹這種事的時候從來都是偷偷摸摸、匆匆忙忙，像是幹一件違禁的事。此外還有另一種可能，同兩棲人，即半是資產階級但又不完全屬於資產階級的人，諸如女演員、女舞蹈家、女藝術家，她們是那個時代唯一「解放了」的婦女。但是，總的說來，構成婚外性生活的基礎是娼妓。似乎可以這樣說，賣淫構成了資產階級社會這座華麗大廈陰暗地下室的頂棚，在它上面豎立著純潔的、豪華的、無瑕的門面。

關於賣淫在世界大戰前的歐洲廣泛蔓延的情況，當今的一代青年幾乎很難想像。今天，我們在大城市的街道上很難碰到妓女，就像在行車道上很少看到馬車一樣。可是過去在人行道上不乏花枝招展的賣淫者，要躲避她們比找到她們還難。於是又出現一系列的「非公開的場所」，如夜間遊藝所、滑稽劇場、跳舞場、備有舞女和歌女的舞廳，以及有性感應召女郎的酒吧。那時賣身的女人純粹是商品，有著不同的價格，也有按時間長短付錢的。一個男人不用花多少錢費多大勁，就可以買來一個女人，像買一包香菸或一張報紙那麼簡單，可以享用一刻鐘，一個小時或一夜。我覺得，沒有任何東西比今天的生活方式和愛情方式更爲自然更爲正直的了，今天的青年幾乎都是這麼理解的。曾經不可缺少的場所逐漸變得不必要了。把賣淫的行當從世界上清除出去，不是靠警察，也不是靠法律，而是由於需要日益減少。這種由假道德造成的悲劇產物，儘管還有一些殘餘，畢竟在自行消亡。

國家及其道德的官方立場，對當時這種不光彩的事情，從來就覺得十分尷尬。按照社會的道德標準，誰也不敢公開承認一個女人可以有賣身的權利；但從生理角度來講，又不能沒有這種行當，因爲它能排解令人煩躁的未婚性慾。於是，那些權威們模稜兩可地試圖將賣淫分成兩種：一種是國家視爲不道德的、危險的，應該取締的暗娼；一種是有營業執照的，給國家納稅的合法妓女。一個決心當妓女的女孩，必須得到警察的特別許可和一個准許營業的證書。當她把自己置於警察的控制之下，並履行每週兩次體檢的義務時，她就取得了正式營業的權利，以她認為合適的價格出租自己的肉體。這種合法的妓女像其他一切行業一樣，被看作一種職業，但又不完全被承認——這裡恰恰暴露了社會道德的馬腳。舉例來說，一個妓女是商品，她把自己的肉體賣給了一個男人，而這個男人事後拒絕支付預先商定的價錢，妓女卻無法控告他。她正當的要求一下子變成不道德的要求，得不到政府的保護，法律提出的論據是，這種案件是可恥的，不予受理。

從這些細節可以看出這種觀點的自相矛盾：一方面把這些賣身婦女納入國家允許的職業範圍之內，另一方面又把她們看作置於普通權利之外的棄兒。但是，實際上的不公正是視具體情況而定的。也就是說，所有那些限制只是針對貧苦階級的。一個芭蕾舞女演員可以在維也納以二百克朗一小時的要價把自己賣給任何一個願出此價的男人，當然，她不需要任何執照；而流浪在街頭的少女每小時只能要價兩克朗。至於那些名交際花，在一篇關於跑馬或跑馬大賽的報導中，她們的名字與出席的顯貴人物並列在一起，因為她們早已躋身於「社交界」。同樣，一些為宮廷、貴族和富有的資產階級介紹這些奢侈品的女經紀人也往往受到庇護，而法律通常對拉皮條的人是要判重刑的。嚴格的條例、無情的監督、社會的譴責，不過是針對成千上萬的妓女大軍罷了，而她們卻用自己的肉體和被凌辱的心靈去維護那個反對自由和自然愛情的、早已腐朽的舊道德觀。

這支賣淫大軍分成不同的種類，恰似一支真正的軍隊分成騎兵、炮兵、步兵、要塞炮兵等各類兵種一樣。最早的妓女好似要塞炮兵，她們占據幾條固定的街道作為自己的營地。這些地方大多是中世紀的刑場，或者是麻瘋病區，或者是墓地，也是無業遊民、劊子手和其他一些被剝奪公民權的人的藏身處。幾個世紀以來，資產階級早就躲開此處遠遠的。有關當局在這裡開闢幾條小巷作爲色情市場，就像日本東京的吉原街和開羅的鮮魚市場一樣，青樓座座，倚窗可望。一直到二十世紀，這裡還有二百或五百個妓女，一戶挨一戶，在平房的窗前招徠客人：這種廉價商品還分晝夜兩班。

還有一種流動性的妓女，就像騎兵和步兵，她們在大街上尋找顧客。在維也納通常把她們稱爲「遊動的女孩」，因爲警方給她們畫了一條無形的界線，只允許她們在那裡招攬生意。她們白天黑夜在大街上遊蕩，從深夜到黎明，不管是大雪紛飛還是陰雨連綿，她們粉飾臉面，拖著如鉛的雙腿走街串巷，強打精神向過路的人報以賣弄風情的微笑。她們沒有歡樂，卻把歡樂給了別人。無盡頭地從這個角落蕩到另一個角落，最終不可避免地都要走上同一條路：走進醫院之路。我覺得，自從大街上沒有這一群飢寒交迫、愁眉苦臉的女人以來，所有的城市都更加美麗更加可親了。

即便有這麼一大群妓女，仍然不能滿足日常的需要。有些人希望過一種更加舒服、更加隱蔽的生活，而不願意在大街上追逐漂浮不定的蝙蝠和飛來飛去的極樂鳥。他們想享受更加幸福的愛情：要有燈光和溫暖，要有音樂和舞蹈，還要有一副豪華的派頭。這樣的嫖客另有「不公開的去處」——妓院。這裡有一間假冒豪華的所謂「沙龍」，一群女孩聚集在這裡，她們有的穿著貴婦人的長禮服，有的穿晨服。男男女女在一塊飲酒、跳舞、聊天，旁邊還有一個鋼琴師在彈奏樂曲供他們消遣，玩夠了，就成雙成對地悄悄溜進臥室。一些高級的妓院，特別是巴黎和米蘭具有國際聲譽的妓院，往往會使一個未經世面的人產生一種天眞的幻覺，好像走進了一個生活有點放縱的貴婦人的內室。這裡的女孩與在大街上拉客的女孩相比，臉蛋更漂亮一些。她們不受日曬雨淋，也不受在滿是汙泥的小巷裡遊蕩之苦，她們坐在溫暖的房子裡，穿著時興的服裝，有豐菜佳餚，酒隨便喝。可說到底，她們又是老鴇的俘虜。老鴇供給她們衣服，以提高她們的身價，供給她們膳宿，是爲了給她賺大錢。這樣一來，即便是最勤勞、最有毅力的女孩也會背上一身債，她們將永遠無法按自己的意願離開這所房子。

如果把某些這類妓院的祕史寫出來，一定很精彩，而且也能成爲當時文化的一種實在的文獻紀錄，因爲這類妓院隱藏著最爲特殊的祕密，就是平時很嚴厲的官府對這些祕密自然也是很清楚的。那裡有祕密入口和專用樓梯，社會最上層的人物——像私下傳說的，甚至有宮廷裡的人物——可以從此進入妓院，而不會被那些該死的人看到。這裡有四面鑲鏡子的房間；有能夠偷窺隔壁房間裡一對男女正在做銷魂之事的房間；還有專爲迷戀異性服飾的性變態者而準備的最奇特的服飾，在衣箱裡，在衣櫃裡，從修女的長袍到芭蕾舞女演員的戲服，應有盡有。而恰恰是這樣的城市，這樣的社會，這樣的道德風尙，當一個年輕女孩騎上自行車，就會遭到憤怒的斥責；當佛洛伊德用冷靜的、清楚的、透澈的方式說出眞相時，卻不以爲然。恰恰是這個如此慷慨激昂地維護婦女純潔的世界，竟允許這種可怕的賣身，甚至組織並統管這種行業，從中漁利。

但願今天的人們不要被那個時代感傷的長篇小說和中篇小說所迷惑；對青年人來說，那是個糟糕的時代，年輕的女孩在家庭嚴格管束之下，完全與現實生活隔絕，身心的自由發展受到很大的阻礙；而年輕的小夥子也受到這種道德的限制，但他們並不相信這種道德，誰也不遵守這種道德，所以他們祕密地去幹那些不可告人的事。男女青年之間很少有無拘束的正常交往，按照自然法則，它恰恰意味著青春的幸福和快樂。那一代的青年，誰也記不得他與女人最初的接觸中，有多少是發自肺腑的喜悅而令人留戀的。因爲，除了社會壓力迫使他們隨時都要小心翼翼，當時還有一個罩在心靈上的陰影，甚至是最溫柔的瞬間也不會忘記的陰影，即害怕染上性病。在這一點上，那時的青年與現代的青年相比，要不幸得多。因爲不要忘記：性病在四十年前流行的程度要比現在嚴重一百倍，而更主要的是，要比今天危險和可怕一百倍。這是因爲，當時的醫院對性病實際上毫無辦法，沒有今天這樣方便快捷的科學治療方法。今天，治療性病已不困難。在一般醫院、大學的大中型醫院裡，用保羅・埃爾利希[34]的療法只需幾個星期就能治癒，以致一位教授無法向他的學生展示梅毒的初期症狀。但在當時，根據軍方和大城市的統計，十個年輕人中至少有一、二個淪爲性病的犧牲品並因而喪命，所以不斷有人提醒青年人要提防這種危險。當時你若在維也納城裡行走，每隔六、七棟房子，就會看到這樣的招牌：皮膚病、性病專門醫生。再說，不只是害怕傳染上性病，更令人害怕的是那種令人生畏的有失尊嚴的治療方法。現在的人已不知道那種方法了。一個染上梅毒的病人，要一連幾個星期全身塗上水銀，其副作用是牙齒脫落，身體其他部分也受到

34 保羅・埃爾利希（一八五四―一九一五），德國著名醫生、化學家，因發明治療梅毒的藥品六〇六而聞名於世。

損害。一個偶然沾染上這種惡疾的不幸犧牲者，不僅是身體被玷汙，心靈上也受到創傷。縱然經過這樣可怕的治療，患者自己也不能保證，可怕的梅毒是否會從包囊中隨時復發，以致由於脊椎神經麻痹而四肢癱瘓，前額部腦組織軟化。因此之故，當時有些年輕人一旦被診斷患上梅毒，就會立刻拔槍自殺，因爲他們認爲，患上這種病會連累親人被懷疑也有此病，由此造成的思想壓力在感情上是無法承受的。不僅如此，一種只能在暗處過的性生活還會帶來其他煩惱。如果我盡力追憶過去發生的一樁樁事，我依然記得起我年輕時代的夥伴，他們個個都是面色蒼白、心神不寧地來到學校，其中一個得了病就擔心自己得的是梅毒；第二個因爲要求對方墮胎而受到敲詐；第三個背著家人去治病，卻又沒有錢；第四個是他不知道如何支付女招待給他留下的那個孩子的贍養費；第五個是因爲錢包在妓院被盜，但他不敢去告發。總而言之，在那個假道德的時代，青年人所經歷的比那些御用文人寫的小說和戲劇更戲劇化；另一方面，也更加不清潔，更加緊張，更令人沮喪。無論在學校還是在家裡，在青年人性生活這個範疇內，沒有自由和幸福可言；而那樣的性愛正是青年人這個年齡所決定的。

這一切之所以必須在一幅忠實反映時代風貌的圖畫中反覆強調，是因爲當我同第一次世界大戰後的青年聊天時，我幾乎是要強迫他們相信，我們這一代人與當今一代人相比，根本不具備優越的條件。當然，從公民的意義上講，我們比今天的一代青年享有更多的自由。他們服兵役、服勞役，在許多國家，服兵役和服勞役是百姓應該爲國家做的，其根本就是要聽憑愚蠢的世界政治專橫擺布。而我們當時並沒有這些兵役和勞役，可以專心致志於自己的藝術和其他精神愛好，使私人的生活更加個性化。全世界都向我們開放，所以我們的生活更富有世界主義色彩。我們不需要護照和通行證就可以到處旅行，想去哪裡就去哪裡。沒有人檢查我們的思想、出身、種族和宗教信仰。我從來不否認，事實上我們享有比今天更多的個人自由，我們不僅愛好自由，而且充分利用這種自由。正如弗里德里希．黑貝爾[35]所說的：「一會兒我們缺美酒，一會兒缺酒杯。」不管哪一代人，兩全的事都是少有的。社會風尚給人們自由時，國家卻限制他們；國家給予人們自由時，社會風尚卻來奴役他們。過去我們過得挺好，經風雨見世面，而今天的青年人生活得更豐滿，更有意識地在度過自己的青年時代。今天我看到年輕人從中小學校、大學裡走出來，昂首挺胸，目光炯炯有神；我看到男女學生歡快地聚在一起，輕鬆隨意，毫無顧忌，十分友好，沒有虛僞的羞澀和靦腆。他們一起學習，一起運動，一起滑雪，像古希臘古羅馬人那樣在一個游泳池裡自由地互相比賽，男女兩人同乘一輛小轎車在田間兜風，他們像親兄弟姊妹似的過著健康的無憂無慮的生活，沒有任何內在的和外在的負擔，這種種事情使我感覺到，我同他們之間的距離不是四十年而是一千年。當時，我們爲了表達愛情或接受愛情，總得找個僻靜之處，偷偷摸摸地進行。我十分高興地看到，有利於青年一代的社會風尚的變革是多麼巨大啊！我們在愛情上、生活上獲得了多大的自由啊！這種自由大大地促進了人的身心健康。自從婦女的舉止不受限制以來，我覺得她們更漂亮了。她們走起路來，腰挺得直直的，眼睛明亮有神，談吐更爲自然。這新的一代人澈底擺脫了父母、姑姨和老師們的監督；他們從來不曾體會阻礙我們發展的種種阻力、恐懼和不安。他們的所作所爲，除了對自己和自己的良心負責外，無需向任何

35 弗里德里希．黑貝爾（一八一三—一八六三），德國戲劇家。

人解釋，這是他們有自信心的表現。他們不會知道，當年我們為幹一件男女之間的違禁之事，必須找個無人去的角落，偷偷地進行。而新一代的年輕人會理直氣壯地說，這是他自己的權利。這一代人幸福地享受著青春的年華，朝氣蓬勃、輕鬆愉快、無憂無慮，這恰恰是他們這個年齡所需要的。但是，我覺得，他們最幸運的是他們不用在別人面前說謊，可以把自然感情和慾望如實地表達出來。他們可以自由自在地過一輩子，心中沒有我們那個時候的精神壓力。他們認識到男女相愛是極自然的事，所以他們不當一回事。可是，我們當年對愛情看得十分寶貴，認爲同時伴隨著羞澀和靦腆而引起的祕密心理壓抑最迷人，也產生了些許溫存。也許他們根本不會預料到，正是這種忌諱造成的恐懼反而帶給我們莫名的樂趣。我總覺得，與現在的年輕人從擔驚受怕和消沉沮喪中解放出來這一巨大的社會變動相比，其他的一切都是微不足道的。他們充分享受到無拘無束的感情和自信——在我們那個時代，這些是不存在的。

大學生活

渴望已久的時刻終於來到了。在上世紀的最後一年，令人厭煩的中學的大門終於在我們身後關上了。我們勉強通過了結業考試——究竟我們從數學、物理和經院哲學中學到些什麼？——很榮幸地穿上莊重的黑禮服，聆聽校長激昂慷慨的演說，說我們已長大成人，今後就應該勤勤懇懇、踏踏實實地工作，爲國爭光。隨著畢業，八年之久的同窗友誼也雲消霧散了。從此以後，我們這些朝夕相處了八年的夥伴就很少見面了。大多數同學進了大學，那些不得已找工作當雇員的同學只好用羨慕的眼光望著我們。

在那個時代，奧地利的大學還具有浪漫色彩，所以當一名大學生就會享有一定的特權，這使得年輕的大學生總覺得自己比所有的同齡人都優越得多。這種古怪離奇的現象，在德語國家以外的地方很少有人知曉，因此很有必要對這荒謬的不合時宜的現象作一番解釋。奧地利的大學大多創建於中世紀，在當時，從事學術研究是非同一般、特別有意義的事。爲了吸引青年人到大學來學習，就要給他們一定的特權。中世紀的大學生不受一般法庭的約束，也不准警察到大學裡搜查或找麻煩。大學生穿的是特別的制服，他們有與別人決鬥而不受懲罰的權利。人們把他們視爲一個有自己的習俗或惡習的幫派。隨著時間的推移，社會生活逐漸民主化，中世紀留下來的所有幫派和行會都開始瓦解，逐步銷聲匿跡。同時，歐洲大學的所有大學生也失去了他們的特權，唯有在德國和說德語的奧地利，等級觀念一直凌駕於民主政體之上。大學生頑固地抱著這些早已失去意義的特權不放，甚至要把它變成大學生自己的法典，成爲天經地義的眞理。德語國家的大學生認爲自己除了享有一般公民的權利和榮譽外，還要享有大學生的特殊「榮譽」。誰要是侮辱了一個大學生，該學生必定同他「決鬥」。所謂的決鬥，就是用手槍向對方射擊，只要對方證明自己「有決鬥的權利」，那麼決鬥就立刻進行。所謂「有決鬥的權利」，根據這種自鳴得意的說法，顯然不是指商人和銀行家之類的人，而是只有受過大學教育取得學位的人或者軍官這些高尚的人才能享有與這些嘴上無毛的大學生決鬥的「殊榮」，這種「殊榮」，在數百萬人中不見得有一個能夠享有。另一方面，爲了表示自己是一個「眞正」的大學生，就必須「證明」自己有著男子的陽剛氣概，這種男子氣概需要他盡可能地參加決鬥，甚至要在臉上留下英雄行爲的標誌——「劍刺傷疤」——以名天下知。光滑的雙頰、沒有傷疤的鼻子，和一個眞正的日爾曼大學生的身分是不相稱的。戴著紅袖標的大學生團的學生，一直在尋找打鬥的對象。他們之間相互挑戰，還向另一些和氣溫順的學生和軍官挑起事端。每一個新來的大學生都要在大學生團的擊劍場上如法炮製地學會這種榮耀的主要活動形式。每一匹「未經調教的小馬」，亦即新來的學生，都被分到大學生團兄長的統領之下，奴隸般地服從他。而這位兄長則要教會新來的大學生適應高貴的生活習慣：一口氣喝下一大杯啤酒，滴酒不漏，直至嘔吐方顯英雄本色，證明自己不是「懦夫」。有時候他們聚在一起大唱校園歌曲，或者在夜裡成群結隊地喧鬧著通過大街小巷，嘲弄路邊的警察。所有這一切都被看作是「男子氣概」、「大學生風度」、「德意志精神」。每逢星期六，大學生團的學生們戴著各色帽子和袖章，揮舞著旗幟走出去「閒蕩」。這些思想單純、行爲盲目的年輕人認爲自己才是青春精神的眞正代表。他們蔑視那些看不慣或不理解他們這種大學生文明和德意志男子氣概的人，認爲他們是一群烏合之眾。

對一個剛從外省畢業，初到維也納的血氣方剛的小夥子來說，這種充滿青春活力而又快樂的大學時代，顯然是一切浪漫色彩的化身。我曾經見過那些住在農村的上了年紀的公證人和醫生，他們異常興奮地仰視著斜掛在房子裡的劍和各色袖標，驕傲地展示臉上的傷疤，把它當作受過高等教育的標誌。而在我們看來，這種頭腦簡單以蠻幹爲榮的行爲是多麼令人厭惡啊！當我們看到帶有這類標誌的東西時，我們會明智地躲得遠遠的。因爲我們認爲，把個人自由視爲至高無上的思想，嗜好侵略和挑釁生事的本性，顯然是德意志民族精神中最糟糕和最危險的因素。另外我們也明白，在這種矯揉造作、喬裝打扮的浪漫行爲背後包藏著精心計算過的實際目的。因爲一個人一旦成爲好鬥團夥的成員，他就會得到該組織「元老」人物的提攜，日後得到高官爵位，也容易飛黃騰達；對於在波恩的「普魯士人」來說，這是進入德國外交界的唯一可靠途徑；在奧地利的大學生，參加信奉天主教學團的人，則是在執政的基督教社會黨中謀一肥缺的途徑。所以，這些英雄中的大多數心裡非常清楚，他們的彩色袖標是未來的鋪路石，它可以補償他們在大學的學習中所耽誤的一切。前額上的劍疤在任命和提升時將會比額角後面裝的知識更有利。但是，只要看看這群軍國主義黨徒的可惡嘴臉和臉上帶劍傷而無事生非的神氣，就使我這個剛跨進大學門檻的年輕人十分掃興。另外，那些眞正埋頭讀書的人也儘量回避這些「英雄」。他們到圖書館去時，寧願走不被人注意的後門，也不走大廳，就因爲不願碰上這幫可悲的傢伙。

我應該上大學，這是全家早就商量決定的。但究竟要學習哪個專業呢？我的雙親讓我自己選擇。我哥哥已經進了父親的企業，因此，父親對第二個兒子似乎不那麼著忙了。只是關係到家庭的榮耀，非要我取得博士學位不可，至於我學什麼專業，都無所謂。奇怪的是，我對學哪種專業也無所謂。我的心靈早已獻給文學，所以學什麼專業都不會引起我的興趣，甚至，我心底裡不相信任何一所學院，這種不信任感至今依然沒有消除。我總認爲，好的書籍賽過好的大學，這個愛默生公理是放之四海而皆準的；我至今仍深信不疑：一個人即使沒有上過大學，甚至沒上過中學，他依然能夠成爲優秀的哲學家、歷史學家、語言學家、法學家等等。我在實際生活中曾發現無數個這樣的事例，一個舊書商對書的了解常常勝過有關的教授；經營藝術品的商人比專門研究藝術的學者更懂藝術；在各領域中，大部分重要建議和發現，通常是由外行人提出的。因此我覺得，大學對智商的普遍提高具有實際意義，是可行的和有效的；而對那些有創造能力的人來說則是無效的，甚至會起阻礙作用。特別像維也納大學，僅學生就有六、七千人，人滿爲患，老師與學生之間的有益接觸從一開始就受到阻礙。而且，由於學校過於因襲舊的傳統而遠遠落後於時代，所以我看不出有哪個教授的學科對我有吸引力。因此，讓我選擇的專業範圍也並不存在。應該反過來說，不是哪個專業深深吸引了我，而是哪個專業不使我頭疼，又能爲我的愛好騰出最大限度的時間和自由。於是，我最後選擇了哲學專業。按舊的觀念來說，我們不妨稱它爲「嚴密」哲學。但這實在不是我內心的愛好，因爲我的抽象思維能力很差。我的思維無不是從具體事物、事件和人物形象中衍生出來的。純理論和形上學我是無法學會的。而哲學裡純物質的論述極有限，所以聽「嚴密」哲學的講課或討論是最容易混過去的。唯一要做的是第八學期末交一篇學術論文，並參加僅有的一次考試。因此，我一開始就把時間安排好了：頭三年的大學課程根本不用去管！最後一年再全力去攻教材，草草寫一篇論文了事！這樣，大學給了我想要從它那裡得到的唯一的東西：我一生中最充裕的幾年自由時間，來研究文學和藝術，這就是我的大學生活。

當我回顧自己的一生時，像我剛上大學時那種光上學不上課的幸福時光是不多見的。我當時還年輕，還不懂什麼是事業心和責任感。不管怎樣，我還是比較自由的。一天二十四小時基本上都屬於我，我可以看書，也可以寫作，一切由自己安排，無需向別人解釋。在可見的視野之內，尚未出現大學考試的陰雲。三年的時間對一個十九歲的孩子來說是那麼漫長，那麼充足和富裕，給我帶來多少意外的歡樂和收穫啊！

我做的第一件事，就是把我過去寫的詩，用我的話來說，進行一次嚴格的毫不惋惜的篩選，編成一本詩集。我今日仍不愧於承認，對一個十九歲剛高中畢業的學生來說，鉛字的油墨味是世界上最甜蜜的味道，比設拉子[36]的玫瑰油還要香。不論哪一家報紙刊登了我的一首詩，都會自然而然地給我脆弱的心靈增添一股新的力量。難道我不應該邁出決定性的一步，出版一部自己的詩集嗎？在那些比我還有信心的同學的鼓勵下，我終於下定了決心。我大膽地將詩稿寄給了舒斯特・勒夫勒出版社，它是當時一家專門出版德語抒情詩的有名望的出版社，曾出版過李林克隆、戴默爾、比爾鮑姆、蒙貝爾特等整整一代詩人的詩集，同時也出版過里爾克和霍夫曼斯塔爾等人的德語新抒情詩。不久，令人難忘的幸福時刻接踵而來——那種幸福是作家成名以後再也體會不到的。一封蓋有出版社大印的信來到了，我拿在手中，沒有勇氣拆開。當我看到出版社已決定出版我的書，並要求保留我今後著作的優先出版權時，那一瞬間，我激動得透不過氣來。又過了不久，一校樣的包裹到了，我打開包裹

36 伊朗西南部城市，位於山間盆地中，盛產葡萄和玫瑰花。

時，心裡怦怦直跳，我激動地看著鉛字校樣、版式和書的毛本。又過了幾週，第一批樣書寄來了，我不知疲倦地查看著，撫摸著，比較著，一遍又一遍，一遍又一遍！不久，又像孩子一樣，跑到書店裡去，看看有沒有我的書，是擺在書店的中央，還是在角落裡。以後呢，就是期待各方來信，期待最初的批評和評論，期待從某個素不相識的人或意想不到的人那裡獲得最初的反應。一個年輕人出版了自己第一部著作時，都會產生這種我曾暗暗羨慕過的緊張、激動和興奮的心情。不過，這種興奮只因是初次成功，並非自滿。後來，我的第一部詩集《銀弦集》（這是那部銷聲匿跡的詩集的名稱）再也沒有重版過，不但如此，我甚至沒有從中挑選任何一首列入我的《詩集》。我第一部詩集裡的詩產生於不確定的預感和無意識的模仿，它們不是來自親身的體驗，只是一種語言上的激情。爲了引起同行的興趣和注意，這些詩至少體現出了音樂美和形式美。因此，我不能抱怨它沒有引起足夠的注意。當時在抒情詩方面走在前面的詩人李林克隆和戴默爾，把我列爲他們的同行，並衷心盛讚我這個十九歲的年輕人。我十分崇拜的詩人里爾克將他新出版的詩集單行本送給了我，作爲對我的「如此美好的書」的回贈。後來，我把里爾克贈送的詩集作爲我青年時代最珍貴的紀念品從奧地利的廢墟中搶救出來，帶到英國（它今天會在何處？）。今天，我心裡總有一股酸楚，里爾克送給我的這第一件禮物——是許多禮物中最珍貴的一件——已有四十年了，而那些熟悉的字句已是來自冥府的問候。不過，最使我歡喜不已的是馬克斯·雷格爾，這位與理查·史特勞斯齊名的，當時在世的最偉大的作曲家之一來徵求我的同意，允許他從我的詩集中選出六首譜成歌曲。後來，我常常在音樂會上聽到我的這首詩或那首詩——一些連我都已忘記或遺棄的詩句，卻由這位大師用兄弟藝術將其流傳下來。

這些意外的贊許同時也伴隨著友好坦率的批評，但它們畢竟及時起了作用，給我增加了力量，使我有勇氣克服由於信心不足而從未採取或至少是沒有及時採取的步驟。在中學時代，我除了發表詩歌，還在《現代》文學雜誌上發表過一些短篇小說和隨筆，但我從來不敢向一家有影響的大報投稿。其實，在維也納只有一家大報，就是《新自由報》，這家報紙格調高，不論是它的文化情趣還是政治威望，都對整個奧匈帝國影響甚巨，就像英語世界中的《泰晤士報》和法語世界中的《時代報》一樣。而德意志帝國境內的德語報紙，沒有一家曾為達到如此卓越的水準而做過不懈努力。《新自由報》的發行人莫里茲・貝內狄克特是一個具有非凡組織才能的孜孜不倦的人，他為使自己的報紙能在文學和文化方面超過所有的德語報紙而竭盡全力。如果他崇拜某一個作家，就會不惜代價，一連給作家發十封甚至二十封電報，並預支一部分稿費。耶誕節和新年的節日版都增加文學版面，刊登當時最有名的作家的全部著作目錄。阿納多爾・法朗士、蓋爾哈特・霍普特曼、易卜生、左拉、史特林堡和蕭伯納這些大師就會值此機會在這張報紙上聚會。這家報紙在指導全城乃至全國的文學事業中做出過不可估量的貢獻。它的世界觀是「進步」的、自由主義的，辦報的態度是踏實、嚴謹的，在代表古老的奧地利的高度文化水準方面堪稱表率。

在這個進步的殿堂裡更有一塊特別神聖之地，即所謂的文藝副刊，像巴黎的名報《時代報》和《論壇報》一樣。副刊和那些瞬息萬變的政治新聞和日常新聞有明顯的不同，它只刊登有關詩歌、戲劇、音樂和藝術方面最精闢和最優秀的文章。只有那些早有定論的權威人士才能在這塊聖地上獲得發言權。只有那些具有精闢的判斷力，又有多年的實際經驗以及嫻熟的文筆之人，在經過幾年的試用期之後，才能到這座聖殿裡擔任副刊的主編，就像聖伯夫[37]以他的文學評論《月曜日叢談》成爲巴黎的絕對權威一樣。路德維希・斯派達爾和愛德華・漢斯力克是《新自由報》副刊上戲劇和音樂方面的權威。他們兩人的贊成或反對決定一部作品、一齣戲、一本書在維也納的命運，從而也常常決定一個人的命運。副刊上的每篇文章都是當時知識界的日常話題，引起大家的討論、評議、讚賞或批評和反對。如果在這些早已受人尊敬的副刊作者中冒出一個新名字，那簡直如同晴天霹靂一般。在年輕一代作家中，唯有霍夫曼斯塔爾用他的幾篇優美的文章敲開了副刊的大門，而其他年輕作家卻有自知之明，把自己的文章送到文學刊物上發表。誰要是能在《新自由報》的頭版上發表文章，就等於爲自己的名字在維也納豎立了大理石豐碑。

在我的父輩眼裡，《新自由報》簡直就是一位聖賢，而我竟把一首小詩投給了該報，時到今日我仍無法理解當時怎麼會有那麼大的勇氣。不過，投稿並沒遭到拒絕。該報的副刊編輯每週只有一天對外接待時間，而且還是在下午二點到三點的一個小時之內，他要依次接待固定撰稿人，接待自由撰稿人的時間極少。當我順著旋轉式的小樓梯走到編輯先生的辦公室門前時，心裡不由得怦怦直跳。我請人去通報，幾分鐘後侍者回來，說編輯先生有請，於是我走進那個又擠又窄的房間。

《新自由報》的文藝副刊編輯名字叫希歐多爾・赫茨爾，他是我有生以來遇到的第一個

---

37 夏爾・奧古斯坦・聖伯夫（一八〇四―一八六九），法國著名文學評論家。

具有世界歷史地位的人物。當然他自己並不知道，他將在決定猶太民族的命運和我們時代發生的事件中，起到了力挽狂瀾的作用。在那個時候，他的觀點充滿模稜兩可的矛盾。他以寫詩開始了文學生涯，接著表現出出色的辦報才能，他首先是駐巴黎的記者，後來擔任《新自由報》副刊編輯，逐步成爲維也納公眾最喜歡的人物。他的文章由於富有敏銳、明智的觀察力，至今仍具有非凡的魔力。他的文章風格優雅，高貴而又嫵媚，不論是輕鬆的還是批評性的文章均不失大家風度。在我的記憶中，在當時所有作者的文章中，唯有他的文章最有素養，即使全城最挑剔的人也爲之傾倒。他也曾有一個劇本在皇家劇院上演過，獲得成功，從而使他成了一位名人，爲青年人所崇拜，爲父輩們所尊敬，直到發生意外的那一天。命運總是知道怎樣把它需要的人找來，去完成自己神祕的使命，儘管這個人在命運面前想躲藏起來，但無濟於事。

希歐多爾・赫茨爾在巴黎曾經歷過一件震撼心靈的事件，這使他的許多看法發生了改變。他作爲記者列席了公開貶黜阿爾弗雷德・德雷福斯[38]的全過程。他看到人們如何撕下德雷福斯的肩章，儘管這個臉色蒼白的人高喊：「我沒有罪！」這一舉動大大觸動了赫茨爾的心靈。他眞切地知道德雷福斯是無罪的，他之所以蒙受可怕的叛變罪名，僅僅因爲他是猶太人。正直的、見義勇爲的希歐多爾・赫茨爾早在上大學時就關心猶太人的命運。他甚至

38 阿爾弗雷德・德雷福斯（一八五九—一九三五），法國軍官，出身猶太中產階級，官至法國總參謀部大尉。他被控將祕密情報賣給德國。這是一起蓄意製造的排猶陰謀，史稱「德雷福斯事件」。

本能地預感到猶太民族的悲慘命運，雖然當時還沒有出現什麼嚴重事件。那時，他覺得自己的知識和對世界的了解極爲豐富，應該成爲一個領袖，所以他在上大學時提出了一個徹底解決猶太人問題的大膽計畫，甚至要透過自願的集體洗禮把猶太教和基督教統一起來。他一直有一個戲劇性的幻想，希望有朝一日率領成千上萬的奧地利猶太人走進史蒂芬大教堂，用這種象徵性的舉動做出榜樣，把這個被驅趕的沒有祖國的民族徹底從歧視和仇恨的厄運中解救出來。不久，他就認識到他的這個計畫是無法實現的。工作幾年之後，他終於不再去注意這個他自認爲畢生責無旁貸要「解決」的問題。而眼前，他看到德雷福斯被貶黜，想到自己的民族將要永遠被歧視，他心如刀絞。他想，如果種族隔離不可避免，那就要徹底隔離！如果我們命該遭受凌辱，那就要勇敢地迎上去。如果我們因沒有祖國而受欺辱，那麼我們應該自己建立一個祖國！因此，他出版了《猶太國》這本小冊子，書中宣告：無論是寄希望於同化，還是一味忍讓，對猶太民族來說都是行不通的，必須在自己的故鄉巴勒斯坦建立起自己的新國家。

這本劍拔弩張的小冊子出版時，我還在上中學，不過至今我還記得，這本小冊子在維也納猶太資產階級的圈子裡引起了普遍震驚和惱怒。他們怏怏不樂地說，這個如此有才幹、風趣，且有文化修養的作家想要幹什麼？他爲什麼要寫這樣的蠢話？幹這樣的蠢事？我們爲什麼要到巴勒斯坦去？我們說德語，而不是希伯來語，我們的祖國是美麗的奧地利！在仁慈的法蘭茲・約瑟夫皇帝領導下我們的生活不是過得挺好嗎？我們不是生活得挺體面，地位也可靠嗎？難道我們不是生活在一個再過幾十年所有偏見都要消除的進步時代嗎？爲什麼這個自稱是猶太人而且想幫助猶太教的人要將把柄交給我們兇惡的敵人手裡呢？現在，我們每時每刻都和德意志世界聯繫得更加緊密，融爲一體，爲什麼他卻要把我們與這個世界分離呢？這本小冊子出版後，猶太教的傳教士憤怒地離開了布道壇；《新自由報》的領導人宣布，絕對禁止在他的「進步」報紙上出現猶太復國主義這個詞。維也納文學界的忒耳西忒斯[39]卡爾・克勞斯，這個惡毒的諷刺能手，寫了一本名爲《錫安山[40]上的國王》的小冊子，極盡挖苦之能事。所以，當希歐多爾・赫茨爾走進劇院，穿過一排排的觀眾，觀眾不但不歡迎他，反而低聲譏諷道：「陛下駕到！」

起初，赫茨爾認爲可能是自己被人誤解了。他多年來一直受到維也納人的愛戴，因而認爲維也納是他最安全的地方，維也納人怎麼會拋棄他，又怎麼會嘲笑他！但是回報他的是如此嚴厲和憤怒的聲音，這突如其來的變化簡直把他嚇壞了。他不過是寫了一份幾十頁的小冊子，竟然在世界上引起驚濤駭浪般的反響，這是他始料不及的。而且，這些反響不是來自那些過舒適安逸生活的西方猶太資產階級，而是來自東方的廣大群眾，來自加利西亞、波蘭、俄國的猶太無產階級。赫茨爾沒有預料到，他那本小冊子居然重新激起了流落異國他鄉的所有猶太人心中快要熄滅的熱烈嚮往，實現在《舊約》中已經談了上千年之久的彌賽亞的復國夢想——這既是希望，也是宗教信仰，它是千百萬受奴役受欺凌的猶太人心中唯一有意義的精神寄託。在人類兩千年的歷史長河中，一個先知或是一個騙子的豪言都可能使一個

39 《荷馬史詩》中的人物。此人善言好鬥，常比喻尖酸刻薄者。

40 位於耶路撒冷，常以此喻耶路撒冷城。

民族的人心振奮起來，但卻從來沒有像這次規模如此浩大，並且還有海浪澎湃般的反響。孤零零的一個人僅用他寫的幾十頁厚的小冊子就把一盤散沙、爭論不休的猶太群眾團結了起來。

我想，這種思想尚處於幻想和未確定形式的最初階段時，無疑是赫茨爾短暫一生中最幸福的時刻。然而，一旦他在現實生活中確立目標，聚集力量，這時他一定會看到，猶太這個民族有各個層次，祖先不同，命運不同；有的信教，有的不信教；這裡的人擁護社會主義，那裡的人擁護資本主義。他們寧願用各種語言互相爭吵，也不願有一個統一的權威。一九〇一年我第一次見到他時，他正處於抗爭之中，也許還包括他同自己的抗爭。他還沒有足夠的勇氣放棄養家糊口的工作，去幹自己的事業。他還必須把自己的精力注入小小的記者工作和任務上，這才是他的眞正生活。這就是當時接待我的副刊編輯希歐多爾·赫茨爾先生。

我走進赫茨爾的辦公室，他站起來表示歡迎。這時，我不禁發現，「錫安山上的國王」這個具有諷刺味道的諢名對他來說還有幾分道理。他的前額高高的寬寬的，面部線條清晰，留著濃黑的教士式的鬍鬚，一雙深藍色憂鬱的眼睛，看起來眞像一個國王。由於他的神態威嚴又豪放，所以他那有點戲劇性的誇張舉止一點都不顯得造作，反而自然得體。我一點也沒覺得，他在與一個小人物會面時會故意擺出一副臭架子。在那個窄得可憐，只有一扇窗戶的編輯部小房間裡，擺著一張舊寫字臺，上面堆滿了紙張，他就在這張寫字臺後面辦公，活像一個貝都因人的部落酋長。他身著一件貝都因人的白色長衫，穿得那樣自然，好像那是一件按巴黎式樣精心剪裁的燕尾服。他有意識地稍微停頓了一會兒——他喜歡這種小小的間歇，以後我常注意到這一點，他喜歡這種稍微的停頓產生的效果，這大概是在皇家劇院裡學到的——然後帶著一副傲然卻又十分友善的神情向我伸出手來。他示意我坐在旁邊的椅子上，一面問道：「我覺得在什麼地方看到或聽到過您的名字，您寫過詩，對嗎？」我不得不點頭承認。於是他向椅背一靠，說道：「您給我帶來了什麼大作？」

我說，我很高興讓他看看我寫的一篇小散文，接著我便把手稿遞給他。他先翻了一下頁數，可能在估計有多大篇幅，隨後將身子深深地陷進椅背裡。使我感到驚奇的是，他已開始讀我的手稿（我壓根就沒想到），他看得很慢，一頁一頁翻下去，全神貫注，目光始終沒離開手稿。他看完最後一頁，慢慢地把手稿疊好，放進一個文件袋裡，用藍鉛筆在上面作了一個記號。他始終沒看我一眼，屋內的空氣像凝固了似的，他的這些動作把我置於一種神祕莫測的長時間的緊張狀態之中。我覺得，過了那麼久，他才抬起頭來，用深沉的目光望著我，故意用緩慢而又嚴肅的語氣對我說：「我很高興我能告訴您，《新自由報》副刊將發表您這篇漂亮的散文。」那種氣氛，簡直就像在戰場上拿破崙將一枚十字勛章佩戴在一個年輕中士胸前一樣。

看起來，這只是一件微不足道、意義不大的小插曲。可是，只有那個時代的維也納人才會理解，這是一件重大的事情。赫茨爾的惠愛意味著一個人將一下子步入青雲。我這個年僅十九歲的青年將會在一夜之間躋入名人行列。希歐多爾・赫茨爾同我第一次見面起就對我備加關照。同時，他藉與我偶然的相識立刻寫了一篇文章，告誡人們不要以爲維也納的文學藝術已趨衰落，恰恰相反，除霍夫曼斯塔爾之外，現在還有一大批年輕的天才，其中不乏最優秀者，他把我的名字列在第一位。像希歐多爾・赫茨爾這樣的名人率先為我能獲得顯赫的也是責任重大的社會地位而大造輿論，使我感到莫大的榮幸。但是我沒有像他所期望的那樣，參加甚至共同領導他的猶太復國主義運動，對我來說，這是個更為困難的決定，這樣看來，似乎我是一個忘恩負義的人。

但我確實不願同他緊密聯結在一起。主要是赫茨爾自己黨內的人對他那種不尊重的態度使我同他疏遠開來——那種態度在今天是很難想像的。他在東方的同志責備他不懂猶太精神，甚至連猶太人的風俗習慣都一無所知。那些國民經濟學家認為他不過是一個副刊編輯。人人都有反對他的理由，而採取的方式也不都是禮貌的。我很清楚，當時那些完全獻身於他的事業的人，尤其是年輕人的熱情，曾使他信心倍增，可是這些年輕人急需受教育，在這個小圈子裡，缺乏誠懇、友好的態度，他們爭論不休，惡語相向。就這樣，我疏遠了他的猶太復國運動。我以前是出於對赫茨爾的尊重，同時也有點好奇，才接近這個運動的。當我們有一次談到這個話題時，我公開承認，我對他的隊伍中缺乏紀律性感到不滿。他苦笑著對我說：「請您不要忘記，我們數世紀以來對這個問題的討論一直是不嚴肅的，我們對思想意識的無休止的爭吵已習以為常了。兩千年來，我們猶太人在世界上根本沒有做出實際的或現實的貢獻。我們現在不得不學習這種無條件的奉獻精神，而我自己今天還沒有學會這種精神，因為我還要給副刊不斷地寫文章，我畢竟還是《新自由報》副刊的編輯，我的職責要求我在報紙上只能宣傳一種思想，而不能散布其他思想。不過，我正處在改變自己現狀的過程中。我自己先學習完全的獻身精神，這樣，或許其他人會跟著一起學了。」我至今記得很清楚，他的這番話給我留下深刻的印象，因為我們大家都不理解，為什麼赫茨爾久久不能下定決心放棄他在《新自由報》的職位。大家都以爲是爲了家庭生計的緣故。實際上，並不是這麼回事。他後來爲了自由的事業而犧牲了自己的私產——世上的人很晚才知道這件事。他的這一番話，還有許多他的日記，都清楚地表明，他陷入內心矛盾之中，給他帶來多麼大的痛苦。

自那以後，我同他見過多次面，不過，在所有的相遇之中只有一次會面是值得回憶和難以忘懷的，也許因爲那是最後一次見面的緣故吧。我從國外回來——我在國外與維也納只有通信聯繫——一天，我在市公園裡遇見了他，他顯然是從編輯部走來，他走得很慢，身子微微向前躬著，不再像過去那麼生龍活虎。我禮貌地向他問好，想匆匆走開。但是他快速向我迎來，一邊伸出手，一邊說：「您爲什麼老躲著我？根本沒有這個必要！」他說我能這樣經常到外國去很好。「這是唯一的辦法！我所知道的一切，都是從國外學到的。一個人只有到了國外才能自由思考問題。我相信，我在這裡永遠不會產生建立猶太國的想法。縱然有這種想法，也早被他們扼死在萌芽狀態之中了。上帝保佑，好在這種思想是從國外帶來的，在外國就把一切都想好了，他們對它就無可奈何了。」然後，他辛辣地諷刺起維也納來，他說他在此地受到的阻力最大，阻力並非來自國外。他從東方，現在又從美國，得到的都是促進的力量，不過他對自己的事業已經十分厭倦了。他說：「總而言之，我的錯誤是開始得太晚。維克托・阿德勒在他鬥志最旺盛的年華——三十歲——就已成爲社會民主黨的領袖了，還不用說歷史上那些大人物。您知道，我爲失去的青春年華，爲我未能早早從事自己的事業，心裡是多麼痛苦啊！如果我現在的健康狀況如同我的意志那麼堅強，那以後的事就會好一些。可是，逝去的年華再也贖不回來了。」我陪他走了很長一段路，一直送他到家門口。他站在門口，向我伸出手，說道：「您爲什麼從不到我家裡來看我？只要您事先來個電話就行，我現在已有空閒時間了。」我答應以後來看望他。實際上我是下定決心不實踐自己的諾言，因爲我越是愛戴一個人，就越珍惜他的時間。

不管怎樣，我還是到他那裡去了一趟，那已是幾個月以後的事了。當時他病魔纏身，終於突然倒下，所以我到那裡去，只能是陪伴他到墓地去。那是七月裡的一天，凡是親身經歷過那一天的人都不會忘記這個不尋常的日子。因爲突然間，到達維也納各車站的每趟列車，不論白天還是黑夜，都運載了世界各地來爲他送葬的人。他們是來自東方和西方，來自我國和土耳其的猶太人；他們從各省分和大小城市擁到這裡，臉上滿是聽到噩耗而驚愕的神情。過去人們由於喋喋不休的爭吵和流言蜚語未曾發現的事，現在卻讓人們感到格外清楚：此刻安葬的是一個偉大運動的領袖。一眼望不到頭的送葬隊伍使維也納驟然發現，去世的不僅是一個作家、一個普普通通的詩人，更是一位偉大的思想家——他的思想不論是在一個國家還是在一個民族，只有經過長時間的檢驗之後，才會受到猶太民族的如此重視。在墓地附近發生了一場騷動：很多不能自控的送葬者像潮水一般湧向靈柩，他們哭嚎著，叫喊著，簡直是泣鬼神動天地，極度的悲哀打亂了當時的秩序。在這以前和在這以後，我從沒有看到過如此宏大、如此動人的葬禮。他的死引起千百萬人民內心裡巨大的悲痛，使我第一次感受到，一個孤獨的人，他的思想威力給世界留下了多麼大的激情和希望啊！

我有幸躋身《新自由報》副刊作者的行列，這對我具有現實意義。從此，我得到了家人的全力支持，這是我原本沒有想到的。我的雙親對文學歷來就不怎麼關心，也就從來不評論什麼。在他們看來，所有維也納的資產階級都是一樣的，《新自由報》讚揚什麼、反對什麼和不理睬什麼，都是重要的。他們覺得在《新自由報》上刊登的文章必然具有最高的權威，不管是誰，只要在上面發表文章，就會受到尊重。一個每天都以崇敬和期待的眼光注視這份重要報紙的家庭，一旦在某一天早晨發現，和他們一起坐在桌旁的這個在學校裡並不怎麼規矩的十九歲年輕人所寫的文章居然出現在那份大報上（這種「無害」的遊戲總比玩牌或和輕佻的女孩調情要好），在那些大人物撰文的版面上居然出現了名不見經傳的小人物的文章（家裡的人沒有想到這一點），這在我們家引起的反響是可想而知的。因爲即使我能寫出像濟慈、荷爾德林、雪萊那樣優美的詩篇，也不可能使周圍的人對我如此刮目相看。以前，當我走進劇場時，總有人對難以捉摸的班雅明[41]指指點點，他曾以不可思議的方式擠進德高望重的老人行列。現在，我幾乎在每期副刊上發表文章，因此，我也陷入了成爲一名令人尊敬的地方人物的危險之中。好在我及時擺脫了這種危險。一天早晨，我告訴我的父母，下個學期我要到柏林去上大學，這使他們非常驚喜。全家人都尊重我的想法，或者更確切地說，由於我有《新自由報》副刊這塊招牌，所以他們不好拒絕我的願望。

顯然，我並沒有想到柏林去上什麼「大學」。我在那裡和在維也納一樣，一個學期只去了兩次大學，一次是爲了做聽課註冊，第二次是爲了讓教務人員在聽課證上簽名蓋章。我到

---

41 華特・班雅明（一八九二—一九四〇），德國猶太裔思想家、哲學家、文學批評家。

柏林尋找的既不是講座，也不是教授，而是有價值的、完美無缺的自由。我總感到在維也納受環境的限制，和我有交往的文學界同行幾乎都來自猶太市民階層，像我一樣。在這座狹小的城市裡，人們彼此之間都非常了解，我必然永遠是一個「富裕」家庭的闊少爺。可是我早就厭煩了這個「上流」社會階層，我甚至願意到「下流」社會階層中去尋找一種無拘無束的生活。到了柏林，我感到一身輕鬆。在這裡，我從來不看大學的課程表，也不知道誰在教哲學課；我只知道這裡的「新」文學要比我們那裡的「新」文學更加繁榮、更有活力；我也知道，在柏林能遇見戴默爾及其他年輕一代的詩人；在這裡不斷有新的雜誌出版，新的小劇場和劇院在落成，總之，用我們維也納人的話說，在柏林「總有點兒什麼新鮮事」。

事實上，我是在一個極其令人感興趣的歷史時刻來到柏林的。過去，柏林是一個相當一般、完全不富裕的普魯士王國的小小首都，自一八七〇年起一躍成爲德意志帝國皇帝的國都後，這座位於施普雷河畔的不顯眼的小城突然繁華起來，可是，文化和藝術中心並不在柏林。慕尼黑因其本地擁有大批畫家和詩人，自然是藝術的中心；就音樂而言，德勒斯登的歌劇占著主導地位。各個諸侯國家的首府在文學藝術上各有特色，尤其是維也納憑藉它數百年的文化傳統和凝聚力，吸引或產生了大批人才，菁英薈萃，在文化藝術方面遠遠超過柏林。不過，近幾年來，隨著經濟的迅猛發展，柏林揭開了新的一頁。規模巨大的康采恩、腰纏萬貫的家族紛紛遷入柏林，新的財富伴隨著強大的冒險精神，爲柏林的建築業、劇院的興建開闢了任何其他城市所不具備的光輝前景。在威廉皇帝的庇護下，各種類型的博物館開始擴建，劇院找到了像奧托·布拉姆這樣出類拔萃的領導人。正因爲柏林缺乏眞正的文化傳統，缺乏幾百年的文化歷史，所以它吸引青年人來此闖蕩。因爲傳統往往意味著阻力。受古老傳統的束縛、把過去的一切偶像化的維也納，必然對青年人和他們的一切新嘗試漠不關心。而柏林則鼓勵這種新的探索，因爲它正想迅速爲自己塑造一個有個性的形象，它在尋找新的東西。因此，大批青年從全國各地，甚至從奧地利，一起擁入柏林，也就不足爲奇了。那些有才能的人自然會在這裡取得成就。維也納人馬克斯・萊因哈特爲了求得一個職位，不得不在維也納等上二十年，可是在柏林，他只用了兩年就謀到一個不錯的職位。

我到柏林的時候，恰逢這座城市由一個普通的首都變成世界名城的時期。由於偉大的祖先遺留給維也納的是一片美景，所以按這個標準來看，柏林給我的第一印象是令人失望的。向西方學習城市建設，應該發展新型建築，而不是裝飾過分的動物園式的房屋，而這種新型建築在柏林剛剛興起。市中心修了兩條建築造型單調、粗製濫造的豪華的弗里德里希大街和萊比錫大街。郊區的維爾默村、尼古拉湖及施特格利茨等地，只有乘有軌電車花費很長時間才能到達。誰要是想瀏覽郊區的湖泊等美景，在那時就像做一次探險旅行一般。除了那條古老的菩提樹大街以外，眞正的市中心尚未形成。還沒有一條像維也納格拉本林蔭大道那樣的大街。由於古老普魯士的節儉精神，柏林缺少一般的時髦打扮。婦女們穿著自己裁剪製作的、毫無裝飾的衣服進劇院，不像維也納和巴黎人講究奢侈揮霍，即便是錢花得分文不剩，依然擺出闊架子。在柏林，人們處處可以感到普魯士國王弗里德里希二世時代近乎吝嗇的勤儉持家精神；咖啡淡而無味，因爲要節約咖啡豆；飯菜不可口，沒有湯也沒有滋味。在維也納，到處是音樂聲和歌聲，而柏林唯有到處乾乾淨淨和有條不紊的秩序。譬如說，我上大學時在維也納租房子住，女房東同柏林女房東完全不同，我覺得是最典型不過的例子了。維也納的女房東是個活潑、愛說話的女人，她並不是把所有的地方都打掃乾淨，常常粗心大意、丟三落四，但對人熱心，助人爲樂。柏林的女房東倒是無可指責，她把一切都整理得有條有理。在第一個月結帳時，我看到她用清秀的斜體字把帳目記得一清二楚，她做的每件小事也都記在帳上。例如，她給我褲子釘上一個紐扣要三芬尼，擦掉桌上一塊墨跡要二十芬尼，算到最後，總共六十七芬尼。起初我覺得有點可笑，可是過了幾天以後，我不得不折服於這種普魯士式的一絲不苟的精神，雖然這樣會使人不快。在我的一生中，這是第一次也是最後一次詳細記載我的現金支出帳目。

我到柏林的時候，帶了許多維也納朋友的推薦信，可是一封我也沒用上。我之所以不合常規地到柏林來，目的就是爲了擺脫資產階級安逸的生活和束縛人的環境，不再與那個階層的人打交道，在柏林獨立生活。我只想結識和我文學情趣相投的那些人，而且盡可能認識一些令人感興趣的人物。我沒有白讀「浪漫文人」的作品，剛滿二十歲就想親身體驗一下浪漫文人的生活。

我沒有花費多長時間，就找到一個放蕩不羈、氣味相投的社交圈子。我在維也納時，就和柏林一家有影響的報紙《現代人》合作了，他們自嘲地稱該報是「同仁團體」。該報的主編是路德維希·雅各博夫斯基。這位年輕的詩人在他早逝前不久，建立了一個名爲「後來者」的社團，這個名稱對青年人頗具誘惑力。在諾倫多夫廣場旁的一家咖啡館二樓，每週舉行一次聚會。在這個類似巴黎「丁香園」的盛大聚會上，各式各樣的人物聚集在一起，有詩人、建築師、扮風雅的文人學士、記者，還有扮作工藝美術家和雕刻家的年輕女孩，想提高德語水準的俄國大學生和滿頭淡黃金髮的斯堪的納維亞女郎，以及從德國各省來的人物：骨骼強壯的威斯特法倫人、憨厚的巴伐利亞人及西里西亞的猶太人。大家聚集一堂，展開激烈的爭論，但不受任何拘束。有時朗誦幾首詩或劇本的片斷，但對所有人來說，主要目的是在此彼此結識。在這些自命豪放不羈的青年文人中間，還坐著一位像聖誕老人似的鬍鬚灰白的老翁。這般高齡來參加我們的聚會，實在令人感動。他受到大家的尊敬和愛戴，因爲他才是一位眞正的詩人，眞正的浪漫文人，他就是彼得・希勒。這位七十歲的老人，眯縫著藍色的小眼睛，親切地、眞心實意地望著這群與眾不同的孩子，他一直穿一件灰色的風衣，用此遮蓋周邊已磨破了的西裝和很髒的襯衫。每逢我們簇擁著他，要他朗誦一首詩時，他就從上衣口袋裡掏出一張皺巴巴的手稿，一邊看一邊朗誦。這是一些完全不同類型的詩，是一個天才詩人的即興之作，只是有點鬆散和偶然罷了。這些詩是他在電車上或咖啡館裡用鉛筆寫的，寫完就忘記了，所以他在朗誦時總是很費勁地辨認模糊的字跡。他從來沒有錢，可從不爲錢發愁。他四海爲家，今天在這家寄宿，明天在那家做客；忘卻塵事，淡泊名利，好像使他懂得了人生眞諦。誰也不知道這位善良的林間樵夫是何時又是怎麼來到柏林這座大城市的，也不知他來這裡想做什麼。其實，他什麼也不想要，他不想出名，也不想顯赫。他懷著詩人的夢想，只是想無憂無慮、自由自在地在柏林生活下去。以後我又遇到像他一樣的一個人。那些吵吵鬧鬧的與會者圍著他，高談闊論，他總是和藹地聽著，從不與任何人爭論，有時，他舉起酒杯表示敬意，可幾乎不介入別人的談話。他給別人一種這樣的感覺，好像就在這一片喧鬧中，他正在自己昏昏沉沉的頭腦中尋詩覓句呢！儘管此時此地根本不具備產生詩文的條件。

這位淳樸的詩人——他今天即使在德國也幾乎被人忘卻了——的眞摯和純潔也許對我產生了巨大的影響，所以我不再關心「後來者」社團選出的理事會。這位詩人的思想和語言，後來影響了無數人的生活方式。在柏林，我第一次看到魯道夫・史坦納[42]，他是繼希歐多爾・赫茨爾之後又一個命中註定爲千百萬人指路的人。史坦納是人智學的創始人，他的追隨者爲發展他的學說創辦了規模宏大的學校和研究院。他本人並不像赫茨爾那樣具有領袖氣質，可是他更富有魅力。他那雙深沉的眼睛好像蘊藏著催眠的魔力，聽他講話時如果不盯著看他，會聽得更好，注意力更集中。因爲他那瘦削的苦行僧似的臉上閃爍著強烈的激情，這不僅使婦女對他著迷，其他人也被他吸引。當時魯道夫・史坦納還沒有創建自己的學說，他自己只不過是一個探索者和求知者。有時候他給我們講歌德的顏色學。在他的講述中，歌德的形象越來越像浮士德和帕拉塞爾斯[43]。史坦納的講話總是那麼引人入勝，因爲他學識淵博，尤其是對我們這些只懂文學的人來說更顯得博大精深。聽他的報告，或者有時同他私下交談之後，我總是懷著興奮又有點抑鬱的心情回到家裡。可是，如果我今天捫心自問，當時我是否預見到這個年輕人以後會在哲學和倫理學方面有如此重大的影響，我不得不慚愧地回答：「沒有。」我期待著他的探索精神引領他在自然科學方面取得成就，如果我聽到他用直觀的方法在生物學領域獲得偉大的發現，我決不會感到奇怪。可是，在多年以後，當我在多納赫看到那座雄偉壯麗的歌德大樓——「智慧學校」（這是他的學生捐贈給他的那所柏拉圖式的「人智學研究院」）時，眞使我有點失望。他的影響已經深入到廣泛的社會實踐中，甚

42 魯道夫・史坦納（一八六一——一九二五），奧地利哲學家、人智學創始人。

43 帕拉塞爾斯（一四九三——一五四一），德國醫生、自然科學家、哲學家。

至在有的地方這種理論已家喻戶曉盡人皆知。我不敢對人智學妄加評論，因為我到現在還不清楚，人智學是研究什麼的，它到底有什麼意義。甚至我這麼認為，人智學之所以有誘惑力，主要不在於這個學說，而在於魯道夫·史坦納這個富有魅力的人物。他是一個具有特殊吸引力的人，他總是以友好的、不以權威自居的態度與青年人交談，由於這樣我與他才結識，應該承認，我與他的交往使我獲益匪淺。我從他那富於想像同時又十分深奧的學識中認識到，眞正淵博的知識，絕不是像上中學時所想像的那樣，透過泛泛地讀書和討論就會獲得，而是持之以恆、日積月累的刻苦鑽研。

在那個廣泛吸收知識的時代，友誼很容易結成，而社會和政治的隔閡尚不十分嚴重，一個年輕人想要學到眞正的知識，最好向那些願意共同進取而非已負盛名的人學習。我再次感到，集體的熱情合作必然結出碩果，這種感覺是站在比中學時代高得多的國際水準上的一種體會。我在維也納的朋友幾乎都出身於資產階級，而且十分之九出身於猶太資產階級，所以我們的愛好只能說是大同小異；而在柏林這個天地裡的年輕人來自完全不同的階層，有的來自上層，有的來自下層；這位是普魯士貴族，那位是漢堡船主的公子，第三位則是威斯特法倫的農民貧家子弟。我突然置身於這麼一個有衣服襤褸骨瘦如柴的眞正窮人的社交圈子裡，這是我在維也納從來沒接觸過的社會階層。我和酒鬼、同性戀者、吸毒者坐在同一張桌旁。我敢於——甚至覺得驕傲——同一個相當有名的被判過刑的冒充大人物的騙子握手（後來，他把他自己幹的勾當寫成回憶錄出版，從而加入了我們作家的隊伍）。我被引進小酒店和咖啡館裡，與那些我認為在現實主義小說中不曾有過的形形色色的人物擁擠在一起。並且，一個人名聲越壞，就越能引起我強烈的興趣，想認識他本人。這種對危險人物特殊的偏愛或者說好奇伴隨了我一生。即便到了守規矩又知書達理的年齡，我的朋友還經常責備我不要同這些不講道德、言而無信、損害他人名譽的人交往。也許因爲我出身於正派的社會階層，對這個階層過著「養尊處優」的生活感到有點內疚，才使我覺得這些人最有誘人的魅力。這些窮人從不吝惜且近乎蔑視自己的生命、時間、金錢，甚至健康和名譽。他們是單純爲了生存而沒有目標的有偏狂症的人。也許有人在我的長篇或短篇小說中會覺察到，我對這種豪邁本性有一種特別的偏愛，同時他們還有一種異域的魅力。他們中間幾乎每一個人都對我強烈的好奇心報以來自異國的禮物。畫家埃・莫・利林，這個來自德羅霍畢茨，信奉東正教的窮車工師傅的兒子，是我遇到的第一個眞正的東方猶太人，我從他身上了解到迄今爲止尚不明瞭的猶太人的精神力量和猶太人頑強的信仰。一個年輕的俄國人爲我翻譯了當時在德國尚無人知曉的小說《卡拉馬助夫兄弟們》中最精彩的片斷。一名瑞典女青年使我第一次看到了孟克的繪畫；我在那些尚不入流的畫家的畫室裡來回轉悠，爲的是觀察他們的繪畫技巧。一名教徒還帶我到一間聖靈降臨的小屋去看過。所有這一切都使我大開眼界，大千世界眞是多姿多彩，令人目不暇接。在中學時，我所接觸的是純粹的公式、詩韻和詩句，而現在我在這裡接觸的是人。我被他們所鼓舞，對另一些人很失望，有些人甚至欺騙過我。可是我堅信，在柏林短短的一個學期，完全自由的第一個學期裡進行的社交活動要勝過以往的十年。

這樣廣泛地接觸現實生活，想必會大大增加我的創作欲望，好像這樣才合乎邏輯。而事實卻恰恰相反，在中學時期相互激勵起來的強烈的創作慾，現在令人擔憂地喪失了。我那本不成熟的詩集出版四個月後，我就想不通當時怎麼會有勇氣出版它。其中有些詩還是相當優美和精巧的，甚至有的詩還是相當好的藝術品。但是，我總覺得這些詩的傷感情調是不眞實的。同樣，自從我在柏林和現實有了接觸以後，我覺得我最初發表的中篇小說有股灑過香水的紙張味。這些作品全然不合乎現實生活，用的是從別人那裡學來的寫作技巧。所以，我把從維也納帶來的那部討好出版人的長篇小說付之一炬。這是因爲我在這裡看到了現實，我那中學水準的判斷力慘遭打擊。此時的心情就像在學校裡連降幾級那樣難受。事實上，第一部詩集出版以後，間隔六年我才出版第二部詩集，又隔了三、四年才出版了第一本散文集。在這期間，我遵照戴默爾的忠告，抓緊時間從事翻譯工作，至今我仍然感激他，因爲文學翻譯能使年輕的作家更熟練更精確地運用祖國語言，對寫作大有裨益。我翻譯波特萊爾的詩，還譯過魏崙、濟慈、威廉·莫里斯的一些詩和夏爾·范·萊爾貝爾赫[44]的一個小劇本及卡米耶·勒蒙尼耶[45]的小說《熟能生巧》。任何外語都有自己獨特的成語和習語，這是翻譯詩歌的首要難題。正因如此，翻譯詩歌需要譯者有豐富的表達能力，而在平時人們卻不注意這些。如何把外語中的成語譯成妥帖入微的母語，需要譯者反覆揣摸，在我看來，這是一個藝術家的特殊的藝術樂趣。這種默默無聞的工作需要耐心和毅力，需要道德修養，而這種道德修養在中學時期由輕率和魯莽所代替。我現在特別喜歡翻譯工作，因爲我從介紹外國文藝作

---

44 夏爾·范·萊爾貝爾赫（一八六一—一九〇七），比利時象徵主義詩人、劇作家。

45 卡米耶·勒蒙尼耶（一八四四—一九一三），比利時法語小說家、藝術批評家。

品的平凡工作中第一次感到，這才是做了一件眞正有意義的事情，不枉我來人世一遭。

現在，我今後的歲月裡道路將如何走，我心裡已經清楚了，那就是多觀察、多學習，然後再進行創作！不能讓倉促寫成的作品來見世界，而首先應該了解世界的本質。在柏林就像吃了濃濃的醋漬汁一樣，使我思渴難忍。我環顧周圍世界，思索著暑假旅遊該到哪個國家去，最後我選擇了比利時。這個國家在上世紀與本世紀相交之際在藝術方面有過不同尋常的飛躍，從某種意義上說，甚至超過了法國。像繪畫界的克諾普夫[46]、羅普斯；雕塑界的康斯坦丁・默尼耶和喬治・米納[47]；工藝美術界的范・德・韋爾德[48]；文學界的梅特林克、埃克豪特[49]、勒蒙尼耶；這些大師構成歐洲文學藝術的新力量。不過首先使我入迷的是埃米爾・維爾哈倫[50]，因爲他的抒情詩開闢了一條嶄新的道路。在某種程度上，我暗自發現這位在德國尚不爲人所知的作家——德國官方文學界長期以來把他和魏崙混爲一談，就像把羅曼・羅蘭和羅斯丹相混淆一樣。只要單獨愛一個人，就會得到雙倍的愛。

---

46 費爾南德・克諾普夫（一八五八—一九二一），比利時象徵主義畫家、版畫家。

47 喬治・米納（一八六六—一九四一），比利時雕刻家、畫家。

48 亨利・范・德・韋爾德（一八六三—一九五七），比利時建築家、工藝美術家。

49 喬治・埃克豪特（一八五四—一九二七），比利時法語小說家。

50 埃米爾・維爾哈倫（一八五五—一九一六），比利時象徵派詩人、劇作家。

也許有必要在這裡稍稍加以解釋。我們的時代瞬息萬變、千曲百折，所以也就沒有好的記憶力。我不知道埃米爾・維爾哈倫的作品今天是否還有意義，但他是法語作家中第一個決心對歐洲做出貢獻的人，就像惠特曼對美國做出貢獻那樣，既要認識當代，又要認識將來。他早已開始熱愛當代的世界，把它作爲詩歌的題材。有些人認爲機器是惡魔、城市醜惡，認爲當代不可能有詩意，而他對每一項新發明、每一項技術成就都感到歡欣鼓舞。他對自己的這種熱情感到高興，爲了使自己感受到更多的激情，他認爲必須對周圍的事物更加傾心。所以從最初的小詩中孕育出宏大的讚美詩。〈相互尊重友好〉這首詩是他向歐洲各族人民發出的號召。當今的時代是個極爲可怕的倒退時代，可它不爲當代的整整一代樂觀主義者們所理解，這一點在他的詩歌中得到充分的體現。他的一些最好的詩爲我們描繪了一個新的歐洲和人類美好的未來，這是我們夢寐以求的。

我爲了結識維爾哈倫才來到布魯塞爾的。可是卡米耶・勒蒙尼耶這位強壯的、已被人不公正地忘掉的《男人》的作者——我曾把他的一部長篇小說譯成德文——不無遺憾地告訴我，維爾哈倫很少從他的小村莊到布魯塞爾來，而且他現在也不在家。爲了彌補我的失望情緒，他熱情地給我引見其他藝術家。於是我見到了老藝術大師康斯坦丁・默尼耶，這位頗具英雄氣概的工人和以表現勞動場面著稱的雕塑家；在他之後，我見到了范・德・施塔彭[51]，他的名字在今天的藝術史上幾乎已經消失。不過這位身材矮小、面頰紅潤的佛萊明人倒是一

---

51 夏爾・皮埃爾・范・德・施塔彭（一八四三—一九一〇），比利時雕塑家。

位和藹可親的人。他與他的夫人，一位高大寬肩、開朗的荷蘭人，熱情地接待我這個年輕人，給我看他的作品。在那個陽光燦爛的上午，我們談了很長時間的文學和藝術。他們的善意打消了我的所有顧慮。我不加掩飾地對他們說，我到布魯塞爾來就是想見見維爾哈倫，恰巧他不在，我很遺憾。

是否我講的有點太過分了？是否我講的有點憨直？反正我覺察到范・德・施塔彭和他的夫人對視一笑，偷偷使了一個眼色。我覺得我的話引起了他倆會意的默契。我感到很不自在，想告辭。他們執意留我吃午飯。他們相互使著眼色，一臉神祕的微笑。不過我覺得，即使有祕密，也一定是善意的友好的，於是我放棄了去滑鐵盧的打算。

很快就到了中午，我們已經坐在餐室裡——像所有的比利時住房一樣，餐廳是在一樓——透過餐室的彩色玻璃可以看到臨屋的一條街道。突然，一個身影出現在餐室窗前，聽見有人用手指敲玻璃，同時門鈴也突然響起來。「他來了。」范・德・施塔彭太太說著就站了起來。我不知道這個「他」是何人。但門已打開，他邁著沉重有力的步伐走了進來。原來是他，維爾哈倫！我一眼認出他，我早就從照片上認識他。維爾哈倫是這裡的常客，今天湊巧也到這裡來。所以，當我說出我到處找維爾哈倫而不得見時，施塔彭夫婦迅速地使眼色會意：不告訴我，給我意外的驚喜。現在，維爾哈倫已站在我的面前，施塔彭夫婦對剛才的小玩笑得意地微笑起來。我的手第一次和他那隻強健的手緊緊地握在一起，我第一次親眼看到他那明澈、和善的目光。他總是這樣，不論應邀到誰家，總是帶著熱情和喜悅走進屋。他剛開始吃飯，就敘述起他剛會過朋友，還去過美術館，臉上還帶著那時的興奮神情。無論他走到哪裡，都像是回到自己的家；無論碰到什麼偶然小事，他都會感到不亦樂乎，這已經成為他的一種崇高的習慣。他眉飛色舞，侃侃而談，每一件事都講得活靈活現。他講第一句話就能抓住聽眾的心，因爲他襟懷坦白，平易近人；他從不拒絕任何新人新事，任何人他都接待。他對一個初見的人會立刻拋出一片眞心，就像那天我與他第一次見面時一樣。以後我經歷過無數次他善待其他人產生的巨大反響。他並不了解我，僅僅聽說我喜歡他的作品，就同我一見如故。

午飯以後，又出現了第二件令人驚奇的事，范・德・施塔彭早就有爲維爾哈倫塑像的願望，這幾天他一直忙於雕塑維爾哈倫的半身像，今天是最後一次寫眞。范・德・施塔彭說，我來的正是時候，正需要一個和這位模特兒聊天的人，這樣就可能塑出一張正在說話和傾聽的生動面孔。我目不轉睛地細細盯著他達兩小時之久。這是一張令人難忘的面孔，高高的前額，艱苦的歲月讓臉上布滿了皺紋，褐色的鬈髮簇擁在深深的鬢角上。他的面部表情嚴厲，飽經風霜的淺褐色皮膚，輪廓鮮明地向前突出的下頜，窄窄的唇上蓄著兩撇長長的濃密的維欽托利式的八字鬍，一雙消瘦的、靈巧的、纖細而有力的手，皮下血管在勃勃跳動，顯示出興奮感。他的雙肩像農民的肩膀一樣寬闊，肩負著他意志的全部力量。相比之下，他那顆堅強的瘦骨嶙峋的頭顱似乎顯得小了一些。只有他大步向前走的時候，才能顯示出他的力量。當我今天看到這尊半身塑像時，我才知道它有多麼逼眞，多麼傳神。范・德・施塔彭後來的作品都沒有超過這件雕塑。這是一個詩人的偉大的眞實紀錄，是永恆力量的紀念碑。

經過這三個小時，我確實愛上了這個人，此後，我在一生中始終喜愛他。他的本性是穩健的，從不自滿。他與金錢無緣，寧願住在鄉下，也不願爲生活多寫一行字。他不求功名，從不用退讓、逢迎或透過熟人關係來追逐名利。他認爲，自己的朋友和他們忠實的友情就已讓他心滿意足。他甚至擺脫了對一個人來說最危險的誘惑：榮譽。但榮譽終於在他年富力強之時落到他的頭上。他始終光明磊落，心中無任何芥蒂，從不爲虛榮迷惑。他是個自由、快樂、胸懷坦蕩的人，誰要是同他在一起，就會親身感受到他的生活理念。

這會兒，詩人就在我這個年輕人的面前，我做夢都想成爲他那樣的人。在我與他初次見面的頭一個小時裡，我就下了決心，爲這個人和他的作品效勞。我下這個決心是頗有膽識的，因爲這位詩人在當時的歐洲還沒有多大名氣。雖然我知道，翻譯他的龐大的詩集和三部詩劇要占去我二到三年的創作時間，但我還是下決心用全部精力、時間和熱情來翻譯這幾部著作。我貢獻出最寶貴的精力，就是爲了完成這件道義上的任務。我在過去不斷地尋找和探索，今天總算找到一件有意義的事。如果今天要我向一位尚不明確自己道路的年輕作家提出忠告的話，那麼我首先建議他，他可以先作爲演員或者翻譯去啃一部大部頭的作品。這樣做雖然要做出一些犧牲，但對一個初學者來說，比自己的創作更有把握。每一個付出辛勞的工作都不會是徒勞的。

在我幾乎專門從事翻譯維爾哈倫的詩集和爲撰寫他的傳記作準備的兩年時間裡，我經常外出旅行，有時是去作公開的講演。翻譯維爾哈倫的著作，看起來是一件吃力不討好的工作。但實際上我已得到了意想不到的酬謝：維爾哈倫在國外的朋友們注意到了我，不久，他們也成了我的朋友。有一天，愛倫凱[52]——這位非凡的瑞典婦女——到我這裡來。她以大無畏的精神，在那個偏狹、阻力重重的時代，為婦女的解放而奮鬥。早在佛洛伊德之前，她就在她的著作《兒童的世紀》裡提出這樣的警告：青年人的心理最容易受傷害。我在義大利時，是她把我引見給喬瓦尼．切納[53]和他的詩友們，也是她使挪威人約翰．伯耶爾[54]成為我的一個重要朋友。蓋奧爾格．布蘭德斯，這位國際文學史上的大師也對我表現出濃厚的興趣。由於我的宣傳，維爾哈倫在德國比在他的祖國名氣大得多，最著名的演員凱恩茲和莫伊西[55]在臺上朗誦我翻譯的維爾哈倫的詩。馬克斯．萊因哈特把維爾哈倫反教權主義的心理劇《修道院》搬上德國舞臺。上述諸事，使我感到十分欣慰。

不過現在，是該我回憶另一件事的時候了，即我除了擔負著對維爾哈倫的義務，還有別的一項任務。我必須結束我的大學生活，戴上一頂哲學博士帽回家。也就是說，現在我面臨的緊迫任務是，在幾個月之內把大學四年的教材通通看一遍，而這是那些規矩的大學生幾乎用了四年才完成的。我和埃爾溫．吉多．科爾本海伊爾[56]——一個年輕的文學朋友——一起

---

52 愛倫凱（一八四九—一九二六），瑞典著名女權活動家、作家、教育家。
53 喬瓦尼．切納（一八七〇—一九一七），義大利詩人、小說家。
54 約翰．伯耶爾（一八七二—一九五九），挪威小說家、劇作家。
55 亞歷山大．莫伊西（一八八〇—一九三五），奧地利著名男演員。
56 埃爾溫．吉多．科爾本海伊爾（一八七八—一九六二），德國作家，後成為納粹文人。

開夜車死記硬背。現在他也許不願意回憶這些事，因爲他成了官方詩人，希特勒德國藝術研究院的院士。幸好老師沒用考試難爲我，對我公開的文學活動深爲理解的好心腸的教授，在一次私下的談話中笑瞇瞇地對我說：「你恐怕不願意考到形式邏輯學嘍！」而事實上，他後來有意要我回答我能答出的那些問題。所以，我是第一次以優等分數通過這門考試，而且正如我所希望的，這也是最後的一次。從此，我的外在生活完全自由了，迄今爲止的全部歲月，都是爲了取得同樣的內心的自由而抗爭，但這種抗爭在我們這個時代變得越來越艱巨。

永保青春的城市——巴黎

在我獲得自由的第一年，我把巴黎作爲禮物奉獻給自己。早年間，我曾有兩次匆匆到過巴黎，對這座極其豪華的城市只有一些粗略的了解。但是我敢肯定，如果誰在這裡住上一年，他一輩子都會懷著莫大的幸福回憶這段時光。沒有任何一座城市像巴黎那樣，有一種使人煥發青春活力的氣氛。人人都有這種感覺，但誰也沒有去查找根由。

我很清楚，我青年時代那個輕鬆愉快、富有活力的巴黎如今已不復存在。自從世界上最殘酷的魔掌——希特勒的鐵蹄——傲慢地踏進巴黎以來，那種美妙的、悠然自得的生活，眞是一去不復返了。當我寫下這幾行字的時候，德國的軍隊和坦克正像白蟻一樣擁向巴黎，要徹底摧毀這座城市神聖的五彩繽紛的、愉快的生活，連根拔掉這座和諧城市永不凋謝的繁榮。現在終於出現了這種局面：「卐」字旗在艾菲爾鐵塔上飄揚，身穿黑制服的衝鋒隊穿過拿破崙的香榭麗舍大道，挑釁性地舉行閱兵。我從遙遠的地方同樣能夠感覺到，當占領者的翻口皮靴踏進舒適的酒吧和咖啡館時，這些善良的、親切的市民是怎樣心懷屈辱，屋裡的人是如何心驚膽戰。我自己遭遇的任何不幸似乎也沒有像這座城市所遭受的侮辱那樣嚴重，那樣使我震動和沮喪。因爲沒有一座城市像巴黎那樣，能使任何與它接近的人感到幸福。它曾給予我們最明智的學說、最傑出的榜樣，同時它又給我們開闢了自由和創造的天地，給我們越來越深厚的美的享受，難道它還能賦予下幾代人這一切嗎？

我知道，我十分清楚，遭受苦難的不只是巴黎，整個歐洲在今後的數十年中都不會重現第一次世界大戰前那種安定的局面。第一次世界大戰以來，有團烏雲在明亮的地平線上一直沒有消失，國與國之間、人與人之間的怨恨和不信任就像一股折磨人的毒液被注入殘疾的身體。儘管兩次世界大戰之間的二十五年，整個歐洲在社會和科學技術上取得了長足的進步，但就個別國家而言，卻失去了原來的生活情趣和田園式的舒適生活。早先，義大利人即使在極端貧困的生活中，也像孩子一樣高興，他們彼此之間充滿信任，又說又唱，一片歡樂，譏諷那個糟糕的「政府」。我可以用幾天時間來描繪這些事。可是現在，他們不得不昂起頭來，懷著厭煩的心情，憂鬱地去行軍。昔日的奧地利，在它善良的氣氛中，顯得那麼輕鬆和自在，它的臣民是那麼虔誠地信賴自己的皇帝，信賴賦予他們美好生活的那個上帝，這樣的奧地利，我如今還敢設想嗎？俄羅斯人、德國人、西班牙人，他們所有人都不知道，「國家」這個兇惡的饕餮從他們的骨髓中和內心中吸吮了多少自由和歡樂。各族人民都感覺到，一塊巨大的、濃厚的陰影，正籠罩著他們的生活。但是，我們這些見識過自由世界的人都知道，也能夠作證：昔日的歐洲人生活得無憂無慮，對他們的萬花筒式的色彩變幻生活異常高興。我們今天不免心驚膽戰，我們這個世界由於自相殘殺的憤怒竟變得如此暗無天日，到處是奴役和監禁。

可是，儘管如此，我還是覺得，絕沒有任何地方像在巴黎這樣能讓我們逍遙自在地生活。巴黎以它的美觀，宜人的氣候，巨大的財富和光榮的傳統，證明了生活的逍遙。當年，我們這些年輕人，每個人在這裡都享受過輕鬆自在，同時我們又反過來把這些輕鬆自在添到巴黎的身上。無論是中國人還是斯堪的納維亞人、西班牙人、希臘人、巴西人、加拿大人，他們都感到在塞納河畔就像在自己家裡一樣。在這裡生活沒有任何強制，可以按照自己的意願說話、思考、歡笑、責罵，你喜歡怎麼生活就怎麼生活，可以合群也可以獨處；可以闊綽也可以節儉；可以豪華也可以像波希米亞人那樣儉樸，巴黎對每種特殊需要都留有餘地，考慮到各種可能性。那裡有豪華餐廳，備有各種美味佳餚和二、三百法郎的各種美酒；還有馬倫哥[57]和滑鐵盧時代的十分昂貴的法國白蘭地。但是在街角的任何一家酒店裡，可以吃到幾乎是同樣豐盛的飯菜，也可以痛飲。在拉丁區十分擁擠的大學生餐廳裡，在吃鹵汁煎牛排前後，花上幾個硬幣就可以品嘗到美味小吃，還可以喝到紅葡萄酒和白葡萄酒，吃上一個棍形麵包。人們的打扮，按其所好。大學生們戴著俊俏的扁平帽在聖米歇爾林蔭大道上溜達，那些拙劣的「畫匠們」也戴這種帽子；但畫家們卻很注意打扮，他們戴著寬邊大禮帽，身著富有浪漫色彩的黑絲絨茄克衫；工人們穿著藍色上衣或者襯衫，悠然自得地在林蔭大道上漫步；保姆戴著布列塔尼人的便帽；酒吧女招待穿著藍色圍裙。只要不是七月十四日法國國慶日，任何一天的午夜過後，都有一對對青年男女在大街上跳舞，警察則在一旁笑著觀望；這時大街就屬於每個人了！在巴黎，誰也不會在別人面前感到不自在。一個漂亮女孩和一個黑人手把手走進小旅館，一點也不難爲情。在巴黎，有誰關心民族、階級和出身呢？只是到後來這些才被吹噓成嚇人的東西。當時，誰都可以同自己喜歡的男人或女人在一起散步、聊天或同居。別人的事與我有何相干。可是，誰要眞正愛上巴黎，他首先要好好認識一下柏林，他必須用僵化的和經過痛苦的嚴格磨煉制定的舊等級觀念來體驗一下德國人甘心情願的奴性；在德國，一個軍官的妻子不願同一個教師的妻子來往；教師的妻子也不會和商人的妻子來往；商人的妻子不會和工人的妻子來往。可是在巴黎，法國大革命的遺風至今尚存，所以一個無產階級工人覺得自己與他的雇主一樣，都是自由的、享受充分權利的公

57 義大利地名，一八〇〇年六月十四日拿破崙在此大破奧軍。

民；一個咖啡館服務員可以同一個穿金絲邊軍服的將軍握手；勤勞的、規矩的、愛清潔的小市民太太們，對住同一個樓道裡的妓女不但不會皺鼻子，反而同她在樓梯上閒聊，她們的孩子還向她送鮮花呢！有一次，我目睹一群富有的諾曼第農民參加洗禮以後，走進一家高級飯店——瑪德蓮教堂附近的拉律飯店。他們穿著笨重的鞋子，踏在地板上噔噔作響，一身家鄉服裝，頭髮上抹著厚厚的一層油，連廚房裡都能聞到頭油的香味。他們高聲談話，酒喝得越多嗓門就越大。他們一邊放聲大笑，一邊拍拍自己女人的胖臀部。他們是眞正的農民，坐在身著漂亮的燕尾服和濃妝豔抹的人旁邊，一點也不感到拘束。再說服務員，那個臉刮得淨光的服務員也不對他們嗤之以鼻，而是以招待部長或某個閣下的同樣的禮節周到地伺候他們。要是在德國或者英國，服務員對這些鄉下人就會嗤之以鼻了。在巴黎的梅特爾大飯店，甚至以特別熱情地迎接這些不拘小節的客人作爲一種樂趣。巴黎只知道對立的事物可以並存，不知道什麼上等和下等。繁華的大街和難行的小巷之間沒有明顯的界線，到處都是一樣的快樂和一樣的熱鬧。在郊外的農舍裡，賣唱藝人在演奏樂曲；年輕的女縫紉工一邊做活一邊唱歌，其歌聲飄到窗外；空氣中不時傳來歡笑聲或親切的呼喊聲。不論在什麼地方，如果兩個馬車夫發生了口角，事後兩個人會握手言和，並一起喝一杯葡萄酒，砸幾個牡蠣做下酒菜。在巴黎沒有什麼難事和棘手之事。和女人的關係，容易接上也容易脫離。任何一個女孩都容易找到同自己般配的男人，任何一個小夥子也都能找到一個對兩性關係比較開放的活潑女友。是的，如果想生活得自由自在，就到巴黎去。特別是當你年輕的時候！在這裡，東遊西逛也是一種樂趣，這也是在巴黎生活的必修課。因爲這裡所有的一切都向每個人開放，你可以走進舊書店，看一刻鐘的書，店主不會抱怨更不會發牢騷；也可以去幾家小型畫廊；還可以去舊貨商店慢呑呑地挑選自己需要的一切。你可以在德魯奧特飯店靠拍賣舊物過寄生的生活，也可以在庭院裡與女管家聊天。假若你在大街上閒逛，街道兩旁欣欣向榮的新面貌和新東西，會像磁鐵一樣把你吸引住，使你流連忘返。如果走累了，就從上千家咖啡館中找一家有露臺的坐下，可以用這裡的免費信紙寫信，聽小販們兜售那些過時的多餘的小商品。春暖花開之際，陽光明媚，塞納河上碧波微微，林蔭道上的樹木開始吐綠，年輕女孩戴著用一個硬幣買來的紫羅蘭花環。這個時機，誰還能待在家裡，又有誰想回家呢？不過，你要想在巴黎生活得舒適自在，不一定非在春天。

我初次結識這座城市的時候，它還不像今天這樣，有地鐵和各種汽車把城市連接成一個整體。在當時，巴黎的唯一交通工具是由渾身冒熱氣的肥壯的馬匹拉的廂式馬車。從這種馬車的第二層，即頂層上觀看巴黎，車速緩慢，是再好不過了。那時候，從蒙馬特到蒙帕納斯去一趟，算是一次小小的旅行了。因此，我覺得那些關於巴黎小市民節儉的傳聞是完全可信的。他們捨不得花錢去做一次小小的旅行，所以，住在塞納河左岸的巴黎人，從來不到右岸去；有些孩子只在盧森堡公園裡玩，卻從沒有去過遠處的杜伊勒里公園和蒙梭公園。在馬車時代，車費是小市民必須考慮的。所以一個眞正的市民或者老巴黎人最喜歡蟄居在家，待在自己的小圈子裡，他們在大巴黎內部創造了一個小巴黎。所以巴黎的每個區域都有自己明顯的特點，甚至有不同的地方色彩。正因爲如此，當一個外國人到了巴黎，選擇在何處下榻，要費一番腦筋才能下決心。現在拉丁區不再對我有什麼吸引力。我二十歲那年到巴黎作短暫停留，剛下火車我就直奔拉丁區，第一個晚上就坐在瓦歐特咖啡館裡，我懷著敬意讓別人指給我看魏崙坐過的座位，還有那張他喝醉時常用自己粗實的手杖敲打的大理石桌，我這樣做，也是爲自己增加一些體面。爲了表示對他的尊敬，我這個滴酒不沾的詩壇小卒還喝了一杯苦艾酒，雖然我覺得這種發綠的劣等酒一點兒也不好喝。我相信，作爲一個敬仰前輩的年輕人，我有義務在拉丁區裡恪守法國抒情詩人的儀式。按當年的風尙，我最願意住在索邦區[58]的一幢六層樓的閣樓上，以便能比書本上更加眞實地領略拉丁區的風采。可是我二十五歲時，不再感到這裡是那麼質樸和富有浪漫色彩了，我倒覺得，拉丁區太國際化，太沒有巴黎味了。我在這裡選擇一個永久住所，不再出於文人懷古的心情，而是盡可能地方便我的工作。爲此，我十分經心地考察過一番。從有利於我的工作的角度來講，香榭麗舍大道不適宜，和平咖啡館周圍更不合適，因爲那些巴爾幹半島的有錢人都在這裡聚會，除了招待，沒有人說法語。倒是教堂和修道院林立的聖敘爾比斯教堂四周的清靜區域對我有吸引力，里爾克和蘇亞雷斯[59]也喜歡在這裡居住，但我更希望在連接塞納河兩岸的聖路易斯河心島上找到住所。不過，我到巴黎後的第一個星期裡出去散步時，發現了一處更美的地方。當我在皇家宮殿的走廊下閒遊時，我發現十八世紀「平等公爵」[60]建造的外形一樣的一批房子中間，有

---

58 即拉丁區。

59 安德烈·蘇亞雷斯（一八六八—一九四八），法國詩人、劇作家、評論家。

60 指法國波旁王朝奧爾良公爵路易·菲利普·約瑟夫（一七四七—一七九三）。法國大革命時，他作爲貴族代表參加三級會議，支持第三等階級。一七九一年他參加雅各賓俱樂部，次年放棄貴族稱號，更名菲利普·平等，故有「平等公爵」之稱。

一座宏偉的特別突出的顯貴宮邸，現在已是一座普通的旅館了。我走進旅館，請他們讓我看一看裡面的房間，我驚喜地發現，從窗子裡向外望，正是皇家宮殿的花園，暮色降臨，花園漸漸隱沒在黑夜之中。城市的喧鬧聲在這裡隱約可聞，宛如遠方海岸波濤不斷的拍擊聲。雕塑沐浴在月光之中，清晨，微風陣陣吹來附近「大廳」裡濃濃的菜香。在皇家宮殿這座具有歷史意義的四方形建築物裡，曾經住過許多十八世紀和十九世紀的詩人和政治家。皇家宮殿對面是那幢馬塞利娜・代博爾德—瓦爾莫[61]住過的房子，巴爾札克和維克托・雨果曾經在這幢房子裡攀上百階狹窄的樓梯，到閣樓去拜訪這位我也非常喜歡的女詩人。皇家宮殿是卡米耶・德穆蘭[62]號召人民向巴士底獄進軍的地方。那裡有條不露天的走廊，鋪著地毯，是那些並不十分崇尚美德的夫人散步的地方。可憐的小小少尉波拿巴曾在這些夫人中尋找自己的恩人[63]。這裡的每塊石頭都訴說著法國的歷史。再過一條街，就是國家圖書館，我可以在那裡度過整個上午。藏有名畫的羅浮宮博物館和川流不息的林蔭大道都只有一箭之遙。我終於住進我夢寐以求的地方，這裡是巴黎的心臟，可以摸到法國的脈搏。我還記得，有一次安德

61 馬塞利娜・代博爾德—瓦爾莫（一七八六—一八五九），法國女詩人。

62 卡米耶・德穆蘭（一七六〇—一七九四），法國大革命時期的政治活動家。

63 法國大革命期間，拿破崙嶄露頭角，經巴拉斯介紹，認識了年輕寡婦約瑟芬。傳說，約瑟芬是巴拉斯的好友，經巴拉斯提名，拿破崙被任命爲義大利方面軍司令，故稱約瑟芬是拿破崙的恩人，但歷史學家否認此說。

烈・紀德來看我，他對在巴黎市中心竟有這麼個幽靜的地方感到驚訝，他說：「我們自己的城市中最美的地方，還要外國人向我們指出。」說眞的，在市中心除了這間富於浪漫色彩的書房外，我再也找不到一處既有巴黎風味，同時又十分雅靜的地方了。

當時，我急不可待地到大街上四處遛達，儘量地觀看，儘量地尋找！我不僅要重溫一九〇四年的巴黎，還要用我的全部感官和心靈去體驗亨利四世、路易十四、拿破崙和革命時代的巴黎，了解雷蒂夫・德・拉布列東和巴爾札克、左拉及夏爾－路易・菲利浦[64]的巴黎，熟悉所有的街道、人物和事件。誠如我在法國始終感受到的那樣，我在巴黎也感受到，偉大的寫實文學扎根於民間，具有永久不衰的力量。因爲眾多的詩人、小說家、歷史學家和風俗畫家的藝術創造，我目睹巴黎過去的一切。如今在我的心中早已熟悉的東西，在實際的接觸中顯得更加生動。肉眼的觀察就是一種再認識，就像希臘悲劇中的人物「重新認出」親朋好友來一樣，這也是一種樂趣。正如亞里斯多德所讚譽的，這是一切藝術享受中最偉大、最富有魔力的事情。但是有一點，你若要了解一個民族和一座城市的最隱蔽之處，絕不能透過書本，即使你到處閒逛無數次，也無濟於事，只有透過了解或認識該城和該民族中最優秀的人物才能解決。要了解民族和國家之間的眞正聯繫，只能從活著的人的思想脈絡中獲得；從外部觀察到的一切都是一種眞實的草率的概念。

---

64 夏爾－路易・菲利浦（一八七四－一九〇九），法國小說家。

我對待別人始終是友好的，我和萊昂·巴扎爾熱特[65]的友誼最爲深厚。由於我和維爾哈倫的密切關係，我每週兩次到聖克盧大街去看望他，這也避免了我像大多數外國人那樣陷入由國際畫家或作家組成的輕浮的小圈子中去。那些人一般在多摩咖啡館聚會，而在其他地方，如慕尼黑、羅馬或柏林，基本上也是這種人。我和我的朋友們與他們相反，我和維爾哈倫一起看望一些畫家和詩人，他們住在燈紅酒綠、喧囂不休的市中心，但每個人都生活在自己創造的寂靜之中，就像在一座孤島上，埋頭寫作。我還看過雷諾瓦的工作室和他的優秀學生們。印象派畫家的作品今天價值數萬美元，可是他們的生活同小市民或領養老金者的生活沒什麼兩樣；他們住的小房子還兼作畫室，沒有「擴建」。他們不像慕尼黑的蘭貝赫[66]和其他名畫家那麼講排場、圖闊氣，以仿效華麗標準建造的奢侈別墅來炫耀自己。同畫家們一樣，詩人們的生活也相當簡樸，我不久就同這些人很熟悉了。他們中大部分人在政府機關有份不太繁忙的公務員工作。在法國，從低層到高層，人人都尊重從事文學藝術工作的人，於是多年來形成了一個聰明的辦法，給那些收入不高的作家和詩人一件清閒自在的差使做做，如在海軍部或參議院當圖書館員。這種差使收入不多，但很清閒，因爲參議員們輕易不來借書，這個閒職者就可以在那幢別具一格的老參議院大樓裡利用工作時間舒舒服服地作詩，窗外就是盧森堡公園，室內安靜又舒適，而且用不著考慮稿費之事，因爲收

65 萊昂·巴扎爾熱特，生卒年不詳，法國翻譯家。
66 法蘭茲·馮·蘭貝赫（一八三六—一九〇四），德國寫實派肖像畫家。

入雖不多，但足夠用。還有的詩人身兼醫生，像以後的杜阿梅爾[67]和杜爾丹[68]；有的開一爿小型畫廊，像夏爾・維爾德拉克[69]；有的當中學教師，像羅曼[70]和尚・理查・布洛克[71]；有的在哈瓦斯通訊社裡混時間，像保羅・瓦勒里；有的幫出版商做事。這一代作家和藝術家不像後一代人那麼狂妄自大，認爲當圖書館員有失身分。後一代人被電影和書的大量印刷給毀了：在藝術方面剛嶄露頭角，就想過隨心所欲的生活。而他們的前輩不慕虛榮，自願從事那種卑微的工作，無非是想使自己的生活有些保障，從而使自己的精神勞動不受外界干擾。因爲生活有了保障，他們就不去理睬腐敗的巴黎大報紙；他們能夠給自己的小雜誌寫文章而不取分文稿酬——維持這種小雜誌總要做出個人犧牲；他們也能平靜地接受這一事實：他們的劇本只能在文學家的小劇院演出，因此，作者的名字只有圈內人知道。像克洛岱爾[72]、貝璣[73]、羅曼・羅蘭、蘇亞雷斯、瓦勒里，他們的名字在數十年內只有極少數文學中堅分子才

67 喬治・杜阿梅爾（一八八四—一九六六），法國作家、法蘭西學院院士。
68 呂克・杜爾丹（一八八一—一九五九），法國詩人、評論家、醫生。
69 夏爾・維爾德拉克（一八八二—一九七一），法國詩人、劇作家。
70 儒勒・羅曼（一八八五—一九七二），法國作家、法蘭西學院院士。
71 尚・理查・布洛克（一八八四—一九四七），法國小說家、劇作家、評論家。
72 保羅・克洛岱爾（一八六八—一九五五），法國象徵主義詩人。
73 夏爾・貝璣（一八七三—一九一四），法國作家。

知道。在這個繁忙的城市裡，他們是唯一沒有緊迫感的人。安安靜靜地生活，安安靜靜地爲那個遠離「鬧市區」圈子裡的人工作，比出風頭更重要。他們甘心過一種淡泊的小康生活而並不覺得難爲情，只要在藝術方面能自由大膽地思考，其他事情無所謂。他們的妻子親自下廚和操持家務。晚上同事們在一起聚會，招待非常簡單，因而更顯親切。大家坐在便宜的草編椅上，圍著一張隨便鋪了一塊花格布的桌子。他們的房間比不上同一層樓住的裝修工家那樣闊氣，然而他們都覺得自由自在、無拘無束。他們沒有電話，沒有打字機，沒有祕書；他們避免使用一切機械設備，就像他們不想充當宣傳工具一樣。他們寫作還是用一千年以前的辦法：手寫。就像《法蘭西信使》那樣的大出版社也不採用口授打字，沒有一件複雜的設備。他們不追求外表，也不因追求聲譽和排場而浪費時間和精力。法國所有的青年詩人和法國全民族一樣，都是懷著對生活的樂趣而生活著，當然，作家的生活還有自己最高尚的形式，即懷著對寫作的無限喜悅而生活。我新交往的朋友，他們的清廉大大修正了我對法國詩人的印象。他們的生活方式和布爾熱[74]及其他一些著名時代小說家的生活方式完全不同。後一類作家以爲「沙龍」就是整個世界！我從前在家中看到的讀物給我的印象是：法國婦女都是只知照鏡子的交際花，她們滿腦子風流韻事和揮霍浪費。一些詩人的妻子糾正了我極其錯誤的看法。我從來沒有看到過這麼賢慧、文靜的主婦，她們是那樣勤儉、樸實和快活，即使在最拮据的情況下，也能像變魔術似的在爐灶上創造出小小的奇蹟；她們精心照料孩子，並

74 保羅・布爾熱（一八五二—一九三五），法國作家、文學評論家。

且忠誠地與丈夫的精神生活聯繫在一起！只有作為朋友和同行生活在那個圈子裡，才能了解眞正的法國。

我的朋友萊昂・巴扎爾熱特，他的名字在法國新文學的大多數著作中被不公正地遺忘了。可是他在那一代詩人中卻具有特別重要的意義，因爲他把自己最充沛的精力全部傾注在翻譯外國文學作品上，他爲自己喜愛的人獻出了自己全部的風茂年華。我在他這個天生的「同道」身上看到一個活生生的自我犧牲的絕好典型；他眞是一個全心全意奉獻自己的人；他認爲自己一生中唯一的任務，就是幫助那個時代最有價值的作品發揮作用；他是那些作品的發現者和翻譯者，他本應得到榮譽，但他並不追求也不沉湎於這種榮譽。他的滿腔熱情是他的道德意識自然促成的。他的外表看起來頗像個軍人，而他卻是一個積極的反軍國主義者。在交往中，他表現出一個眞正戰友的誠摯。任何時間他都樂於助人，給別人出主意，待人一貫誠懇；辦事像鐘錶那樣準時，對別人遇到的事他都關心備至，從不考慮個人得失。爲了朋友，他不吝惜自己的任何時間和錢財。世界各地都有他的朋友，雖然爲數不多，而且有所選擇。他用了整整十年時間翻譯了華特・惠特曼的全部詩歌，並寫了一篇關於惠特曼的豐碑式的傳記，以便讓法國人了解這位大詩人。惠特曼是一個熱愛世界的自由人，他以惠特曼爲榜樣，引導祖國人民的思想眼光越出國界，使國人變得更雄壯、更友好團結，這已成爲他畢生奮鬥的目標，即一個最優秀的法國人，同時也是一個熱誠的反民族主義者。

我們不久就成了親密無間的朋友，因爲我們倆並不只想到自己的祖國，因爲我們都翻譯外國作品，因爲我們都是只知奉獻而不要名譽地位，因爲我們倆都把思想自由看作生活中最重要的事。從他的身上，我第一次了解到那個「帷幕後」的法國。後來，我在羅曼・羅蘭的《約翰・克利斯朵夫》一書中讀到奧里維是如何反對德國人約翰・克利斯朵夫的時候，我幾乎感到，書中描寫的這段簡直是我和萊昂・巴扎爾熱特共同的親身經歷。但是，我們兩人之間的友誼經常碰到尷尬的局面，從而產生阻力，在一般的情況下，這種阻力必然會妨礙兩個作家之間的眞誠、和諧的關係。這個局面是：巴扎爾熱特以驚人的坦率態度堅決不接受我當時所寫的一切。不過，這正是我們友誼中最寶貴的，也是我最難以忘懷的一點。他喜歡我本人，我翻譯維爾哈倫的作品所作的貢獻，他表示最深切的感激和敬意。每逢我到巴黎，他必定到車站接我，總是第一個和我打招呼、向我表示歡迎的人。當我需要幫助的時候，他總是盡力幫忙。在一些重大的關鍵性問題上，我們兩個的看法總是一致的，關係融洽勝過一些親兄弟。但是他對我寫的作品完全持否定態度。他是在亨利・吉爾波[75]（他在第一次世界大戰期間作爲列寧的朋友扮演過重要角色）的翻譯中初次讀到我的詩和散文，他直言不諱地表示反對，甚至不留情面地指責說，我的這些作品與現實毫無關係，完全是一種神祕莫測的文學（他對這種文學最厭惡）。他又說，他之所以這樣生氣，是由於這些作品恰恰是我寫的。他爲人一貫正直，在這一點上從不退步，也從不講情面。一次，他主持一份雜誌時，曾要求我給予幫助。所謂幫助，是要我替他從德國物色幾個勝任的撰稿人，也就是說，替他從德國組織一批比我的作品更好的稿件。我是他最好的朋友，他卻從未要求我寫一行字，也不打算採

75 亨利・吉爾波（一八八五—一九三八），法國社會黨人、新聞工作者。

用我的一行字。雖然如此，他還是為一家出版社校訂我的一本書的法譯本，他不要稿酬，完全是一種眞誠的友誼的犧牲。儘管我們之間的關係顯得特別離奇，但這種情同手足的友誼十年內從未削弱過，這使我更覺得特別可貴。在第一次世界大戰期間，我宣布我早年的作品一律作廢，當我後來的作品從思想和形式上都具有深刻的個性時，恰恰是巴扎爾熱特首先對我的作品表示讚賞，這使我萬分高興。因為我知道，他的讚賞是眞誠的，就像他以前十年裡對我的作品直率地表示否定一樣。

在這裡我要提到萊內．馬利亞．里爾克這個尊貴的名字。儘管他是德語詩人，我卻在「巴黎」這一章裡提到他，是因為我在巴黎同他見面的次數最多，同他的關係最好；在構成巴黎背景的眾多古老人像中，里爾克的面貌尤為突出。今天，當我回想起他和其他一些對文學有千錘百煉之功的大師時，當我回想起像可望而不可即的星辰一樣照耀著我青年時代的那些作家的名字時，我的心中不由自主地產生了一個可悲的想法：在我們這個喧囂騷動和驚慌失措的時代，難道還有可能產生專心致志於抒情詩創作的純粹詩人嗎？我們不勝惋惜的那一代詩人，那不是很快就無處可尋了嗎？在被命運的風暴攪亂的日子裡，那一代詩人後繼無人了。那些詩人不要求外部的生活，他們不是凡夫俗子，他們不追求榮譽、頭銜、實利，他們所追求的，是在安靜的環境中苦思冥想，把一節一節的詩完美地聯接起來，使每行詩都富於音樂性，充滿光彩，富於形象。他們志同道合的人所形成的圈子，在我們日常生活的喧囂中，簡直像一個受教規約束的宗教團體。他們故意疏遠日常生活，在他們看來，天底下最重要的事莫過於優美的、然而比時代的轟隆聲更富有生命力的音響；如果一個韻腳與另一個韻腳搭配得恰到好處，作者的心中便會產生一種無法形容的激動，這種激動悄然無聲，比一片風中的樹葉飄落的聲音還要輕，但它卻以自己的迴響觸及深遠的心靈。在我們這些當時的青年人看來，那些忠誠於自己事業的、處處爲榜樣的詩人們是多麼崇高；他們是一絲不苟的語言公僕和守護神；他們把自己的愛獻給了詩歌語言；他們不迎合當時的時代語言和報紙的語言，而是追求一種持久的更富於生命力的語言。我們簡直羞於看他們一眼，因爲他們生活得那麼平凡，那麼樸實，那麼溫良；他們有的像農民一樣默默無聞地住在鄉下，有的從事一種小的職業，有的作爲一個熱情的朝聖者周遊世界。他們大多數人不爲人知，因此，只有少數人衷心地熱愛他們。這些詩人分屬不同國家，有德國的、法國的、義大利的，但是他們都生活在詩的王國裡；在那裡，詩人們完全拋棄一切曇花一現的東西，專心於眞正的藝術創作，從而使他們自己的生活變成了一種藝術。在我們這一代青年中間竟然有這麼純潔的詩人，簡直不可思議。因此之故，我不時懷著暗自憂慮的心情問自己：在我們這個時代，在我們這樣新的生活方式之中（這種生活方式把詩人們從內心的藝術境界中驅逐出去，就像森林大火把躲藏在老窩裡的野獸趕出來一樣），難道還可能有那些全心致志地從事抒情詩藝術的人嗎？我很清楚，每個時代都會產生一個創造奇蹟的詩人，歌德爲拜倫寫的輓歌中那句動人的話始終是對的：「因爲世界不斷地創造他們，如同他們自古以來不斷地創造世界一樣。」這樣說來，詩人會不斷產生，永不枯竭，即使在最不體面的時代，不朽的上帝也會給我們留下珍貴的信物：詩人。我所說的時代，不正是今天這個時代嗎？在我們這個時代，即便是最潔身自好，最不聞天下事的人，也不會得到安寧，得不到那種創作中醞釀、寫作、思考和集中思想所需要的安寧，而在戰前的歐洲，在那個比較友善的和平的時代，詩人們還是能夠享受到這種安寧的。我不知道，所有的詩人，如瓦勒里、維爾哈倫、里爾克、帕斯科里[76]、法蘭西斯・雅默[77]，他們在今天還有多少價值；我也不知道，他們對今天的年輕一代還會有多大影響；這一代青年人滿耳不只充斥著不悅耳的音樂，而且還有宣傳機器的怪叫和兩次世界大戰的隆隆炮聲。我只知道，並且感到有責任懷著感激的心情說出：當今那些在詩歌藝術上登峰造極的獻身者，竟出現在越來越機械化的世界裡，對我們有多大的教益，使我們受到多大的鼓舞啊！當我回首往事，我覺得我一生當中最有意義的收穫，莫過於我有機會和他們之中的某些人交往，莫過於我和他們的持續友誼常常與我早年對他們的景仰聯繫在一起。

在這些詩人中間，也許再也沒有一個人像里爾克那樣生活得更謹慎，更神祕了。但是，這並不是一種故意的、被迫的（或像牧師那樣出於無奈的）孤獨，猶如史蒂芬・格奧爾格在德國過的那種孤寂生活。不論里爾克走到哪裡或在哪兒駐足，在他的周圍就會產生一種寧靜的氛圍。由於他拒絕和回避一切嘈雜，甚至一切榮譽——正如他自己說的那樣，榮譽是「圍繞一個名字聚集起來的全部誤會的總和」——那種好奇的空洞的滾滾巨浪只打濕他的名字，並沒有打濕他本人的身體。要找到里爾克是相當困難的，他沒有家，沒有地址，沒有住宅，沒有固定住所，沒有辦公地點；他總是在周遊世界的途中，因此沒有人能斷定他的行

---

76 喬瓦尼・帕斯科里（一八五五—一九一二），義大利詩人。

77 法蘭西斯・雅默（一八六八—一九三八），法國詩人。

蹤。甚至他自己都不知道，他會轉到哪裡去。對他那顆極其敏感和多愁善感的靈魂來說，任何死板的決定、任何計畫和預先通知，對他都是一種壓力。我同他相遇，純屬偶然。有一次我站在義大利美術館裡，我彷彿覺得有人向我走來，並向我微笑致意，但我不知道他是誰。只有當我看到那雙藍眼睛時，我才認出了他。他的雙眼在注視別人的時候，目光含蓄，閃爍著光芒。這不引人注目的目光恰恰表現出他性格中最深邃的祕密。成千上萬的人從這個蓄著略微憂鬱飄逸的金黃鬍鬚的年輕人旁邊走過，誰也不會知道他是個詩人，我們世紀最偉大的詩人之一。他的面部沒有明顯的線條，多少有點斯拉夫人的臉形，臉上略帶憂鬱。他的性格特點，即他內心裡那股不同尋常的分寸感，只要與他加深來往，你就會體驗到。他的舉止言談有股難以描繪的斯文勁兒。當他走進一個眾人集聚的房間時，一點聲音都沒有，幾乎沒有人注意到他的到來。然後他坐在旁邊，一聲不響地聽別人講話。有時候，他對什麼產生興趣時，會無意識地抬起頭。在他自己說話時，毫無嘩眾取寵之心或激昂慷慨之詞。他講得自然又質樸，同時充滿著愛，就像母親給孩子講童話一般。聽他講話叫人高興，即便是一個最一般的題目，他也會說得生動有趣。一旦他覺得自己成了這個圈子的中心，受到眾人的注視，他立刻停止說話。他的每個動作，每個姿態，都是那麼斯文。縱然發出笑聲，他也從不大笑，只是表示一點意思，就立刻收斂。輕聲細語是他本身的需要。再也沒有比嘈雜和激動的感情更使他心煩意亂了。有一次，他對我說：「那些表達自己的感受像噴血一樣的人，使我疲憊不堪。因此，我很少接近俄羅斯人，就像我只是淺嘗利口酒一樣。」除了舉止適度外，條理、清潔、安謐，都是他生理上的需要。有時他必須乘一輛擁擠的電車或者不得不坐在嘈雜的飯店裡，這都是他心神不寧的時刻。一切庸俗的東西都使他不堪忍受，雖然他的生活並不寬裕，但他非常注意衣著至善至美，乾淨得體。他的一身打扮同樣是經過精心設計的藝術品，一點也不惹人注目，但有他本身的特點，戴一件心中暗自喜愛的小裝飾品，如一只薄薄的銀手鐲。這是因爲美學的完美和對稱已滲入到他的內心深處和個人生活之中。有一次，我在他的住所看他準備旅行箱，他不讓我幫忙，肯定是怕我弄不好。他把每件東西精心地緩緩塞進事先已留出的空間，簡直就像鑲嵌馬賽克那樣。我這時覺得，倘若我插上一手，定會鑄成大錯，破壞他那繡花般的工作。他愛美的天性緊緊伴隨著他，一直滲透到那些無關緊要的小事上；不僅如此，他的手稿也是用他的圓熟的書法細緻地寫在最美的稿紙上，行與行之間的空白，好像是用尺子量過一樣；就是寫一封最普通的信，他也選用好的紙張，通常他都用純淨的豐滿書法把字寫在空白格裡。即便是寫一張緊急通知，他也從不允許自己塗改一個字；如果有一句話或一個詞有點不恰當，他會很有耐心地立刻重寫一遍。里爾克絕不把還沒有全部完成的東西出手。

里爾克的慢條斯理，同時又是嚴肅認眞的本性，對每個接近他的人都具有魅力。就像我們能夠想像里爾克不可能激動一樣，我們也會想到，在他那安靜祥和的氣質影響下，不會有人大聲喧鬧和無理取鬧。因爲他的舉止本身就有一股震撼的力量，一種教育的力量和一種道德的力量，它們在祕密地發揮作用。每次與他長時間地談話以後，我總有幾小時或幾天脫離凡塵的感覺。但另一方面，他一貫重視節制的天性，即控制自己盡興的意志，也會過早地限制所有的特殊的眞實感情，使它無法發揮出來。我相信，只有少數幾個人可以自豪地稱呼里爾克是「朋友」。他出版的六卷通信集，沒有一篇是與人談心的對話；自他離開中學以來，在交往中幾乎從來不用那個表示親密關係的稱呼——「你」。他多愁善感，不論何人何事過於接近他，他都會覺得無法忍受，特別是那些陽剛的男性，都會引起他的不快。他倒願意同女人交談。他給女人寫了不少信，他很樂意寫這樣的信；在女人面前，他感到更加舒服自在。也許由於女人的聲音不帶喉音，聽起來舒服，喉音那種令人不快的聲音會使他難受。有一次，我看到他同一個大貴族談話，只見他全身緊縮在一起，痛苦的雙肩抖動著，不敢抬頭向上看，爲的是不露出自己的不滿。這個情景我至今歷歷在目。這個貴族用假嗓說話，使他極不舒服。如果他對某人抱有好感，那麼和他在一起，又是多麼有意思啊！事後你會體驗到里爾克內心的善意。雖然這種善意在他的談吐中、表情中顯露得不多，但是這種透入到他心靈最深處的善意光輝，是多麼熾熱、多麼神聖啊！

里爾克，在巴黎這座使人心胸開闊、最最開放的城市裡生活和工作，是膽怯和壓抑的，也許因爲在這裡他的作品和他的名字還不爲人所知；因爲他覺得隱姓埋名會使他更自由、更順利。我去拜訪他的時候，他住在租來的兩間大小不同的房裡，屋裡陳設簡單，沒什麼裝飾；由於他特有的審美，所以一走進房間，就感到其中別有風味，充滿寧靜。他從來不租嘈雜的樓房，寧願租幾間偏僻的舊房子，雖然有點不方便，可住在這裡如同在家裡一般；不論住在哪裡，由於他有條不紊的習慣，他會立刻把房間布置得別有風味，適於他自己的天性。他周圍的東西很少，但總有一隻花瓶或一隻碗裡插著盛開的鮮花，也許是女人送的，也許是他自己小心翼翼帶回來的。牆邊總是放著書籍，裝幀精美，有的仔細地包著書皮。他愛書如命，就像把它們當作不會說話的動物。在寫字臺上，並列擺放著鉛筆和鋼筆，還有一疊沒有寫過的紙整齊地放在右角；房間裡還有一幅俄羅斯正教尊奉的聖像和一幅耶穌蒙難時的天主教聖像，我相信，這兩張聖像，不論他走到哪裡，總不會離身。這兩張聖像給他的房間增加了一些宗教色彩，儘管他信教的熱忱與那些固定的教義毫不相干，似乎是泛神論者。我從一些細節中發現，他房間的擺設是他精心設計的，並小心謹慎地保持著。如果我借給他一本他沒有看過的書，這本書還到我手中時，上面已經平平整整地包了一層緞面封皮，繫著一條彩色綢帶，像一件節日禮物似的。我記得很清楚，有一天，里爾克來到我的住處，帶來了他的散文詩集《旗手克里斯多夫・里爾克的愛與死亡之歌》的手稿，作爲禮物送給我；至今我仍保存著那條繫捆手稿的綢帶。但是，最令人高興的事還是同里爾克一起在巴黎散步。因爲同他在一起，就意味著用彷彿睜大了的眼睛去觀察那些最不起眼的東西；他特別注意那些細枝末節，甚至公司招牌上的名稱，如果名稱的音律和諧，他便念出聲來。我從他身上看出來，能引起他強烈的願望去認識一座城市和它的每個角落、它的最偏僻之處的，只有巴黎。有一次，我們兩個相遇在一個共同的朋友家裡，我對他說，我昨天偶然走到皮克普斯公墓的舊柵欄旁，那裡埋葬著斷頭臺上最後一批犧牲者的遺骸，其中就有安德烈・謝尼耶[78]。我向他描述了那塊令人感慨的小小草地，上面排列著一座座孤單單的墓頭；外國人是很難見到那種墳塋的。接著我又向他敘述，我在回來的路上從道邊一扇敞開的大門看到一座修道院裡面的情景：有幾個半俗尼[79]拿著念珠，一聲不吭，靜靜地繞著圓圈漫步。說到這裡時，我發現他——這個平時非常穩重、自制的人——突然變得急不可待。這樣著急的情況，我沒見

78 安德烈・謝尼耶（一七六二—一七九四），法國詩人。

79 即不發願的修女。

過幾次。他急切地對我說，他一定要去看看安德烈・謝尼耶的墳墓，看看那座修道院，問我願意不願意領他去。其實第二天我們就去了。他默默地站在那塊寂寞的墓地前久久不肯離去，稱這塊墓地是「巴黎最有詩意的地方」。但在回來的路上，修道院的門沒有開。此時我可以考驗他的耐心了。他說：「我們在這裡等等，碰碰運氣吧！」說著，他就站到了一旁，微微低下頭，準備著，一旦大門打開就能看到。我們等了二十分鐘，門仍然沒開。不多時，一個修女沿著我們來時的路走過來，拉響門鈴。他激動不已地輕聲說：「運氣來了。」這位修女也發覺了他在不聲不響地向裡窺視。我是說，人們從遠處就能覺察他要幹什麼。所以，修女向他走去，問他在等誰。他笑臉迎著修女，這輕柔的微笑立刻贏得了信任，他坦率地對她說，他非常想看看修道院裡的通道。修女微笑著對他說，她很抱歉，不能讓他進去。可是她給他出了個主意，讓他到旁邊的園丁小屋裡去，從屋裡最上面的窗戶望出去，同樣會看得很清楚。小小的一個主意，彷彿給了他許多恩惠似的。

後來，我與里爾克相遇過多次，每當我想起他，就想起我們在巴黎相遇的情形，而巴黎最最不幸的時刻他卻沒有經歷過。

對於閱歷、根基淺薄的人來說，與大人物相見，必定獲益匪淺；但是對我來說，我還應獲得對我一生有決定意義的教益，而這教益卻意外地降臨在我的身上。有一次，我在維爾哈倫家與一位造訪維爾哈倫的藝術史家辯論起來，他抱怨說，偉大的雕塑和繪畫時代已經過去了。我激烈地反駁他說，我們中間不是還有羅丹嗎？他作爲雕塑家並不比過去偉大的藝術家遜色。我開始數說羅丹的作品。我越說越激動，越說越不能自控；每當我反對一件事時，總是這樣。維爾哈倫沒說話，暗自發笑。他最後說：「你那麼喜歡羅丹，應該親自去與他認識一下。我明天去羅丹的畫室，如果你方便的話，我帶你一起去。」

問我方便不方便？我簡直高興得無法入眠。當我到了羅丹那裡，我激動得一句話也說不出來了。我沒有向他致意，只是站在他的作品中間，我自己似乎也成了他的作品。奇怪的是，我的狼狽像是得到了他的贊許，因爲在告別時，這位老人向我發出了邀請，問我是否願意看看他在默東的畫室。他甚至請我同他一起用餐。就這樣，我得到了第一點教益：偉大的人物總是心腸最好的。

我得到的第二點教益是：偉大的人物在生活中幾乎都是最樸實的。在這位享譽世界的偉人家裡——他的作品一條線地精心琢磨——我們就像朋友那樣，飯菜又是如此簡單，就像一個中等農民家庭的生活水準：一塊厚實的肉、幾顆橄欖，一道豐足的水果，還有本地產的原汁葡萄酒。我逐漸隨意起來，最後有了勇氣，說話也不拘謹了，彷彿我同這位老人及他的妻子是多年的老朋友似的。

吃完飯後，我們又重新進入他的畫室。這是一間大廳，裡面集中了他最重要作品的複製品，另外還有數百件珍貴的單件習作——一隻手、一隻胳膊、一束馬鬃、一隻女人的耳朵，大多數是用石膏塑成的。今天我依然記得他作練習用的若干件造型草稿。我在他畫室裡參觀的那一個小時，今天可以講上幾個小時。最後羅丹大師領我來到一個基座旁，上面擺放著他的最新作品——一座頭上蒙著濕布的女人肖像。他用那雙農民似的滿是皺紋又厚實的手揭下濕布，接著向後退了幾步。「妙極啦！」我情不自禁地從壓抑的胸中喊出了這句話，同時我又爲自己說出如此庸俗的詞語感到慚愧。而他始終保持著冷靜的客觀態度，打量著自己的作品，沒有一絲自負的表現，對我的話附和了一句：「是嗎？」接著他躊躇起來：「只是肩膀有點……等一下！」他脫去上衣，穿上白色工作服，拿著鏟子，在肩部熟練地刮了幾下，把那女人肖像柔軟的肩頭皮膚弄平滑了，顯得更加生動。接著，他又向後退了幾步：「這裡還有點……」他喃喃地說道，又在細節上作了小小的修飾，而效果卻十分明顯。然後他不再說話，只是一會兒向前，一會兒退後，從一面鏡子裡觀察他的作品。他一邊嘀嘀咕咕，發出別人聽不懂的聲音，一邊修改他的作品。他的眼睛在吃飯時顯得和藹可親，此時卻閃耀著奇特的光芒，他彷彿變得更高大、更年輕了。他用全部的熱情和魁偉的身軀的全部力量工作著。每逢他向前或後退時，地板嘎吱嘎吱直響。然而他根本聽不到這些。他也沒有注意到在他的身後，我正不聲不響地站著。像我這樣一個年輕人能目睹這樣一位蓋世無雙的藝術大師從事創作，我感到萬分幸福和無比的激動。這時，他把我全忘了，對他來說，我是不存在的，存在的只有那座雕像，以及他那無形的精益求精的構思。

一刻鐘過去了，半個小時過去了，我不知道時間過去了多久。偉大的時刻是不能用時間來衡量的。羅丹全神貫注埋頭創作，就是雷鳴也不能把他驚醒。他的動作越來越用力，甚至有點發狂；接著他變得粗野，完全沉浸在陶醉狀態之中；隨後，他的動作越來越慢，之後，他的雙手遲疑起來，好像知道沒什麼可幹了。他向後退了一次，又退了一次，二次，三次，再也沒有修改什麼。接著他輕輕嘟囔了幾句，細心地把遮布蓋在雕像上面，就像把一條圍巾搭在心愛的人身上一樣。他深深吸了一口氣，全身放鬆下來。他的形象又重新回轉過來，激昂的情緒逐漸消失了。隨後發生了一件不可思議的事：他脫掉工作服，換上剛才的衣服，轉過身要走了。他在這段聚精會神工作的時間裡全然把我忘了。他記不得他領一個年輕人到他的畫室來，爲的是讓他看自己的作品。而這個年輕人緊張地站在他的身後，呼吸短促，一動不動，彷彿他的一件作品。

他朝房門走去，當他要關上房門的時候發現了我，他的雙眼看來有點憤怒地盯著我，似乎在說：這個外來的年輕人是誰？怎麼偷偷溜進我的畫室？不過，他隨即就想起來了，幾乎有點不好意思地向我走來。「對不起，先生。」他開始說道，可是我只是激動地握著他的一隻手，我甚至想親吻這隻手。因爲在這一個小時內，我看到了一切偉大的藝術的永恆的祕密，也就是人世間一切藝術創作的祕訣：全神貫注，不僅思想集中，而且要集中全身精力；每個藝術家都要忘掉自我，忘掉周圍整個世界。在這裡，我學到了這點對我畢生有用的教益。

我本來打算五月底從巴黎到倫敦去，可是不得不提前兩週出發，因爲我那個可心的住所發生了一件意想不到的麻煩，使我深感不快。這是一件特殊的偶然事件，讓我覺得非常有趣，同時也使我了解到法國環境中完全不同的一種思想方法，使我頗受教益。

聖靈降臨節期間，我離開巴黎兩天，同朋友們一起去參觀壯麗的沙特爾大教堂，我還從來沒去過呢！星期二上午我回到旅館住處的房間，換衣服時卻發現，幾個月以來一直放在角落裡的那只箱子不見了。我馬上跑下樓去找旅館的老闆。每天他同他老婆換班，坐在那間狹小的門房裡。他是一個健壯的、滿面紅光、矮胖的馬賽人。我經常同他說說笑笑，有時和他一起在對面的咖啡館裡玩他最喜歡的十五子遊戲。他聽我一說，便立刻激動起來，用拳頭擊著桌子，怒氣沖沖地大叫起來：「啊，原來如此！」他這樣說，別人不知他是什麼意思。他急急忙忙穿上外套——他在門房裡總是穿著襯衫——脫下拖鞋換上鞋子，一邊向我解釋事情的經過。也許我有必要追述一下巴黎住房和旅館的一大特點，以便弄清事情的原委。在巴黎，一般的住所和旅館，大門都沒有門鎖，是由門房來守門的，外面有人叫門時，由門房按電鈕打開。而一些較小的旅館和住所，一般只有一個門房，或者由房東、老闆、老闆娘等看管，但不是整夜守在門房裡，而是在床上按電鈕將大門打開——這時大多數人還半睡半醒呢！如果有誰外出，就說一聲：「請開門。」同樣，在進門時，要通報自己的姓名，以防夜間混進外來人——理論上是這樣。凌晨兩點鐘，在我住的旅館，有人在外面拉響了門鈴，進來後也通報了姓名，聽起來像旅館某位客人的名字，而且這位旅客還在門房裡拿走了房間的鑰匙。這本來是門房的責任，他應該從玻璃窗證實一下來者的身分，但顯然他因爲太睏而沒有這麼做。一小時後，又有人要出去，叫了一聲：「請開門。」門房把門打開後，突然覺得不對勁，怎麼兩點進來，三點就出去。他馬上起來，看到那個從旅館出去的人拎著一隻箱子向一條小巷走去。他顧不得穿衣戴帽，只披著睡衣，穿著拖鞋就去追那個可疑的人。當他看到那人拐了一個彎，走進小田園街一家小旅館裡，他這才不懷疑那個人是小偷了。於是又返回去，重溫他的甜夢。

他對自己犯的錯誤十分後悔。他帶著我急急忙忙地去找最近的站崗警察，隨後我們立刻到小田園街那家小旅館查問，並且證實了我的箱子確在那裡。可是那個小偷不在，也許出去了，到一家酒吧喝早晨咖啡。兩名便衣警察在門房守候，半小時以後，他果眞大搖大擺地回來了，於是他立刻被捕了。

現在我們兩人——老闆和我——必須到警察局去履行公事。我們被領到警長的辦公室，警長是一位胖胖的、留著小鬍子的和藹可親的先生，穿一件上衣紐扣解開的外套，坐在寫字臺後面。寫字臺上面堆滿亂七八糟的文件，滿屋子都是菸味，桌子上還放著一大瓶葡萄酒，表明這位先生完全不屬於對生活冷淡和不通人情的那些警察之列。遵照他的命令，有人將箱子拿到屋裡，並要我查看，箱子裡缺了幾件重要東西。我知道，箱子裡最值錢的東西是那本總額爲兩千法郎的信用存摺，但是我在這裡住了幾個月，此款想必花得不少了。而且誰都明白，一本私人存摺別人是無法使用的；再說，這本存摺一直放在箱子最底下，沒有人動過。於是我作了如下口供紀錄：我確認這只箱子是我的個人財產，裡面的東西一件也沒少。寫完後，警長命令把小偷帶進來。出於好奇，我倒很想看看這個場面。

這個場面是值得一看的。兩個警員押著小偷走進來：小偷體格瘦弱，夾在兩個粗壯的警員中間，更顯得瘦弱不堪，活像個可憐蟲。他衣衫襤褸，連衣領都沒有，留著一撮稀疏的鬍子，由於極度飢餓，他那臉尖瘦得像隻老鼠的面孔。如果讓我說，他是一個不高明的小偷，他那粗笨的行動足以證明：作案的清早他拎著箱子沒有溜之大吉。現在，他站在握有大權的警長面前，低著頭，全身微微顫抖，彷彿被凍壞了。我不得不痛苦地說，他不僅使我感到遺憾，而且我覺得自己對他產生了同情。當一名警員將從小偷身上搜出的東西一一擺放在一塊木板上時，我的同情心更是倍增。從他身上搜出來的奇特的東西，是我想像不到的：一塊非常髒的手帕，鑰匙鉤上掛著十二個不同規格的萬能鑰匙和撬鎖鉤，這些東西互相撞擊起來像樂器的叮噹聲。又搜出了一個破皮夾，好在裡面沒有武器。至少可以證明，這個小偷是以我們大家所熟悉的那種方式行竊的。用的是和平的方式。

警官當著我們的面細緻地檢查這只皮夾，結果令人吃驚的是，裡面並沒有幾百幾千法郎，而是一張鈔票也沒有，倒是有二十七張袒胸露肩的著名舞蹈演員和女演員的照片，還有三四張裸照。由此可以看出，他沒有其他犯罪的事實，而且這個瘦弱憂傷的年輕人是美的追求者。巴黎的這些明星他崇拜萬分，但那是可望而不可即的。他把這些照片藏在心口。雖然警長故意裝出嚴厲的目光，一張一張察看那些裸照，但逃不出我的眼睛：警長在想另一個問題，一個處於這般田地的人，還有這種收藏興趣，眞是趣事。我也是這樣想。當我看到這個可憐蟲式的犯罪者對美有著這樣的愛好時，我對他的同情再次明顯地增強了。警長鄭重地拿起筆，問我是否「起訴」，我飛快且嚴肅地回答說：「不。」

爲了對當時的情況作進一步的了解，也許有必要在這裡作一些補充。在我們國家和其他許多國家裡，凡是犯罪案件，都由官方起訴，也就是說，由國家向自己控制的司法部門提出公訴；而在法國，是否起訴由受害人自己來決定。我覺得，這種法制觀念比那種刻板的法律要公正得多。由受害人決定是否起訴，就存在一種可能性：寬恕那個幹了壞事的人，給他一個自新的機會。但是在別的國家就不行。譬如在德國，一個女人由於一時的嫉妒用左輪手槍打傷了她的情人，不論你怎麼苦苦哀求，都無法使她免遭審判。國家要出面干涉，強行把這個女人從她的情人身邊拽走，送進監獄。這個女人一氣之下打傷了她的情人，而這個男人說不定因她的激情會更愛她呢！在法國就不一樣，這對情人會在道歉之後手挽手回到家裡。他們之間的一切矛盾從此雲消霧散。

當我堅決地說出那個「不」字時，就出現了三種不同的反應。夾在兩名警員之間的瘦弱的可憐蟲一下子站起來，用一種無法描繪的感激的目光望著我——這目光我永遠不會忘記。警長滿意地放下手中的筆，我看出他心裡很滿意，因爲我不追究，省了他不少文牘瑣事。而我的房東反應卻很強烈，他滿臉漲得通紅，對著我大喊大叫，說我不應該這麼做，對這些無賴、混蛋非得斬草除根不可。說我根本不會想到這個傢伙還會去傷害別人；正派人要日夜提防這些無賴，你饒了一個，就等於給另外一百個壯了膽。一個小市民的全部的誠實和正直，以及小市民的那種狹隘，這時通通暴露出來。他怕影響了旅館的生意。為了避免由此事帶來的麻煩，他用威脅的口吻毫不客氣地要我收回成命。但我毫不動搖，我語氣堅決地對他說，我已經找到了箱子，沒受任何損失，對我來說，一切都解決了，我沒有什麼可控告的。我又說，我有生以來從未控告過任何人。我加重語氣說，我決不願看到，今天中午我在大吃牛排而津津有味，而另一個人因為我的緣故不得不吃監獄裡的粗茶淡飯而愁眉苦臉。我說到這裡，房東仍然堅持己見。這時警長發話了，這事由我而不是由房東作決定，由於我堅持不起訴，此事就這麼了結了。房東聽到這裡，氣沖沖地走出房間，「砰」的一聲關上了房門。警長站起來，望著那個生氣的背影，露出微笑，拉著我的手，默默地表示贊同。這樣，例行的公事就算完畢。我伸手去拿箱子，準備帶回家。但是，在這一瞬間發生了一件令人驚奇的事。那個小偷有點低聲下氣地快步走到我的面前，說道：「喔，先生，您別拿，我把它送到您家去。」於是我在前面大步走，那個感激涕零的小偷拎著箱子緊緊地跟在後面。我們走過四條馬路，回到了我住的旅館。

看來，這件令人煩惱的事就這樣輕鬆愉快地結束了。可是餘波未平，這件事很快導致了另外兩件事的出現。我對法國人心理的了解，應該歸功於這兩件事。第二天，當我到維爾哈倫家時，他幸災樂禍地迎接我，半開玩笑地對我說：「你在巴黎的奇遇可夠特別了，事先我一點也不知道，你原來是一個很有錢的傢伙。」一開始，我不知道他說的是什麼意思。接著他遞給我一張報紙，上面刊登著一篇關於昨天發生的事件的長篇報導，我一看，這竟是一篇任意發揮的浪漫主義傑作，與事實眞相大不一樣，使我目瞪口呆。報紙上的報導，以新聞記者的卓絕技巧作了這樣的敘述：在市中心一家旅館裡，住著一位外國貴賓，他的一隻箱子被竊——爲了引起大家的興趣，把我寫成了闊佬；箱子裡有許多値錢的東西，其中有一本兩萬法郎的信用存摺——一夜間，我的二千法郎增加了十倍——以及其他無法補償的東西（實際上僅僅是些襯衣和領帶）；一開始，幾乎沒有任何線索，小偷不僅非常老練，而且對周圍環境也非常熟悉。由於警察分局的警長先生，具有「非凡的能力」和「非凡的洞察力」，果斷地採取各種措施，他透過電話聯繫，只用了一個小時，就把巴黎的所有旅館和客棧進行了一次澈底的詳細的檢查。由於措施的一貫周密和準確，在極短的時間內就抓住了壞蛋。警察局長爲了表彰自己優秀部下的傑出成績，及時給了特別嘉獎，因爲他的能力和遠見，再一次爲巴黎警察局的模範組織樹立了光輝的榜樣——在這篇報導中，沒有一點是眞實的。那個所謂做出傑出成績的警長始終沒有離開寫字臺半步，是我自己帶著箱子把小偷送到警察局的。不過他卻利用這個好機會，爲自己撈到了宣傳資本。

如果說這件事對小偷和高尚的警察局都有好處，可是對我來說再倒楣不過了。因爲從那時起，一向與我溫和相處的房東開始處處與我爲難，不讓我在這家旅館繼續住下去。我走下樓去，向坐在門房的房東太太友好地問候時她不理不睬，反把她那個狹隘的小市民腦袋扭到一邊。那個小夥計也不再認眞打掃我的房間，我的信件也莫名其妙地丢失了。在隔壁的那些小商店和那間菸店裡，我見到的也都是一張張冰冷的面孔；而往常，由於我大量消耗菸製品，我去菸店是大受歡迎的，他們稱我是「老朋友」。這件事傷害了小市民的道德觀。

不僅旅館裡的人，而且是整個小巷，甚至全區的人，都一致起來反對，因爲我「幫助」了小偷。到了後來，我沒有辦法，只好帶著那只失而復得的箱子，離開了舒適的旅館，好像我自己犯了什麼罪似的。

我從巴黎來到倫敦，就像一個人從炎熱的夏天一下子走進陰涼之中。一個人剛到倫敦，首先就感到冷得發抖，但眼睛和感官很快就適應了。我原本打算在英國逗留兩三個月，作爲自己的一種義務。因爲數世紀以來，世界各國都是沿著這個國家的軌道向前運轉的，如果不了解這個國家，那麼怎麼能夠理解這個國家的力量對世界的影響呢？我也希望透過大量的會話和頻繁的社交好好練一練我蹩腳的英語。順便說一下，我的英語從未眞正說得流利。可惜我沒有達到目的。我像所有自歐洲大陸來英國的人一樣，與英吉利海峽彼岸的人，在文學上鮮有接觸。在這裡，每天早餐的談話和在小小公寓裡簡短的交談，談到有關宮廷、體育比賽和社交聚會等話題時，我總覺得非常不適應。當他們談論政治時，我完全插不上嘴，他們所說的那個傢伙，我不知道他們指的是誰，是宮廷大臣還是別人。而英國的紳士們稱呼人只稱名字，不喊姓。馬車夫說倫敦底層的話，我聽不懂，耳朵像聾了似的。所以我的英語水準沒有我所想的提高那麼快。我曾去教堂聽傳教士優美的措辭；我旁聽過二、三次法庭的審理；爲了聽標準的英語，我去劇院看戲。在巴黎處處能遇到的社會活動、輕鬆愉快的生活和同伴情誼，我在倫敦必須費力地去尋找。我找不到一個同我研討我感興趣的問題的人，同樣，我對體育、娛樂、政治以及他們平時關心的事毫不感興趣，也不十分理解。所以在那些好心腸的英國人看來，我大概是一個缺乏修養和呆板的人。把自己與一種生活環境和當地的一群人從內心裡打成一片，我從來沒成功過。所以我在倫敦十分之九的時間是在自己的房間裡寫作或在大英博物館裡度過。

起初，我想透過遊逛好好了解一下倫敦。到倫敦的前八天，我在大街小巷快步疾行，直走得腳底灼痛。我以一種大學生的責任感跑遍了導遊手冊上的所有遊覽點，從杜莎夫人蠟像館到英國國會。我學著喝英國的淡啤酒，也用英國正流行的菸斗代替法國的捲菸；我從上百件小事上儘量去適應當地的環境。但是，無論是社交界還是文學界，我都沒有眞正與它們接觸過。如果誰要從外表上看一下倫敦，只需走馬觀花看看那些重要的地方就可以了，譬如說，只是從倫敦擁有百萬巨資的商號門前匆匆走過，除了看到每家擦亮的大同小異的銅招牌以外，你什麼也不會了解到。我到過一家俱樂部，但不知道是做什麼的，坐在俱樂部又軟又厚的安樂椅上，使我在精神上昏昏欲睡，這恰好說明了這裡的氛圍就是如此。我可享用不了這種柔軟鬆弛的環境，就像有的人不會用全神貫注的工作或者體育活動來消除疲勞一樣。一個眞正的觀察者，或者是一個有閒暇的人，如果他不能把一切繁瑣無聊的小事拋開，去追求一種高尚的社交藝術，倫敦就會把他當作異己排斥在外。而巴黎卻會愉快地讓他參加到自己更熱鬧的生活中來。在倫敦，我犯了一個錯誤，當認識到錯誤，爲時已晚。到倫敦後，我本該找一份工作，諸如商店的見習生，報社的祕書等，來度過在倫敦的兩個月，這樣可以使我多了解一些英國人的生活，可是我卻沒有這樣做。兩個月來，我只看到了倫敦的外表，經歷得很少；那是過了若干年以後，在大戰期間我才得到了一個關於英國的實際的概念。

在英國的詩人中，我只見到了亞瑟．西蒙斯[80]，透過他我得到了葉慈的邀請。我很喜愛他的詩，純粹出於興趣，我翻譯了他的優美詩劇《水影》的一部分。我當時不知道他邀請我參加的是一個朗誦晚會，他邀請的一小部分人是經過挑選的。我們坐在那個並不寬敞的房間裡，顯得有點擁擠，有的人甚至坐在墊腳的小凳上，有的人索性坐在地板上。大家落座之後，站在黑色（或者是蓋著黑布）斜面桌旁的葉慈把兩支手臂粗的祭壇蠟燭點燃，房間裡的其他蠟燭頓時熄滅，朗誦開始了。在微弱的燭光下，葉慈留著黑色鬈髮的腦袋和他的動作，顯得輪廓分明，似剪影一般。葉慈緩慢地、低沉地、富有樂感地朗誦著自己的作品，沒有一點刻意的味道。他的每行詩句都錚錚有聲，頗具分量。他朗誦得很動人，確實也很莊重。我感到唯一的不足之處，是他那一身不自然的打扮，他穿著道袍似的黑色長袍，活像一個神甫。房間裡彌漫著一股淡淡的香味，我認爲，這是粗大的蠟燭燃燒的結果。這一切使得這次自發的詩歌朗誦會並不像是文學欣賞會，反倒像一次祭詩的儀式——但是，另一方面，這晚對我產生了一種新奇的誘惑力。相比之下，我不由得想起維爾哈倫朗誦自己詩歌時的情景：他只穿著薄薄的襯衫，好讓雙臂更好地打出節奏，他不講排場，平平淡淡，不像演戲似的；我也想到里爾克，有時他從自己的詩集中吟幾行詩，他說得樸實、清楚，默默地、不留痕跡地尋找恰當的詞彙。葉慈的這次朗誦會，是我有生以來第一次參加的「像演戲似的」詩人自誦會。雖然我很喜歡葉慈的作品，我還是帶著懷疑的心情反對這種祭禮式的崇

80 亞瑟．西蒙斯（一八五六—一九四五），英國詩人、文藝評論家。

拜做法。儘管如此，當晚的葉慈是一個值得稱道的主人。

不過，我在倫敦眞正發現的詩人並不是活著的人，而是一個當時尚被人忘記的藝術家：威廉・布萊克[81]。他是一位孤獨的、有爭議的天才。他的作品是拙樸與精細完美相結合的藝術品——至今還令我神往。有一次，一位朋友建議我到大英博物館的印刷品陳列室——當時該陳列室由勞倫斯・比尼恩掌管——看看那些有彩色插圖的書籍：《歐洲》、《美洲》、《約伯記》——這些書在今天已成了古書店裡的稀世珍本；我看這些書，像著了迷一樣。我在這裡第一次看到這樣一位具有魅力的人物，他好像乘著幻想的天使翅膀在荒原中毫無目的地翱翔。我一連幾個星期深入發掘這位質樸又非凡的人物的迷宮，並且打算把他的幾首詩譯成德語。想得到他的一幅親筆畫成了我的無法克制的欲望，不過在剛一開始，這只是一種夢想。一天，我的一個朋友阿奇博爾德・G. B.拉塞爾——當時他是布萊克作品最出色的鑑賞家——告訴我說，在他舉辦的展覽會上，曾出售「夢幻式的肖像」中的一幅，據他的看法（也是我的看法），這幅《約翰王》是布萊克大師最美的一張鉛筆畫。他對我說：「你對這幅畫會百看不厭。」後來事實證明了他說得對。在我的藏書和繪畫中，唯有這張畫陪伴了我三十年。那位迷惑的國王不時用神奇的、明亮的目光從牆上注視著我。在我丟失和損失的所有物品中，唯有這幅畫是我輾轉南北時最忘懷不了的。過去，我曾經在大街上和城市裡努力尋找英國的天才，都沒有找到。而這位天才突然以布萊克這個眞正的星宿的形象出現在我的面前。在我熱愛這個世界的眾多理由中，又增添了一個新的理由。

81 威廉・布萊克（一七五七—一八二七），英國詩人、畫家。

我的崎嶇道路

在巴黎、英國、義大利、西班牙、比利時、荷蘭，這種充滿好奇的漫遊和飄泊本身是十分愉快的，而且在諸多方面都頗有收穫。但是，人終究需要有一個固定的住所，以便漫遊時有出發點和歸宿之處。當我今天周遊世界已不再是出於自願，而是被迫流亡時，我對這一點的認識比任何時候都更清楚。我離開中學以後的幾年裡，積攢了許多圖書、繪畫和紀念品，數量之多，簡直成了一個小圖書館。我的手稿打成大包堆放著。不可能把我心愛的東西都裝在箱子裡，拖著它們周遊世界。所以，我在維也納租了一小套公寓，但它又不是我的眞正住所，僅僅是一個臨時落腳處，這是法國人喜歡的說法。我的生活一直到第一次世界大戰爆發前都有一種莫名的臨時感覺。我每做一件事都要告誡自己，這件事不是眞正作數的。比如我寫文章時，總是把它們當作正式寫作前的試寫。我和女人交朋友時，也不乏這種臨時的感覺。這樣一來，我在青年時代的思想感情也不是完全負責任的，什麼都是憑興趣愛好，什麼都想嘗試一下，無論是練習寫作還是玩樂，都無所謂。當別人已到結婚、生子、有重要的社會地位，因而不得不集中精力進行奮鬥的年齡時，我卻始終把自己看作是一個年輕人、一個初學者、一個在自己面前尚有許多時間的起步者。從某種意義上說，我這是遲遲不爲自己作最後的決定。正如我把自己的寫作看作是「眞正創作」的預習，只不過是預告我文學生涯的一張名片，我那套住所也不過是一個地址罷了。我有意在郊區選擇了一個小單元，不至於因爲高昂的房費而妨礙我的自由。我也不買好家具，因爲我不想把房間「維護」得像父母的房間那樣——那裡的每把扶手椅都有「外套」，只有在接待客人時才拿掉。我有意不在維也納久住，因而也避免了離開時有依依惜別之情。多年來，我曾覺得培養那種臨時的觀念是一個錯誤。但到後來，我被迫離開了自己親手建立的家園，我添置的東西都遭到了破壞。我反而覺得，我那種與己無關的神祕感情倒對我有所幫助；這種臨時的觀念倒是緩和了我不得不離開家鄉時的痛苦情感，使我的心情不至於過分沉重。

當時，我還不打算爲自己的第一個住所添置很多値錢的東西。但是，我把在倫敦得到的布萊克的素描和歌德一首詩的眞筆手跡掛在了牆上。歌德這首詩是他的名作之一，字體瀟灑、生氣勃勃——那是我從中學開始蒐集的文人字畫中最珍貴的一件。當時我們的文學小組熱衷於寫詩，我們到處追逐詩人、演員和歌唱家的簽名。當然，隨著中學生活的結束，我們就停止了寫詩和徵集簽名的業餘愛好。與此同時，我對蒐集天才人物手稿的興趣與日俱增。我對單純的簽名逐漸覺得失去了興趣，對國際名人的名言和對某個人的頌詞也不再感興趣。我要蒐集的是詩歌和樂曲的手跡或原稿，因爲我對藝術作品（既從作者生平的角度，也從作者的心理角度）產生了巨大興趣，超過所有的一切。當一首詩、一段旋律從無形之中，從一個天才的幻想和直覺中透過文字加以定形而問世時，那是最神祕的一個瞬間。而大師們那經過反覆推敲或冥思苦想過的原稿上，豈不是比其他任何地方都更適合琢磨這一瞬間？如果我面前只有一部成功的作品，我絕不會說，我對這個藝術家已經足夠了解了。我還是相信歌德的話，如果要完全理解一部偉大的著作，不僅要看到成品，還必須要了解這部作品的產生過程。如同我看到貝多芬樂譜的初稿一樣，上面塗改得亂七八糟，改動之處與原稿混雜在一起，但改動的鉛筆線條正說明作者的才氣，體現了他的創作熱情，看到這些，我興奮異常。難以辨認的樂譜反而引起我無限的遐想。我拿著這張像天書似的樂譜手稿，呆呆地凝視著，像著了魔似的。巴爾札克的一張校樣讓我欣喜若狂——幾乎每句話都修改了，每一行字都反覆塗改過，稿紙的周邊已看不出白色，被各種修改符號和字跡填滿。有一首詩，我已經喜愛了十多年，一得到該詩的原稿，即它問世前的草稿，我心中便不由自主地產生一股虔誠的、敬畏的感情，我幾乎不敢觸碰它。能夠收藏幾張這樣的手稿是一種驕傲，而去蒐集這種手稿，在拍賣時買到手或者弄清誰藏有這種手稿，這幾乎成了我的業餘愛好中最有誘惑力的一種。在蒐集中我曾度過多少緊張的時刻，遇到過多少令人激動的好運氣！有一次，幸虧我晚到了一天，因爲拍賣的一件我非常需要的手跡，後來被證明是假的。接著又發生一件稀奇事：我手中藏有一件莫札特的手稿，令人掃興的是其中有一段樂譜被人剪掉了。可能是五十年前或一百年以前被一位莫札特的愛好者剪掉的。可是突然有一天，這塊缺失的樂譜竟在斯德哥爾摩的一次拍賣會上出現了。我可以將莫札特的詠歎調重新拼全，就像他一百五十年前留下來的那樣。當時我的稿費收入還不足以讓我大批購買別人的手稿，但是任何一個收藏家都有體會，當他爲了得到一件手跡而不得不犧牲其他樂趣時，那件手跡所帶來的快樂會有多大。此外，我還請求所有的作家朋友將他們的手稿捐送給我。羅曼·羅蘭將他的《約翰·克利斯朵夫》第一卷的手稿送給了我；里爾克把讀者最喜歡的《旗手克里斯多夫·里爾克的愛和死亡之歌》的手稿給了我；克洛岱爾給了我他的《給聖母的受胎告知》的手稿；高爾基給了我大批草稿；佛洛伊德給了我他的一篇論文的手稿。他們都知道，沒有一家博物館會精心保管他們的手跡。我收藏的手稿中有不少今天已散落在各個角落，可是別人對這類手稿的興趣實在微不足道。

有兩件最不尋常和最珍貴的文學手稿，夠得上博物館特級陳列品，雖不在我的櫃子裡珍藏，卻藏在我住的這幢郊外公寓裡。找到珍品，實屬偶然。在我的樓上，有一套同我的房間一樣簡樸的房間，那裡住著一位灰白頭髮的老小姐，她的職業是鋼琴教師。有一天，她非常客氣地站在樓梯上同我說話。她說，我在工作的時候，經常聽到她在上鋼琴課，這使她深感不安。她希望學生們不完美的技藝不至於妨礙我的工作。接著她又談到，她的母親同她住在一起，她母親的雙眼半失明，所以幾乎不離開房間。她說，這位已經八十高齡的老太太不是別人，正是歌德的保健醫生福格爾博士的女兒，她在一八三〇年由奧蒂莉・馮・歌德[82]當著歌德的面受的洗禮。聽到這裡，我腦子轟了一下，不知所措。到了一九一〇年，世間竟還有一個被歌德神聖的目光注視過的人！由於我對一個天才留在世上的一切懷有深刻的敬意，所以我除了蒐集他們的手稿外，還儘量蒐集他們的各種遺物。後來，在我的「第二次生活」期間——家裡的一個房間成了我蒐集遺物的儲藏室，如果可以這樣說的話，簡直成了崇拜的殿堂。裡面放著一張貝多芬用過的寫字臺和他的一隻小錢匣。臨終前，他從床上伸出顫抖的手，從小錢匣裡拿錢給女傭人，裡面還有貝多芬的家庭帳簿的一張記帳紙和貝多芬的一綹灰白頭髮。歌德用過的一支羽毛筆被我用玻璃盒仔細保存了多年，以免誘惑我好動的手去觸摸，我的手怎麼配去拿這支筆呢！可是現在，居然還有一個被歌德那圓圓的黑眼睛慈祥、愛撫地注視過的人活在世上，這真是人世間的奇蹟！這位風燭殘年的老婦人用一條極易斷的紅線把崇高的威瑪時代與我有幸居住的郊區廚師巷八號樓繫在一起。於是，我忍耐不住請求鋼琴教師允許我去看看她的母親——德梅麗烏斯太太。這位老人熱情地接待了我，我在她的小

82 奧蒂莉・馮・歌德，歌德的兒媳。

房子裡看到有幾件歌德的家什，那是歌德的孫女，她童年時的夥伴送給她的。有歌德桌上的一對燭臺，還有一件歌德在威瑪弗勞恩普蘭街住所的徽標之類的東西。而這位老人還活在世上，難道不是一樁眞正的奇蹟嗎？一頂極樸素的小帽蓋在她那稀疏的白髮上；她的唇邊布滿皺紋，可是很健談。她向我詳細敘述了她在弗勞恩普蘭的住所裡是怎樣度過青年時代的最初十五年的。那個時候，那個寓所還沒有改成今天這樣的博物館；自從這位偉大的詩人歌德永遠離開這個家，離開這個世界，家裡的一切都保持原樣，再也沒動過。她像所有的老年人一樣，對自己的那段童年生活反而記憶猶新。她對歌德協會透露歌德個人隱私的草率行徑感到十分氣憤，聽到這些，我深受感動。她說，該協會「現已」出版她童年好友奧蒂莉・馮・歌德的情書。噢，她說「現已」，完全忘記了奧蒂莉已去世半個世紀了！對她來說，歌德寵愛的這個兒媳現在還活著，還很年輕，一切都還在眼前，可在我看來，這早已成爲歷史的陳跡啦！她把過去的事說成是現在的事，在她面前，我總感到一種幽靈般的氛圍。現在我們已經住在磚石結構的樓房裡，互相用電話交談，晚上有電燈，寫信用打字機！從我這裡再向上登二十二個臺階，就到了另一個世界——籠罩著神聖陰影的歌德時代。

從這以後，我多次遇到過這樣的老太太，一個英雄的、莊嚴的世界依然在她們的腦海裡翻騰，其中有李斯特的女兒科西瑪・華格納[83]，在她熱情奔放的姿態中，顯示出堅強、嚴謹

83 科西瑪・華格納（一八三七—一九三〇），音樂家李斯特的女兒，後來嫁給作曲家理查・華格納。

和大方的特性；尼采的妹妹伊麗莎白・弗爾絲特[84]，她身材矮小，玲瓏纖巧，有點賣俏；亞歷山大・赫爾岑[85]的女兒奧爾加・莫諾，她兒時常常坐在托爾斯泰的膝蓋上。我也曾聽到過年邁的蓋奧爾格・布蘭德斯向我講述他遇見惠特曼、福樓拜、狄更斯等人時的情形；我也聽到過理查・史特勞斯向我敘述他是怎樣第一次見到理查・華格納的。但是所有這些人都沒有像這位老太太德梅麗烏斯那樣使我感慨萬千。她是受過歌德目光注視的唯一健在的人，恐怕我也是今天能夠說這種話的最後一人：我曾親眼見過一個被歌德的手輕輕撫摸過頭頂的人。

現在，我已找到了外出旅行間隔的落腳點。但更重要的是，我同時也找到了一個另外的家——三十年來一直維護和促進我的全部作品的出版社。選擇哪家出版社決定一個作家的一生；我沒有面臨過這種選擇，這是再幸運不過了。幾年前，一位詩歌愛好者產生過一個相當有素養的想法，他寧願把自己的財產用在一部藝術作品上，也不願用在賽馬的飼養上。他的名字叫阿爾弗雷德・瓦爾特・海梅爾[86]。他本人作爲詩人並無多大建樹，可是他決定在德

84 伊麗莎白・弗爾絲特—尼采（一八四六—一九三五），尼采的妹妹。一八八九年丈夫去世後，她一直做哥哥的助手、祕書和護士。

85 亞歷山大・赫爾岑（一八一二—一八七〇），俄國作家。代表作有散文集《往事與隨想》。

86 阿爾弗雷德・瓦爾特・海梅爾（一八七八—一九一〇），德國詩人、小說家、出版家，德語雜誌《島嶼》及島嶼出版社的創辦人。

國創辦一家出版社。他辦社的宗旨是，不注重賺錢與否，甚至做好了長期虧本的打算，只出版有價值的書，而不以銷路作為標準。當時的德國出版界主要是從商業出發的。海梅爾並不出版那些消遣性的讀物，即使這類讀物能賺大錢。相反，他卻願意給那些深奧的、難以理解的作品提供出版的機會。收集一切以最純粹的藝術形式表達出來的最完美的作品，是他的出版社的口號。起初，這家出版社並不為很多行家所認識，它卻以自己的與眾不同而自豪，故意取名為「島嶼」，即後來的「島嶼出版社」。它出版的每部作品，從來都不是當作一般的業務，而是每部作品都印刷精美，裝幀考究，使外在的形式配得上完美的內容。因此，每一部作品在製作時，無論是標題的設計、版心的排列，還是字型大小和紙張的選擇都會遇到一些特殊的具體問題。甚至廣告目錄、信紙等，這家注重信譽的出版社也一樣考慮得十分周全。譬如說，三十年來我在這家出版社出版的那些書中從來沒有發現任何印刷錯誤，我也不記得出版社給我的信中有任何塗改的字句。所有的一切，包括最微小的細節，都堪稱出版界的典範。

霍夫曼斯塔爾和里爾克的抒情詩都是由島嶼出版社編輯出版的，由於這兩位作者還健在，這家出版社從一開始就為自己定下了最高標準，因此可以想像，年僅二十六歲就被譽為島嶼出版社的固定作者，使我感到多麼喜悅和自豪啊！我成為它的一員，從表面上看，固然提高了我在文學界的地位，但從實質上說，也加深了我的責任感。誰要躋身佼佼者的行列，就必須嚴於律己和節制自愛，在文學創作時絕不能粗製濫造或者像新聞體那樣一揮而就，因為在書上印著「島嶼出版社」的標誌，就意味著它的內容品質和印刷裝幀一樣完美。

現在，我年紀輕輕就碰到了這樣一家年輕的出版社，我的事業與它的事業共同發展，對一個年輕作者來說，沒有比這更幸運的了。只有這種共同的發展才能創造作者及其作品與世界之間有機的生活聯繫。不久，我同島嶼出版社社長基彭貝爾格教授[87]建立了眞誠的友誼，這種友誼還因爲我們兩人都熱衷於蒐集名人手稿得到了加強。我們兩人交往的三十年間，基彭貝爾格蒐集歌德遺物同我蒐集名家手跡一樣，作爲私產都是巨大的。我經常從他那裡得到寶貴的忠告和建議；我也用我對外國文學的深刻了解，給予他許多重要的啟發。所以，在我的建議下，「島嶼叢書」誕生了；它以數百萬計的發行量在「象牙之塔」周圍築起一座巨大的世界之城，同時也使島嶼出版社一躍成爲最有名望的德語出版社。三十年後，該出版社與它剛建社時已完全不同，過去的小企業現在已成爲最大的出版社之一；開始的讀者很少，作者很孤獨，而現在，它是擁有最多讀者的出版社之一。我與該社社長的關係對我們兩人來說都是幸運的、相互理解的，要破壞我們之間的這種關係，只能是一場世界性災難和最野蠻法律的暴力。我今天不得不承認：要我遠離家門和故鄉，我並不覺得太難受，但再也看不到我書上那個熟悉的「島嶼」標誌，卻使我痛苦不堪。

話說回來，我前進的道路已暢通。雖然我很早就發表作品（幾乎有點不大合適），可我心中有數，直到二十六歲我還沒有創作出眞正的作品。我年輕時最大的收穫是我與當時最有創造性的人物的交往和友誼，而這種交往卻成了我在創作中的危險障礙。由於見得太多，我

87 安東·基彭貝爾格（一八七四—一九五〇），德國出版家、收藏家。

反而不知道什麼是眞正有價値的創作，不禁膽怯起來。由於我沒有勇氣而限制了自己，除一些翻譯外，我在二十六歲以前創作的都是篇幅短小的短篇小說和詩歌，這也是爲了經濟上的穩妥。許久以來，我都沒有勇氣去寫長篇小說（要是眞有這種勇氣，還需要二十年）。我第一次敢於在形式上作較大的試驗，是在戲劇創作方面。這第一次的試驗有了成效，又促成了我更大的創作欲望。我在一九〇五年或一九〇六年夏天寫了一個劇本——完全是我們時代的風格，是一部詩劇，而且是古希臘式的。劇名是《忒耳西忒斯》。說到該劇，我以後再沒有讓它再版——我三十二歲以前所有的著作，也都沒有再版過——我之所以今天還提到這個劇本，只是覺得它在形式上還有可取之處，另一方面，這部劇能夠顯示我的創作中鮮明的個性特徵，我從來不喜歡爲英雄人物歌功頌德，而是始終著眼於失敗者的悲劇。在我的中篇小說裡，主人公都是一些受命運擺布的失敗者，他們對我很有吸引力。在我的傳記文學中，我不寫在現實生活中獲得成功的人，只寫那些具有崇高道德精神的人物。比方說，我不寫馬丁·路德，而寫伊拉斯謨[88]；我不寫伊麗莎白一世，而寫瑪麗·斯圖亞特；我不寫喀爾文，而寫卡斯特利奧[89]。在這齣劇中，我不把阿喀琉斯作爲主人公，而是把他的對手，最不

---

88 伊拉斯謨（一四六九—一五三六），文藝復興時期的人文主義者和神學家。茨威格著有傳記《鹿特丹的伊拉斯謨的勝利和悲劇》。

89 塞巴斯蒂安·卡斯特利奧（一五一五—一五六三），法國神學家，十六世紀期間宗教自由與良心自由的主要宣導者。

顯眼的忒耳西忒斯——一個深受苦難的人，只有別人給他苦吃，而他的力量和明確的目標不具備使別人痛苦的可能——當作主人公。我沒有把完成的劇本給一個演員去看，哪怕他是我的至交好友。在這方面，我有自知之明。我十分清楚，用無韻詩寫的劇本，加上還要用古希臘式的道具，這樣的劇，即便是出自索福克勒斯和莎士比亞之手，也很難在現實舞臺上創造「票房價值」。我只是出於形式，向幾個大劇院寄去了幾份劇本，隨後不久，我就把這事全忘了。

大約三個月之後，我接到一封信——上面印有「柏林皇家劇院」的字樣，使我驚奇萬分。我想，這個普魯士的國家劇院對我有什麼要求呢？出乎我的意料的是，劇院經理路德維希·巴爾奈——他曾是德國最著名的演員之一——通知我，我的這個劇本給他留下了深刻的印象；最使他高興的是，他終於爲阿達爾貝特·馬特考夫斯基找到了他一直想扮演的阿喀琉斯這個角色；因此，他請我允許他們在柏林皇家劇院首演這齣戲。

這突如其來的好消息驚得我目瞪口呆。當時有兩名傑出的德語演員，一位是阿達爾貝特·馬特考夫斯基，一位是約瑟夫·凱恩茲。前者是北德意志人，他熱情奔放，表演時激情如火，爲他人所不及；後者是維也納人，他氣質典雅，臺詞的藝術處理登峰造極，時而深沉迴盪，時而鏗鏘響亮，此乃大師氣派，無人能及。而現在，將由馬特考夫斯基塑造我劇中的人物，念誦我寫的詩句；我的這個劇本將在德意志帝國首都最著名的劇院演出，這無疑給予我極大的幫助——我覺得，這次演出將爲我的戲劇生涯開創無限美好的前景，而這是我以往沒有想到的。

這個劇的排演經歷讓我確實學到了一點經驗：在舞臺上的帷幕尙未拉開之前，絕不能過早爲這次演出而高興。雖然該劇已經開始一次又一次的排練，朋友們也一再向我保證：馬特考夫斯基在排練我寫的那些詩句臺詞時所表現出的雄偉和陽剛的氣派，是前所未有的；我也已經預訂好去柏林的臥鋪票，在快要出發的最後時刻，我接到了這樣一封電報：因馬特考夫斯基患病，演出延期。一開始，我以爲這是一種藉口，當劇院不能遵守時間或者不能履行自己的諾言時，往往採取這種方法。可是八天後報上就登載了馬特考夫斯基去世的消息，我劇中的詩句，竟成爲他那張擅於朗誦的嘴說的最後臺詞。

算了，我對自己說，就此結束。雖然還有兩家夠等級的宮廷劇院——德勒斯登皇家劇院和卡塞爾皇家劇院——願意上演這個劇本，但是我已興味索然。馬特考夫斯基去世以後，我想，誰還能演阿喀琉斯呢？可是不久，又傳來一個驚人的消息：一天早上，一位朋友把我叫醒，他告訴我，是約瑟夫．凱恩茲派他來的，他碰巧也讀過這個劇本，他覺得他適合的角色不是馬特考夫斯基要演的阿喀琉斯，而是阿喀琉斯的對手，劇中的悲劇人物忒耳西忒斯。他爲演出這個劇，立刻與維也納皇家劇院聯繫。當時劇院的院長是保爾．施倫特[90]，他是一個合乎時代的現實主義者，並以現實主義指導演出（維也納人對此很反感）。他很快給我來信說，他也看到了劇中那些令人感興趣的段落，只是除了首演，大概不會取得很大的成功。

算了，我再一次對自己說。對我自己以及我的文學作品，我從來都是抱著懷疑的態度。凱恩茲對此憤慨不已。他立刻把我請去，這是我第一次見到我中學時代崇拜的神明，我眞想

90 保羅．施倫特（一八五四—一九一六），德國劇評家。

吻他的手和腳。他雖然年已五旬，但體態輕盈，精神煥發，兩眼炯炯有神。聽他講話是一種享受。即便是私下交談，他說的每一句話都吐字非常清楚：輔音說得清脆精練，母音說得流暢又響亮。我曾經聽過他朗誦一首詩，如果今天沒有他的陪伴，我一定朗誦不好。聽他講德語，是我從未有過的快事。而現在，這位被我奉爲神明的人卻因爲未能使我的劇本上演而向我這個年輕人道歉。他一再強調，今後我們之間千萬不要失去聯繫。他說，他對我還有一個要求——我心裡倒挺高興，凱恩茲有求於我！——他說，當前他有許多客串演出的任務，爲此，他準備了兩個獨幕劇，但他還需要有第三個獨幕劇。他初步的設想是寫一個小短劇，儘量寫成詩體，最好有感情奔放的連篇臺詞——這在德語戲劇藝術中是絕無僅有的——由於他具有說臺詞的卓越技巧，能一口氣把連篇臺詞像傾盆大雨一樣傾注在屏息聆聽的觀眾頭上。他問我，是否能夠給他寫一齣這樣的獨幕劇？

我答應試一試。正如歌德所說，有時候意志能「指揮詩興」。我完成了一部獨幕劇的初稿，名曰《粉墨登場的喜劇演員》，這是一齣洛可可式的輕鬆喜劇，附有兩大段抒情的富有戲劇性的獨白。我下筆時儘量考慮到凱恩茲的氣質和他念臺詞的技巧，讓臺詞在無形之中符合他的願望。我這篇應命文章寫起來得心應手，不僅寫得熟練，而且充滿熱情。三個星期以後，我把這部帶有一首詠歎調的半成品草稿拿給凱恩茲看。他由衷地高興。他立即把手稿中那段長篇臺詞吟誦了兩遍，在他吟誦第二遍時已十分完美，使我難以忘懷。他問我還需要多少時間才能定稿，顯然，他已經急不可待。我回答需要一個月。他說，好極了，正合適！他現在要到德國去巡迴演出，需要數週時間，回來後就立刻進行排練，因爲這齣劇是給皇家劇院的。他又向我承諾，不管他到哪裡演出，一定將此劇作爲他的保留節目。因爲這齣劇是專門爲他寫的，對他來說，像自己的手套一樣合適。他握著我的手，由衷地搖晃了三次，把這句話也重複了三遍：「像自己的手套一樣合適！」

在他啟程前，皇家劇院已先下手爲強，劇院經理放下架子親自給我來電話，讓我先把這齣戲的草稿給他看；他拿到草稿後，立刻就開始排練。圍繞凱恩茲這個主角，分配其他角色練習臺詞。看來，我沒有下多大的賭注就成了大贏家，贏得了皇家劇院——維也納城的驕傲。除了女演員杜塞，還有許多著名的男演員將在我的劇裡演出，這部劇幾乎沒有新手參加。現在只會出現一個危險，即凱恩茲回來後，在我完成劇本前，他可能會變卦。但這是完全不可能的。雖說這樣，我也是越來越不安。我終於從報紙上得知凱恩茲已經回來了。我的心稍安了一些。出於禮貌，我沒有立刻去打擾他，而是推遲了兩天。到了第三天，我鼓起勇氣把一張名片遞給了扎赫爾大飯店的那個我相當熟悉的老看門人：「請交給皇家演員凱恩茲先生！」那位老人透過夾鼻眼鏡吃驚地望著我：「您眞不知道？博士先生。」不，我不知道。「今天早上就把他送進療養院了。」這時我才明白，凱恩茲是身患重病回來的。在巡演出中面對毫不知情的觀眾，他頑強地忍受著劇痛，最後一次表演了自己最拿手的角色。因患癌症，他第二天動了手術。根據報紙上有關他病情的報導，我們還是敢於希望他康復。我曾在他的病榻旁探望他，他躺在床上，顯得疲倦、憔悴，消瘦的臉上兩隻眼睛顯得特別大。使我特別驚奇的是，他的善於辭令永保青春活力的嘴巴上第一次露出灰白的鬍鬚。我看到這位臨終的老人，心裡很難過。他憂鬱地向我苦笑：「親愛的上帝還會讓我演這個劇本嗎？這齣戲有可能會使我健康呢！」但是幾個星期後，我們已站在他的靈柩旁。

人們將會理解，繼續創作戲劇於我會有多麼不愉快。每逢我把一齣新劇交給劇院時，我就有點擔心害怕。兩個最偉大的演員在排練我的劇作時相繼離世，這使我迷信起來。我不否認這一點。好多年以後，我才振作起來寫劇本。當時皇家劇院的經理是阿爾弗雷德·貝格爾男爵，他是一位傑出的戲劇專家和講演大師，他很快就採納了我的劇本。我幾乎是懷揣不安地看那份演員名單，驚歎「裡面竟沒有一個著名的演員」。這種厄運不會有人能碰得到吧！然而，到底還是發生了一件令人難以置信的事。如果把不幸關在門外，另外的不幸會偷偷混入。我過去只想到演員，卻沒有想到劇院經理阿爾弗雷德·貝格爾男爵。他打算親自導演我的悲劇《臨海的房子》，並寫完了導演手記。可事實是：十四天後，第一次排練還沒開始，他就死了。看來，我若是搞戲劇創作，咒語一定會應驗。甚至到了十多年以後，我的劇本《耶利米》和《沃爾波內》在第一次大戰後相繼在各國的劇院上演時，我心裡仍有餘悸。我有意地違背自己的興趣，於一九三一年寫了一個新劇本《窮人的羔羊》。我把原稿寄給我的朋友亞歷山大·莫伊西，有一天，我收到了他的電報，問我可否爲他保留首場演出的主角。莫伊西，他從故鄉義大利把自己優美的嗓音帶到德語舞臺上。而在此之前，他在德語劇壇上默默無聞。當時他是約瑟夫·凱恩茲唯一傑出的繼承人。從外表上看，他富有魅力，聰慧活潑，同時還是一位心地善良、熱心腸的人，他給每一部劇作賦予他個人特有的魅力。我想不出還會有更理想的人選，能像他一樣充當主角。不過，我頓時就想起了馬特考夫斯基和凱恩茲，儘管他向我提出要當主角的建議時，我托詞拒絕了他，只是我沒有對他說明眞相。我知道，他從凱恩茲手中繼承了那枚所謂的伊夫蘭德指環[91]，德國最偉大的演員總是將它傳給最傑出的繼承人。最後，他會不會遭到同凱恩茲一樣的命運呢？無論如何，我不能讓偉大的德國演員第三次碰上這種厄運。於是，我出於迷信，也是出於對莫伊西的愛，雖然我知道莫伊西演主角會完美無缺，會給這部劇帶來美好的社會影響，我還是沒有同意他演主角。非但如此，從此以後，我再也沒有給戲劇界奉獻任何新作。實際上我做出了這樣的犧牲，也並沒有保佑莫伊西安然無恙。雖說我沒有任何過錯，卻總是被牽扯到莫名其妙的災禍中。

我心裡很明白，別人會懷疑我在講一個鬼故事。馬特考夫斯基和凱恩茲的死可以解釋成是意外的厄運。在他們以後的莫伊西的厄運又怎麼解釋呢？我一直沒有同意他擔任我劇裡的角色，並且從那以後，我再也沒有寫新劇本。事情是這樣的：許多年以後，即一九三五年夏天——在這裡，我將自己的編年記事時間提前了——我正在蘇黎世，突然接到亞歷山大·莫伊西從米蘭打來的電報，電報說，他晚上到蘇黎世來找我，請我無論如何要等他。我想，這眞是怪事。他幹嗎這樣急來找我，我又沒有寫出新劇本，而且多年來，我對戲劇已相當冷淡。但是毫無疑問，我會高興地等待他的到來，因爲我喜歡這個熱情、誠懇的人，我把

91 伊夫蘭德指環是德國著名演員、劇作家和劇院領導人奧古斯特·威廉·伊夫蘭德（一八五九—一九一四）捐贈的一枚鑲有其頭像的指環，要一代一代傳給最優秀的德語演員，大戰期間曾中斷數年，戰後又繼續傳下去。

他視為兄弟。他剛走出車廂就向我迎來，我們按義大利的禮節擁抱。當我們坐小汽車離開車站時，他迫不及待地對我說，需要我為他做點事。他有事求我幫忙，而且是件大事。皮蘭德羅[92]為了向他表示特別的敬意，決定把自己的新劇作《修女高唱五月之歌》交給他來首演，不僅僅是在義大利首演，而且是一次世界性的首演——首演應該在維也納，並且要用德語演。像皮蘭德羅這樣的義大利大師能讓自己的戲劇在外國首演，這還是第一次；即便是在巴黎這樣的城市，他也從來沒有下過這樣的決心。皮蘭德羅最擔心的是他的詩劇在翻譯中失去音樂性和優美的光彩。他不希望由一般的譯者來翻譯，而是想請我來承擔，因為他長久以來對我的語言功底評價很高。很明顯，皮蘭德羅再三遲疑不決，他想，怎麼能指望我把時間浪費在翻譯上呢！他把這個任務交給莫伊西，由他傳達皮蘭德羅的請求。多年來，我一直沒有翻譯什麼，但是出於對皮蘭德羅的尊敬，我不想讓他失望；我同他有過好幾次友好的會面。而且，能夠對我親密的朋友莫伊西表示兄弟情誼，也使我非常愉快。我放下自己的工作一兩個星期；幾個星期後，皮蘭德羅的劇本將用我翻譯的譯文在維也納舉行國際首演。另外，由於當時的政治背景，該劇首演肯定會引起巨大轟動。皮蘭德羅答應親自出席。墨索里尼當時以奧地利公開保護人的身分，率領他的全部閣僚出席這次演出。首演的那天晚上應該同時是一場奧義友誼的政治示威（所謂友誼，實際上奧地利已淪為義大利的被保護國）。

開始排練的那幾天，正巧我也在維也納。我為能再一次見到皮蘭德羅而十分高興。無論

---

92 路易吉・皮蘭德羅（一八六七—一九三六），義大利小說家、荒誕戲劇作家。

如何，我盼望能聽到莫伊西的道白藝術念我譯的臺詞。可眞像見鬼似的，二十五年後，那可怕的怪事又重演了。一天早上我翻開報紙，讀到莫伊西患著重感冒從瑞士來到維也納，所以排練不得不延期。我想，感冒也不是一種嚴重的疾病，可是當我去探望這位病中的朋友，走到旅館門口時，我心裡怦怦直跳——我暗自慶幸不是扎赫爾大飯店，而是格蘭特大飯店——當年我到飯店探望凱恩茲而沒有見到他的情景突然在我腦海裡出現。在四分之一世紀以後，恰恰是同樣的厄運又重新落到一個偉大的德語演員身上。由於高燒，他神志昏迷，醫生不允許我再看一看莫伊西。兩天後我就站在他的靈柩前，而不是在排練場見到他，一切都像當年的凱恩茲一樣。

爲了便於說明，我在這裡把時間提前，談談那種令人毛骨悚然的魔力總是同我的戲劇創作緊密地聯繫在一起。不言而喻，在我今天看來，這種厄運的重演純屬偶然。可是，馬特考夫斯基和凱恩茲相繼迅速逝去，無疑對我是一個巨大的打擊，影響了我一生的創作道路。如果當年馬特考夫斯基在柏林，凱恩茲在維也納，把當年二十六歲的我創作的所有戲劇搬上舞臺，我就可以借助他們的藝術魅力迅速地（也許快得沒道理）在廣大公眾面前成名，我也會因此誤了長期學習和了解世界的時間和機會。開始，劇壇爲我提供了許多誘人的、連我自己都不敢夢想的機會；可是每到最後一刻，劇壇又冷酷地把這些機會從我身邊奪走。可想而知，青年時代的我認爲這是命中註定的。後來我才知道，人生的道路是由內因決定的；我們的道路往往偏離我們的願望，而且是極混亂的、沒有道理的，但它終會把我們引向我們自己看不見的目標。

走出歐洲

當時的時間過得好像比今天快，是否因爲我們的青年時代充滿了澈底改變世界的事件呢？還是因爲按部就班的埋頭工作，所以我對青年時代的最後幾年（第一次世界大戰前）發生的事件記憶相當模糊？當時，我寫作並發表作品，在德國人們已知道我的名字，並且在一定程度上，我的名聲已傳到國外。我有了支持者，他們對我的作品都能夠說出一定的特點來；但也有了反對者。帝國的所有大報都供我使用，我不用再向它們投稿，而是它們來向我約稿。但是，今天我心裡才明白，過去我寫的一切作品和所做的一切事情，都是沒有意義的；我們當年的一切抱負、憂慮、失望、怨恨，在今天看來都是微不足道的。我們時代所發生的一切，必然改變我們的眼光。倘若幾年前開始寫這本書，我就會提到我和蓋爾哈特・霍普特曼、亞瑟・史尼茲勒、貝爾－霍夫曼、戴默爾、皮蘭德羅、瓦塞爾曼[93]、沙洛姆・阿施[94]、阿納多爾・法朗士等人的談話（與法朗士談話本來就是愉快的；這位老先生可以給我們講一個下午不正經的故事，卻是以一種非常嚴肅和極其高雅的姿態）。我也可能記敘那些了不起的首演盛況：古斯塔夫・馬勒的第十交響樂在慕尼黑首演；《玫瑰騎士》[95]在德勒斯

93 雅各布・瓦塞爾曼（一八七三－一九三四），德國作家。
94 沙洛姆・阿施（一八八〇－一九五七），二十世紀猶太文學的傑出代表。
95 《玫瑰騎士》是霍夫曼斯塔爾編劇，理查・史特勞斯作曲的一部三幕歌劇，於一九一一年在德勒斯登首演。

登首演；卡爾薩溫娜[96]和尼金斯基[97]的首演。因爲我是一個熱情而好奇的人，我能夠作爲許多歷史和藝術事件的見證人。但是用我們今天較爲嚴格的觀點來看，這一切與我們這個時代的問題沒有任何聯繫，不足掛齒。在我今天看來，年輕時把我的目光引向文學的那些人，已不如把我的目光引向實際的人來得重要。

屬於後者的人中間，我首先要提到的是瓦爾特·拉特瑙，他是在一個極其悲劇的時代駕馭德意志帝國命運的人，也是在希特勒奪取政權前十一年第一個被納粹分子暗殺的人。我和他的關係稱得上親密，這種關係是以很奇特的方式開始的，而且還要牽連到馬克西米利安·哈爾登。我在十九歲時做出的成就，要歸功於哈爾登。他創辦的政治週刊《未來》，在威廉皇帝的德意志帝國最後幾十年裡發揮了決定性的作用；哈爾登是由俾斯麥親自推到政治舞臺上的，他也甘心當俾斯麥的喉舌和擋箭牌。他把俾斯麥以後的大臣轟下臺，促使奧伊倫堡[98]事件爆發，使得德皇的宮殿每個星期都要在不同的攻擊和揭露下瑟瑟發抖。儘管如此，哈爾登的個人愛好卻是文學和戲劇。一天，《未來》週刊發表了一組格言，作者的筆名現在

---

96 塔瑪拉·卡爾薩溫娜（一八八五—一九七八），俄國著名芭蕾舞演員。

97 瓦斯洛·尼金斯基（一八九〇—一九五〇），俄國著名男芭蕾舞演員，他的足跡遍及歐洲、美國、南美等地，有「舞聖」之稱。

98 博托·奧伊倫堡爵士（一八三一—一九一二），曾出任普魯士總理，當時與帝國首相卡普里維發生政見分歧，德皇於一八九四年突然將二人同時免職。

我記不起來了，可是格言寫得特別機敏，語言精煉，給我很深的印象。我是該週刊的固定作者，便寫信給哈爾登：「那位新作者是誰？我已多年沒讀到過這樣精練的格言了。」

回信的不是哈爾登，而是署名爲瓦爾特・拉特瑙的人。從他的來信和其他方面我可以斷定，他不是別人，正是大名鼎鼎的柏林電氣公司總經理的兒子，他本人也是一位大商人、大工業家、無數家公司的董事，他是德國「放眼望世界」（借用尚・保羅[99]的用詞）的新型商人之一。他在信中以非常誠懇和懷著感激的心情對我說，我的信是他接到的第一封對他的文學嘗試做出贊許的信。雖然他至少比我大十歲，但他坦率地向我承認，他是否應該把自己的思想和格言整理成一本書來出版，他眞的沒有什麼把握。他說：「我畢竟是一個門外漢，迄今爲止，我的全部活動都是在經濟領域裡。」我回信眞誠地鼓勵他。從此，我們的通信聯繫一直保持著。後來我到了柏林，先打電話給他，他在電話裡的回話有些猶豫。「啊！原來是您呀，可是眞不巧，我明早六點就要去南非……」我打斷他的話：「那我們下一次再見面吧。」他邊思索邊慢慢地說：「您等一下……讓我好好想一想……下午我要參加幾個會……晚上我要到部裡去……然後還要到俱樂部參加晚餐會……那麼，您十一點一刻到我這裡來，您是否方便？」我說可以。我們一直聊到凌晨兩點。早上六點鐘他就出發到南非去了——後來我才得知，他此行是奉德國皇帝的派遣。

我之所以在這裡敘述這些細節，是爲了更全面地說明拉特瑙的性格特點。這個十分忙碌

99 尚・保羅（一七六三—一八二五），德國小說家。

的人總能抽出一點時間寫文章或者會見文友。在歐洲大戰最艱難的日子裡我還見過他，而且在熱那亞會議之前，即在他被暗殺的前幾天，我還坐在他的小汽車裡，同他一起駛過大街。他就是在這輛汽車裡，在這條大街上被暗殺的。他是個大忙人，但他把自己一天裡的每一分鐘都預先安排得十分妥當。他大腦的應變力很強，隨時都可以很輕鬆地從一件事轉到另一件事，就像一台精密的快速運轉的儀器一樣，我從來沒見過其他人身上有這種特點。他說起話來非常流利，好像是在念一張看不見的講稿，他說的每一句話都是那麼形象、清晰，如果把他的講話速記下來，便可以立刻複印成一份報告。他會說法語、英語、義大利語，而且說得像他的母語——德語——一樣好。他的記憶力從來沒有讓他遇到過麻煩。他從來不需要爲一份材料去特意準備。我同他談話時，我覺得自己很笨拙、缺乏修養和自信，而且思路混亂，他恰好相反，他對面前的一切了如指掌，善於冷靜地權衡利弊得失。我感到他頭腦清晰，思路敏銳的同時也有一種不舒服的感覺。譬如他的宅屋裡擺著最好的家具，牆上掛著最美的畫像；他的才智像一台天才發明的儀器，他的住宅像一座博物館。他住的是封建時代路易絲女王的宮殿，這裡秩序井然，一塵不染，視野開闊。可是讓我待在裡面，絕不會感到溫暖。不論何物都像玻璃一樣透明，那是因爲在他的思想中幾乎把什麼都看透了，因而對什麼都覺得無所謂。從他的表現中，我深切感覺到這位猶太人的悲哀。他的頭腦儘管清醒冷靜，卻埋藏著深切的不安和無把握感。我其他一些朋友，例如維爾哈倫、愛倫凱、巴扎爾熱特，雖不及他十分之一的聰慧，不及他百分之一的博學和對世界的了解，可他們對自己充滿信心。我總覺得拉特瑙聰明過人，他的雙腳始終不著地。他的整個生活始終充滿著層出不窮的矛盾。他從父親那裡繼承了所有可以想像到的權勢，卻不願做他的繼承人；他是個商人，卻視自己爲藝術家；他是個百萬富翁，卻願意發揮社會主義思想；他意識到自己是猶太人，卻向基督教獻媚；他想的是國際主義，卻又崇拜普魯士精神；他夢想的是人民民主，但是受到威廉皇帝的接見和詢問時，又感到莫大的榮耀。他深知皇帝的弱點和虛榮心，可他知道自己不是有虛榮心的人。因此說來，他的從不休息的工作也許是一種鴉片，用來麻醉內心的煩躁不安和擺脫內心深處的寂寞。當一九一九年德國軍隊崩潰以後，歷史的重任落到他的肩上，在這個時刻，他的各種潛力才發揮出來。從一片混亂中重建遭到破壞的國家，使之具有生存的能力。他的天賦才幹，他所獻身的理想：拯救歐洲，使他成爲一個名重一時的人。

與他談話，不僅開拓眼界，而且振奮人心；就談話的思想豐富和明確清楚而言，這種談話只能和霍夫曼斯塔爾、瓦勒里、赫爾曼・凱澤林伯爵的談話相媲美。我的視野從文學擴展到當代歷史，應當歸功於他。我應該感激拉特瑙，是他首先鼓勵我走出歐洲。他對我說：「如果只了解英吉利島，您就不會了解英國。同樣，如果您從未走出歐洲，那您也不會眞正懂得我們這塊歐洲大陸。您是一個自由的人，要充分利用這種自由！搞文學創作是一種特別好的職業，因爲這是一種不緊不慢的工作。要出一本好書，早一年晚一年都無所謂。您爲什麼不去一次印度和美國呢？」這些偶然說出來的話打動了我的心，於是我下決心按他的建議辦。

印度給我的印象比以前我想的更可怕更令人苦惱。那裡的人骨瘦如柴，黑眼珠裡散發著悲憤的神色；他們的悲慘生活和極單調的景色使我感到吃驚。更使我吃驚的是階級和民族之間頑固的等級觀念。這種等級觀念，我在船上已經體驗到了。有兩個討人喜歡的年輕女孩坐在我們船上，她們黑眼睛，身體苗條，很有教養，謙虛文雅，穿著講究。可是第一天我就發現，她們有意躲避他人，或者說，她們被一條我看不見的線隔開了。她們不與別人交談，也不跳舞，只是坐在一旁看她們的英語書或法語書，到了第二天還是第三天，我才發現，不是她們回避英國人的社交圈子，而是英國人躲著這兩個「歐亞混血兒」，雖然這兩個女孩的母親是法國人，而她們的父親則是波斯血統的印度大商人。她們在洛桑女子寄宿中學和英國的女子家政學校上學時，曾度過了幾年與別人完全平等的生活。可是一到了開往印度的船上，立刻就受到冰冷的社會歧視；雖然這種歧視看不見也摸不著，但不能說它不殘酷。在這裡，我第一次親眼看到狂熱鼓吹種族偏見的作為正像瘟疫一樣危害我們的世界，其惡果不亞於上幾個世紀中的真正瘟疫。

透過與這兩個女孩的初次相遇，我的目光開始變得敏銳起來。一個歐洲人到這裡來旅遊，譬如說到錫蘭的亞當峰去，必須要有十二名至十四名傭人陪伴，他們把白人尊為神明，其餘一切都在他的「尊嚴」之下。我懷著愧疚的心情，享受這種對歐洲人的崇敬，其實這種崇敬由於我們自己的錯誤在人的心目中已經消失。我們在歐洲那種舒適和平的環境裡根本不會想到人們會對歐洲人採取這種態度的。但我一直擺脫不了這種可怕的感覺：在未來的幾十年和幾個世紀裡，這種狀況必將發生翻天覆地的變化。由於我在印度目睹了這種情況，所以，我不同意皮埃爾・洛蒂[100]所描寫的印度，他給印度塗上一層「浪漫主義」的粉紅色，而我認為這是一個令人警覺的國家。當然，我指的並不是金碧輝煌的廟宇，風蝕雨刷的宮殿，也不是喜馬拉雅山的風光——雖然這些在旅行途中給我最深的印象，而是人，我這次所認識的人，是另一個世界的完全不同類型的人。一個歐洲作家在這裡遇到的與歐洲人完全不同的人。在當時的歐洲，人們收入不多，生活節儉，還沒有組織像廚師那樣的人出去旅遊的事。凡是走出歐洲去旅行的人，大多數是有一定社會地位的特殊人物；如果是商人，就絕不是那種目光短淺的小商人，而必定是大商人；如果是醫生，必定是個眞正的研究者；如果是世襲的企業家，必定是一個開拓者，他們敢於冒險，慷慨豪爽，無所顧忌；縱然是一個作家，也是個好奇心較強的人。那個時候還沒有收音機，我只有與旅伴們交流來打發漫長的旅途。在我與各種不同類型的人交往中，我了解到影響我們這個世界的各種力量和緊張關係，這種學習勝讀百本書。隨著離開家鄉的距離越來越遠，我心中的評判標準也在不斷變化。過去我把某些狹隘的事當作重要的事來看待，旅遊回來以後，我不再把歐洲視為我們這個世界圍著旋轉的永恆軸心。

我在印度遇到的人中間，有一個人對我們當代的歷史有不可忽視的影響，儘管不是公開的、明顯的影響。我從加爾各答出發，前往中南半島，在一艘沿著伊洛瓦底江向上行駛的

100 皮埃爾・洛蒂（一八五〇—一九二三），法國作家，作品中充滿異國情調。代表作有《冰島漁夫》等。

內河輪船上，我每天都要和卡爾·豪斯霍費爾及其妻子相處好幾個小時。當時他正作爲武官出使日本。他挺直細長的身材，瘦削的面龐，尖尖的鷹鉤鼻，使我一眼就能看出他非凡的素質和身爲德國總參謀部軍官的內在修養。不言而喻，我在維也納的時候就已經間或與軍人有過來往，他們都是一些友好的、熱情的，甚至是一些快樂的年輕人，他們大部分由於家庭生活所迫，不得已穿上軍裝，試圖透過服役尋找自己最舒適的生活。而豪斯霍費爾則相反——我立刻就感覺到這一點——他出身於富裕而有教養的家庭。我記得，他的父親發表了不少詩歌，還在大學裡當過教授。豪斯霍費爾在軍事方面的知識非常淵博。他的使命是去實地研究日俄戰爭。因此，他與他的妻子一起事先都學習了日語和文學創作。我從他的身上再一次看到，任何一門學科，即便是軍事科學，如果想博大精深，就必須跨出自己狹隘的專業領域，和其他學科聯繫起來。豪斯霍費爾在船上整天忙個不停，用望遠鏡仔細地觀察每一處，記日記，寫報告，翻詞典。我很少見到他手裡不拿書。他是一個很好的觀察者，又是個很不錯的表達者。從他的談話中，我了解到不少東方之謎。回國以後，我仍與豪斯霍費爾一家保持著聯繫，我們互相通信，並在薩爾茲堡和慕尼黑之間互訪。因爲身染嚴重肺病，他在瑞士小鎮達沃斯或在阿洛沙住了一年，由於他離開了軍隊，反而使他有時間去鑽研軍事科學。康復以後，他又在上次世界大戰期間當一名指揮官。德國戰敗以後，我常常以極大的同情想起他，他一定很痛苦，在戰勝國的日本有他的不少朋友，這更使他羞愧難當。我也想到，像他這樣的人，一定會參加德國的強國重建工作，說不定，以看不見的隱蔽方式參與戰爭機器的工作呢！

不久，事實證明，他是系統和全盤考慮重建德國強國地位的先行者之一。他出版了一份地理政治學雜誌。在一個新運動開始之初，我並不理解其中的深奧涵義。我眞誠地認爲，地理政治學只不過是研究和觀察各個國家勢力互相作用的一門科學，即便談到各民族的「生存空間」——我相信這個詞是他發明的——我也只是按史賓格勒[101]的意思，把它理解爲一個國家在循環交替的時代裡，一般都會釋放出一種與時代有關的、不穩定的活力。即便是豪斯霍費爾的主張：要仔細研究各民族的性格特點，建立一個常設的學術性指導機構，協調各民族之間的關係，在我看來也沒有什麼不對，因爲這種地理政治學的研究完全有助於各民族之間的相互接近。也許豪斯霍費爾的本來意圖並不是政治性的——但現在我不能這樣說了。我懷著極大的興趣讀了他不少著作（他的書裡還引用過我的話呢），我從未產生過懷疑；我聽到各方面的客觀反應，都認爲他的講課很有啟發和教益；沒有人指責他，說他的思想是爲一種新的強權政治和侵略政治服務的。也沒有人指責他，他的思想是以新的形式爲泛德意志的舊要求提出新的論據。可是有一天，我在慕尼黑偶然提到他的名字時，有人就好像發現了怪事似的對我說：「啊，他不是希特勒的朋友嗎？」我當時驚得目瞪口呆，簡直不敢相信自己。第一，因爲豪斯霍費爾的妻子出身種族不純，使得她的兩個兒子（很有才華又討人喜歡）經不起紐倫堡猶太法的追究；其次，我也看不出，一個有高度文化修養的、思想邃密的學者怎能和一個以自己最狹隘、最野蠻的思想去理解德意志民族性的瘋狂鼓動家在思想上有直接的聯繫呢？但是豪斯霍費爾的一個學生魯道夫·赫斯在他與希特勒之間建立了聯繫。希

101 奧斯維德·史賓格勒（一八八〇—一九三六），德國哲學家、史學家。

特勒這個人很少採納別人的建議，而他有一種天生的本能，凡是有利於他達到目的的一切思想和建議，他都要占爲己有，而他覺得，「地理政治學」完全可以融合到納粹政治之中，因此他充分利用「地理政治學」，爲自己的目標服務。國家社會主義的一貫伎倆就是在意識形態方面把自己極端自私的強權欲望虛僞地掩蓋起來，「生存空間」這一概念爲國家社會主義露骨的侵略意圖提供了有哲學依據的僞裝。這個詞的解釋具有多意的不確定性，表面上是一個無害的口號，實際上卻能夠爲哪怕是最霸道的吞併提供藉口，把它說成是合乎道理的、符合人種學的需要。由於希特勒對「生存空間」的理論進行了澈底的改造，爲他吞併他國找出了理論依據——最初這個理論只限於國家和民族關係的協調，後來蛻變成這樣的口號：「今天，德國屬於我們，明天，世界屬於我們！」——於是，我那位舊時的旅伴今天罪責難逃。這個事例說明，一個簡明而又內容豐富的提法它本身就是一股力量，能夠轉化成行動和災難，就像以前的百科全書派關於「理性」統治的提法一樣，最終走到自己的反面，蛻變成恐怖和群眾的情感衝動。就我所知，豪斯霍費爾在納粹黨內位置並不顯赫，甚至還不是納粹黨的黨員，我一點也看不出他是一個躲在幕後出謀劃策、盡給元首出壞主意的狡猾「謀士」，就像今天那些耍筆桿子的記者一樣。毋庸置疑，不管他自覺或不自覺，他的理論把國家社會主義的侵略政策從狹隘的國家範圍擴展到全球範圍。就這一點來說，他比希特勒那些粗暴的顧問影響更大。也許後世會比我們這些同代人掌握更多的文獻資料，屆時才能對這個人物給予正確的歷史評價。

第一次到海外旅行之後，過了一些時間，我便開始第二次跨海旅行，到美洲去。這次旅行無非是看看外面的世界，看看我們未來的一角，別無其他目的。遠渡重洋到這個新大陸來的作家極少，他們不是爲了生活來賺錢，就是來販賣美洲新聞。純粹爲了旅行來見識一下這塊新大陸，印證一下自己對美洲的印象，這種人極少。我相信我正是這樣一位作家。

我對新大陸的想像完全是浪漫主義的，我今天這麼說，並不覺得不好意思。對於我來說，美洲就是華特・惠特曼。那是一片有新節奏的土地，也是一片正在實現四海之內皆兄弟的土地。到美國以前，我再次閱讀了那部偉大的長行詩《卡美拉多》，以免我走進曼哈頓的時候，帶著歐洲人那種傲慢態度，而是懷著友善、寬厚的胸懷。至今我還記得，當我第一次問旅館裡的門房，華特・惠特曼的墓在哪裡，我想去看一看時，我這個要求使那個可憐的義大利人極爲難堪，因爲他從來沒聽說過這個名字。

紐約給我最初的印象相當不錯，雖然它沒有像今天這樣迷人的秀麗夜色。當時，時代廣場還沒有燈光照射、水花四濺的人工瀑布。城市的上空還沒有夢幻般的星空——那是夜間數百萬人工星光和天空中的繁星互相交織而成的。市容及交通還缺乏像今天這樣大膽的宏偉設計，因爲新的建築藝術僅僅在個別的高層建築上嘗試運用，還沒有多大把握。櫥窗的陳列和門面的裝潢爭奇鬥妍的景象才剛剛起步。從一直微微晃動的布魯克林大橋向港口瞭望和在石塊鋪成的大馬路上徒步行走，足能使人心曠神怡。當然，二、三天以後，這樣的興奮感就被另一種強烈感覺所代替，那是一種極度的寂寞。我在紐約無所事事，而在當時，無事可做的人可以到別的地方去，千萬別去紐約。因爲那裡沒有可供消磨一個多小時的電影院，沒有方便的小型自動餐廳，沒有像現在這麼多的藝術商店、圖書館和博物館。文化設施和文化生活比我們歐洲落後得多。當我用二、三天時間走遍了所有的博物館和重要的名勝後，我就像一條沒有舵的船在冰冷的刮著風的街道上打轉。我在大街上游來蕩去，百無聊賴；那種寂寞的感覺迫使我想辦法去加以解決，想個門道把走街串巷變得更有趣一些。我發明了一個自己玩的遊戲。由於我是一個人在紐約閒逛，我設想自己是一個遠走他鄉的人，就像無數背井離鄉的人一樣，不知幹什麼才好，而且身上只有七美元。我心裡想，他們不得已幹的事，我倒可以自覺自願去幹。我對自己說，你可以這樣設想，最遲三天以後你必須去掙錢糊口。那麼你必須考慮到，作為一個舉目無親的外國人必須儘快找到一個掙錢的差事！於是，我開始從一個職業介紹所逛到另外一個職業介紹所，琢磨貼在門上的各種廣告。有的地方招收麵包師，有的地方要招一個會法語和義大利語的臨時抄寫員，有的地方要招一個書店夥計。對假設中的我來說，最後一個位置適合我。於是，我就爬上三層迴旋鐵梯，打聽能掙多少錢，再與透過報紙上的廣告去租一間在布朗克斯區的住所價格作比較。經過兩天的「尋找職業」，理論上我已找到能夠維持我生活的五個工作。這樣比我無事閒逛好得多，我可以確切地知道，這個年輕的國家為每個求職的人提供多大的活動範圍、多少機會——這一點給了我很深的印象。我還像逛大街似的從一個辦事處到另一個辦事處，透過自我介紹，親眼看到了這個國家的神聖自由在辦事的過程中到底如何。在求職過程中，沒有人問我的國籍、宗教信仰和出身，我不帶護照就可以四處走動，這對於我們那個處處要蓋手印、看簽證，還要警察局證明的世界來說簡直不可思議。但在這裡是工作等人，不是人等工作，這才是唯一重要的。現在的美國已處在神奇的自由時代，一分鐘就能簽訂一份合同，國家和貿易聯盟等機構都不會用繁瑣的表格手續去干擾它。透過這種「尋找職業」的方法，這幾天時間我所了解的美國要比以後逗留的全部時間所了解的多得多。在後幾週，我作為一個愉快的旅行者，徒步漫遊了費城、波士頓、巴爾的摩、芝加哥。唯有在波士頓，我拜訪了查爾斯．萊夫勒[102]家，在那裡待了幾個小時；他曾爲我的幾首詩譜過曲。在其他地方，我都是一個人。僅有一次，一件意外打破了我隱姓埋名的旅行生活。這件意外我依然歷歷在目。那是在費城，我沿著一條南北向的大街散步，在一家書店的櫥窗前站住了，爲的是查看一下書的作者有沒有我認識的和熟悉的。突然我驚呆了，在櫥窗的左下角陳列著六、七本德語書，其中一本跳入我的眼簾，卻是我的名字。我像著了魔似的，並且沉思起來。在這裡沒有人注意到我，毫無目的地在異國的大街上漫步，也沒有人認識我，更不會有人重視我。而現在，自身的我竟與書上的我在這裡相遇，我的寂寞感頓時消失。想必那位書商將我的名字記在紙條上，我的書大概要用十天時間，遠涉重洋來到這裡。當我在兩年後重游波士頓時，還情不自禁地去尋找那家書店的櫥窗。

我已經失去了去舊金山的心情——那裡還沒有好萊塢。但我至少還有觀看太平洋景色的願望。自童年以來，由於最初那些環球航行的報導，我對太平洋十分著迷。再說，有一個觀察點已經消失，如今看不到了，那個地方是開鑿巴拿馬運河所處位置的最後幾個山丘之一。當時，我坐小船繞過百慕達和海地到達那裡。我們這一代由維爾哈倫培養出來的詩人們，對當時的科學奇蹟讚歎不已，熱情之高如同先輩們對古羅馬文化的寵愛。但在巴拿馬運河區看到的情景卻使人難以忘懷。機器挖出來的河床呈黃褐色，像鏡面一樣，就是戴著墨鏡

102 查爾斯．萊夫勒（一八六一—一九三五），美國作曲家、小提琴家。

也感到非常刺眼；到處是蚊子，密密麻麻不計其數，被蚊子螫死的人埋在公墓裡，一排接一排，沒有盡頭。開鑿巴拿馬運河可謂是一項殘忍的遊戲。死於這項由歐洲開始最後由美洲完成的工程的人眞不知道有多少啊！這項工程歷經三十年的災難和絕望才得以完成，只剩下最後幾個月鬧門的掃尾工程；然後只需一按電鈕，自古以來相隔的兩個大海的水就要永遠匯在一起。我可是那個時代清清楚楚地看到兩個大海仍處於分離狀態的歷史見證人之一。目睹美洲這個最偉大的創造性成就，是我向美洲最好的告別。

歐洲的光彩和陰暗

我在這個新世紀裡已生活了十年，我已到過印度、美洲和非洲的一部分。現在，我滿懷新的、更有意識的喜悅之情來看待我們的歐洲。我從來沒有比第一次世界大戰前的最後幾年更熱愛我們這片古老的土地，從來沒有比那個時候更盼望歐洲的統一，從來沒有比那個時候更相信歐洲的前途，我們以為已經看到了新的曙光。而實際上，燃燒世界的戰火已經臨近，火光已經在望。

今天這一代人，是在災難、破壞和危機中成長起來的，他們覺得戰爭的可能性始終存在，幾乎每天都會爆發戰爭，而我們這一代人自世紀之交以來一直對世界上的人充滿信心，要我們向今天這代年輕人描述當時那種樂觀主義和對世界的堅定信念，也許是很困難的。四十年的和平使歐洲各國的國民經濟充滿活力，技術的發展加快了生活的節奏，科學發現使那代人感到自豪。在歐洲所有國家裡普遍感覺到繁榮的生活已經開始。城市一天比一天美，生活一天比一天好，人口一天比一天多。一九〇五年的柏林已不能和我們在一九〇一年見到的柏林相比較；柏林已從一個國家的首都發展成一座世界性的城市；一九一〇年的柏林又大大超過了一九〇五年的柏林。維也納、米蘭、巴黎、倫敦、阿姆斯特丹這樣的城市，我每去一次，都會感到驚訝和高興。街道越來越寬闊、越來越漂亮，公共建築越來越雄偉，商店越來越豪華、越來越美觀。人們在各種事物中都能感到財富在增長、在擴大。就連我們這些作家，從書的發行量上就能覺察到本世紀初的頭十年，這段時間雖不長，但書的發行量增加了三倍、五倍、十倍。到處興建起新的劇院、圖書館和博物館。諸如浴室、電話這些曾經屬於少數人特權的方便設施，現在已開始進入小資產階級家庭。自工作時間縮短以來，無產階級的生活開始好起來，至少有一部分家庭已過上小康生活。到處都在進步，誰敢於大膽作爲，誰就能獲得成功。誰買上一幢房子、一本稀世的舊書或一張名畫，就會看到行情不斷上漲。誰越大膽，越捨得出本錢辦一家企業，誰就越能保證賺到錢。無憂無慮的美妙景象籠罩著整個世界，有什麼能打破這種景象呢？又有誰能阻止這種從自己的熱情中迸發出來的幹勁呢？歐洲從來沒有像現在這樣強大、富裕和美麗過；歐洲也從來沒有像現在這樣對美好的未來充滿信心過。除了少數老態龍鍾的老朽，沒有人對「美好的舊時代」依戀不捨。

不僅僅是城市，農村也一樣。由於體育運動、較好的營養、活動時間的縮短以及接觸大自然，人的身體越來越健康，越來越漂亮。冬天過去被認爲是荒涼枯燥的季節，人們無精打采地玩牌或在暖烘烘的房間裡虛度光陰；而現在，人們發現山上的陽光可以滋潤心肺、舒筋活血、爽身健膚。山區、湖泊、大海也不再像從前那樣距離遙遠，自行車、汽車和有軌電車已經把距離縮短了，改變了世界的空間感。到了星期天，穿著閃光的運動服乘著滑雪板或雪橇的男男女女沿著雪坡飛速而下。到處在興建體育館和游泳池。人們恰恰在游泳時可以清楚地觀察到身體的變化。我年輕的時候，人們以粗脖子、瘺胸脯、挺肚子表示自己健壯；現在人們看身材是否靈活、肌肉是否發達、皮膚是否被太陽曬成棕色，這是體育鍛煉的成果；當然，這種比賽是文雅風趣的。

除了最貧困的人以外，星期天沒有人待在家裡。所有的年輕人都出去徒步漫遊、爬山和比賽，同時也學習各種體育項目。假期裡，人們都出門遠遊。不像我們父輩那個時候，放了假只到離城不遠的地方，最多到薩爾茲卡默古特去。現在的人們對整個世界都感興趣，想看看世界上是否處處都那麼美，是否還有更美的地方。過去，只有那些有特權的人才能到外國去旅遊；而現在，銀行職員和小業主都有條件到法國、義大利去旅遊。現在出國旅遊比過去便宜多了，也方便多了。主要是人的觀念起了變化：有新的勇氣，有新的敢闖精神，出去旅遊才更大膽；在生活上節儉和謹小愼微是丟人的。這代人決心使自己成爲更富有青春活力的一代人。每個人都爲自己年輕而感到自豪，這一點與父輩們正相反；首先是年輕人臉上的鬍子突然沒有了，然後是那些年齡大的人去仿效他們，爲的是不顯出自己老相。年輕、精神煥發已成爲當時的口號，人們不再老成持重。婦女們甩掉了束胸緊身衣，再也不打陽傘和戴面紗，因爲她們不再害怕空氣和太陽。她們把裙子裁短，便於打網球時兩腿跑動；她們露出豐潤的部位時，再也不感到害羞。風尚變得越來越合乎自然。男人穿著馬褲；女人敢於坐在男式馬鞍上，男人和女人之間不再有什麼需要遮掩和隱藏的。世界不但變得更美麗，也變得更自由了。

在我們之後出生的新一代，在習俗方面也贏得了這種自由，他們生活得健康又充滿自信。人們第一次看到，年輕女孩在沒有家庭女教師的陪伴下，獨自同男朋友一起運動，一起郊遊，他們完全是一種公開的、自主的夥伴關係。她們既不害羞也不矯揉作態。她們知道自己該做什麼，不該做什麼。她們擺脫了父母嚴厲的監督，自己掙錢養活自己；她們當女祕書、女職員，得到了自己安排生活的權利。賣淫——舊世界唯一被允許的色情交易——明顯地減少了。由於提倡新的更爲健康的自由，男女之間假正經的行爲早已成爲背時的東西。從前在游泳池裡隔開男女的木板，現在陸續被拆除。男女不再忌諱，他們知道彼此長得怎樣，也懂得人類繁衍的祕密。在這十年裡重新獲得的自由、大方和自然，勝過以往的一百年。

現在世界上有了另一種節奏。一年裡發生的事勝於過去的幾倍，幾十倍！一項發明緊接著一項發明，一個發現緊接著一個發現；每個發明和發現都以飛快的速度變成人類共同的財富。因此，每個國家都第一次感覺到彼此之間是息息相關的。在齊柏林飛艇初次航行的那一天，我正在前往比利時的途中，恰巧在斯特拉斯堡停留。我在這裡親眼看到了飛艇在大教堂上空盤旋，下面的人們熱烈地對著飛艇歡呼，盤旋的飛艇好似在向這座有千年歷史的教堂頻頻點頭。晚上，我在比利時維爾哈倫家得到消息，飛艇已在艾希特丁根墜毀。維爾哈倫滿含淚水，激動萬分。如果他僅僅是作爲比利時人，那麼他對這次德國的空難就會抱無所謂的態度，但他是歐洲人，又是我們同時代的人，所以他會和我們一起分享戰勝自然的共同勝利，也會同我們一起分擔我們共同遭受的考驗。當布萊里奧[103]駕駛飛機飛越英吉利海峽時，我們在維也納歡呼雀躍，好像他是我們國家的英雄。大家都爲科學技術取得如此迅速的進步而感到自豪。現在我們的感覺是歐洲是一個共同體；歐洲意識是我們正在形成的共同意識，我心裡想，如果一架飛機能夠輕易地飛越國界，那麼國界還有什麼意義呢！那些海關關卡和邊防崗哨就成了無用的擺設，與我們的時代精神是相悖的，因爲我們這個時代熱切地期望著國與國、人與人之間緊密聯繫，共同實現大同世界。這種感情的高漲像飛機的騰飛一樣美妙無比。有些年輕人沒有親身經歷過歐洲各國之間相互信任的那最後幾年，我今天仍爲他們感到遺憾。因爲我們周圍的空氣不是死的，也不是眞空，空氣本身就攜帶著時代的繁榮和

103 路易・布萊里奧（一八七一—一九三六），法國工程師、飛行家，一九〇九年七月二十五日駕駛自己設計的飛機，完成了飛越英吉利海峽的壯舉。

脈搏。空氣會不知不覺地將時代脈搏傳入我們的血液和內心深處，傳入我們的大腦，並不斷地傳到每一個人。在那幾年裡，我們中的每一個人都從時代的普遍繁榮中吸取了力量。由於大家都有這種信心，那麼個人的信心也就大大增強了。也許我們像今天的人一樣，當時並不知道那股將我們捲入其中的浪潮有多大，有多少風險。——可是，事與願違。只有經歷過那個對世界充滿信心時代的人，今天才會明白，從那以後所發生的一切其實都是倒退和黑暗。

當時的世界無比壯麗美妙，就像服了滋補藥似的渾身是力量。這股力量從歐洲的各條海岸線敲打著我們的心臟。可是我們卻沒有預料到，使我們深感幸運的事同時也潛藏著危險，當時席捲歐洲的自豪和信心風暴，本身就帶著烏雲。也許繁榮來得太快了，也許歐洲各國和各城市強大得太急促了，所以那種渾身是勁的感覺總是誘發個人和國家去使用甚至濫用自己的力量。法國的財富充裕，但是它貪得無厭，它還想要一塊殖民地，儘管法國的人口已不足以維持殖民地的統治，可它還想侵略，差一點同摩洛哥動武。義大利覬覦著昔蘭尼加[104]。奧地利要吞併波士尼亞。塞爾維亞和保加利亞把矛頭指向土耳其。目前德國暫時被排斥在外，但它的利爪總想伸出去，大抓一把。歐洲各國的頭腦裡都充滿了蠢蠢欲動的熱血。這些國家擴張的野心到處膨脹，像流行病那樣傳染，但同時也要有效地鞏固國內的秩序。那些發了大財的法國工業家唆使同樣肥胖的德國工業家，兩家大公司聯手合作。——克

104 又稱「拜爾蓋」，指利比亞東部地區。

虜伯公司和法國勒克勒佐[105]的施奈德公司都要推銷更多的大炮。擁有巨額股票的漢堡海運界和南安普敦海運界對著幹。匈牙利農場主和塞爾維亞農場主對著幹；這一幫康采恩反對另一幫康采恩。經濟的暫時繁榮使所有人像發了瘋似的，拼命攫取更大的財富。如今，當我們心平氣和地問自己，一九一四年歐洲爲什麼會爆發戰爭，我們找不出任何充足的理由，也找不出它的誘因；這次戰爭不是出於思想上的糾紛，也不是爲了爭奪邊境的幾個小地方。我認爲只能用「力量過剩」來解釋，也就是說，戰前四十年和平時期積聚起的內部力量，它必然要發洩出來。每個國家都突然之間有了一種想要使自己強大的情感，可恰恰忘記了別的國家也會有這種情感。每個國家想從別國得到更多的財富，可是這些國家也想從別國得到財富。而最糟糕的是，我們被自己最喜歡的東西欺騙了，那就是我們的樂觀主義。每個國家都想讓別的國家在最後一分鐘被嚇退，於是外交官們就利用起恫嚇的手段，一次又一次，四次、五次在阿加迪爾[106]，在巴爾幹戰爭中，在阿爾巴尼亞，都玩弄起這種手段。巨大的同盟國之間越來越緊密，越來越軍事化。和平時期德國就徵收戰爭稅，法國延長了服役期。多餘的力量必然要發洩出來。巴爾幹的爆炸信號則顯示出，戰爭的烏雲已向歐洲靠近。

那時的人們還沒有驚慌，但是有一種不安始終鬱結在心頭。每當從巴爾幹傳來槍炮聲，我們總有一點點不安。難道戰爭果眞會落到我們頭上？我們並不知道戰爭的起因，也不知

105 法國東部城市。

106 摩洛哥西南部城市，臨大西洋。

道它的目的。反對戰爭的力量集合得太慢了，如我們所知道的，集合得太慢了，太畏首畏尾了。反對戰爭的力量中有社會黨和數百萬宣稱不要戰爭的人——對立的雙方都有這樣的人，有教皇領導下的天主教組織，還有若干跨國的康釆恩，另外還有少數幾個反對國家統治者搞祕密交易的明智的政治家。我們這些作家也站在反戰的一邊，誠然，我們這些人一直是孤立地工作，單槍匹馬，而不是團結起來進行抗爭。很遺憾，知識分子通常抱漠不關心的消極態度。由於我們的樂觀主義，我們在思想上不會預見到戰爭的來臨，根本不會去想戰爭帶來的各種道義上的後果。當時社會名流寫的重要文章，沒有一人提到過戰爭問題，或者大聲疾呼去告誡人們警惕戰爭。當我們以歐洲的思維方式來考慮，在世界的範圍內建立兄弟般的關係，當我們在自己的範圍內——對於時局我們只發揮間接作用——認清這樣的思想：不分語言和國別，以和平的明智態度增進諒解和加強思想上的團結，我們認爲這就足夠了。並且，恰恰是新的一代對這樣的歐洲思想最爲擁戴。我在巴黎曾看到一群年輕人團結在我的朋友巴扎爾熱特周圍；他們和老一輩不同，他們堅決反對任何形式的狹隘民族主義和好侵略的帝國主義。儒勒・羅曼、喬治・杜阿梅爾、夏爾・維爾德拉克、杜爾丹、熱內・阿科斯[107]、尚・理查・布洛克等人先組織了「修道院」文社，然而變爲「爭取自由」文社。他們是一群熱情的先驅戰士，他們正在迎接歐洲主義的到來。歐洲剛剛露出戰爭的苗頭，他們就無比憎恨地反對任何國家的軍國主義。法國過去很少產生這樣一群勇敢、堅定、有才華有道德的

107 熱內・阿科斯（一八八〇—一九五九），法國詩人。

年輕人。在德國，威爾佛[108]和他的「世界朋友」雷內・席克勒[109]一起為促進諒解而熱情地工作著；雷內・席克勒身為阿爾薩斯人，命中註定要介於兩個國家之間，他在感情上特別強調，世界各族人民要和睦相處。作為我們的同志從義大利向我們發來問候的是朱塞佩・安東尼奧・博爾蓋塞。從斯堪的納維亞和斯拉夫各國也不斷傳來鼓勵。一位偉大的俄國作家寫信給我：「還是到我們這裡來吧！讓那些煽動我們進行戰爭的泛斯拉夫主義者看看，你們這些奧地利人是不要戰爭的。」是的，我們都熱愛我們這個飛速發展的時代，我們也熱愛歐洲！我們堅信理智將會在最後時刻阻止那種錯誤的遊戲。我們過分相信理智的力量，這也是我們唯一的錯誤。當然，我們沒有抱著懷疑的態度來觀察眼前的徵兆，而是充滿自信，這不正是青年一代應該有的思想嗎？我們信任饒勒斯[110]，我們相信社會黨國際，我們相信鐵路工人在把自己的同胞當作炮灰運到前線以前就會把鐵軌炸毀。我們期望婦女們拒絕把自己的丈夫和兒子送到前線充當無謂的犧牲品。我們堅信，歐洲的精神力量、歐洲的道德力量，將會在最後的關鍵時刻戰勝一切。我們共同的理想主義，在進步中必然產生的樂觀主義，使我們低估和忽視了我們共同的危險。

再則，我們缺乏一位組織者，把我們的內心力量有目的地集中起來。在我們中間應該

108 法蘭茲・威爾佛（一八九〇—一九四五），奧地利著名詩人、小說家、戲劇家。
109 雷內・席克勒（一八八三—一九四〇），阿爾薩斯出生的作家，父親是德國人，母親是法國人。
110 尚・饒勒斯（一八五九—一九一四），法國社會黨領袖，一九〇四年創辦《人道報》。

有一個提醒大家注意的人，一個高瞻遠矚的人。最奇怪的是，他生活在我們中間，長期以來，我們對於他一無所知，可是命運卻安排他將來成爲我們的領袖。我是在最後才發現他，這也算是一個有決定意義的機遇吧！再說，要發現他很難，他住在巴黎，又遠離鬧市區。倘若今天有人打算寫一部二十世紀法國文學史，那麼他肯定會注意到有這麼一種奇怪的現象，在當時巴黎的各種報刊上，大肆吹捧的詩人名字中，恰恰缺少那三位最重要的作家，或者在提到他們的名字時進行錯誤的聯繫。自一九〇〇年至一九一四年，我從沒有在《費加羅報》和《晨報》上看到有人提起詩人保羅·瓦勒里的名字；馬塞爾·普魯斯特是沙龍裡的花花公子；而羅曼·羅蘭則被視爲知識淵博的音樂評論家。他們幾乎都是到了五十歲才小有名氣，報紙上略載一二；而他們最偉大的作品是在世界上這座新事物層出不窮、文學藝術全面發達的城市裡不聲不響地創作出來的。

我及時發現羅曼·羅蘭，純屬偶然。一位住在佛羅倫斯的俄國女雕塑家請我去喝茶，爲的是讓我看看她的作品，同時也想爲我畫一張速寫。我四點鐘準時到達，而我卻忘了，俄羅斯人對時間無所謂。一位老奶奶——聽上去，是雕刻家母親的保姆——把我引進她的創作室，請我等一下。創作室裡雜亂無章，只有四件小雕塑，我用兩分鐘就看完了。爲了不白白浪費時間，我抓起一本書，不，我是順手拿了幾期雜誌，它叫《半月刊》。我記起來，在巴黎是有這麼一份雜誌。可是，誰能自始至終注意這種小雜誌呢？這些曇花一現的東西，一會兒鋪天蓋地，一會兒銷聲匿跡。我翻到載有羅曼・羅蘭的《黎明》[111]的那一期，讀了起來；我越讀越興奮，越讀越驚訝，這個如此了解德國的法國人到底是誰呢？此時，我反倒感謝這位姍姍來遲的女主人，使我能夠讀到《黎明》。我問她的第一個問題就是：「這位羅曼・羅蘭是何許人也？」她也不清楚。只有當我把其他各卷蒐集到手後（最後幾卷尚在襁褓之中），我才知道，現在終於有一部不僅爲歐洲個別國家服務，也爲全歐洲服務的作品，一部爲增進歐洲各國團結的作品；現在終於有了這樣一個人，這樣一個詩人，他給我們帶來各種道德力量：對愛的理解，以及想得到這種理解的眞誠願望，經過考驗和鑑別的正義，以及對於藝術有關使命的堅定信念。當我們爲那張小小的聲明花費心血時，他卻靜靜地、耐心地工作著，表現各民族的特性，指出各民族最可愛的特殊個性在哪裡。這是當時第一部有意識地描寫歐洲的小說，它第一次提出決定性的號召：建立歐洲的睦鄰友好關係。由於這部小說深入廣大群眾，所以它起的作用勝過維爾哈倫的讚美詩，比一切傳單和抗議書都更有力。我們大家在無意識中希望的、渴求的，已在無聲無息之中完成了。

我到巴黎的第一件事就是打聽他。這當中我想起歌德的話：「他學習過了，就能教我們。」我向朋友們打聽他，維爾哈倫說，他能記得起來的就是，在社會黨人的「人民劇場」演出過一齣劇叫《群狼》[112]。巴扎爾熱特常聽別人說，羅曼・羅蘭是一位音樂家，他還

111 羅曼・羅蘭長篇小說《約翰・克利斯朵夫》第一卷。

112 羅曼・羅蘭於一八九八年創作的劇本。

寫過一本關於貝多芬的小書。我在國家圖書館的目錄裡發現了羅曼・羅蘭寫的十二本關於古典音樂和現代音樂的著作，和七、八個劇本，這些作品都是由幾家小出版社或者《半月刊》出版的。爲了與他取得聯繫，我寄給他一本我寫的書；不久他來信請我去，這是我們友誼的開始。除了我和佛洛伊德還有維爾哈倫的友誼外，我和羅曼・羅蘭的友誼使我受益最多，在某些時候，這種友誼甚至決定了我的人生道路。

人生中特別要記住的日子要比平常的日子閃亮得多。所以，我第一次同羅曼・羅蘭相見的情形，至今仍歷歷在目。那是坐落在蒙帕納斯林蔭大道附近的一幢不起眼的房子，我走上五層狹窄的盤旋樓梯，在他的門前，我感覺到一種特別的寧靜，這裡幾乎聽不到林蔭大道上的喧鬧聲；窗子下面是一座古老寺院的花園，只能聽到風兒拂過樹葉的沙沙聲。羅曼・羅蘭爲我開門，把我引進那間書籍堆到天花板的斗室。我第一次見到他那炯炯有神的藍眼睛，那是我有生以來在一個人身上見到的最清澈、最和善的眼睛。在我們的談話過程中，那雙眼睛把內心深處的色彩和熱情不時地放射出來，同時又暗暗隱藏著悲哀。在他深思的時候，他的目光變得更加深沉；當他激動的時候，他的雙眼閃耀著光輝。由於讀書和熬夜，那雙眼睛露出過度疲勞的樣子，眼圈微微發紅，唯有那一對瞳孔，在他侃侃而談的時候會奇妙地放出光芒。我打量著他的身材，不覺有點害怕，他個子很高，卻非常瘦，走起路來，多少有點彎著腰，就好像長期伏案工作使他頸背變彎了。他臉色蒼白，骨瘦如柴，看上去體弱多病。他說話慢聲細語，好像他是愛護自己的身體。他幾乎從不去散步，吃得也少，不吸菸也不喝酒，避免身體上的任何緊張。後來我才驚奇地發現，在他那苦行主義的軀體裡蘊藏著多麼巨大的耐力啊！在他那似乎十分虛弱的軀體後面，又有何等巨大的精神勞動力啊！他伏在堆滿紙張和書籍的寫字臺上，一工作就是數小時，他躺在床上看書，也是一連看數小時，他的身體已經精疲力竭，卻只給自己留下四五個小時的睡眠時間。他允許自己唯一的放鬆就是音樂，他的鋼琴彈得很出色，他那柔軟的手指彈著鋼琴，聲音好像不是彈出來的，而是手指引出來的。從前，我在室內聽到過馬克斯・雷格爾、費魯喬・布梭尼[113]、布魯諾・華爾特[114]演奏的鋼琴，這些名家沒有一人像羅曼・羅蘭那樣給了我同敬愛的大師進行直接交流的感情。

他的知識非常淵博，使別人感到慚愧，他的生活就是讀書。他精通文學、哲學、歷史，熟悉一切國家和一切時代的問題。他懂得音樂中的每個音節；甚至像加盧皮[115]和泰雷曼[116]等人最最孤僻的作品和三四流音樂家的作品，他都熟悉。同時，他積極參與當時發生的每一個事件。他那間修道士式的簡樸斗室就像一間照相館的暗室，能夠反映出全世界。在人際關係方面，他和同時代的許多偉人都很熟悉，他曾經是喬治・勒南的學生，在華格納家做客，是饒勒斯的朋友，托爾斯泰曾給他寫過那封著名的信，信中承認自己眞心讚賞羅曼・羅蘭的文學作品。我在他的房間裡感覺到一種人性上和道德上的優勢，一種不帶驕傲情緒的內心自

113 費魯喬・布梭尼（一八六六－一九二四），義大利鋼琴家、作曲家。
114 布魯諾・華爾特（一八七六－一九六二），德國著名指揮家。
115 巴爾達薩雷・加盧皮（一七〇六－一七八五），義大利作曲家。
116 格奧爾格・泰雷曼（一六八一－一七六七），德國作曲家。

由，對一個堅強的人來說，這種自由是不言而喻的。我第一眼就看出，在關鍵的時候他將代表歐洲的良知——時間證明我是對的。我們談論起《約翰・克利斯朵夫》。羅曼・羅蘭向我解釋，他的書想盡到三重責任：第一，向音樂致敬；第二，表明他對歐洲統一的信念；第三，喚起各民族的思考。他說，我們每個人都要發揮作用。現在是一個需要保持警惕的時代，而且越來越需要警惕。挑起仇恨的人，按照他們的卑劣本性，要比善於和解的人更激昂，更富有侵略性，實際上，他們的背後還隱藏著物質利益。這些壞人一點顧忌也沒有，我們卻顧慮重重。從《約翰・克利斯朵夫》中可以看出有一股荒謬的東西，而同荒謬的東西作抗爭要比我們的藝術事業更重要。羅曼・羅蘭在他的整部作品中讚美了藝術的不朽，但我卻從他身上感到他對世界結構的脆弱表現出加倍的悲哀。他回答我說：「藝術能使我們每個人得到滿足，但它對現實生活卻無能爲力。」

那是一九一三年。從我和羅曼・羅蘭的那第一次談話中，我深切地認識到，我們的責任是：不能沒有準備和無所作爲地面對可能爆發的歐洲大戰這個事實。羅曼・羅蘭之所以能在關鍵時刻在道義方面遠遠超過其他所有的人，是因爲他事先早已痛苦地磨練了他的心智。在我們自己的範圍內，我們還是可以做一些事情的。我已經翻譯過不少作品，介紹我們鄰邦的詩人，一九一二年，我曾陪同維爾哈倫走遍全德國，作旅行講演。那次旅行成了德法關係和睦的象徵，維爾哈倫——偉大的法語抒情詩人和戴默爾——偉大的德語抒情詩人在漢堡當眾擁抱。我爲萊因哈特爭取到維爾哈倫的一個新劇本，我們雙方的合作從來沒有像當時那樣眞誠、強烈和衝動。有時候激動起來，我們就陷入忘乎所以之中，認爲自己已經給世界指出了正確的拯救道路。但是，世界很少關心這些文學家的宣言，而堅持走自己的險惡之路。世界局勢經常處在一觸即發的戰爭邊緣。——察貝恩事件[117]，阿爾巴尼亞危機，一次不明智的記者招待會——由磨擦引起的火花從未斷過，任何一個小火花都能引起堆積的炸藥大爆炸。特別是我們這些身在奧地利的人，深感自己處於動亂的中心。一九一〇年，法蘭茲・約瑟夫皇帝已過八十歲了。這位象徵皇權的白髮老人不會再長期統治下去了。一種神祕的不安的傷感情緒開始蔓延：在他死後，就再也擋不住千年王朝的瓦解。在奧地利國內，民族矛盾越來越大；在國外，義大利、塞爾維亞、羅馬尼亞，在某種意義上還有德國，正在瓜分奧匈帝國。克虜伯公司和勒克勒佐的施奈德公司正在巴爾幹戰場上用外國的「活人材料」試驗自己大炮的威力，就像後來德國人和義大利人在西班牙內戰中試驗自己的飛機一樣。現在我們已陷入激流險灘之中。我們一直惶惶不安，但總想舒一口氣：「這一次戰爭沒有臨頭，但願永遠不會落到我們頭上。」

一般說來，根據經驗原原本本地敘述一個時代的面貌，要比再現那個時代的人的心態容易得多。人的心態並不存在於官方的事件中，而是最早存在於細小的個人生活插曲中。我在這裡敘述的就是這種生活中的小插曲。說老實話，當時，我不相信戰爭眞的會爆發。可是我

---

117 察貝恩位於阿爾薩斯。一九一三年，一個普魯士軍官在該地罵阿爾薩斯人是「怪人」，從而導致當地居民與普魯士軍官發生衝突，史稱「察貝恩事件」。

遇到的兩件事，使我在不同程度上想到戰爭，並使我的心靈受到震撼。第一件事是「雷德爾事件」，這個事件像歷史上發生的所有重要事件一樣，其幕後情節鮮爲人知。

這位雷德爾上校是一起極其錯綜複雜的間諜案的主要人物。我與他只是點頭之交，我們同住一個區，只隔著一條胡同。有一次，我的朋友——檢查官T在咖啡館裡將他介紹給我，這位看起來和藹可親、很會享受的先生當時在咖啡館裡吸著雪茄。自那以後，我們見面時會互相打招呼。但是後來我才發現，在生活中間有許多祕密包圍著我們，而我們對周圍的人卻知之甚少。從外表看來，這位上校同其他普通奧地利軍官一樣，可他卻深得帝位繼承人的寵信，被賦予重要職權。他領導著軍隊的祕密情報局，負責破壞敵人的間諜機構。一九一二年，巴爾幹戰爭危機時期，俄國和奧地利都在作戰爭動員，把矛頭指向對方。可是，奧地利軍隊最機密的「進軍計畫」卻被透露出去，賣給了俄國。倘若打起仗來，奧地利就會一敗塗地，因爲俄國人事先知道了奧地利進攻部隊所有戰術行動的細節，這個洩密事件使奧地利參謀部一片驚慌。身爲軍隊情報局最高負責人的雷德爾上校奉命查出叛徒。這個叛徒肯定在軍事最高層的小圈子裡。但是外交部並不完全相信軍事當局的能力，於是背著總參謀部祕密發出指示，獨立去調查，它授權警察局，除了採取所有必要措施外，爲達到目的，還要開封檢查所有來自外國的信件，不必有所顧忌。

一天，一家郵局收到從俄國邊境站波特沃羅奇斯卡發來的一封留局待取的信件，收信人的地址是一個暗號：奧佩爾巴爾。打開信一看，裡面沒有信紙，卻有六張或八張簇新的奧地利一千克朗的鈔票。這個可疑的發現立刻被報給了警察局。警察局派來一名密探守在取信的視窗附近，只要取信人一出現，就立刻把他逮捕。

不過，眼下這個悲劇開始成爲維也納街頭巷尾無所不談的趣事。中午時分，那位先生出現了，他要求取走那封寫有「奧佩爾巴爾」的信。視窗裡的郵局職員立刻向密探使眼色，向他發出報警信號，可是密探恰巧去喝早飲。當他回來時，別人告訴他，那位陌生的先生坐上一輛出租馬車，不知向何處駛去了。很快，維也納人又演出了這場悲劇的第二幕，在那個時代，出租馬車是一種時髦漂亮的雙駕馬車；馬車夫把自己看成了不起的人物，從來不自己打掃車輛，而是每個停車場都有一些「清潔工」，幹餵馬和沖洗車輛的活兒。幸虧那位清潔工記住了剛剛駛出的那輛出租馬車的牌號；一刻鐘以後，所有的警察崗哨都發出警報：馬車已經找到。清潔工還描繪了向卡塞爾霍夫咖啡館駛去的馬車裡那位先生的外貌。卡塞爾霍夫咖啡館正是我經常遇到雷德爾上校的地方。另外，有人在馬車裡碰巧找到了一把小折刀，那位先生就是用這把刀拆開信封的。密探們立刻向卡塞爾霍夫咖啡館撲去。可惜，人們描繪的那位先生已經離去。但咖啡館裡的服務員非常自信地說，那位先生就是雷德爾上校，絕不會是別人，他剛剛回到克羅姆塞爾旅館去。

密探被驚得目瞪口呆。祕密被揭開，雷德爾上校，這位奧地利軍隊情報部門的最高領導人，同時又是被俄國總參謀部收買的間諜。他不但出賣了各種機密和進軍計畫，而且現在突然都清楚了，爲什麼他去年派往俄國的間諜一個個被捕和判刑。一陣陣急促的電話鈴聲響起來，直打到奧地利軍隊總參謀長康拉德・馮・赫岑道爾夫元帥那裡。當時的一位目擊者向我敘說，赫岑道爾夫聽過電話，臉色刷一下變得像白紙一般。他又把電話打到皇宮，進行一次次的磋商。下面還會發生什麼事呢？在這期間，警方採取了防範措施，雷德爾上校無法逃脫了。當他準備再次離開克羅姆塞爾旅館，向門房交待什麼事的時候，一個密探出其不意地出現在他的面前，向他出示那把小刀，禮貌地問道：「上校先生，您有沒有把這把小刀遺忘在出租馬車裡？」這一剎那，雷德爾上校知道自己失敗了。他向外走去，看到一張張熟悉的面孔，他們在監視他，當他回到旅館時，有兩個軍官隨他走進房間，在他面前放下一支左輪手槍。在這期間，皇宮已做出決定，以不聲不響的方式了結這件軍隊中十分不光彩的事。兩位軍官一直站在克羅姆塞爾旅館雷德爾的房前，直到深夜兩點從房間裡傳出一聲槍響。

第二天，所有晚報上都登了一則簡短的訃告，宣布這位忠於職守的軍官——雷德爾上校突然死亡。但是，在追查雷德爾案件的過程中牽扯到許多人，致使這件事無法保密，人們也逐漸了解到這件事的細節。正是這些細節揭開了雷德爾的心理活動。雷德爾上校是個同性戀者，他的上司和同事竟無一人知道。他落在勒索者手中已有多年，這些勒索者最後逼他走上這條絕路。現在，奧地利軍隊一片譁然。大家都明白，一旦發生戰爭，他一個人就能斷送成千上萬人的生命；奧匈帝國也由於他而陷入崩潰的邊緣。直到這步田地，我們奧地利人才明白，過去的一年裡，我們已經到了爆發世界大戰的關鍵時刻。

這件事使我第一次感到戰爭的恐懼。第二天，我偶然遇到貝爾塔・馮・蘇特納[118]，她是

118 貝爾塔・馮・蘇特納（一八四三—一九一四），奧地利女作家、和平主義者，曾任諾貝爾的祕書，一九〇五年獲諾貝爾和平獎。

我們時代卓越的、大度的卡珊德拉[119]。她出身於名門豪貴之家，青少年時代在自己的故鄉波希米亞的城堡的附近目睹過一八六六年戰爭的慘狀。她抱著南丁格爾般的熱情，認爲自己畢生的使命就是防止第二次戰爭，甚至是完全杜絕戰爭。她寫了一部享譽世界的長篇小說《放下武器》；她組織過無數次和平主義的集會。她一生中最大的功績是喚醒了甘油炸藥的發明人阿爾弗雷德·諾貝爾的良知，促使他設立了諾貝爾和平獎，以彌補他發明炸藥所造成的損害。當時她非常激動地向我衝過來，在大街上就高聲嚷嚷，而她平時說話是很安靜、親切的。她說：「怎麼現在人們還不明白剛發生的事，戰爭已經開始。那些人再一次在我們面前掩蓋眞相，對我們保密。你們這些年輕人爲什麼不行動起來？這些事與你們的關係最大！站起來去抵抗！團結起來保衛自己！不能什麼都讓我們幾個老太婆來幹，沒有人會聽老太婆的話。」我對她說，我就要去巴黎。也許我們眞的會發表一份聯合宣言。「爲什麼說也許呢？」她急促地說，「形勢比以前壞多了，戰爭機器已經在運轉。」雖然我已心神不定，但我還是盡力來安慰她。

在法國，我遇到的第二件生活小事不由得使我想起那個老太太的預見是多麼準確，她看到了未來。可是在維也納，人們很少認眞對待她的話。那是一件特別小的事，卻給我留下了深刻的印象。一九一四年春，我和一位女友從巴黎前往都蘭，準備在那裡小住幾日，爲的是要憑弔達·芬奇的陵墓。我們沿著羅亞爾河散步，春風和煦，我們貪圖欣賞春色，晚上回到

119 羅馬神話中的特洛伊公主，預言家。

住處時，兩腿似鉛重。於是，我們決定到十分安靜的圖爾城去看電影，過去，我曾在那裡拜訪過巴爾札克的故居。

這是郊區小城的一家電影院，它不能與用閃光金屬板和玻璃裝飾起來的現代化豪華電影院相提並論，只是湊合修起來的一間大廳，裡面擠滿了各類小人物：工人、士兵、市場上的女商販，他們是一些眞正的老百姓。他們無拘無束地閒聊，同時向汙濁的空氣中噴著斯卡費拉蒂牌和卡波拉爾牌低劣香菸的藍色煙霧，儘管室內掛著「禁止吸菸」的標牌。銀幕上開始放映《世界要聞》，先是英國的划船比賽，觀眾照常閒扯和抽菸；接著銀幕上出現了法國的閱兵式，人們仍沒有注意；隨後是第三個畫面：威廉皇帝到維也納拜會法蘭茲・約瑟夫皇帝。在銀幕上，我看到了熟悉的維也納西車站冷冰冰的月臺，月臺上站著一些警察，正在等候進站的列車。接著出現的是年邁的皇帝沿著儀仗隊走過去，準備迎接他的貴賓。法蘭茲・約瑟夫皇帝有點駝背，步履艱難。圖爾人看到這位白髮蒼蒼的老先生出現在銀幕上時，他們善意地發出笑聲。接著是列車進站的畫面，第一節車廂，第二節車廂，第三節車廂。沙龍式的豪華車廂打開了，威廉皇帝從中走出來，翹著高高的八字鬍，穿一身奧地利的將軍服。

威廉皇帝在銀幕上剛一出現，昏暗的大廳裡立刻爆發出一陣陣刺耳的口哨聲和跺腳聲，他們完全是自發地大喊大叫吹口哨；男人、女人，還有孩子們，無不發出嘲笑，好像畫面上的人侮辱了他們似的。善良的圖爾人除了報上登的消息外，並不知道世界上發生了很多事情。他們剛看到威廉皇帝，就像發了瘋似的——我感到十分吃驚，不由得驚恐萬狀。我覺得，經過多年對德國仇恨的宣傳，流毒已浸入平民百姓的心裡。在這個遠離大城市的小城鎮，這裡的市民和士兵毫無惡意，卻對威廉皇帝、對德國有這麼大的仇恨。銀幕上不過是一閃而過的畫面，就引起這麼一場騷動，只不過是一秒鐘，僅僅一秒鐘，可見流毒是多麼深廣。下面繼續放映其他畫面時，他們就把剛才的一切忘記了。當晚放映的主片是一部喜劇，觀眾看得前仰後合，笑個不停，有人樂得把大腿拍得啪啪直響。那僅僅是一秒鐘，而那一秒鐘卻被我看到了。我們曾做出過不少努力，想方設法促進國家間和民族間的諒解。可是到了關鍵時期，彼此雙方的人民是多麼容易被煽動起來啊！

那個晚上我心灰意冷，一夜未眠。如果這件事發生在巴黎，雖然我同樣會感到不安，但不會這麼激動。我覺得十分可怕的是，仇恨的心理已深入外省，深入到善良質樸的平民百姓中間。幾天後，我同朋友們講起這件事，但大多數人並不認爲怎麼嚴重，他們說：「我們法國人過去也嘲笑過肥胖的維多利亞女王，但兩年以後，我們與英國結成了聯盟。你不了解法國人，法國人對政治從來不往心裡去。」只有羅曼・羅蘭的看法不一樣，他說：「百姓越老實，就越容易輕信。自從彭加勒[120]當選以來，形勢一直不好。他的彼得堡之行並不愉快。」我們長時間地討論起夏天在維也納召開的國際社會黨代表大會。不過，對這次代表大會，羅曼・羅蘭比其他人更持懷疑態度。他說：「一旦發布動員令，到底有多少人能堅持得住，誰能知道？我們已陷入一個群情振奮、歇斯底里的時代，在戰爭中絕不能忽視這股歇斯底里的力量。」

---

120 雷蒙・彭加勒（一八六〇―一九三四），法國政治家，一九一三年當選爲法蘭西共和國總統。

但是，我已經說過，這些短暫的憂愁時刻就像風中的蜘蛛網一樣，一吹就散了。我們有時也想到戰爭，除了有時也想到死亡以外，其他的事想得並不多——我們也想到一些可能發生的事，不過，那些事看來還很遙遠。因爲當時的巴黎實在太美了，我們自己也太年輕，太幸福了。我至今還記得儒勒・羅曼想出來的那出令人著迷的鬧劇，爲了嘲笑「詩壇王子」，我們故意推舉了一個「思想者的王子」，讓一個憨直天眞的人由大學生們鄭重其事地抬到先賢祠前羅丹的塑像前。到了晚上，我們像一群中學生似的在模仿滑稽作品的宴會上大吵大鬧。當時正是繁花似錦的季節，微風吹拂，送來一股甜滋滋的氣息。面對如此多的歡樂，還有誰願意想那些不堪設想之事呢？當時，朋友之間的友誼比以往任何時候都更深厚，而且在異國——在「敵對國家」又有了新朋友。巴黎這座城市比以往任何時候都顯得更加無憂無慮，而住在巴黎的人也以自己無憂無慮的心情來愛這座城市。在巴黎的最後幾天，我陪著維爾哈倫去盧昂，他要在那裡作一次報告。夜裡，我們站在教堂前，教堂的塔尖在月光中閃爍著迷人的光輝——如此良辰美景難道只屬於一個「祖國」，而不屬於我們大家？我們在盧昂火車站話別。兩年以後，在同一地點，一列火車——他歌頌過的機器——把他輾得粉碎。他一邊擁抱我，一邊對我說：「八月一日，在我的卡佑基比克再見。」我答應了，因爲我每年都到他的莊園裡去看他，和他並肩翻譯他的新詩。爲什麼這一年會不去呢？我也與其他朋友無憂無慮地告別。我向巴黎告別，同樣是漫不經心、不動感情的告別，就像一個人要離開自己的家幾個星期一樣。我以後幾個月的計畫是清楚的。現在我就回到奧地利去，找個僻靜之處，趕寫那本關於杜斯妥也夫斯基的書（五年後才出版），這樣我就可以完成《三大師傳》了。然後，我再到維爾哈倫那裡去；也許到了冬天，計畫已久的俄國之行就可以實現了。爲的是在那裡組織一個團體，以增進德語作家同俄語作家之間的相互了解。在我看來，在我三十二歲之際，如一切順利的話，在陽光燦爛的夏天，世界會變得更美麗，更合乎情理，就像一片可喜的莊稼。我愛這個世界，期望它有一個美好的現在，一個美好的未來。

可是，一九一四年六月二十八日，在塞拉耶佛的一聲槍響，剎那間把一個我們在其中接受教育、棲身卜居、安全又充滿理性的世界像一隻空陶罐一樣擊得粉碎。

一九一四年戰爭爆發初期

一九一四年的那個夏天，即使沒有給歐洲大陸帶來災難，也是令人難以忘懷的。因爲我很少經歷如此美好的夏天，鳥語花香、繁花似錦，我幾乎可以這麼說，那是最典型的夏天。一連數日天氣晴朗，蔚藍的天空中飄著朵朵浮雲，空氣濕潤，但不悶熱；草地上，夏風多溫和，芳草亦未歇；鬱鬱蔥蔥的樹林遮天蓋日。當我說起夏天這個詞的時候，我必然會想起那年我在維也納附近的巴登度過的生氣勃勃的七月。那是一座充滿浪漫主義氣息的小鎮，貝多芬非常喜歡去那裡避暑；我避居到那個小鎮，是爲了集中精力完成那部關於杜斯妥也夫斯基的作品，然後到我尊敬的維爾哈倫在比利時的鄉間別墅去，度過夏天的剩餘時間。在巴登，不用離開小鎮就能欣賞自然景色。講究實用的農舍依然保持著貝多芬時代質樸靈巧的風格，錯落有致地散落在小山坡上，爲一片濃郁的樹林所覆蓋。露天咖啡館和餐廳比比皆是，人人可以同來這裡休養的快活的客人交朋友。他們有的在公園裡盛裝遊行，有的深入幽徑中。

六月二十九日是信奉天主教的國家——包括奧地利——紀念彼得和保羅[121]蒙難的日子。前一天晚上，許多遊客就從維也納擁到這裡來。他們穿著淺色的夏裝，無憂無慮、成群結隊來到公園的音樂廳前。那一天氣候宜人，栗樹的上空萬里無雲。眞是一個喜氣洋洋的好日子。大人和孩子們都快放假了，夏天的第一個節日彷彿預示著整個夏天會無比美好。舉目望去一片蒼翠，處處洋溢著歡聲笑語，使人忘卻了日常生活中的哀愁。當時，我坐在遠離公園

121 耶穌十二門徒中的兩人，被羅馬皇帝尼祿殺害。

人群擁擠的地方，讀著一本書。現在我還記得，那是一本梅列日科夫斯基[122]著的《托爾斯泰和杜斯妥也夫斯基》。我讀得專心致志，可是，我依然聽見穿林而過的風聲，唧唧喳喳的鳥鳴和公園那邊飄來的音樂聲。我一直聽著音樂的旋律，並沒有覺得被打擾，因爲我們的耳朵適應力很強。無論是持續不斷的噪音，還是街道上車水馬龍的喧鬧聲，潺潺的流水聲，幾分鐘後就會完全適應。但有一點恰恰相反，只要一種旋律冷不防停頓，反而會引起我們的注意傾聽。

所以，當演奏的音樂戛然而止，我也不由得停止了閱讀。我只知道音樂停止了，而不知道樂隊演奏的是哪部曲子。我下意識地抬起頭，目光離開了書本。在林中散步的穿淺色夏裝的人群，似乎有些變化，他們突然停止了走動，既不上山也不下山。一定發生了什麼事！我站起身來，看到樂師們正在離開樂池。這眞是咄咄怪事，平日裡公園的音樂會都要持續一個小時或者更長的時間。這突如其來的中斷必有緣故。我向前走去，繼續觀察，發現激動的人群聚在樂池前，東一夥西一群，正在議論一條爆炸性的新聞。幾分鐘以後我才聽到，原來是傳來一封急電：皇儲法蘭茲．斐迪南大公偕夫人在前往波士尼亞軍事檢閱時，成爲政治謀殺的犧牲品而喪生。

圍繞著這一刺殺事件，人越聚越多，把這意外消息一傳十，十傳百。說實在話，從他們的臉上看不出特別的震驚或憤慨。因爲皇儲根本不受人愛戴。至今我還記得，在我的童年時

122 梅列日科夫斯基（一八六六—一九四一），俄國作家、哲學家、批評家。

代，當皇太子魯道夫——皇帝唯一的兒子——在梅耶林被人發現飲彈身亡時，全城悲痛萬分。人們紛紛擁向街頭，想看看他的靈柩，表現出極大的震驚和對皇帝深切的同情，因爲皇太子不僅是皇位繼承人，還是哈布斯堡王朝中一位進步的、對人極富同情心的皇太子，大家對他抱有極大的期望，而他卻在盛年之際離我們而去了。法蘭茲・斐迪南正相反，他恰恰缺少那種和民眾打成一片的品質，而這是奧地利人認爲極其重要的。他不像皇太子那樣討人喜歡，富有魅力，善於同各方面的人物交際。我曾在劇院裡多次觀察過他。他坐在自己的包廂裡，威風凜凜，神氣活現，一雙冷冰冰發呆的眼睛從來不向觀眾投去友好的目光，也從來不眞心鼓掌勉勵藝術家們。從來沒見到過他臉上出現一絲笑容，他的照片沒有一張是輕鬆愉快的姿態。他沒有一點樂感，也缺乏幽默。他的妻子同他一樣有一副陰沉沉的面孔，在他們周圍，氣氛也是冷冰冰的。大家都知道，他們沒有朋友；大家也知道，老皇帝從心底裡厭惡他，因爲他迫不及待想得到皇位，他絲毫不會藏匿他這種心情。我幾乎有一種神祕的預感，這個脖子長得像叭兒狗，兩眼陰冷發直的先生，總有一天會帶來不幸。這不只是我個人的預感，也是整個國家的預感。因此，他遇刺的消息並沒有引起人民的深切同情。兩個小時後，我再也沒有看到眞正悲哀的表示。一切又恢復常態，該談天的談天，該歡笑的歡笑。到了深夜，餐館裡又奏起了音樂。有很多奧地利人在這一天暗暗舒了一口氣，覺得老皇帝的這位繼承人喪命對那位比較可愛的年輕的卡爾皇子十分有利。

毫無疑問，第二天所有的報紙都刊登了詳細的訃告，並對刺殺事件表示出恰如其分的憤慨，卻完全沒有暗示要利用這次事件對塞爾維亞採取政治行動。對皇室來說，斐迪南之死引起了另一樁煩惱，那就是他的安葬問題。由於皇儲的身分，尤其考慮到他是因公殉職的，按理說，他完全可以在維也納的方濟各會教堂墓地占一席之位，這是哈布斯堡皇室歷來安葬皇室成員的地方。他生前爲娶那位出身伯爵門第的肖台克，曾與皇室作過長期激烈的抗爭。肖台克雖然出身大貴族，但根據哈布斯堡皇族四百年的祕密家法，她同斐迪南不是門當戶對的，她的孩子是沒有繼承權的；在隆重的典禮上，其他皇子的夫人們強烈要求走在皇儲夫人前面。宮廷的傲慢即便對一個死去的女人也不放過。怎麼辦？讓出身伯爵門第的肖台克安葬在哈布斯堡陵園？不，絕不許這麼辦。於是，幕後活動大肆展開了。皇子的夫人們川流不息地擁到老皇帝那裡。政府當局一方面要求老百姓在正式場合表示深切哀悼，另一方面又在皇宮裡玩弄了一套野蠻的混淆是非的詭計。像往常一樣，死者總是沒理的。負責典禮的官員發明了一套說辭：死者生前的願望是葬在阿爾茨台滕，奧地利外省的一個小地方。找到了這樣一個假造的、尊重死者的藉口，公開向遺體告別、弔唁、出殯，以及其他與此相關的爭執也就輕易地解決了。兩位死者的棺材被悄悄送到阿爾茨台滕，並排埋葬在那裡。好看熱鬧的維也納人失去了一次大好機會，他們很快就開始忘記這個悲劇事件。總之，奧地利人經過伊麗莎白皇后和魯道夫皇太子的不幸離世及皇室成員不體面的出逃，早就形成了習慣看法：這位老皇帝在經歷了家族的多災多難後，仍會寂寞而又頑強地活下去。不過再過幾個星期，法蘭茲·斐迪南的名字和形象就將從歷史上永遠消逝。

可是，大約過了一個星期，報紙上又突然開始爭論起來，而且調門越來越高，時間又完全一致，使人感到絕非偶然。塞爾維亞政府受到指責，說它默許了這次刺殺事件。一半報導暗示奧地利對本國皇儲——據說非常受人愛戴——被刺絕不會甘休。人們不能擺脫這樣的印象：必然採取某項國際法律行動，但是誰也沒想到過戰爭。無論是銀行、商店，還是個人，都照常處理自己的事情。這種與塞爾維亞無休止的爭論與我們有什麼關係呢？我們大家只知道塞爾維亞給我們出口生豬，不是簽訂了許多協定嗎？我已經打點行裝，準備去比利時維爾哈倫那裡，我的稿子正寫得順手。躺在豪華棺材裡的皇儲與我的生活有何相干呢？夏天從來沒有像今年這麼美，而看來會越來越美，我們都無憂無慮地看著這個世界。至今我還記得很清楚，我在巴登的最後一天同朋友走過葡萄園的時候，一位種葡萄的老農對我們說：「像今年這樣好的夏天，我已經長時間沒經歷過了。如果今年夏天一直這麼好，葡萄收成將比任何年頭都好。我們會永遠記住今年的這個夏天！」

這個穿著藍色酒窖工作服的老頭，他自己不知道，他說的這句話千眞萬確。

每年到維爾哈倫的鄉間別墅做客以前，我都先到奧斯坦德附近的小浴場勒科度過兩星期，那裡同樣是一片無憂無慮的氣氛。度假的人有的躺在沙灘的彩色帳篷裡，有的在海水裡游泳；孩子們在放風箏，年輕人在咖啡館前面的堤壩上跳舞。各國遊客和平地集聚在一起，我聽到不少人說德語，感到無比親切，因爲鄰近的德國萊茵地區的人們年年都喜歡到這比利時的沙灘上過暑假。這兒的沙灘上雖然人潮如織，但相當安靜。唯有報童的大聲喊叫才能擊破這種寧靜。他們喊著驚人的標題：「奧地利向俄國挑釁」、「德國正在戰爭總動員」，以兜售報紙。我看到那些買了報紙的人臉色變得陰沉，不過，不出幾分鐘就恢復了常態。再說，多年來我們早已熟悉了那些外交紛爭，它們在特別嚴重的最後時刻總能得到順利解決。爲什麼這回不是這樣呢？半個小時後，我看到報童們賣完報紙，也成了一群歡樂的兒童，劈劈啪啪踩著海水嬉遊；風箏冉冉升起，海鷗翩翩飛舞；日有九光，普照一片和平的土地。

可是，惡劣的消息越來越多，越來越危險。先是奧地利向塞爾維亞發出最後通牒，接著是塞爾維亞支吾搪塞的答覆。君主之間的電報不斷，最後雙方幾乎不再隱瞞戰爭的動員。我再也不能待在這個偏僻、閉塞的小地方了。我每天乘電車到奧斯坦德去，期望消息更靈通一些，而傳來的消息越來越壞。人們依然在洗海澡，旅館依然爆滿，堤壩上依然有不少避暑的旅客在散步、歡笑、聊天。但是，這中間第一次出現了新鮮事。我們突然發現，有不少比利時士兵出現在海灘上，他們平時絕不會到這裡來。機槍安裝在小車上，由狗拉著走過，這是比利時軍隊的奇特之處。

當時我正坐在咖啡館裡，同幾個比利時朋友在一起，其中一位是年輕的畫家和作家費爾南・克羅默林克[123]。下午，我們和詹姆斯・恩索爾[124]一起度過的。恩索爾是比利時最偉大的現代畫家，一個古怪的、孤寂的隱居者。他曾爲軍樂隊作了一些不成樣子的波爾卡舞曲和華爾滋舞曲，可他卻爲這些作品感到自豪，認爲遠遠勝過他創作的油畫。他的畫富於幻想，色彩斑斕。那天，他把他的作品給我們看，這本是他不願做的事，因爲他心中有個怪想法，他希望有人能買他的一張畫。他的美夢是，以高價賣出，但同時又把畫留在自己身邊。朋友們笑著對我說，他這個人既貪錢，又捨不得自己的每一部作品。每當他賣出一幅畫，他會

123 費爾南・克羅默林克（一八八六—一九七〇），比利時作家。

124 詹姆斯・恩索爾（一八六〇—一九四九），比利時畫家。

悲觀失望好幾天。這位天才的吝嗇鬼滿腦子稀奇古怪的念頭，使我們感到很開心。正當一隊用狗拖著機關槍的士兵從我們面前經過時，我們中間有一人站起來，摸了摸那條狗。軍官十分生氣，他擔心對他作戰用的東西表示愛撫可能會損害軍隊的尊嚴。我們中間有人嘀咕道：「這樣頻繁地調動軍隊，到底有啥用？」有人當場反駁他：「必須採取預防措施。也就是說，一旦打起仗來，德國部隊要從我國突破。」「不可能！即便打起仗來，德國和法國打得只剩最後一人，你們比利時人依然會安然無恙。」我充滿自信地說，因爲在那個古老的世界裡，人們還相信條約是神聖不可動搖的。而那位悲觀主義者卻毫不讓步。他說，比利時採取這些措施，必然有道理。早在幾年前我們就聽聞德國總參謀部有一項祕密作戰計畫，一旦進攻法國，德軍就要穿過比利時去攻打法國，什麼條約不條約，全是些廢紙。我也同樣不讓步，在我看來，一方面讓成千上萬的德國人到這裡來度假，盡情享受這個中立小國的殷勤接待，另一方面卻在邊境集結軍隊對付來犯之敵，這豈不荒唐！我說：「這全是無稽之談！如果德軍向比利時進軍，你們就把我吊死在這根燈柱上。」今天，我要感激我的這些朋友，因爲他們後來沒有把我這句話當眞。

在七月的最後幾天，正是形勢危急的時候，每小時都傳來一個自相矛盾的消息。威廉皇帝給沙皇的電報，沙皇給威廉皇帝的電報，奧地利向塞爾維亞宣戰，饒勒斯被暗殺。誰都知道，形勢越來越嚴重，一股不安的冷風吹到海灘，把海灘一掃而空。數以千計的人離開旅館，奔向火車站。縱是那些不相信戰爭的人也開始加速收拾行李。就連我自己，剛一聽到奧地利向塞爾維亞宣戰的消息，就趕緊訂了一張火車票，眞是及時，因爲那班奧斯坦德快車已是比利時開往德國的最後一班車了。我們站在車廂的過道裡，焦急不安。每個人都在同別人講話，沒有一個人安安靜靜地坐在那裡，沒有一個人看書。每到一站就有人急匆匆地跳下車廂去打聽消息，內心卻暗暗地抱著希望，能有一隻強有力的手把脫韁的命運重新拉回來。直到那時，我們依然不相信戰爭已經開始了，更沒有想到戰爭會波及比利時。人們之所以這麼想，是因爲不願相信這種瘋子開的玩笑。列車離國境線越來越近。我們通過了比利時邊境車站韋爾維耶。德國的列車員登上車廂，十分鐘之後，我們就在德國境內了。

但是，在列車駛向德國第一個邊境站的途中，突然在野外停下來。我們擠在車廂過道裡，向窗外望去。發生了什麼事？我看到一列貨車在昏暗中迎面駛來，車廂用帆布蓋著，隱隱約約透出大炮的形狀。我的心怔住了。這一定是德國的軍隊在開往前線。直到那時，我還是不相信戰爭，說不定這僅僅是防護措施，只不過是戰爭動員式的威脅，我這樣安慰自己。人總是這樣，在緊急關頭抱一線希望的力量是非常巨大的。終於傳來了「通行」的信號，列車開動了，總算到了赫伯斯塔爾車站。我一步跳下車廂踏板，打算買張報紙看看消息，可是車站被軍隊占領了。當我想走進候車室時，一個車站公務員守在已上鎖的門前，他鬍鬚雪白，臉色嚴峻，他說，誰也不准進候車室。隔著門，我聽到了叮噹的刺刀聲和刺刀放在地板上時的篤篤聲，門上的玻璃被小心謹慎地擋上了布。毫無疑問，那件可怕的事終於發生了。德國軍隊公開踐踏國際法的一切準則，要進攻比利時。戰爭行動已經開始。我極度不安地登上車廂，列車繼續向前，駛向奧地利。現在毋庸置疑：我正向戰爭駛去。

第二天早上，我終於到了奧地利！每個車站都張貼著宣布戰爭總動員的告示；各類列車上旗幟飄揚，裝滿了剛入伍的新兵，音樂聲震耳欲聾。我發現維也納全城都在發瘋，人們從對戰爭最初的恐懼一下子變成了對戰爭的狂熱。其實，誰也不願意打仗，人民不要戰爭，政府也不要；這次戰爭原本是外交家們虛張聲勢和訛詐的一種手段，但他們違背了自己的意圖，弄假成眞。維也納大街上走著各種各樣的隊伍，突然間，到處是旗幟、標語、音樂。年輕的新兵滿懷勝利的信心在行軍，臉上露出得意的微笑，他們是社會上的小人物，平時不會有人對他們表示尊敬和慶賀，而現在他們卻受到全城的歡迎。

說老實話，我不得不承認，群眾中最初爆發出來的那種情緒，確有崇高和吸引人之處，甚至有一股使人難以擺脫的誘惑力。儘管我非常厭惡戰爭，憎恨戰爭的狂熱，可是我依然不願在我一生的回憶中省略掉那次戰爭的最初幾天。成千上萬的人儘管在戰前和平時期就相處得很好，可他們從來沒有戰爭剛開始時的那種情感，感覺他們屬於一個整體。一座二百萬人口的城市，一個幾乎有五千萬人口的國家，戰爭使它們一下子變成一個中心，體現一種意志，覺得自己就是世界的歷史；他們在經歷一個一去不復返的時刻，覺得隨時都會被召喚，把渺小的「我」融化到火熱的群眾中去，把個人的私心消滅在其中，什麼地位、語言、階級、宗教信仰，所有差別都被暫時的兄弟情誼的巨濤淹沒了。在大街上，素不相識的人在攀談；長年相互回避的人現在握手了；到處看到的是生氣勃勃的面孔。每一個人都經歷著一個自我提高的過程，他不再是一個像先前那樣孤立的人，而是群眾中的一員；他是人民，是人民中的一員；平時不受尊重的人，現在受尊重了。一個郵局的小職員平時從早到晚分揀信件，從星期一到星期六，從不間斷；還有抄寫員、鞋匠，在他們面前突然出現了他們一生都很少碰到的富有浪漫色彩的機遇：他可能成爲英雄。每個人都能穿上軍裝，婦女們會向他們祝賀；留下來的人早就懷著崇敬的心情用這個富有浪漫色彩的名稱——「英雄」——和他們打招呼。那些新兵承認，一股尚不熟悉的力量把他們從日常生活中拉出來，儘管在狂熱的最初時期，母親的憂傷，妻小的恐懼，她們羞於把這種最真摯的情感顯示出來，但他們還是清楚地感覺到的。不過，也許在飄飄然的感覺中還有一種更深厚、更祕密的力量在起作用。那股向人類襲來的驚濤駭浪是那麼強大、那麼突然，以致把人身上潛藏的無意識的原始欲望和本能像氣泡一樣沖到表面，這就是佛洛伊德深刻看到的，被他稱作「對文化的厭惡」。這些有原始欲望的人，要求衝破維持世界長久安寧的一切法律和條文，放縱自己最古老的嗜血本能。也許這些暗中的力量也投入到狂暴的陶醉中，其中混雜著各種東西：犧牲精神和酒精、冒險的樂趣和愚昧的信仰、投筆從戎和愛國主義言辭的魔力——這些可怕的，幾乎難以用語言形容的，使千百萬人狂妄的情緒為我們那個時代最大的犯罪行為——發動戰爭——起到了推波助瀾的作用。

只經歷過第二次世界大戰的今天這一代人，或許會感到疑惑：為什麼我們沒有經歷過這些事？為什麼一九三九年的群眾沒有像一九一四年的群眾那麼狂熱？為什麼一九三九年的群眾僅僅是嚴肅地、堅決地、默默地、聽天由命地服從召喚？一九三九年的戰爭是一場有關思想意識的戰爭，並不是僅僅為了爭奪殖民地或改劃國界。難道這次戰爭不如前一次戰爭？難道這次戰爭比不上前一次戰爭更神聖、更崇高？

答案很簡單：因為一九三九年的世界不像一九一四年的世界有那麼多幼稚的、天真的信仰。當時的老百姓信任權威，從不懷疑。在奧地利，沒有人敢想，最最尊敬的一國之父法蘭茲·約瑟夫皇帝在他八十四歲的時候，沒有特別的必要，會號召人民起來抗爭；沒有人敢想，如果沒有兇殘的、狡猾的、罪惡的敵人威脅著帝國的和平，他會要求人民流血犧牲。再說，德國人在報紙上看到奧地利皇帝致沙皇的許多電報，在那些電報中，老皇帝始終聲稱要爲和平而抗爭。當時的奧地利人民不僅忠於皇帝，對「高級人物」、大臣、外交家，以及他們的洞察力和忠於職守，也深信不疑。如果發生了戰爭，那不是政治家們的過錯，戰爭是違背他們意願的；全國上下，沒有一個人有一丁點兒錯誤；也就是說，發動戰爭的罪犯必定是在別的國家。我們拿起武器只是爲了自衛，是針對卑鄙陰險的敵人的一種自衛。敵人沒有一絲一毫的理由就「突然襲擊」愛好和平的奧地利和德國。而到了一九三九年，情況完全不同了，整個歐洲已經沒有這種對政府忠實的迷信，至少沒有對政府能力的迷信。自從人們憤怒地看到外交活動怎樣在凡爾賽背叛了持久和平的可能，人們就瞧不起外交。這些外交家恬不知恥地用許諾裁軍、不搞祕密外交來欺騙各國人民，對此，他們記得太清楚啦！從根本上說，一九三九年的人民不尊重任何政治家。沒有人信任地把自己的命運託付給他們。一個最普通的法國修路工人也可以公開譏諷達拉第[125]。在英國，自從《慕尼黑協定》——提出所謂「爲了我們這一代的和平」——簽訂以來，沒有人再相信張伯倫的遠見。在義大利和德國，群眾恐懼地望著墨索里尼和希特勒：他要把我們推向何方？當然，群眾不能反抗，因爲這關係到祖國。所以，士兵們不得不拿起槍，婦女們不得不讓自己的孩子出發，但是不像從前那樣抱著不可動搖的信念，認爲犧牲是不可避免的。人們服從，但不會歡呼。人們到前

125 愛德華・達拉第（一八八四—一九七〇），法國政治家。

線打仗，但不再夢想當英雄。現在，各國人民和每一個人都已經感到，他們只不過是犧牲品，不是爲了世界上的愚蠢政治，就是爲了不可捉摸的兇惡命運。

而在一九一四年，廣大群眾享受了幾乎半個世紀的和平生活，他們對於戰爭又能知道些什麼呢？他們不知道戰爭是怎麼回事，他們幾乎沒想到會有戰爭。他們認爲，戰爭是一種傳奇，恰恰因爲遙遠，所以頗富英雄色彩和浪漫色彩。他們看到的戰爭，始終是從教科書裡或者美術館裡看到的：騎兵穿著閃閃發光的盔甲，舉著長矛在進行你來我往的廝殺；致命的一槍總是正中敵人心臟。大獲全勝，高奏凱歌——所以，在一九一四年八月，新兵們向母親高喊：「我們一定會回來過耶誕節。」在農村和城市，誰還記得起「眞正」的戰爭是個什麼樣子？幸好還有幾個參加過一八六六年反普魯士戰爭的白髮蒼蒼的老人，他們還記得打仗的事。不過，那是一場速戰速決、流血不多、距今遙遠的戰爭；整個戰役只打了三個星期，雙方都無大傷亡，很快就喘過氣來。而這一次，普魯士成了奧地利的盟國。在老百姓看來，一九一四年的戰爭也不過是一次浪漫色彩的短暫郊遊，一場熱烈的、豪邁的冒險。甚至有一些年輕人生怕錯過一生中絕妙的機會，所以急急忙忙跑去報名參軍，在開往激烈戰場的列車裡歡呼、歌唱。整個奧地利帝國的血管裡都鮮血沸騰，頭腦發熱，忘乎所以。但是，一九三九年這一代，他們知道戰爭是怎麼回事，他們不再欺騙自己。他們知道，戰爭不是浪漫主義的，而是殘酷的。他們知道，戰爭打起來不會速戰速決，而是拖延好多年，戰爭耽誤的時間一生都無法彌補。他們知道，向敵人衝鋒時不會帶著橡樹葉和彩色綢帶，而是在戰壕裡一待就是幾個星期，飢渴難忍，全身長滿蝨子；他們心裡很明白，還沒看到敵人，就會被遠處射來的炮彈擊得粉碎或打成殘廢。以前他們在報紙上和電影上看到過這種殘忍的殺人新技術、新手段；他們知道，巨大的坦克在行進中會把傷者輾成肉醬，飛機會把睡在床上的婦女和兒童炸得粉碎。他們也知道，一九三九年這次世界大戰，就其滅絕人性的機械化來說，比歷史上任何一次戰爭都要卑鄙、殘忍、非人性勝過千倍。一九三九這一代人中，沒有一人會相信，戰爭中會有上帝所希望的正義。更糟糕的是，他們再也不相信透過戰爭取得的和平有什麼正義性和持久性。因爲他們對上一次的戰爭所帶來的一切失望記憶猶新：戰爭帶來的不是富裕而是貧窮，不是滿意而是怨恨。戰爭帶來的是饑饉、貨幣貶值、公民自由喪失、被外國統治奴役、一種令人頭疼的不安全感和人與人之間的不信任。

誠然，還有這樣一種差別。一九三九年的戰爭具有一種思想意義。這場戰爭關係到自由，關係到一種精神財富，是爲了一種思想而奮戰。這使得人更堅決、更果斷。一九一四年的戰爭則不同，它不知道要從現實中得到什麼，它只是一種幻想，夢想建立一個更美好、更正義、更和平的世界。正因爲是幻想，而不是科學，才使人覺得參加戰爭是一種幸運。因此，那些犧牲者像醉漢一般歡呼著奔向死亡，鋼盔上戴著花環和橡樹葉。大街上則人聲鼎沸，家家燈火通明，彷彿在過節。

我自己沒有陷入這種愛國主義的一時狂熱中，並非由於我特別冷靜或者看問題特別清楚，而是由於我在此以前的那段生活。兩天前我還在「敵國」待過，而且我深信不疑，比利時的廣大群眾和我們自己的同胞一樣生活在和平的環境裡，對戰爭毫無所知。此外，我長期過著一種國際性的生活，今天在這個國家，明天又到了另一個國家；要我一夜之間突然去憎恨另一個世界，那是辦不到的。因爲那個世界就像我自己的世界一樣，也是我的祖國。多年來我就對政治表示懷疑，最近幾年，我經常同法國和義大利的朋友們談論起荒謬戰爭爆發的可能性。因此，在一定的程度上我事先打了預防針，不相信蔓延四方的愛國主義熱情。我已做好準備，面對戰爭初期的狂熱病，我絕不動搖自己的信念：經過一場由不明智的外交家和無人性的軍火大亨發動的兄弟國家之間的戰爭，歐洲必然會統一。

因此，我內心裡已經決定，從戰爭開始的最初時刻起，我就要作世界公民；作爲一個國家的公民，要堅持正確的立場是很困難的。雖然當時我才三十二歲，但暫時還不用服兵役，因爲所有的服役檢查我都不合格。對此，我打心眼裡高興得很，因爲這樣落選使我節省了一年服兵役的時間。此外我覺得，在二十世紀去學習和掌握殺人的武器，是罪惡的時代性錯誤。我堅持自己的信念，正確的態度應該是：宣布自己是這次戰爭的「拒服兵役者」。可以想像，這樣做在奧地利要受到嚴厲的懲罰（在英國則相反）。敢於這樣做，要有一種眞正爲信仰而犧牲的堅定信念。而我本性缺乏這種英雄氣概——今天我並不羞於承認這個缺點，在一切危險場合，我總是採取回避態度。而且不止一次我由於這個缺點受到別人的指責。我崇拜的大師鹿特丹的伊拉斯謨在另一個世紀裡也常常受到這方面的指責。另一方面，作爲一個相對年輕的人，在那樣一個時代，如果要別人把他硬拉出來，扔到一個他不願去的地方，這有多難受。所以我四處尋找我能幹的工作，只要不是煽動性的工作就行。在我的朋友中有一個較高級別的軍官，管理軍事檔案館，這使我有可能被安插到他那裡去。我可以作圖書管理員，我的語言知識在那裡也有用，可以幫著修改某些要公布的告示之類。當然，這不是一件煊赫的差使，我今天自願承認，但這是一件很合適的工作，比被一個俄羅斯農民用刺刀戳進肚子合適多了。而且，在幹完這件不緊張的工作之後，我還可以去做另一件在我看來是戰爭期間最重要的工作：為將來的相互諒解而工作。

我在維也納自己朋友圈子裡的處境要比職務上的處境困難得多。在我們作家中，只有極少數人受過關於歐洲的教育，大多數作家完全生活在德語的環境裡。他們認為，鼓動群眾的熱情，用詩意的口號或者科學的意識形態從根本上美化戰爭，才是他們能做的最好的工作。幾乎所有德語作家，比如以霍普特曼和戴默爾為首的御用文人，相信自己的責任是像古老的日爾曼時代那樣，用詩歌和文字激勵奔赴前線的戰士要有犧牲精神。他們的詩像陣陣暴雨，把戰爭和勝利、苦難和死亡寫成押韻的詩篇，這樣的詩在當時遍地皆是。他們煞有介事地發誓，他們再也不和任何一個法國人或英國人搞文化合作。更有甚者，一夜之間他們拒不承認歷史上有英國文化和法國文化。他們認為，那種文化與德意志的特性、德國的文化和藝術相比，是微不足道的和沒有價值的。有些學者走得更遠更惡劣。譬如，哲學家們突然之間失去了智慧，竟把戰爭解釋成為把渙散的各國民眾振奮起來的「洗禮」。醫生們也同他們站在一起，他們把自己的整形術誇耀得天花亂墜，好像補換上的假腿比原腿還要靈活，還要健康，說不定會有人喜歡截下真腿換上假腿呢！各教派的教士也不甘示弱，參加到這大合唱中來。有時我彷彿聽到一群狂徒在怒號。而這些人在一個星期、一個月之前還是理智的、有創造力和有人性的人，為我們所敬佩。

但是，這種瘋狂最使人震驚的，是那些發狂的人大多是誠實正直的。他們中的大多數因年事已高或身體弱而不能服兵役，他們誠心誠意地認為自己有責任幹一些力所能及的工作。他們認為，他們以前創造的作品有愧於德國語言，從而也有愧於人民。所以他們現在要用語言來爲人民效勞，讓人民聽到自己喜歡聽的聲音。在這場戰爭中，正義完全在自己的一邊，非正義在敵人的一邊；德國必勝，敵人必敗——他們完全沒有預料到，他們這樣做完全背叛了作家的眞正使命：作家是人類一切人性的維護者和保衛者。當最初那股激情消失以後，有些人很快就嘗到了苦頭，感到自己說的全是謊言。但是，在最初的幾個月裡，人們聽得最多、喊得最凶、唱得最響亮的，是敵我雙方都在拼命表演的大合唱。

在這種如此天眞、同時又是十分荒唐的狂熱中，最典型、最令人震驚的事例，莫過於恩斯特・利騷[126]。我同他很熟，他寫過一些短小精悍的詩，是我想得起來的心腸最好的人。我今天仍然記得，他第一次來見我時，我緊咬著嘴唇，生怕笑出聲來。在我的想像中，抒情詩人一定是身材修長、儀表消瘦，就像他寫的精練的德語詩一樣。文如其人嘛。可是當他進入我的房間，一步三搖，胖得像隻桶，面容和善，雙層下巴，不，是四層下巴，竟是個小矮胖子。他精力充沛、信心滿滿，但口齒結巴。他說起話來，一再引用自己的詩句而不能自制，完全沉湎於詩歌創作之中。不過，他這些可笑之處反而招人喜歡，因爲他熱心、友好、誠懇，而且對自己的藝術懷著一種幾乎是著了魔的獻身精神。

他出身於一個富有的德國家庭，在柏林的弗里德里希—威廉高級中學受過教育，也是我認識的最普魯士化或者說被普魯士徹底同化的猶太人。他只說德語，也從來沒有離開過德

126 恩斯特・利騷（一八八二—一九三七），德國抒情詩人、劇作家。一九一四年發表了一首題爲〈憎恨英國〉的詩，名噪一時。

國。德國對他來說就是世界，越是德國的東西，他就越熱愛。所以約克[127]、馬丁・路德和施泰因[128]是他心目中的英雄。德國自由戰爭是他最喜歡寫的主題。他崇拜巴赫，稱他是音樂的上帝。雖然他手指又粗又胖，像海綿一樣，彈起巴赫的曲子來卻異常出色。沒有人像他那樣了解德國的抒情詩，也沒有人比他更熱愛德國語言，並爲之陶醉。像大多數猶太人一樣，他的家庭很晚才進入德國的文化界。他比最虔誠的德國人更信賴德國。

戰爭剛一爆發，他做的第一件事，就是急急忙忙到兵營去，報名當一名志願兵。我能夠想像出，當這個矮胖子氣喘吁吁地爬上樓梯時，那些上士和列兵會笑成什麼樣子。他們很快就把他打發走了。利騷非常絕望，但是他像其他人一樣，現在至少可以寫詩爲祖國效勞。對他來說，報紙和戰報上所寫的一切都是千眞萬確的事實。是別的國家突然侵犯了他的祖國，完全像威廉街上的劇院所演出的那樣。最壞的戰犯是那個背信棄義的英國外交大臣格雷[129]勛爵。英國是進攻德國和發動戰爭的罪魁禍首。他把這種感情寫進了〈憎恨英國〉一詩中，這首詩——我今天手頭沒有這首詩——用激烈的、簡潔的、富有表現力的詩句掀起了對英國的仇恨，並發誓永遠不原諒英國的「罪行」。不久就出現了災難性的情況，說明掀起仇恨是多麼容易的事（那個肥胖的、昏了頭的猶太人利騷先一步學會了希特勒的伎倆）。這

127 路德維希・約克・馮・瓦爾滕堡（一七五九—一八三〇），普魯士陸軍元帥。
128 施泰因男爵（一七五七—一八三一），普魯士王國政治家、改革家。
129 愛德華・格雷（一八六二—一九三三），英國政治家，一九〇五年至一九一六年間任英國外交大臣。

首詩像一枚炸彈在彈藥庫裡爆炸，以前所未有的速度傳遍了全國，縱然是〈守衛在萊茵河畔〉也沒有傳播得如此迅速。皇帝深受感動，特意獎給利騷一枚紅色雄鷹勛章。所有的報紙都轉載了這首詩；老師在課堂上念給學生們聽；軍官走到前線朗誦給士兵聽，直到每一個士兵將這仇恨經背得滾瓜爛熟。但這還不夠，這首短詩被配上了音樂，改編成大合唱，在劇院演出。不久，在七千萬德國人中沒有一人不能從這首詩的第一行默念到最後一行。這首詩也傳到了全世界——當然，沒有多大熱情。一夜之間，恩斯特・利騷紅得發紫，享受到一名詩人在戰爭中的最高榮譽。當然，這種榮譽後來又像涅索斯襯衣[130]一樣把他燒毀。因為戰爭剛一過去，商人重新開始做起生意，政治家真誠地為和解做出努力，人們想方設法要求拋棄那首永遠與英國為敵的詩。政治家為了推卸責任，把可憐的「仇恨的利騷」斥為當時鼓吹瘋狂的歇斯底里的仇恨的唯一罪人。實際上，在一九一四年，所有人都有這股歇斯底里的仇恨。每個在一九一四年讚美過他的人，到了一九一九年很明顯地都不理他了。報紙不再發表他的詩作；當他在同伴們中間露面，立刻會引起難堪的沉默。後來，這位孤獨者被希特勒趕出他為之忠誠效勞的德國，默默無聞地死去。他是那首詩的犧牲品，那首詩曾把他捧得很高，為的是以後把他摔得粉碎。

當時所有人都像利騷一樣。我不否認，作家、教授和當時突然冒出來的愛國者們，他們

130 希臘神話中染有半人半馬怪獸涅索斯的毒血的襯衣，比喻帶來災難的禮物。

的感情是真誠的，也真心實意地想幹點什麼。但是不久就已經可以看出，他們對戰爭的讚美和放縱的仇恨心理釀成了多麼可怕的後果。所有參戰國的人民在一九一四年都處於亢奮的狀態。最惡毒的謠言立刻會變成真的，最荒唐的誹謗也有人相信。在德國，有幾十人發誓說，他們親眼看到載滿黃金的汽車從法國開往俄國。戰爭開始後的第三天或第四天，報紙上便充斥著各種挖眼睛、斬手指的童話。那些傳播謠言的不知情者，他們哪裡會知道，這完全是憑空想出來的，爲的是譴責敵人的士兵。這種伎倆本身就是一種戰爭手段，像炸藥和飛機一樣。他們不知道，在每次戰爭開始的最初幾天，報刊上都會出現這種報導。戰爭和理性等正常的感情是不相容的。因爲戰爭需要感情的衝動，需要有爲自己事業而奮鬥的熱情，還要有對敵人的仇恨。

話又說回來，依人的本性，強烈的感情不會永久持續下去，個人如此，國家和民族也是如此；這一點軍事當局甚爲知曉。因此，它需要人爲的煽動，需要不斷給人服用狂熱的「興奮劑」。而這種工作只能由知識分子來承擔。詩人、作家和新聞記者，不管是問心無愧還是問心有愧，不管忠誠還是例行公事，都要幹這種鼓動人心的工作。他們既然敲起了仇恨的鑼鼓，就要用力敲下去，一直敲到那些正經的老百姓耳朵直響，心臟打顫。幾乎所有的國家，無論是在德國，還是在法國、義大利、俄國、比利時，無不把「戰爭宣傳」的任務交給順從的知識分子，他們用自己的筆來鼓動戰爭的狂熱和對敵國的仇恨，而不是教他們反對戰爭。

後果是嚴重的。當時的宣傳部門還沒有聲名狼藉，儘管人民大眾十分失望，但是他們對報刊文章卻是十分相信的。因此，最初幾天那種純淨、美好、勇於犧牲的熱情，慢慢轉化爲最惡劣的、最愚蠢的放縱行爲。在維也納和柏林，在環形大道和弗里德里希大街，同英國和法國「作抗爭」更有效更方便。商店的法語或英語招牌全部取消，甚至純潔少女修道院（Englischen Fraulein）的名稱也要修改。人民太激動太狂熱了，殊不知此處的「Englisch」是「天使」之意，並不是指盎格魯—撒克遜人。那些老實正經的生意人在信封上寫上或蓋上「上帝懲罰英國」的字樣。社交界的婦女發誓（並寫信給報紙）一輩子不再說一句法語。莎士比亞的戲劇被趕出德國舞臺；莫札特和華格納同樣被趕出法國和英國的音樂廳。德國的教授宣稱但丁是日爾曼人；法國的教授宣稱貝多芬曾是比利時人。他們肆無忌憚地把精神文化財富像糧食和礦砂一樣從敵國運來。那些國家成千上萬的公民每天在戰場上互相殘殺，這還不夠；他們還在後方互相辱罵，互相攻擊對方已經死去的偉人——而他們在墳墓裡已默默躺了好幾百年了。這種精神瘋狂越來越荒唐。自走出校門就從來沒有打開地圖、沒有離開自己居住的城市的廚師反而相信，沒有桑夏克（波士尼亞邊境的一個小地方），奧地利就無法生存。馬車夫在大街上爭論，應該向法國索要多少戰爭賠款，是五百億還是一千億，實際上，他們甚至搞不清十億有多少。沒有一座城鎮，沒有一個階層的人士不陷入可怕的仇恨的歇斯底里之中。傳教士在祭壇上說教；一個月以前還把軍國主義譴責爲最大犯罪的社會民主黨人，喧鬧得比別人更厲害，爲的是遵照威廉皇帝的旨意，不當賣國賊。那是無知的一代人的戰爭，恰恰由於各國人民相信自己這一方完全是正義的，才鑄成了戰爭的最大危險。

一九一四年戰爭開始的最初幾週裡，要想與人進行一次理智的談話，漸漸變得不可能了。最愛和平、心地最善良的人，也像喝醉了似的滿臉殺氣。我的朋友們，我一直把他們看作堅定的個人主義者，甚至是思想上的無政府主義者，一夜之間，他們都成了愛國者，並且從愛國者變成貪得無厭的呑併主義者。每次談話都用一句愚蠢的陳詞濫調結束，如：「誰不會恨，誰就不會眞正地愛。」或者以粗暴的懷疑態度結束談話。多年來我同他們從未吵過也沒鬥過的同伴們，這次反倒粗暴地責備我，說我再也不是奧地利人了，說我應該到法國或比利時去。不錯，他們甚至謹愼地暗示，他們原本想讓當局知道我的觀點，諸如「戰爭是一種犯罪」和「失敗主義者」，而「失敗主義者」這個在奧地利最嚴重的罪名——則是法國剛剛發明出來的漂亮詞彙。

出路只有一條：在別人頭腦發熱大聲喧鬧的時候，退回到自己的內心並保持沉默。做到這一點並不容易。我清楚地認識到，縱使我獨自流亡到國外，也不見得比孤獨一人生活在祖國壞多少。在維也納我有許多老朋友，但他們都遠離我而去。要結交新朋友，還不是時候。只有萊內・馬利亞・里爾克還能交交心。他同我一樣，有幸在一家偏僻的軍事檔案館效勞，他根本不可能成爲一個戰士，因爲他的神經太脆弱了，經不起任何骯髒、異味、嘈雜對他的侵襲。有一天，有人敲我的門，一個戰士膽怯地站在門前。我驚呆了，好久才緩過神來：是里爾克！穿著軍裝的萊內・馬利亞・里爾克！他看上去又乖又笨，高高的軍服領子緊箍在脖子上，這套軍服把他的思想全搞亂了，因爲他不得不十分留心，遇到任何一個軍官都要並腿立正行軍禮。他這個人平時非常注重儀表和舉止的規範，穿上這身簡單的軍服，他也儘量擺出軍人的架式。所以他始終慌慌張張，不知所措。他輕聲輕氣地對我說：「自從上完軍事學校以後，我就討厭軍服，我想，我再也不用穿它了。可是現在我快四十歲了，又穿上了它！」幸虧有人向他伸出援手，不久，一次有利於他的健康檢查使他免於服兵役。他又來看過我一次，向我告別，這次他穿著平民服裝。他走進我的房間時簡直像飄進來的（他邁步輕得使人覺察不出）。他說，他還要感謝我，因爲我請羅曼·羅蘭幫忙，把他在巴黎被沒收的書救了出來。他第一次看上去不再年輕了，好像恐懼使他精疲力竭。他說：「如果只能到外國去，就到外國去！戰爭就是監獄。」說完他就走了。又剩下我獨自一人。

幾個星期以後，爲了躲避那種危險的群眾變態心理，我決定離開維也納城，到一個偏僻的郊區去，以便在戰爭期間開始我自己的戰鬥：同那些掀起群眾狂熱的背叛理性的行爲作抗爭。

爲崇高的情誼而奮鬥

然而，隱居到偏僻的郊區也沒有用，這裡的氣氛依然是壓抑的。我意識到，當別人粗魯地辱罵自己的時候，僅僅採取消極的態度，不進行反擊是不夠的，正因爲如此，我要採取行動。況且，我是個作家，只要在審查制度許可的範圍內，我就得說話，我有責任表達自己的想法。於是我寫了一篇文章，題目是〈致外國的朋友們〉。文章中表達的內容同一些人的仇恨宣傳截然不同，我公開表示，一有機會就同外國的朋友們一起重建歐洲的文化，即便現在不能夠取得聯繫，我將依然對他們保持忠誠。我把這篇文章寄給了當時讀者最多的報紙──《柏林日報》。出乎我的意料，該報竟毫無刪改、毫不猶豫地將全文刊登出來，只有一句話──「不管勝利屬於誰」──成了審查制度的犧牲品，因爲對德國在這次世界大戰中的必然勝利稍有懷疑，也是不允許的。不過，這篇通過審查的文章，還是收到一些超級愛國者憤怒的攻擊信件，他們說，他們不能理解，我怎麼能在這個緊急時刻還和那些卑鄙下流的敵人爲伍。這些說法並沒有使我太傷心。我一生中從來不要求別人同意我的想法。只要能把我的信念清清楚楚地表達出來，我就心滿意足了。

兩週以後，我幾乎已經把這篇文章忘記了，卻突然收到一封貼著瑞士郵票並蓋有通過檢查印記的信，從熟悉的筆跡上看，我斷定是羅曼・羅蘭的信。他肯定讀過我那篇文章，因爲他是這樣寫的：「不，我永遠不離開我的朋友們。」我立刻就明白了。這寥寥數語是想證實，在戰爭時期與一位奧地利朋友建立通信聯繫是否有可能。我立刻給他寫了回信，從此我們就互相通信，這種通信聯繫一直持續了二十五年之久，直到第二次世界大戰──它比第一次世界大戰更殘酷──期間，國與國之間中斷了任何聯繫時爲止。

這封信的到來是我一生中巨大的幸福時刻之一，它就像一隻白鴿，從住著亂吼、亂蹦、發狂的獸群的諾亞方舟上飛來。我再也不感到孤獨，終於又和與我相同思想的人聯繫在一起。我覺得我受到羅曼・羅蘭優越思想的強大鼓舞。我知道，羅曼・羅蘭在邊界那邊是多麼非凡地保持著自己的人性！他找到了唯一正確的道路，這是任何一個作家所應該走的路：不參與破壞和殘殺，而是以華特・惠特曼爲偉大榜樣。在美國南北戰爭中，惠特曼曾做過護士，參與人道主義救援。羅曼・羅蘭住在瑞士，由於身體時好時壞，他不能參加戰地工作；戰爭爆發時，他立刻在日內瓦參加了紅十字會，每天都在紅十字會擁擠不堪的房間裡做那件了不起的工作。後來，我在一篇題爲〈歐洲的心臟〉的文章裡，對他所做的工作公開表示感謝。在最初幾週殘酷的戰役之後，聯繫突然中斷了，各國的家屬都不知道他們的兒子、兄弟、父親是陣亡、失蹤，還是被俘；他們也不知道該向誰打聽，因爲從「敵人」那裡是得不到任何消息的。於是，紅十字會在那個恐怖殘酷的時刻承擔起這項至少可以減少人們痛苦的任務。它設法從敵對國家那裡將被俘人的信件發到他的故鄉。失蹤許久的人終於有了下落。成立了數十年的紅十字會，第一次接受如此廣泛、涉及上百萬人的事務，第一次有那麼多的志願人員參加工作。到一九一四年十二月末，每天接發的信件已達三萬多件，最後竟有一千二百人擠在日內瓦小小的拉特博物館裡，處理和答覆每日的信件。在他們中間有作家中最富於人性的羅曼・羅蘭，他沒有自私地只顧自己的工作。

但是，他也沒有忘記自己的另一種職責，藝術家的職責，即表明自己的信念。要行使藝術家的職責，必然要反對國家的作爲，甚至要反對戰爭中的世界各國。就在一九一四年的秋天，當大多數作家仍在仇恨中聲嘶力竭，互相謾罵時，他卻寫了一篇有紀念意義的自白文章〈超脫於混戰之上〉，在文章中，他抨擊了國家之間的精神仇恨，要求藝術家們在戰爭中堅持自己的正義和人道。當時還沒有一篇文章像這篇文章那樣引起如此的轟動，招來各種議論，並引起整個文學界的分裂：有的贊成，有的反對。

因爲第一次世界大戰與第二次世界大戰相比有一個優點，那就是當時的輿論還有力量，還沒有被有組織的謊言，即「宣傳」所扼殺。老百姓還聽那些寫出來的話，這也是他們所期待聽到的。可是到了一九三九年，沒有任何一個作家的觀點會起作用，不管是好是壞；同樣，也沒有一本書、一本小冊子、一篇文章、一首詩能打動群眾的心靈，影響他們的思想。而在一九一四年，一首像利騷的十四行詩〈憎恨英國〉，一份像「九十三名德國知識界人士」的愚蠢宣言，以及像羅曼・羅蘭那篇只有八頁的文章〈超脫於混戰之上〉，還有那部巴比塞[131]的長篇小說《火線》，在當時都能成爲大事。當時世界的道德良心還沒有像今天這樣衰竭和乾涸，它以數百年來傳統信念的全部力量，對所有謊言，對違反國際公法和人道主義的行徑做出強烈的反應。自從希特勒把謊言變成眞理，把反人道主義變成法律以來，像德國向中立的比利時發動進攻這樣違背公理的事，在今天幾乎不會再受到強烈的譴責，而在一九一四年則激起了全世界的憤怒。槍殺卡維爾[132]護士，用魚雷炸沉「盧西塔尼亞號」[133]，

131 亨利・巴比塞（一八七三—一九三五），法國作家、社會活動家。《火線》是他的代表作。

132 伊迪絲・卡維爾（一八六五—一九一五），英國護士，第一次世界大戰時期因協助在比利時的協約國軍出逃而被德國占領軍處死。

133 英國的一艘遊船，因運送軍火和禁品，於一九一五年五月被德國魚雷擊沉。

都由於激起了道義上的普遍憤慨，而使當時的德國受到的打擊比一次戰役的失敗還要沉重。在那個時候，人的耳朵和心靈還沒有被喋喋不休說盡假話的收音機的波浪所淹沒，詩人、作家說的話並非沒有多大作用，恰恰相反，一個詩人、一個作家主動發表的宣言的影響要比那些政治家公開發表的演說的影響大上千倍，大家都知道，政治家的演說是針對時局的策略，是政治的需要，至多有一半是眞話，那一代人相信詩人是代表純粹思想觀念的最優秀的公民，所以他們完全相信詩人說的一切——當然，最後卻非常失望。因爲軍人和官方機構深知詩人們的這種威望，他們便想方設法把一切有道德的、有威望的人作爲他們煽動宣傳的工具：他們應該聲明、論證、證實、斷言一切非正義的壞事都是敵對國的，一切正義、眞理都是屬於自己國家的。但是羅曼・羅蘭沒有使他們的陰謀得逞。因爲他知道自己的任務不是去強化用卑鄙的煽動手段製造過度的仇恨氣氛，而且去淨化它。

如果今天有誰再去讀那篇八頁的著名文章〈超脫於混戰之上〉，有可能不理解它在當時廣泛的影響；但是，如果誰冷靜清醒地去讀，就會發現，羅曼・羅蘭在文章中所說的都是一些非常淺顯的道理。然而，這些話是在群眾發狂的時代說出的，這個時代一去不復返了。在文章發表的時候，法國一群超級愛國者喊叫起來，好像他們的手碰到了一塊燒紅的鐵塊。一夜之間，羅曼・羅蘭遭到了他最好朋友的抵制；書商們也不敢將《約翰・克利斯朵夫》陳列在櫥窗裡；正需要用仇恨來刺激士兵的軍事當局想出了對付他的辦法：一本接一本的小冊子出來了，提出的論點是：「戰爭期間，祖國失去了人類取得的一切成果。」這種喊叫正說明他們受到的打擊是何等沉重。一場關於知識分子在戰爭中的態度問題的討論已無法阻擋，這個問題，已無可回避地提到每個知識分子的面前。

在我的所有回憶中，最使我遺憾的是羅曼·羅蘭在那幾年給我的信都不在我身邊；在這次新的戰爭浩劫中很可能被毀或者遺失。每當我想到此事，就覺得有一種沉重的責任感壓在我身上。因爲我非常喜歡他的作品，我認爲，人們以後可能會把這些信件列入最美、最富於人性的作品之列；這種作品展示出他的博大胸懷和深厚的理解力。他出於無限的同情和無比的憤怒給國界那邊的一位朋友——官方意義上的敵人——寫的這些信，無疑是一個時代最感人的道德文獻，做到這點，需要極大的勇氣和付出巨大的代價。一個積極的建議不久便從我們往返的通信中產生了：羅曼·羅蘭提議，應該將各國的文化名人邀請到瑞士來，共同舉行一次會議，以便取得一個統一的、比較恰當的立場，甚至可以本著互相諒解的精神向世界發表一份觀點一致的呼籲書。他說，他可以從瑞士向法國和其他國家的思想界名人發出與會邀請，而我應該趁奧地利和德國的思想名流還沒有由於公開的仇恨宣傳而喪失名譽進行試探。我立即投入這項工作。當時德國最重要、最有代表性的作家是蓋爾哈特·霍普特曼。爲了不讓他在是否與會的問題上感到爲難，我不好與他直接聯繫。於是我寫信給我們共同認識的朋友瓦爾特·拉特瑙，讓他私下詢問霍普特曼的態度。可是拉特瑙拒絕了——到底霍普特曼是什麼態度，他是否知道要開這次會，我至今不明瞭。拉特瑙說，現在還不是建立文藝界和平的時候。就這樣，我的努力澈底失敗了。因爲當時湯瑪斯·曼站在另一個立場上，他在剛剛寫完的一篇論述腓特烈大帝的文章中維護德國的官方立場。里爾克是站在我們一邊的，但他基本上不參加任何公開的活動。那位曾經自認爲社會主義者的戴默爾抱著幼稚可笑的愛國自豪感，在每一封信上都簽上「戴默爾少尉」。再說霍夫曼斯塔爾和雅各布·瓦塞爾曼，有人私下裡告訴我，這兩人也不能算上。這麼說，德國方面看來沒有多大希望了。在法國，羅曼・羅蘭遇到的情況也好不了多少。那是一九一四年和一九一五年，爲時尚早，對後方的人來說，戰爭尚距離太遠。我們依然處於孤立狀態。

孤立，但並不完全孤立。透過來往的信件已經有一些收穫：初步了解了幾十個人的情況，從他們的內心來說，算是站在我們一邊的，他們和我們有共同的想法，雖然他們身居中立國或交戰國。我們都能夠關注兩邊的書籍、文章和小冊子，從某種程度上取得一致的觀點並不成問題，而且可能會有文藝圈的新人同意這種觀點。開始時，總有些人猶豫不定，但隨著時代壓力的加強，他們也會越變越強。這種並不是完全生活在荒漠的感覺給了我經常寫文章的勇氣，透過對一些事情做出回答和反應讓那些與我們有同感的人從孤獨和隱居中走出來。我一直給德國、奧地利的幾家大報紙供稿，從而獲得了一塊重要的宣傳陣地。我從不涉及敏感的政治問題，對我們這些文人，有關當局原則上是反對的，但並不害怕。另外，在自由主義的影響下，人們對文學家是極其尊重的。如果我今天粗略瀏覽一下當時悄悄送到廣大讀者手中的文章，我不得不對奧地利軍事當局的寬宏大量表示由衷的敬意。在世界大戰進行期間，我竟可以在報刊上熱烈讚譽和平主義的創始人貝爾塔・馮・蘇特納，正是她把戰爭指責爲犯罪的犯罪；我還在奧地利的報紙上詳細介紹了巴比塞的長篇小說《火線》。在戰爭期間，要想把那種不合時宜的觀點介紹給各個階層的人民，我們當然要採取一個好辦法。爲了說明戰爭的殘酷和後方的漠不關心，就十分必要在介紹《火線》的文章中特別強調那個「法國」步兵的痛苦。不過，幾百封從奧地利前線來的信件表明，我們的步兵對自己的命運也認識得很清楚。另一個好辦法是：爲了說出我們的信念，我們佯裝互相攻擊。譬如我的一個法國朋友在《法蘭西信使報》上反駁我的文章〈致外國的朋友們〉，爲了表示他對我的文章的全面反駁，他將我的文章全文翻譯，並與他的反駁文章一起刊登，這樣，我的文章就傳到了法國，每個法國讀者都能讀到它。我們用這個辦法打起閃光的信號燈——這不是一種記憶的信號，而是互相聯繫的信號。後來有一件小事表明，我們的信號傳遞是非常默契的。一九一五年五月，當義大利向它早先的盟友奧地利宣戰時，我們這裡頓時掀起了一股仇恨的浪潮，有關義大利的一切都受到唾罵。這時突然出版了一本由一位名叫卡爾・波埃里奧的義大利青年寫的回憶錄。他生活在義大利十九世紀統一運動時期。他在回憶錄中寫到他訪問歌德時的情形。為了在仇恨的喧囂中說明義大利的文化與我國的文化早有淵源，我故意寫了一篇文章，題目是〈一個義大利人訪問歌德〉，因為那本回憶錄是貝內德托・克羅齊[134]寫的序言，我便在文章中向克羅齊致敬。在那個不許讚美敵對國詩人或學者的時代，我說出對義大利人敬佩的話，無疑是對奧地利的一個明顯示威；而敵對國的人對此卻十分理解。當時在義大利擔任部長的克羅齊[135]後來有一次跟我說，部裡一位不太懂德語的職員驚慌失措地衝過來告訴他，在敵對國家的一家大報上有文章反對他（因為那個職員想，在敵國的大報紙上點名，只能是敵意）。克羅齊叫人拿《新自由報》來，先是大吃一驚，然後便高興萬分。因為他看到的不是敵意，而是尊敬。

134 貝內德托・克羅齊（一八六六—一九五二），義大利哲學家、政治家。

135 原書有誤。克羅齊於一九二〇年至一九二一年任教育部長。

我現在不想對這些小小的試驗評價過高，顯然，這些試驗絲毫沒有影響事件的進程，但是卻幫助了我們自己和一些不知名的讀者。那些努力緩解了可怕的孤獨和絕望，一個二十世紀眞正有人的感情的人當時正處在那種孤獨和絕望之中。二十五年以後的今天重又出現那種情況：面對強大的勢力卻無能爲力，我甚至更害怕今天這種強大的勢力。當時我已經意識到，我用那種小小的抗議和那樣的辦法並不能卸掉我心頭的負擔。於是，寫一部作品的計畫在我心裡漸漸形成。這部作品不僅要表現一些個別的事情，而且要表現我對時代、對人民、對災難和對戰爭的看法。

可是，爲了能用綜合的文藝技巧描繪戰爭，從根本上來說，我還缺少最重要的東西，那就是我沒有目睹過戰爭。我安安靜靜坐在辦公室裡幾乎一年啦，而在看不見的遙遠的地方正進行著「實實在在的」、眞正的、殘酷的戰爭。我曾有好幾次機會可以到前線去，幾家大報曾三次請我到前線去當隨軍記者，但任何形式的報導都必然要承擔那種定型的義務：牢牢地用愛國主義和讚揚的精神去描寫戰爭。我已經發過誓，我在一九四〇年也信守了這一誓言——永遠不寫一句讚美戰爭的話，也絕不貶低別的民族。這時突然出現了一個好機會。強大的奧德聯軍發動進攻，於一九一五年春在波蘭東南部塔爾努夫城附近突破了俄國人的防線，集中了一次兵力就占領了加利西亞[136]和波蘭。這時，軍事檔案館就想在奧地利新占領區的所有俄國宣傳品和告示原件被撕下來或被銷毀以前，趕緊把它們收集上來，存到圖

136 在今波蘭東南部，歷史上長期爲俄奧爭奪。第一次世界大戰後，加利西亞被歸還波蘭。

書館裡。負責檔案館的上校知道我有蒐集的才能，便來徵求我的意見，問我是否願意承擔此項任務。我樂不可支，趕緊打點行裝；我得到一張通行證，拿著它可以乘坐任何一輛軍用列車，想到哪裡就到哪裡，不受任何部門的管轄，不直接從屬於任何機關和上司，這種待遇使我有了最離奇的經歷：我並非軍官，只不過是一個沒有軍銜的上士，我穿著一套普通的軍服。可是，每當我出示我的祕密證件時，便能引起特別的尊敬。因爲前線的軍官和公務人員認爲我一定是個微服私訪的總參謀部官員，或者是身負祕密使命的特派員。由於我不到軍官食堂用餐，只住在旅館裡，所以我又得到另一種方便，我可以置身於龐大的軍事機關之外，不用「嚮導」就能看到我想看的一切。

蒐集宣傳品和告示的任務，我覺得並不很困難。每當我到達加利西亞的一個城市，來到塔爾努夫、德羅戈貝奇、倫貝格，城市的車站旁總有幾個猶太人，他們是所謂的「中間商」，你想要的，他們準能給你搞到手。這可不錯，我同其中的一位萬能老手說，我想要俄國占領時期的布告和文件。那位老手像黃鼠狼一樣敏捷地跑開，把我交給他的任務通過祕密通路傳達到幾十個下面的中間商。三個小時以後，我沒有邁出一步，就蒐集到最齊全的材料。有這個特別傑出的組織幫助，我有更多的時間去看更多的東西，我也確實看了不少東西。我首先看到的是平民百姓的生活極其貧困，在他們的眼睛裡，在這些尚且活著的人身上布滿了恐懼，像一片烏雲罩在他們身上。我還看到猶太人集聚區居民的困境，這是我意想不到的。他們八個人或十二個人擠在平房和地下室的房間裡。我也是第一次看到「敵人」。在塔爾努夫，我第一次看到正在押解途中的俄國戰俘。一塊四方形地面，四周圍著柵欄，俄國戰俘就坐在地上，由二、三十個年紀較大、大多數都留著鬍鬚的蒂羅爾人看守。這些蒂羅爾人是戰時應急入伍的，現在服役期已滿，無依無靠，處境同那些戰俘沒什麼兩樣。這些看守，跟家鄉的畫報上經常刊登的那些漂亮的、粉頭淨面的穿著新軍服的士兵毫無共同之處。這些士兵對待戰俘根本沒有半點好鬥和嚴厲的情緒，也沒有進行嚴格的防範，相反，他們與戰俘坐在一起，像同伴一般；那些戰俘也絲毫沒有逃跑的意思。因爲他們之間語言不通，還鬧出了不少笑話。他們互相敬菸，相視微笑結成朋友。有一名蒂羅爾的超齡士兵從一隻又舊又髒的皮夾裡掏出妻子和孩子的照片給「敵人」看，他們互相傳看著，用手指著照片上的孩子問蒂羅爾士兵，孩子是三歲還是四歲。看到這個情景，我不由得產生這樣的感覺，這些粗野又純樸的人對戰爭的看法要比大學教授和作家深刻多了：戰爭是落到他們頭上的一種不幸，對這種不幸他們束手無策，凡是陷入不幸命運的人，都是同病相憐的兄弟。這種認識伴隨著我整個的行程，使我感到寬慰。我穿過彈痕累累的城市，路過被搶劫一空的商店，商店裡的家具就像被肢解了的胳膊、腿和掏出來的內臟一樣，散落在大街上。介於戰爭之間，長勢茂盛的莊稼又給了我這樣一種希望：幾年之後，所有被破壞的景象都會消失得無影無蹤。當時我沒有估計到，對戰爭恐怖的回憶會這麼快從人的記憶中消失，就像戰爭的遺跡能很快從大地的表面消失一樣。

在最初的幾天裡，我還沒有遇到眞正恐怖的戰爭景象；後來我才看到了戰爭的面目，它完全超出了我最壞的想像。由於沒有正常的客車運行，我只有坐軍車。有一次，我在運送炮車的敞篷車上。又有一次，我坐在運牲口的車廂裡，裡面空氣惡臭，許多人疲倦極了，互相擠著靠著，東倒西歪地睡著了，好像是拉往屠宰場的途中，個個要被宰了似的。最可怕的是運傷患的列車了。我已經被迫乘坐二、三次運傷患的列車了。它跟那些光亮清潔的白色救護車絕無共同之處。戰爭開始的時候，維也納社交界的公爵夫人和高貴的女士們扮演護理傷患的護士，在雪白的救護車裡讓攝影師拍照。我看到的運傷患的車是一般的貨車，車上沒有窗戶，只有一個窄小的通氣孔，車廂裡只有一盞燻黑了的油燈照明。臨時搭成的擔架一副挨著一副，上面躺著的全是不斷呻吟、額頭滲出汗珠、臉色像死人一般蒼白的傷患，他們在尿、糞、碘酒的混合氣味中大口大口地吸氣。護理人員太疲勞了，走起路來晃晃悠悠。這裡看不到照片上泛著白光的用品，只有躺在麥草上和硬擔架上的人，他們身上蓋著滲滿血跡的毯子。每一節車廂裡都有兩三個死人，還有垂危者。我與醫生談過，他對我說，他是匈牙利某個小城的牙科醫生，已有多年沒有做過手術了，看起來他有些絕望。他已向七個車站提前拍電報求援，要求供應嗎啡。有的藥品已用光，藥棉用完了，消毒的包紮用品也用完了。到布達佩斯醫院還需要二十個小時。他請求我幫他的忙，因爲他手下的那些人已支持不住了。我答應試試，雖然我笨手笨腳，不過還能幹點事。每到一站，我就下車幫助提幾桶水，水質很差，是供火車頭用的，這時也成了清爽飲料。至少可以給傷患清洗，揩淨地上的血跡。對這些來自不同民族、一起擠進帶輪子的活棺材裡的士兵來說，還有一個交際上的困難，就是語言障礙。醫生與護理人員都聽不懂魯塞尼亞人的語言和克羅埃西亞語。唯一能夠幫上忙的是一位白髮蒼蒼的牧師，他從職業角度抱怨說，他無法從事他的聖職活動，因爲他沒有油，無法給臨終的人作塗油禮，所以他同醫生一樣絕望。他說，在他漫長的一生中，他還從來沒有在一年的最後一個月「料理」這麼多人。我永遠不會忘記他用生硬的、憤怒的語調說出來的那句話：「我已經是六十七歲的人了，見的世面也不少，可是我曾經認爲，人類犯下這樣的罪行是不可能的。」

我在回家途中乘坐的那趟傷患列車拂曉時到達布達佩斯。下車後，我立刻奔向旅館，爲了好好睡一覺，因爲在車廂裡，唯一的座位就是我那只箱子。我實在太困倦了，一直睡到中午十一點，才趕快穿上衣服去吃早飯。可是我剛走幾步，就有一種異樣的感覺，我揉了揉自己的眼睛，看看是不是在做夢。那是一個晴朗的日子，早晨還像春天，中午就已經是夏天了。布達佩斯眞美啊，整座城市無憂無慮，逍遙自在。女士們穿著白色衣裙，挽著軍官的胳膊輕盈散步。突然出現在我眼前的軍官們，好像不是我昨天或前天見到過的那些人，而完全像另一個部隊的軍官。我看到那些衣服裡、嘴裡、鼻子裡散發出一股碘酒氣味的軍官——他們是運送傷患的——怎樣買紫羅蘭向女士們獻殷勤。我看到漂亮的小汽車駛過大街，裡面坐著臉刮得淨光、衣冠楚楚的先生們。所有這些情景，離前線只不過八、九個小時快車的行程啊！可是我有權指責他們嗎？他們想要生活，而且要生活得更快樂，這難道不是很自然的事嗎？他們大概感到現有的一切都受到了威脅，才把凡是能享受的儘量去享受，穿幾件好衣服，度過最後的美好時光。從這一點上看，人是非常脆弱、極易被摧毀的一種生物。一顆小小的子彈在千萬分之一秒的瞬間，就能把人的生命連同記憶、認識、喜怒哀樂一起擊得粉碎。所以我才能理解，在波光粼粼的河畔，在如此鳥語花香的上午，會有幾千人聚在這裡沐浴著陽光，去感覺自己的存在，感覺自己的血液和也許已增添了新的更強的力量的生命。我幾乎要對那些令我懼怕的事釋然了。可是那個殷勤的餐廳招待偏偏給我拿來一份維也納的報紙。我硬著頭皮看下去。不看還好，一看我便怒火上揚。報紙上刊登的全是不可動搖的勝利信念之類的廢話，說什麼我們的部隊損失很小，而敵人傷亡慘重，實在令人噁心。那些赤裸裸的、恬不知恥的戰爭謊言從報紙上向我襲來！不，有罪的不是散步的人，也不是漫不經心和無憂無慮的人，而是那些用語言來煽動戰爭的人。如果我們自己不去反對這些人，那我們也是有罪的。

現在，我才找到了眞正的動力：爲反對戰爭而奮戰！我心中已經有了素材，但若要動筆，還缺乏能證實我直覺的最後材料。我知道我要反對的敵人——那種把他人置於痛苦和死亡而不顧的錯誤的英雄主義，那種喪失良知的預言家的廉價的樂觀主義。那些預言家有政治方面的，也有軍事方面的，他們侈談勝利，實際上是在延長相互廝殺的時間。在這兩種主義的背後，他們僱用的合唱隊也是我的敵人。正如韋爾弗爾在他優秀的詩歌裡所斥責的那樣，他們充當「戰爭的吹鼓手」。誰要有疑慮，誰就妨礙了他們的愛國主義事業，誰提出警告，他們就嘲笑他是悲觀主義者，誰反對戰爭——反正他們自己不會在戰爭中受苦——誰就會被打成叛徒。時代變遷，但總有那麼一群人，把謹愼小心的人稱作膽小鬼，把有人性的人稱爲懦夫；而當他們輕率地招惹來的災難降落時，他們自己也束手無策了。還是這些人，他們嘲笑特洛伊的卡珊德拉，嘲笑耶路撒冷的耶利米。我對這兩個形象的悲劇性和偉大性從未理解得像當時那麼深刻，我們所處的時代與這兩個形象所處的時代太相似了。戰爭一開始我就不相信什麼「勝利」，縱然仗打勝了，那也要付出巨大的犧牲；勝利也補償不了犧牲。我雖然提醒過這件事，但在所有的朋友中間，我依然孤立。在第一槍打響前，他們就狂亂地高呼勝利，在第一次戰役前就分配戰利品，這使我常常產生懷疑，是我在那些聰明人面前發了瘋，還是在他們酩酊大醉時唯我一人獨醒呢？這樣，用戲劇形式去描寫一個「失敗主義者」——有人發明了這個詞，就是爲了把「失敗的意志」這個罪名強加在追求互相諒解的人身上——的悲慘處境，對我來說最自然不過了。我選擇耶利米作爲這個形象的象徵，他是一個徒勞的告誡者。無論如何，我不會寫成一部陳詞濫調的和平主義戲劇。寫和平比寫戰爭好；我所描寫的是一個在狂熱的時代被別人蔑視，被看成是軟弱的人、膽怯的人，在失敗時卻證明自己是唯一不能忍受失敗而且還能戰勝失敗的人。從我的第一個劇本《忒耳西忒斯》開始，失敗者心靈上的優越感這個問題一再出現在我的腦海裡。我一直想寫這兩方面的內容：任何形式的權勢都會使一個人變得冷酷無情；任何勝利都會使全體人民思想痲木。我還想把這兩者與給人的心靈造成可怕痛苦的失敗對立起來。現在戰爭依然繼續，當別人迫不及待地、洋洋得意地互相證明戰爭不容置疑的勝利的時候，我卻把自己拋入災難的深淵，並尋找擺脫災難的出路。

我選擇了《聖經》上的一個題目，卻無意中觸及我身上迄今爲止尙未注意的地方，即我在血緣上或傳統上與猶太人的命運是緊緊相連的。難道他們不是我的同胞嗎？他們一而再、再而三地被外族征服，然而，有一股神祕的力量，即用意志改變失敗的力量，使他們一次又一次地克服困難，經受住了失敗的考驗，繼續生存下來。難道我們的先知，他們預先沒有料到那種永遠被追逐、永遠被驅趕的命運？時至今日，那種命運又使我們像糟粕一樣被扔到大街上。難道他們沒有忍受屈服於暴力的失敗？甚至把失敗美化爲通向上帝的路？如果說考驗不是永遠對所有人和對個別人有益，在我寫那個劇本的時候，我卻有幸感覺到了這種益處。在我看來，那部作品才眞正算作我的第一部作品。我知道，如果沒有我對戰爭的痛苦體驗和預知的一切，那麼我仍會像戰前的我一樣，是一名——如音樂術語中所說——「令人愉快」的作家，就永遠不會領悟、理解和深入發掘內心的最深處。當時我第一次有了這種感覺：我要說出心裡話，同時要說出時代的心聲。這期間我想幫助別人，而我卻先幫助了自己：寫完《伊拉斯謨》後，又寫了一部最富有個性、最隱晦的作品。後來，在一九三四年希特勒統治的日子裡，我曾用《伊拉斯謨》這部作品，使自己擺脫了一次與以前相似的危機。從我開始創作這部悲劇的那一刻起，我就對時代的悲劇不再感到非常痛苦了。

但是，我並不相信該作品能夠取得明顯的成功。因爲問題成堆，如先知的問題、和平主義問題、猶太人問題，還有最後的結束場面的合唱形式——要把結束場面上升到一首歌頌失敗者命運的讚歌等等，其容量大大超過普通劇本的容量，以致劇院從頭至尾演一遍，就需要兩三個晚上。再者，正當報紙上疾呼「要麼勝利！要麼毀滅！」的時候，怎麼能讓這齣宣傳失敗甚至讚美失敗的戲劇在德國上演呢？如果這個劇本能夠被允許出版，我覺得那定是奇蹟！就算遇到最壞的情況，劇本不許上演，它至少也幫我度過了最困難的時刻。我把所有與周圍人交談時不能說的話，全部寫進了劇中詩句的對白中。這樣，我把壓在心頭的沉重負擔拋得遠遠的，從而解脫了自己。在我對時代的一切「不滿意」的時候，我卻在自身身上找到了「滿意」的結果。

在歐洲的心臟

當一九一七年復活節我寫的悲劇《耶利米》出版時，情況完全出乎我的意料：兩萬冊劇本很快銷售一空，對戲劇來說，這是個了不起的數字。況且，我是懷著對那個時代最強烈的對抗情緒寫這部劇的，所以我也必須等待對我的強烈反擊。然而，事實正相反。不僅有像羅曼・羅蘭那樣一開始就公開支持的朋友，就是先前站在另一邊的，像拉特瑙和理查・戴默爾等人也公開表示支持。那些劇本尚未到手的劇院經理寫信給我，要求我為他們保留在戰後太平之日首演這齣劇的權利，因為在戰爭期間演出該劇是不可能的。即便是主戰派對劇本持反對態度，也表現得禮貌和十分的尊重。我曾有一切的思想準備，卻獨獨沒有想到這一點。

怎麼會這樣呢？無非是戰爭已過了兩年半，時間使他們突然警醒。經過戰場上的可怕流血之後，高燒開始降溫。在戰爭的最初幾個月，他們熱情奔放，而現在他們以相當冷靜的眼光注視著戰爭。那種團結一致共同對外的感情開始鬆動，因為他們從現實中一點沒有體會到哲學家和詩人大肆吹噓的「道德精神的淨化」。一條深深的裂縫貫穿著整個民族，整個國家彷彿分裂成了兩個不同的世界。前方，士兵在打仗，在忍受最殘酷的苦難；後方，人們安居樂業，過著無憂無慮的日子，有的擠在劇院裡，有的損人利己大發橫財。前方和後方的界限越來越明顯了。走後門拉關係，戴上假面具幹壞事。大家都明白，用金錢或者利用關係可以搞到優惠物資。而另一方面，疲於奔命的工人和農民一再被驅入戰壕。因此，每個人只要有可能都無所顧忌地尋找門路。由於無恥的中間商的盤剝，生活必需品之類的物資價格飛漲，食品日益匱乏，百姓生活困苦，而那些發戰爭橫財的人卻過著令人鄙視的奢侈生活，猶如在荒涼的沼澤上閃爍的鬼火。老百姓漸漸產生強烈的懷疑，懷疑貨幣的日益貶值，懷疑將軍、軍官和外交官，懷疑國家和參謀部的每份公告，懷疑報紙和它刊登的消息，懷疑戰爭本身和它的必要性。當然，這絕不是我那部劇本的藝術成就所能產生的效果，而是這種發人深省的效果促使我的劇本獲得極大的成功。我只是用劇本說出了別人不敢公開說的話：對戰爭表示憎恨，對勝利表示懷疑。

當然，在舞臺上用生動的語言表達這種情緒，看來是不可能的，如果這樣做不可避免地會引起抗議。所以，我必須放棄在戰爭時期看到這第一齣反戰劇演出的希望。然而，我卻突然接到蘇黎世市劇院經理的信，他說他要把我的《耶利米》立即搬上舞臺，並邀請我參加首演儀式。我竟然忘記了在德語世界裡還有一塊小小的但又非常珍貴的土地（第二次世界大戰期間也是如此）。承蒙上帝關懷，這是一片置身局外的民主之地，在這裡言論自由，思想開明。毫無疑問，我立刻表示同意。

當然，我表示同意是有條件的，因為我只能原則上表示同意，當有關當局允許我離開本國和工作崗位一段時間才行。幸好當時所有交戰國都設有一個稱為「文化宣傳部」的機構——現在的第二次世界大戰期間沒有再設立了。為了對兩次世界大戰在思想環境上的區別加以說明，有必要指出，當時那些國家的領袖、皇帝和國王們都是在仁愛的傳統中成長起來的，他們在潛意識中對戰爭是有愧的。所以，如果指責這個或那個國家是「軍國主義」，它們都會立刻進行反駁，說這是卑鄙的誹謗。與此相反，每個國家都會千方百計表白、證明、解釋，甚至用事實來炫耀自己是一個「文明國家」。在一九一四年的時候，在世界輿論面前，人們總是宣傳文化比強權高尚，鄙視諸如「神聖的利己主義」和「生活空間」這類口號，認為它們是不道德的。他們認為最要緊的事情，莫過於讓輿論承認他們在精神方面做出了具有世界性的貢獻。因此，各國的文藝演出團體蜂擁到中立國家。德國派出由世界著名指揮家率領的交響樂團到瑞士、荷蘭和瑞典去演出；維也納也派出自己的交響樂團到國外演出；甚至還派出詩人、作家和學者，其目的不是去宣揚軍事行動或者慶祝兼併的意圖，而是用詩篇和作品來證明德國人並不是「野蠻的」，並非只製造槍炮和毒氣，他們也創造歐洲的純粹精神財富。一九一四年至一九一八年，我必須要強調這一點，尚有一股博取世界民心的力量。一個國家的道德基礎和藝術創作在戰爭中還被視為有重大影響的力量，各個國家還都在爭取人民的同情，而不像一九三九年的德國那樣，一股腦兒用非人的殘暴把這一切通通打翻在地。所以，我以參加一齣劇的首演為名申請去瑞士度假是一個極好的機會。令人擔憂的最大障礙可能是這是一部反戰劇，劇本裡有一個奧地利人——儘管他是一個象徵性的角色——預言戰爭可能會失敗。我向部裡主管文化宣傳的領導提出申請，向他說明我的願望。使我感到十分驚奇的是，他立刻答應了我，而且馬上就辦。他對批准的理由作了奇特的說明：「感謝上帝，您從來不屬於那些愚蠢的戰爭叫囂者之列。好吧，請您在外面把自己的事業進行到底。」四天以後，我得到了假期和一張出國護照。

戰爭還在進行之中，我居然聽到部裡的一位高級官員這樣隨便的談話，心中覺得有點奇怪。但是，我並不知道政治上的祕密來往，所以我不知道，以新皇帝卡爾為首的政府高層在一九一七年就已醞釀一場脫離德國軍事獨裁的運動，當時德國的軍方不顧奧地利的意願，肆無忌憚地將它綁在野蠻的兼併主義的戰車上。我們參謀部裡的人都十分痛恨魯登道夫殘暴專橫的做法；外交部竭力反對德國的政策，把奧地利樹為美國的敵人，必然會遭到美國潛艇的攻擊而又無法防禦；甚至老百姓也都竊竊私語，抱怨「普魯士人的無理妄為」。不過目前這一切，還僅僅是小心謹慎的弦外之音，是從不自覺的談話中流露出來的。但幾天以後，我了解到更多的情況，而且意外地比其他人早知道一件當時最大的政治祕密之一。

事情是這樣的：赴瑞士途中，我在薩爾茲堡逗留了兩天，在那裡爲自己買了一棟房子，打算戰後居住。在這座城市裡有一小群篤信天主教的信徒，其中有兩人在戰後的奧地利歷史上起到過重大作用，他們是海因里希·拉馬施[137]和伊格納茨·賽佩爾[138]。前者是非常著名的法學家，曾參加過海牙會議；後者是天主教神父，他在奧地利君主制政體崩潰以後，擔當起管理小小奧地利的責任，他在這個崗位上充分施展了卓絕的政治才能。他們兩人都是堅定的和平主義者，虔誠的天主教徒，熱情的老牌奧地利人，內心深處對德意志、普魯士、基督教的軍國主義極其痛恨。他們覺得這種軍國主義同奧地利的傳統思想和天主教的使命是水火不相容的。我的詩劇《耶利米》在這個和平主義的宗教階層裡博得了最強烈的同情。樞密顧問拉馬施——賽佩爾正巧出外旅行——請在薩爾茲堡的我去見他。這位顯貴的老學者非常客氣地談論我的劇本，他說，劇本裡充滿了我們奧地利人那種友善處世的思想，他期望劇本能超出文學範疇，發揮更大的作用。使我感到特別驚訝的是，我與他從來沒見過面，可是他很信任我，談話是那麼坦率，充分證明了他內心的勇氣。他告訴我這樣的祕密：我們在奧地利的

137 海因里希·拉馬施（一八五三—一九二〇），奧地利著名國際法學家，曾任維也納大學法學教授，曾任奧地利內閣總理。

138 伊格納茨·賽佩爾（一八七六—一九三二），奧地利政治家、天主教神父，曾兩次出任奧地利總理。

人正處在決定性的轉折關頭。他說，俄國在戰場上受到挫折以後，倘若它放棄侵略意圖，那麼，無論對德國還是對奧地利，締結和平都不會有什麼障礙，眼下不能坐失良機。如果德國的泛德意志集團繼續反對談判，那麼奧地利將不得不擔負起領導的責任而獨立行事。他向我暗示，年輕的卡爾皇帝答應幫助實現這些意圖；也許過些時候就能看到皇帝本人發揮政治影響。現在的一切都取決於奧地利本身是否有足夠的力量達成互相諒解的和平，而不是追隨德國的軍國主義派，以草率地繼續犧牲生命爲代價換來「勝利的和平」。在緊急的情況下，必須採取斷然措施：在奧地利被德國軍國主義分子推入災難深淵之前，及時脫離與德國的聯盟。他堅決果斷地說：「誰都不能譴責我們背信棄義，我們已經死了一百多萬人，我們犧牲得夠多了，我們付出的代價夠大了！現在我們再也不能爲德國的世界霸權去犧牲一個生命，犧牲一兵一卒都不行！」

我屏著呼吸細心地聽著。以前我們對這些事情也常常默想，但誰也不敢在光天化日之下公開說出來：「讓我們及時與德國人和他們的兼併政策澈底脫鉤。」如果這樣說，就會被認爲是對盟友的「背叛」。而現在，這些話卻由一個——據我所知——在奧地利得到皇帝的信任，並由於參加海牙會議而獲得國際聲譽的人說出來，他對我這樣一個幾乎還是陌生的人說這些話，態度又是那麼平靜和堅定，我立刻感覺到，奧地利單方面的行動早已不是準備階段，而是已付諸行動了。要麼以單方面媾和的威脅迫使德國進行談判，要麼在緊急情況下實現單方面媾和，這種想法是很有膽識的。歷史將證明，這種想法是拯救當時的奧地利、哈布斯堡王朝以至整個歐洲的唯一可行的最後方案。可惜到後來卻缺乏實現計畫的決心。卡爾皇帝派他的內兄帕爾瑪親王去會見克里蒙梭[139]，實際上還帶著一封密信，目的是試探一下在沒取得德國宮廷的諒解之下媾和的可能性，並隨時準備進行和談。後來，不知怎麼德國發現了這一祕密使命，我知道直到今天也沒搞清楚事實眞相。致命的錯誤是卡爾皇帝後來沒有勇氣公開堅持自己的信念，正如一些人所說的那樣，德國以進軍奧地利相威脅，卡爾皇帝作爲哈布斯堡王朝的一員，害怕給祖輩留下的歷史上增添汙點。可是在關鍵的時刻，他還是廢除了由法蘭茲・約瑟夫老皇帝締結的、用無數鮮血作保證的盟約。無論如何，他是不會任命拉馬施和賽佩爾爲總理的。這兩人都是信奉天主教的國際主義者，都有強烈的內心道德信念，敢於承擔脫離德國的罪名。小皇帝的優柔寡斷最後還是毀了他自己。他們二人是在奧地利共和國千瘡百孔的困難時期當上總理的，而不是在哈布斯堡王朝期間。當時，除了這兩位有威望的重要人物之外，還不曾有人能勝任脫離德國這貌似不義之舉。如果拉馬施當時公開地以脫離德國相威脅，或者索性脫離德國，那麼他不僅能拯救奧地利的生存，也能拯救由於無限擴張而陷入內部危機的德國。如果那位篤信宗教又十分明智的人向我坦率地宣告的行動不是由於懦弱和笨拙而破產的話，那麼，歐洲的情況會好得多。

第二天，我繼續旅行，越過了瑞士的邊界。今天的人很難想像，一個人從被封鎖的處於半飢餓狀態的作戰國到達中立國會有什麼感覺。從國界這邊的車站到邊境那邊的車站不過

---

139 喬治・克里蒙梭（一八四一—一九二九），法國政治家。

幾分鐘，然而，從越過邊境的第一秒起，就立刻使人感到彷彿從令人窒息的環境裡突然來到清冽的白雪空間中，清涼又爽快，彷彿一下子混沌的大腦裡每條神經每個思路都活躍起來——幾年以後，我又從奧地利到瑞士來，在瑞士邊境這個布克斯車站（要是在平時，火車站的名字我是記不住的），我又猛然呼吸到清新涼爽的空氣。旅客從車上跳下來，首先使我吃驚的是食品櫃上琳琅滿目，擺著各種我早已忘掉的日常用品，飽滿的黃燦燦的香蕉和柑橘，和我們走後門才買到的巧克力和火腿，還有麵包和肉製品。買麵包不要麵包票，買肉不要肉票。眞的，旅客們像餓狼似的撲向物美價廉的食品。車站上還有家郵電局，從這裡可以向世界各地發信或打電報而無需檢查。裡面陳列著法文、義大利文和英文報紙，可購買、瀏覽、閱讀，而不會受到懲罰。在這裡允許的一切，只要倒退五分鐘車程的距離，又都是禁止的。我覺得，歐洲戰爭的全部荒謬之處，從這兩個距離比較近的邊境小站完全不同的情況中，可以全部揭露出來。再回頭看看我們那邊的邊境小鎮，各種招牌歷歷在目，在每棟房子裡和每間住戶裡，都有男人被征走，送到烏克蘭和阿爾巴尼亞去殺人或送命。而在這裡，只有五分鐘路程的地方，同樣年齡的男人和他們的妻子悠然自得地坐在常春藤纏繞的家門口，抽著香菸。我情不自禁地問自己：在這條邊境小河裡，是否也是右邊的魚群正在作戰，而左邊的魚群則保持中立。當我越過邊境的那一刹那，我已感到這邊和那邊的不同，這裡更自由、更使人振奮、更尊重人的價值。到了第二天，我不但感覺到戰爭對我們精神上的摧殘，也感到我們的身體機能在戰爭中衰退到何等地步。我應邀到親戚家做客，飯後喝了一杯濃咖啡，抽了一支哈瓦那雪茄，沒想到我突然感到頭暈，心也跳得厲害。我的身體，我的神經這時表明，在長期飲用代用品和吸代用菸之後，亦不能適應眞正的咖啡和眞正的菸草了。連身體也不得不從戰爭的不自然狀態轉變到和平的自然狀態中來。

這種眩暈，這種舒暢的昏昏沉沉倒也產生了一種精神刺激。我覺得每棵樹更美了，每個山頭更廣闊了，每處風景更可愛了，因爲在進行戰爭的國土上，草原的和平寧靜在混濁的目光看來就會覺得大自然是無情冷漠的，殷紅的落日會使人想起遍地鮮血。而在這裡，在和平的國度裡，蒼茫大地無處不美，到處是自然。我喜愛瑞士，好像我從未愛過它似的。以前，我總是懷著欣喜來到這個不大的富饒國家，卻從來沒有像這次深刻地體驗到它存在的眞正意義。各民族之間友好地生活在同一空間，這是瑞士人的理想。爲發揚兄弟情誼，透過互相尊重和眞正的民主來克服語言上和民俗上的差異，這是最明智的生活準則——這對整個混亂的歐洲是多麼好的榜樣啊！瑞士是一切受迫害者的避難所。多少世紀以來，它是和平、自由的故鄉，它最忠誠地保持著自己固有的特色，同時歡迎各種思想和觀點——對我們這個世界來說，這唯一的超民族國家的存在何其重要！我覺得，人們賜予這個國家這麼多的風景名勝和財富，是理所當然的。人們在這裡不會覺得陌生，一個自由、獨立的人在這裡會覺得比在他的祖國更有歸家之感。我沿著蘇黎世的大街和湖邊徜徉了好幾個小時。到了晚上，萬家燈火，一片和平景象，這裡的人們過著怡然自得的寧靜生活。我想，在那些窗戶後面不會有躺在床上翻來覆去思念著自己兒子的女人。在這裡，我沒有看見過傷患、殘疾人和明天或後天就要被裝上列車的年輕士兵。我覺得，人在這裡更有理由活下去，而在那個進行戰爭的國家裡，人的生活成了一種恐懼，幾乎是一種負擔，甚至是一種精神折磨。

我覺得，我最要緊的事情不是討論我的劇本上演，也不是會見瑞士的朋友和其他外國朋友。我首先想見到羅曼・羅蘭，我知道他能使我更堅定、更清醒、更積極，而且，我要感謝他在我心情孤獨沮喪的日子裡，給予我的友誼和鼓勵。我立刻前往日內瓦。現在，我們這些「敵人」處境相當複雜。不言而喻，交戰國的政府是不願看到它的公民在中立地區和敵國公民進行私人往來的。在這裡無法用法律加以限制，宣傳部門也並沒有一條法律規定對文化交流和會面課以刑罰。只有商業上的往來，所謂「與敵人通商」才是法律所禁止的，與叛國罪相提並論。爲了避免由於最輕微地觸犯禁令而遭受不必要的懷疑，我們朋友之間原則上避免相互敬菸，因爲我們的一舉一動被無數的密探監視著。爲了避免做賊心虛或者圖謀不軌的任何嫌疑，我們這些朋友選擇了最簡單的辦法：完全公開，使密探無機可乘。我們通信不用假地址，也不用留局待取的辦法，更不在夜間偷偷互訪，而是大搖大擺地穿過大街，公開坐在咖啡館裡。所以，我到達日內瓦以後，就立刻向旅館的前臺通報了我的全名，公開說我要見羅曼・羅蘭先生，因爲如果德國或者法國的通訊社就可以報導我是誰以及我要訪問誰，豈不更好。對我們來說，我們兩個偶然相遇的老朋友並不會因爲分屬戰爭中的敵對國而突然回避彼此，我們覺得我們沒有義務因爲世界變得荒謬，我們也要隨之變得荒誕。

現在，我終於站在他的房間裡——我幾乎覺得這就是他在巴黎的那個房間。像在巴黎時那樣，桌面上、靠背椅上堆滿了各種各樣的書籍，寫字臺上也堆滿了報紙、雜誌、信件紙張等。不論走到哪裡，他的布置都一樣，簡單得像修士的房間，可是它卻與全世界聯繫在一起。我們霎時間竟忘了問候的話，只是彼此握了握手。多年以來，這是與我重新相握的第一隻法國人的手；羅曼・羅蘭是我三年以來交談的第一個法國人。正是在這三年中，我們之間的關係比以往任何時候更爲緊密。我用法語同他的交談，比在家鄉同任何人的交談更投機更坦率。我心裡完全意識到，站在我面前的這位朋友是當今世界上最重要的人物，和我交談的這位朋友代表著全歐洲的道德良知。只有在那時我才認識到，他為促進彼此諒解所進行的偉大事業中正在做的或已經做過的一切。他夜以繼日地工作，沒有助手，也沒有祕書；他密切關注世界各國的動向，同無數向他請教公益事業的人保持著通訊聯繫。他每天要寫數頁日記，在那個時代，還沒有人像他那樣有親筆寫下歷史的時代責任感，並將其看作對後代應作的交待。（那些日記現在又在何方？那些親筆寫的無數日記本，總有一天會全面揭開第一次世界大戰中道德和思想上的種種矛盾衝突。）同時，他還要發表文章，每一篇都在國際上產生了很大影響。他正在創作長篇小說《格萊昂波》——這一切就是他承擔起的巨大歷史責任，是他一生中本著犧牲精神，孜孜不倦做出的貢獻。在那個瘋狂的年代，他處處伸張正義，做出表率。他每封來信都回覆，每一本關於時代問題的小冊子他都看。這位身體虛弱、健康狀況正受到嚴重威脅的人只能輕聲說話，同時還要抑制不間斷的輕微的咳嗽。他不戴圍巾就難以走出一段路；快走一步就要停下來歇一會兒。可就是這麼一個體弱的人居然貢獻出令人難以置信的巨大力量，任何攻擊和任何詭計都無法動搖他的意志。他毫無畏懼地、清醒地看著這個動亂的世界。在這裡，我從一個活著的人身上看到了另一種英雄主義，即有思想的英雄主義，有道德的英雄主義。我在寫《羅曼・羅蘭傳》時都沒有充分寫出這種英雄主義（因為人總羞於把活著的人讚美得過分）。當我看到他在這間斗室裡向全世界射出看不見的、使人振奮的光芒，我的血液似乎也得到了「淨化」。我知道，羅曼・羅蘭單槍匹馬或者說幾乎是單槍匹馬同千百萬人那種喪失理智的仇恨搏鬥而產生的激動人心的鼓舞力量是無法估計的。只有我們——那個時代的見證人——才深切地知道，他的存在和他堪稱表率的不屈不撓的精神在當時意味著什麼。染上狂犬病的歐洲正是由於他才保持了自己的道義和良知。

在那天下午和後來幾天的交談中，我感覺到他所有的談話中都隱藏著一絲悲哀，我同里爾克談到這次戰爭時也感覺到這種悲哀。他對那些政治家，對那些為了自己民族的虛榮而不顧犧牲他國無數生命的人無比憤慨。而對那些連自己也不知道為何受難和死去的芸芸眾生總是寄予同情。他把列寧發來的電報給我看，那封電報是列寧在離開瑞士前從那輛遭到無數非議的列車上發出的，懇求羅曼．羅蘭同他一起去俄國，因為列寧十分清楚，羅曼．羅蘭的道德威望對他的事業是多麼重要啊。可是羅曼．羅蘭始終堅持不參加任何組織，而只以個人身分、獨立地為自己願意獻身的事業奮鬥到底。所以，他不要求別人追隨他的思想，自己也同樣不願受到任何約束。他認為，愛戴他的人同樣也應該是不受約束的人。他要用自己獨一無二的例子來證明：人應該永遠保持自由，堅持自己的信念，天翻地覆也不動搖。

我到日內瓦的第一個晚上，就遇見了一小群圍繞在兩家獨立的小報——《報頁》和《明天》——周圍的法國人和其他外國人。他們是皮埃爾—尚．茹弗、雷內．阿科斯、法蘭斯．馬塞雷爾。他們都是作家和藝術家，很快就成了我的朋友，速度之快就像青年人結成友誼之快捷。我們單憑直覺也能感受到，我們的生活會有一個嶄新的開端。由於受愛國主義的迷惑，我們大多數老朋友已經中斷了聯繫。人是需要新朋友的。由於我們站在同一戰線上，在同一思想戰壕裡反對共同的敵人，那種充滿激情的情誼在我們中間油然而生。剛過了二十四小時，我們之間的信任就達到了如此牢固的程度，就好像我們是認識多年的老朋友似的。不論在任何場合，我們都親切地以「你」相稱。我們——「人數不多，極少歡樂，像一群兄弟」——都明白，這種冒個人風險的聚會是非常大膽的。我們知道，在只有五個小時路程的地方，一個德國人正對著一個法國人，一個法國人也正對著一個德國人，隨時準備用刺刀或手榴彈把對方刺死或炸得粉身碎骨，以此立功獲獎。交戰雙方有千百萬人都在做著美夢：讓對方從地球上消失；敵對雙方的報紙只會互相攻擊和謾罵。在這千百萬人中間，只有極少數人，就是我們這些人，我們不僅友好地坐在同一張桌旁，而且懷著最眞誠的，甚至可以說自覺的、熱情的兄弟情誼互相交談。我們知道，這樣做是完全違反官方的一切規定和命令的；我們知道，眞實地顯示我們的友誼，把自己與祖國對立起來是危險的。但是，正是這種冒險行爲能夠使我們的思想變爲極度興奮。我們不但甘願冒險，也享受冒險帶來的樂趣，因爲冒險本身就足以顯示我們抗議的眞正分量。所以，我甚至同皮埃爾—尚・茹弗一起在蘇黎世舉行了一次公開朗誦會（這在戰爭期間可謂奇事）——他用法語朗誦了自己的詩，我用德語朗誦了《耶利米》中的片斷——我們恰恰用這種公開的形式表示我們在這場冒險的遊戲中是嚴肅認眞的。我們的領事館和大使館對這個朗誦會有何想法，我們認爲無關緊要，縱然我們這樣幹就像科爾特斯[140]似的，是一種破釜沉舟的做法。因爲我們在內心深處十分清楚，叛徒不是我們，而是在關鍵時刻背叛作家的人類使命的那些人。而這些年輕的法國人和比利時人，他們有著何等的英雄氣概啊！那位法蘭斯・馬塞雷爾向我們展示了他自己

---

140 埃爾南・科爾特斯（一四八五—一五四七），西班牙軍官、殖民者。一五一九年他率艦隊在聖胡安・德・烏盧阿登陸後，焚毀全部船隻，以示征服墨西哥的決心。

創作的反對戰爭暴行的版畫，那些令人難忘的黑白相間的畫面表現出的慷慨激昂的憤怒之情，即便與哥雅[141]的《戰爭的災難》相比，也毫不遜色。他用反戰版畫把戰爭載入史冊。這位剛毅的男子漢日夜不停地用木頭雕刻出新形象和新畫面，他那狹小的工作室和廚房堆滿了木板。《報頁》每天早上登載他的版畫，它發出的控訴不是針對某個特定國家，而是控訴我們共同的敵人：戰爭。我們曾夢想：飛機向城市和軍隊投下的是這些任何文盲都能看懂的、用恐怖的場面控訴戰爭的版畫，而不是炸彈。我甚至相信，用版畫譴責戰爭，甚至可能提前終止戰爭。令人遺憾的是，他的版畫只能刊登在《報頁》那份小報上，它的影響幾乎超不出日內瓦。我們所談的一切、所做的一切都在這狹小的瑞士方圓內，而且要想起作用，也已爲時太晚。我們心裡非常清楚，我們對軍事參謀部和政府機構的龐大機器是無能爲力的。他們之所以不迫害我們，是因爲我們對他們還構不成威脅。我們的言論始終毫無聲息，我們的影響也始終不能得以發揮。我們知道，我們的人數確實太少，十分孤立，所以我們才肩並肩、心貼心地團結在一起。我在成年以後，還沒有體驗過像在日內瓦那段時間深厚熱烈的友誼。我們彼此之間的聯繫後來保持了很長一段時間。

從心理學和歷史學的角度（不是從藝術家的角度）來看，這些人中間最引人注意的角色是亨利·吉爾波，他比他們中間的任何人都令人信服地證實了一條顛撲不破的歷史規律：

141 法蘭西斯科·荷西·哥雅（一七四六—一八二八），西班牙畫家。拿破崙入侵西班牙時，他以法國士兵槍殺西班牙起義者爲題材創作了題爲《戰爭的災難》銅版組畫。

在天翻地覆的突變中，尤其在戰爭和革命年代，勇氣和冒險在短期內往往比人的內在信念和穩定的品格更起作用，比人的內在價值和堅持正義的勇氣更有意義。每當時代的浪潮滾滾向前，洶湧翻騰的時候，總有一些善於趕潮流的人毫不猶豫地衝到浪尖上。就像許多曇花一現的人物一樣，時代的浪花曾把像貝拉・庫恩[142]和庫特・艾斯納[143]那樣的人物推到他們的才智所不能勝任的位置。吉爾波，這個有一雙機警不安的灰色眼睛、金黃色的頭髮、瘦弱且能說會道的矮個子男人並非聰明人。十年前，儘管他曾把我的一些詩譯成法文，可是我不得不眞誠地說，他的文學水準微不足道。他的語言能力沒有超出一般的水準，各方面的素養也不深。他的全部力量都用在政治論戰上。他糟糕的性格，是屬於那種無論什麼事都必須反對一通的人。他清楚地感到，如果能像一個眞正的浪人那樣到處尋釁，攻擊任何一個比自己強的人，那會是件樂事。他本質上並不是一個壞心腸的人，在戰前他就已經不斷和文學界的某些人物進行論戰，反對某些思潮。後來他又參加了激進的黨派，可是他覺得哪個黨派也稱不上激進。現在在戰爭中，他終於作爲一個反軍國主義者，找到自己的巨大對手：世界大戰。當大多數人還在恐懼和怯懦之中時，他卻以大膽和勇猛投入戰鬥，這使他在世界性的關鍵時刻顯得特別重要，甚至是必不可少。恰恰是普通人害怕的事深深吸引著他，那就是：冒險。別人不敢做的事，他卻獨自做了不少，這使得這個擺弄筆墨的人突然成了一個了不起的

142 貝拉・庫恩（一八八六－一九三九），匈牙利共產黨創始人、領導人。

143 庫特・艾斯納（一八六七－一九一九），德國記者、巴伐利亞社會黨領導人。

大人物，他的寫作和戰鬥能力被誇大到遠遠超出他自己的本來水準——這是一種不尋常的現象。這種現象同樣可以在法國大革命時期的吉倫特派的小律師和小法學家身上看到。當其他人保持沉默，當我們猶豫不決再三躊躇該做什麼或者不該做什麼的時候，他已經斷然行動起來了。吉爾波留下的不朽功績是他創辦和主持了第一次世界大戰期間唯一具有重要思想意義的反戰刊物《明日》，這是每一個想要了解那個時代各種思潮的人都必須查閱的文獻。他給了我們所需要的東西：在戰爭中提供一個國際主義的、超國家的討論中心。羅曼．羅蘭給予他的支持對這份刊物起著決定性作用，因爲羅曼．羅蘭憑藉自己的聲望和他與外界的廣泛聯繫，從歐洲、美洲和印度請來編輯人員；另一方面，當時正在流亡的俄國革命家列寧、托洛斯基和盧那察爾斯基對吉爾波的激進立場也很信任，並定期爲《明日》撰稿。因此，有十二個月或二十個月之久，世界上沒有一份比它更令人感興趣的刊物了。如果這份刊物能夠延續到戰後，也許它會對公眾輿論造成很大的影響呢！吉爾波在瑞士還同時代表著法國的那些激進小組，因爲克里蒙梭不准他們在法國發表言論。他在著名的昆塔爾和齊美爾瓦爾得代表會上起了很大的歷史作用，堅持國際主義的社會黨人在這兩次會議上同蛻變爲愛國主義者的社會黨人分裂開來。在戰爭進行期間，在巴黎的政界和軍界認爲沒有一個法國人，哪怕在俄國成爲布爾什維克的沙杜爾上尉，比這個身材矮小滿頭金髮的吉爾波更令人害怕和憎恨。最後，法國情報機構蓄意陷害他的陰謀終於得逞了。他們在伯恩的一家旅館裡，從一個德國情報人員的房間裡偷走了一些吸墨紙和幾份《明日》，這些東西無非說明，德國有地方訂購了幾份這個刊物——這件事本身是無罪的，由於德國人一絲不苟的精神，他們查得這幾份是某些圖書館和公務機關要求訂閱的。然而，巴黎當局卻從此事找到了足夠的藉口，把吉爾波說成是德國收買的一個鼓動者，並對他進行起訴。他被缺席判處死刑——這完全是違法的，正如後來的事實所證明的，十年以後這次審判在一次複審中被撤銷了。但是在案件發生後不久，由於他的偏激行爲和極端行動——這種行爲也漸漸危及到羅曼．羅蘭和我們大家——他與瑞士當局發生了衝突，被當局逮捕並遭到監禁。直到列寧大筆一揮將他的國籍改成俄國，他乘坐第二趟封閉的列車到達莫斯科，才算澈底獲救了。列寧本人對他頗有好感，並且感激他在他們最困難的時候給予的幫助。現在正是他大顯身手的時候了。因爲一個眞正的革命者所應具備的全部功績，如坐牢、被缺席判處死刑，他全都經歷過了，所以對他來說，莫斯科給了他第二次大顯身手的機會。正如他在日內瓦的時候有羅曼．羅蘭的幫助，這次他到莫斯科是依仗列寧的信任，才能在建設俄國時有所作爲。而在其他人中間，幾乎沒有一個人由於自己在戰爭時刻的大膽舉動能夠在議會或政府中謀得要職，因爲所有的激進小組都認爲他是一個眞正有作爲、有勇氣的人，一個天生的領導者。但事實證明，他並不具備領導素質，而是像許多戰時的作家和革命政治家一樣，僅僅是一個來去匆匆的時代過客。而且，凡是與自己的才能不相稱的人物，在經過突然的升遷之後，最後還是要垮臺的。吉爾波作爲一個不可救藥的論戰者，在俄國也像在巴黎一樣，他的小聰明全用在爭論不休、撥弄是非上，逐漸和那些尊敬過他勇氣的人鬧翻，首先是列寧，然後是巴比塞和羅曼．羅蘭，最後是我們大家。正如他開始時一樣，他晚年只寫了一些微不足道的小冊子和無關緊要的爭論文章。在他被赦免後不久，他就在巴黎的一個角落無聲無息地死去了。這位在戰爭中最勇敢、最冒險的反戰者，如果懂得充分利用時代賦予他的機遇，那麼他一定會成爲我們時代的偉人之一，而他今天已被人澈底遺忘了，我也許是沒有完全忘記他的最後幾人之一，因爲我對他在戰時創辦了《明日》一事仍懷有感激之情。

幾天以後，我從日內瓦返回蘇黎世，去商談劇本的排練問題。這座城市位於蘇黎世湖畔和群山的濃陰下，由於它風景秀麗，當然也由於它的高雅而又略微保守的文化，我格外喜愛它。不過，由於和平綠洲瑞士處於交戰國的包圍之中，蘇黎世也不再那麼安寧了。它成了歐洲最著名的不夜城，是各種思想運動的匯集地，當然也是所有老謀深算的生意人、投機商、間諜和宣傳鼓動人員最理想的集中地。由於他們突然之間看中了這座城市，所以當地居民對這些來客持十分正當的懷疑態度……在飯店和咖啡館裡，在有軌電車和大街上，到處都能聽到各種語言，到處都能碰上自己喜歡或不喜歡的熟人，不管你願意不願意，頓時陷入激烈的爭論之中。因爲來這裡的所有人都是被命運驅逐來的，人人對戰爭的結局都萬分關切。有些人肩負著政府的使命，有些人受政府的迫害和驅逐。但不論是誰，每個人都脫離了自己原來的生活，被拋到這裡來碰運氣。由於所有人在這裡都沒有家，所以他們始終與同伴待在一起。由於他們對政治和軍事事件沒有任何影響力，所以他們一天到晚爭論不休。這種毫無意義的討論既使人興奮，也使人厭惡和疲勞。如果一個人在自己的家裡長年累月閉著嘴不說話，離開家後他就會喋喋不休；如果一個人第一次重新獲得可以不受檢查地思考和寫作的權利，他就會迫不及待地去寫，去發表文章；每個人，甚至才氣平平的人——例如我說過的吉爾波——也會興趣盎然、全力以赴。操各種語言、持各種觀點的作家和政治家在這裡雲集。諾貝爾和平獎得主阿爾弗雷德・赫爾曼・弗里德[144]在這裡出版了他的《和平瞭望臺》；前普魯士軍官弗里茨・馮・翁魯[145]在這裡向我們朗誦他的劇本；萊昂哈德・法蘭克[146]在這裡創作了激動人心的小說集《人是善良的》；安德雷阿斯・拉茨科[147]的《戰爭中的人們》在這裡引起轟動；法蘭茲・韋爾弗爾來過這裡朗誦他的作品；我在當年歌德和卡薩諾瓦下榻過的古老的施韋德旅館遇到各國人士。我見到過俄國人，他們後來在革命中嶄露頭角，可我從不知道他們的眞實姓名；我見到過義大利人，義大利天主教教士和社會黨的強硬派人士以及主戰的德國社會黨人。跟我們站在一起的瑞士人當中，有大名鼎鼎的萊昂哈德・拉加茨神甫[148]和詩人羅貝爾・費齊[149]。在法語書店裡，我遇到我作品的譯者保羅・莫里斯；在音樂廳裡，我遇到指揮家奧斯卡・弗里德[150]——在那裡什麼人都能遇見，但都是來去匆匆。在那裡，你

---

144 阿爾弗雷德・赫爾曼・弗里德（一八六四—一九二一），奧地利新聞工作者，一九一一年諾貝爾和平獎得主。
145 弗里茨・馮・翁魯（一八八五—一九七〇），德國作家。
146 萊昂哈德・法蘭克（一八八二—一九六一），德國小說家。
147 安德雷阿斯・拉茨科（一八七九—一九四三），奧地利劇作家、小說家。
148 萊昂哈德・拉加茨（一八六八—一九四五），瑞士新教神學家、蘇黎世教義神學教授。
149 羅貝爾・費齊（一八八三—一九七二），瑞士日爾曼學家、作家。
150 奧斯卡・弗里德（一八七一—一九四一），德國作曲家、指揮家。

可以聽到各種言論，有最荒唐的，也有最富理智的，有的人垂頭喪氣，有的人趾高氣揚。各類雜誌紛紛創刊，各種論戰廣泛進行。各種矛盾交織在一起，並不斷激化。各種小團體，有的正在組織，有的正在解散。我在蘇黎世度過的那些日子，或者更確切地說，那些夜晚（因為人們一直討論到貝萊菲咖啡館或奧德翁咖啡館的燈火熄滅為止，有時還要到別人的寓所繼續討論），所見到的人是如此紛雜，所聽到的意見是如此莫衷一是，精神之集中，氣氛之熱烈，是我以後再也沒有見過的。在這個令人著迷的世界裡，沒有人去看風景，也沒有人遊山玩水，享受恬靜的和平景象，而是在報紙、消息、謠言和各種分歧的爭論中度過時日。奇怪的是：大家在這裡雖然只是精神上經歷這次戰爭，可是都覺得比正在進行戰爭的國家裡感受更深切，這是因為，在中立國裡看戰爭更客觀，完全不受勝利或失敗帶來的民族利害關係的影響。這裡的人不再用政治觀點來看待戰爭，而是用全歐洲的眼光看待戰爭，把戰爭視為殘酷的暴力事件；它所能改變的，不只是地圖上的幾條邊界線，而是世界的形勢和未來。

在這些人中間，最使我感動的是那些沒有祖國的人，或者說比沒有祖國還要不幸的人，即他們不是沒有祖國，而是有二、三個祖國，他們自己心裡也不知應該屬於哪個國家——彷彿當時我就預感到自己的命運似的。在奧德翁咖啡館的一角，常常坐著一個蓄著褐色小鬍子的男子，他孤零零地坐在那裡。一雙炯炯有神的眼睛，戴著一副鏡片很厚的眼鏡，十分引人注目。有人告訴我，他是一位非常聰明的英國詩人。幾天後我認識了這位詹姆斯・喬伊斯，他非常直率地同我說，他與英國沒有任何關係，他是愛爾蘭人。他雖然用英語寫作，但他的思想不是英國式的，他也不願有英國式的思想。他當時對我說：「我想，要有一種超越一切語言的語言，這種語言服務於大家。英語不能完全表達我的思想，因此我不受傳統的束縛。」他說的這句話，我沒有完全明白，因爲我不知道他當時已經開始寫作《尤利西斯》，他只把他的《青年藝術家的肖像》借給我看，那是他僅存的一本樣書；他還把他的劇本《流亡者》借給我看，當時我甚至還想把劇本翻譯出來，爲的是能幫幫他。我認識他的時間越久，他非凡的語言知識就越使我驚奇。他那圓圓的大腦門在電燈光下像瓷器一樣閃閃發光，後面裝滿詞彙和習語，他用極嫻熟的技巧把所有詞語錯綜複雜地交織在一起；有一次他問我，《青年藝術家的肖像》中一個組合片語成的句子該怎樣譯成德語。我們試著用義大利語和法語才將它譯出來。他小說裡的每一句話都是由習語中的四五個片語合而成的，甚至還有方言土語，而他對詞的色彩和涵義的細緻差別了如指掌。在他身上總有一點多愁善感的情緒，但我認爲，恰恰是這種情緒才促使他的內心產生激情和創作的力量。他對都柏林、對英國、對某些人的厭惡在他的心中已變成巨大的能量，並從他的創作中釋放出來。看起來，他好像很喜歡自己那副不動聲色的面貌，我從未見他笑過或者高興過。在他的身上總有一股抱成團的陰暗力量，每當我在大街上遇見他時，他總是緊閉著薄薄的雙唇，快步走著，好像正往一個特定目標趕去。這時候，我就覺得比在我與他談話時更強烈地感受到他那離群索居的性格和內心的孤獨。所以後來我一點兒不奇怪，那部充滿孤獨感、與塵世毫無聯繫、像隕石般墜入我們的世界這個時代的作品，出自他的手筆。

在兩國之間過著兩棲生活的人中間，還有費魯喬・布梭尼，他生在義大利，在義大利接受教育，卻選擇了在德國生活。從我青年時代起，他就是我最喜歡的演奏家。當他演奏鋼琴時，他的眼睛放射出一種奇妙的、夢幻的光芒。他的雙手在下面輕盈地彈奏著，充分表現出他的技巧嫺熟，而他那顆才華橫溢又好看的腦袋微微向後仰，如痴如醉地傾聽自己演奏的樂曲，好像樂曲已融化到自身之中。在音樂廳裡，我曾像著了魔似的不斷去看他那張神采煥發的臉，他的琴聲使我內心異常激動，那琴聲如波浪微微起伏，又如銀鈴般清澈。而在這裡，我重新注視著他，發現他頭髮已灰白，眼睛裡流露出悲哀。有一次他問我：「我屬於哪一方呢？如果我在夢中醒來，我知道我在夢中說的是義大利語，而當我寫作時，我是用德語進行思維。」他的學生遍及全世界。──「現在也許有一個學生正在向另一個學生開槍」──他本來想繼續創作歌劇《浮士德博士》，但由於他感到心煩意亂，便只寫了一部輕音樂的短小獨幕劇，以排解自己的煩惱。在戰爭時期，烏雲是不會從他的頭上消散的。我很少聽到他洪亮歡快的笑聲，而那笑聲是我以前非常喜歡的。有一天深夜，我在車站飯店的餐廳看見他，當時他已獨自喝了兩瓶葡萄酒。我從他的面前走時，他喊住了我。「麻醉一下吧！」他指著酒瓶說，「不是喝酒！只不過是麻醉一下，否則就受不了。音樂不能使人一直陶醉下去，而創作只有在美好的時光裡才會來臨。」

不過，這種內心的矛盾對阿爾薩斯人來說尤爲痛苦。在他們中間最最不幸的，要數雷內・席克勒那樣的人，他們的心向著法國，卻在用德語寫作。在他們的故土周圍戰火紛飛，他們的心好像被刀剖成了兩半。有人把他們拉向右邊，又有人把他們拉向左邊，強迫他們要麼承認德國要麼承認法國；他們十分厭惡這種不可能做到的「非此即彼」的抉擇。他們和我們一樣，都希望德國和法國成爲兄弟，相互理解，而不是敵視，爲此，他們忍受了許多痛苦。

在他們周圍，還有那些與雙方陣營有姻親關係的人，德國軍官的英國妻子，奧地利外交官的法國母親。有的家庭，兒子們在敵對雙方服役，父母盼望天各一方的來信；有的家庭，僅有的一點財產在這裡被查收，原來的職務在那裡丟失。這些支離破碎的家庭盡其所能到瑞士來避難，爲的是避免嫌疑，因爲他們不論在原來的祖國還是在新故鄉都一樣受到懷疑。他們爲免給自己造成麻煩而避免講任何一種語言。他們像幽靈一樣悄悄走路。一個生活在歐洲的人，越是把整個歐洲視爲自己的故鄉，就越會被這個要砸爛歐洲的拳頭打得粉碎。

在這期間，《耶利米》上演的日子日益臨近。後來，演出非常成功，《法蘭克福報》像告密者似的向德國國內發消息說，美國公使和協約國的幾位知名人士也觀看了演出，這並沒引起我多大的不安。我覺得，戰爭已經進行了三年，德國內部越來越虛弱，反對魯登道夫的窮兵黷武的戰爭政策已不再像當初威風凜凜的作孽時刻那樣危險。到了一九一八年秋天，戰爭的局勢將會明朗。可是，我不想在蘇黎世待到戰爭結束。因爲我的目光逐漸變得更清醒、更機警。我剛到達蘇黎世時懷著滿腔熱情，原以爲在所有的和平主義者中間和在反軍國主義者中間能夠找到志同道合的人，找到有決心促成歐洲和解的眞正戰士。但不久我就發現，在那些裝扮成流亡者和堅守信仰的殉道者中間混雜著一些陰暗人物，他們是爲德國情報機構效勞的，被收買來監視每一個人。每個人憑著自己的經驗也能做出判斷，這個安靜又正派的瑞士已被兩個陣營的情報人員像鼴鼠打洞似的破壞了。倒紙簍的女工，女接線員，形跡可疑、慢吞吞的旅店招待，他們都在爲一個敵國服務，甚至同時爲兩國服務。箱子被偷偷打開，吸墨紙上的印跡被祕密照相，信件在途中不翼而飛；旅館大廳裡花枝招展的婦女向每一個男人做出令人討厭的媚笑。一些從未聽人說起過的異常熱情的和平主義者突然登門拜訪，要求我們在他們的聲明上簽名，或者假惺惺地來索取那些「可信賴的」朋友的地址。還有一個「社會黨人」請我到拉紹德封[151]給工人們作一次演講，報酬高得叫人生疑，而那裡的工人對此毫無所知。眞是得處處小心提防。沒過多久，我終於發現，絕對可靠的人眞是鳳毛麟角；由於我不願意捲入到政治漩渦中，所以我的交往圈子越來越窄。更何況，即使在可靠的人的家裡，那種無休止的毫無結果的爭論也讓我感到無聊；再加上那些激進主義者、自由主義者、無政府主義者、布爾什維克主義者和不問政治的人亂哄哄地混雜在一起，更使人無法忍受。我在這裡第一次學會了如何正確地觀察一個典型的職業革命家：他永遠反對與自己無關的事，他覺得這樣就能提高自己的地位，他不得不死守這個教條，因爲他本身就沒有一個正確的立場。我覺得繼續留在這充滿扯不盡的空談的混亂環境裡，自己的頭腦也會混亂起來，與他們同流合汙，對自己信仰的道德失去信心。於是，我離開了。實際上，所有在咖啡館裡策劃謀反的人沒有一個人敢於眞正地造反；即興湊合在一起的世界政治家中，當眞正需要政治的時候，卻沒有一人懂得政治是怎麼回事。到了戰後開始建設的時候，他們還是抱著吹毛求疵、諸多指責的否定態度，正像當年的反戰作家一樣，在戰後他們中間只有極少數人還能寫出重要作品。一個使他們熱衷於搞創作、搞政治的爭論不休的時代過去了。戰爭一

151 瑞士西部城市，以鐘錶製造業聞名。

旦結束，反戰運動也隨之結束；由那些有興趣的、有才華的人組成的整個反戰階層亦悄悄散了。每一個小團體也不復存在，因爲把他們團結在一起的只是相同的處境，而非共同的理想。

在離蘇黎世約半小時路程的呂施利孔，我爲自己找到一個合適的地方，一家小旅館，從呂施利孔的小山丘上就能夠眺望整個蘇黎世湖，只是顯得又遠又小，還可以看到城裡教堂的塔尖。我在這裡只需要會見我的幾個知心朋友。到這裡來的有羅曼・羅蘭和馬塞雷爾。在這裡我可以做自己的工作，充分利用無情消逝的時間。美國的參戰使那些被蒙住眼睛、被本國空話震聾耳朵的人猛然驚醒，看來德國的失敗在所難免。德國皇帝突然宣布，從現在起他要實行「民主」。我們知道事態已經非常嚴重，警鐘已經敲響。我坦白承認，我們奧地利人儘管在語言上思想上同德國人是相通的，也變得不耐煩起來，巴不得那在所難免的事快些到來。曾經發誓要戰鬥到最後一息的威廉皇帝終於逃亡出國了。爲自己的「和平勝利」而葬送了幾百萬生命的魯登道夫也戴上墨鏡偷偷溜到瑞典。但那一天卻帶給我們許多寬慰。因爲我們相信——那時全世界都像我們一樣——隨著這次戰爭的結束，戰爭就永遠結束了。蹂躪我們這個世界的野獸都已被制服，或者通通被殺死。我們深信威爾遜[152]的偉大綱領，好像那也是我們自己的綱領。當俄國革命還在以人道和理想主義的思想歡慶自己蜜月的時候，我們彷彿看到了曙光。我現在知道，當時我們都很傻。只不過傻的不只是我們。凡是經歷過那個時

152 湯瑪斯・伍德羅・威爾遜（一八五六—一九二四），美國第二十八任總統。

代的人都會記得，所有城市的街道上都熱烈歡迎威爾遜，把他當作給全世界人民帶來福音的救世主；也都記得敵對雙方的士兵互相擁抱和親吻的情景。在和平的最初日子裡，歐洲人表現出空前的深信不疑。因爲地球上終於有了一個去建立正義和博愛王國的空間。我們夢想著立刻建立一個共同的歐洲。地獄般的生活已經過去，我們還怕什麼呢？一個新的世界已經開始。我們還很年輕，我們對自己說：這將是我們的世界，一個我們夢想中的更美好的、更人道的世界。

重返奧地利

從邏輯的觀點出發，我在德奧聯軍崩潰以後返回奧地利是最愚蠢的。當時的奧地利還籠罩著早年專制皇朝的陰影，在歐洲的地圖上還是一塊捉摸不定、單調、毫無生氣的地方。捷克人、波蘭人、義大利人、斯洛維尼亞人都把自己居住的地方分割走了；奧地利剩下的只是殘缺不全、好像全部血管都滲著血的軀幹。在那六、七百萬不得不自稱「德意志族奧地利人」中間，就有二百萬人擠在首都維也納，他們在那裡受凍挨餓。過去能使國家富強的工廠設在現在屬於外國的土地上；鐵路線只剩下殘缺不全的路基；國家銀行儲備的黃金全部用來賠償巨額的戰爭借款。國家的邊界尚未劃定，因爲和平才剛剛開始，要承擔的責任尚未最後確定。國內沒有麵粉、沒有麵包、沒有煤炭、沒有石油。看來一場革命是不可避免了，不然就要用災難性的解決辦法。按照所有世俗的預見，這個由戰勝國人爲製造的國家是無法獨立生存的——所有的政黨，各種社會主義的、教會的、民族主義的政黨，都異口同聲地喊著這種腔調——看來，這個國家自己也不願意獨立存在下去。據我所知，出現這種悖理的情況在歷史上還是第一次：強迫一個國家獨立，而它竭力拒絕這麼做。奧地利的願望是，要麼和那些分割出去的鄰國重新合併，要麼和同一民族的德國統一，而絕不能像現在這樣，在被肢解的狀態下過屈辱的乞丐式的生活。而那些鄰國卻不願意與奧地利保持經濟聯盟，一則因爲這些國家認爲奧地利太窮了，二則因爲他們害怕哈布斯堡皇朝復辟；至於同德國合併，則是協約國所禁止的，因爲協約國不願意看到德國由此變得更強大。所以協約國明文規定：德意志共和國和奧地利共和國必須並存。對一個不願意存在下去的國家下達這樣的命令：「你必須存在下去！」——這眞是歷史上獨一無二的稀奇事。

在我們國家最困難的時期，到底是什麼原因促使我自願回到祖國，至今我也無法說清楚。不過，我們這些在戰前成長起來的人，不論在任何情況下，都有一種強烈的責任感；我們認爲，在國家最最困難的時刻，我們更應該屬於自己的祖國、自己的家庭。我認爲，貪圖安逸，逃避眼前的悲劇，是一種懦夫行爲。我覺得——作爲《耶利米》的作者——我更有責任用自己的言論幫助克服戰敗帶來的困難。我覺得在戰爭期間，我好像是多餘的，而在戰爭結束後，我反而找到了正確的位置。尤其是因爲我曾竭力反對拖延戰爭而贏得一定的社會聲譽，特別是在青年中間。再說，即便我不能有所貢獻，但我能和他們一起去共同經歷我曾預見的苦難，至少算是一種彌補。

當時，重返奧地利所做的準備就像到南極探險一樣複雜，必須穿保暖的衣服和毛衣，因爲大家都知道，過了邊界就沒有煤了，而冬天也快到了。還要備好鞋底，因爲那邊只有木鞋底；儘量帶些食品和巧克力，瑞士方面允許帶多少就帶多少，以備在拿到第一次麵包票和黃油票之前不至於餓肚皮。托運的行李還要上保險，只要保險費還能承擔得起，因爲大多數行李車都會遭到搶劫，而丟了一隻鞋、一件衣服都是無法彌補的。十年以後，我去俄國那次也做了類似的準備。我乘車到了布克斯邊境車站，一年多以前我曾滿懷喜悅地駛進這個車站；我在月臺上躊躇了片刻，我問自己，在這最後時刻，是否返回瑞士爲好。我覺得，這是決定我命運的關鍵時刻。最後我還是決定去迎接艱難困苦。我重又登上列車。

一年前，我到達瑞士的邊境車站布克斯時，曾經歷了激動興奮的一分鐘。而現在，在回國途中，我在奧地利邊境車站費爾德基爾希經歷了難忘的一分鐘。我一下火車，就發現邊境官員和警察明顯地表現出局促不安。他們對旅客並不特別注意，過境檢查也十分草率，顯然他們在等待什麼重要的事。最後，鐘聲敲響，有一趟從奧地利方面開來的列車緩緩駛來，警察在月臺上各就各位，工作人員急忙從小屋裡出來，他們的妻子也紛紛擁向月臺，顯然事先打過招呼。在這些人中，特別引人注意的是一個身著黑色服裝、帶著兩個女兒的老婦人，從她的儀表和服飾上看，顯然是貴族。她看起來很激動，不時拿出手帕擦眼睛。

列車徐徐地、幾乎是莊嚴地駛過來。這是一趟特別列車，完全不像那些日曬雨淋褪了色的普通車廂，而是寬大豪華的黑色車廂。火車頭停住了，列隊等候的人群明顯有點激動，我還不知道發生了什麼事。我猛地發現，從車廂窗戶的玻璃上映出一個我認識的身影，高高站立著的卡爾皇帝——奧地利的最後一個皇帝，和他身後穿黑色服裝的齊塔皇后。當時我呆若木雞，統治奧地利有七百多年之久的哈布斯堡皇朝的最後一個繼承人要離開他的帝國了！雖然他拒絕正式退位，奧地利共和國仍要他離開奧地利，但允許他離開時享受原有的禮遇，或者說，這是經過他多次強烈要求才答應的。此刻，這個身體高大、面容嚴肅的人正站在車窗前，最後一次看自己國家的山水、房屋和臣民。這是我親身經歷的一個歷史性的時刻，我備受震撼。我是在帝國傳統中長大的，我在學校裡唱的第一首歌是頌揚皇帝的歌；後來我服兵役時曾對著此刻身穿便裝、嚴肅而又沉思的年輕皇帝發過誓：「願與領土、領水、領空共存亡。」現在目睹此景，我更是感慨萬千。我曾多次在盛大的慶典上見過老皇帝，那種豪華場面在今天早已成爲神話般的傳說。我曾在美泉皇宮裡看見他從臺階上走下來，身後簇擁著皇室成員和穿著閃閃發光制服的將軍們，接受維也納八萬學童的效忠宣誓。他們整齊地站在寬闊的綠色草坪上，齊聲高唱海頓的〈上帝保佑〉。我也曾在宮廷舞會上，在戲劇預演時見到過老皇帝，那時他穿著金光閃閃的禮服。我還在伊施爾看到老皇帝戴著施蒂里亞人的綠色帽子驅車打獵。我也曾見過他排在聖體節的行列裡，虔誠地低著頭，緩緩地向史蒂芬教堂走去——而在那個霧茫茫濕漉漉的冬天，我終於看到他的靈車，正是大戰期間，人們把這位年邁的老人埋葬在卡普泰陵園。皇帝這個詞對我們這些普通百姓來說是權力和財富的集中體現，是奧地利永存的象徵。我們從孩提時起就學會了無比敬畏地說皇帝這個詞，而現在我卻眼望著他的繼承人，奧地利最後一個皇帝被驅逐出自己的國家。代代相傳了數百年的哈布斯堡皇室的光榮帝國，在這最後一分鐘裡壽終正寢了。我們周圍所有的人都以悲慘的心情回顧這段歷史，世界的歷史。月臺上的憲兵、警察和士兵尷尬地站在那裡，略感羞恥地在一旁觀看，不知是否應當敬禮。婦女們都不敢正視，也不敢說話，所以當我聽到那個傷心的老婦人低沉的嗚咽聲時，不覺一怔。最後，火車司機發出開車的信號。每個人都像從睡夢中驚醒，火車頭猛一抖動，好像它必須這樣用力似的，列車緩緩駛去了。鐵路工作人員恭敬地目送列車漸漸遠去，然後又回到各自的工作崗位。每個人都露出送葬時那種悲哀窘迫的心情。延續了近千年的皇朝在這一瞬間宣告眞正結束。我知道，我要回去的地方已是另一個奧地利，另一個世界。

那趟特殊的列車剛剛消逝在遠方，就有人叫我們從潔淨明亮的瑞士車廂換到奧地利車廂。如果想知道這個國家究竟發生了什麼，只要一踏進奧地利車廂便會知曉。列車員走起路來慢吞吞，他們面部憔悴，好像飢不飽腹，衣衫也破破爛爛。車廂玻璃窗上用來拉上拉下的皮帶已被割掉，因爲每一塊皮都很珍貴。就是座位也被盜賊的匕首和刺刀破壞得不成樣子；軟墊皮面被野蠻地整個割走，可能是想用它補自己的鞋子，只要是皮革，都隨手取走。同樣，車廂壁上的菸灰缸也都不翼而飛，因爲上面鍍著銅和鎳。深秋的冷風穿過破碎的玻璃窗，從外面呼呼吹來，夾雜著劣質褐煤的煙霧和爐灰；當時的火車頭都燒褐煤，煙霧和爐灰把車廂的地板和四壁都熏黑了。不過，這股煙霧的臭氣總比那股碘酒的刺鼻味好些，那氣味總會讓人想到只剩一個骨架的車廂在戰爭期間曾運過多少個傷患。不管怎麼說，只要火車能向前開，就算是一種奇蹟。誠然，這是一種折磨人的奇蹟。只要聽到缺油的車輪發出稍微有點刺耳的嘎吱聲響時，我們就非常擔心超負荷的機器會突然壞掉。過去一小時的路程，現在需要四、五個小時。黃昏時刻，車廂裡已經漆黑一片，燈泡有的被打碎，有的被偷走。要想找東西，就只能點火柴摸索。車廂裡的人並不覺得冷，因為從一開始就是六個一堆或八個一夥地擠在一起。可是剛到下個車站，就擠上一些人來，人越來越多，越來越擠，而所有這些等了幾個小時的人都已經十分困倦。車廂中間的過道也擠得滿滿的，甚至連車廂之間的腳踏板上都蜷著人，他們已顧不得計較這初冬時節的夜間氣溫。另外，每個人都十分留心自己的行李和食品包，緊緊地抱在懷裡，在黑暗中須臾不敢離手。我彷彿又回到戰爭的恐懼中，雖然戰爭已經結束。

快到因斯布魯克的時候，火車頭突然喘息起來，儘管呼呼冒氣、汽笛長鳴，也無法爬上一個小山坡。如果等一台輔助機車，需要一個小時。到薩爾茲堡還需要十七個小時，而不是以往的七小時。在車站上，遠近都沒有搬運工。最後多虧幾個衣著破舊的士兵幫我們把行李搬到一輛馬車上，可是那輛出租馬車的馬，又老餵養得又差，與其說是馬駕轅，倒不如說是馬靠在轅木上才站得住。我實在沒有勇氣將我的箱子放在馬車上，讓那匹鬼怪似的馬拖著走。於是，我把箱子存在車站行李房，儘管我十分擔心，怕再也見不到它們了。

戰爭期間，我曾在薩爾茲堡買了一棟房子，因為我和早年的朋友由於對戰爭的看法相背而疏遠，我不想住在大城市和人多的地方。後來，我的工作也需要這種深居簡出的生活方式，我認爲在奧地利所有的小城市中，薩爾茲堡不僅風景優美，地理位置也最爲理想。因爲它位於奧地利的邊陲，坐兩個半小時的火車就可以到慕尼黑，五個小時到維也納，十個小時到蘇黎世或威尼斯，二十個小時到巴黎，是通向全歐洲的眞正出發點。當然，當時它還沒有因爲舉辦各種藝術節而成爲「群英薈萃」的藝術名城（一到夏季，雅士淑女雲集於此），它仍是一個古樸的、有待開放的、富有浪漫色彩的小城鎮（否則，我不會選此地作爲我的工作地點），坐落在阿爾卑斯山餘脈的山麓，阿爾卑斯山脈的峻嶺和山崗在這裡和德國的平原自然相連。我買的那棟房子坐落在鬱鬱蔥蔥的小山崗上，汽車開不到那裡，只能沿著一條已有三百年歷史的有一百多級臺階的崎嶇山路爬上去。當你從山崗的平臺上鳥瞰山下塔尖林立的城市屋頂和山牆門窗的迷人景色時，你攀登向上的辛苦也就得到了補償。山崗後面是綿延不斷氣勢磅礴的阿爾卑斯山的全景（當然也能望見貝希特斯加登附近的薩爾茨山，當時毫無名氣的一個名叫阿道夫．希特勒的人就住在我的對面）。我那棟房子富有浪漫色彩，但並不實用，它是十七世紀一個大主教狩獵時的休息行轅，周圍是堅固的城堡圍牆；到了十八世紀末，主房左右各擴建了一間房子；主房裡有一幅精美的舊壁毯和一個繪有圖畫的九柱戲球。一八〇七年，法蘭茲皇帝訪問薩爾茲堡時，曾親自用這個球在這個行轅的長廊裡打倒了九柱戲的柱。這所行轅裡還保存著幾張寫有各種基本權利的羊皮紙，它們是以往輝煌歷史的見證。

這座行轅——由於它的門臉寬大而顯得華麗壯觀，但廳室不過有九間，因爲縱深極淺——是一座結構奇巧的古建築。後來，我的賓客無不爲這所建築而讚歎。可是在當時，歷史悠久卻不是件好事。我們發現這個家幾乎不能安身，雨水滴滴答答落進房間裡，每次下雪以後，門廊裡全是雪，而想要把屋頂徹底修理一下是不可能的，木匠沒有修房椽的木頭，白鐵匠沒有修房頂的白鐵皮。最大的漏洞只能用油氈勉強修補一下，如果再繼續下雪，除非到屋頂上去把積雪掃掉，別無他法。電話也常常和人作對，因爲電話線用的是鐵絲而非銅線。任何一點小東西都必須從山下運上來，因爲山上沒有人供應。但是，最使人受不了的是寒冷，因爲周圍遠近都沒有賣煤的，而庭院裡的樹太新鮮，燃不起來，只是發出蛇一樣的嘶嘶聲，不是在燃燒，而是吐著白沫，發出爆裂的聲響。在困難中救急的東西是泥煤，它總能發出一點熱量來。但是冬天裡有三個多月的時間我幾乎只能窩在被子裡，用凍得發紫的手指寫我的文章。每寫完一頁，就把凍僵的手指放在被窩裡暖和一下。在那個災難之年，不僅食品和燃料全面匱乏，住房也相當緊張，凡能棲身的地方都被看作寶地。奧地利已有四年沒有蓋房子；許多房屋已經倒塌，大批無家可歸的退役士兵和戰俘又突然蜂擁而至，以致每間可用的房屋都得住一戶人家。管理委員會已經到我家來了四趟，我們也自願交出兩個房間，不過我們的房子又破又冷，當初我們對這棟房子的不滿意之處，如今卻產生了保護作用，因爲誰也不願意爬一百多個臺階到這裡來受凍。

那時，我每次進城都能碰到令人震驚的事，我第一次目睹嚴重的饑荒。麵包已經發黑，散發出一股霉味；咖啡是用烤糊的大麥熬成的湯；啤酒是黃顏色的水；巧克力是染色的沙粒；土豆全都凍壞了；爲了不至於忘掉肉的味道，大家都養起兔子來。有個小夥子爲了改善伙食，星期天到我們的園子裡來打松鼠；養得稍胖一點的狗貓之類，走得稍遠些就很少能夠回來。衣服料子實際上是加工過的紙，是代用品的代用品。男人們的衣服幾乎都很破舊，甚至有俄國人的軍服，是從倉庫和醫院里弄來的死人穿過的衣服。麻袋做的褲子也不在少數。街上的櫥窗被洗劫一空。牆上的泥灰像瘡痂一樣剝落下來，路上的行人明顯營養不良，強挺著身子去工作，看了使人心神不寧。平原地區的食品供應較好一些。在道德風氣普遍下降的情況下，農民也不按法定的「最高價格」出售，而是以高出幾倍的價格出售自己的黃油、雞蛋、牛奶等。凡是能貯存的食品，他們都存在倉庫裡，等待買主找上門來以好價錢賣掉。因此，不久就出現了一種新職業，囤積居奇者。有些無職業的男人，帶著一兩個背包，到農民那裡挨家挨戶收購食品，甚至乘火車到那些特別有利可圖的地方非法收購，然後拿到城裡以四五倍的價格出售。開始農民很高興，他們用雞蛋和黃油換來了那麼多的鈔票，像流水般淌到自己的家門。可是，當他們帶著鼓鼓的錢夾到城裡買東西時，他們發現長柄鐮刀、鐵錘、飯鍋等的價格已上漲了二十倍或五十倍，而他們賣的食品只多五倍的價錢。從那時起，他們就決定以食品換工業品，等價交換，以物易物。自從人們進入戰壕，有幸重溫穴居時代的生活以來，人們又擺脫了流通千年的貨幣交換，回到原始的物物交換，這種荒誕的交換方式開始遍及全國。城裡人將農民可能需要的物品送到鄉下賣給他們，像中國的大花瓶和地毯，劍和獵槍，照相機和書籍，燈具和各種裝飾品，換回等值的食品。所以，當你走進薩爾茲堡一戶農家，就會有一尊印度菩薩凝視著你，使人大吃一驚，或者發現一個洛可可式的書櫃，擺著一些法國皮面精裝書，它們的新主人特別自豪，洋洋得意。「眞正的皮面精裝，法國的！」他們鼓著腮，誇耀地說。「要物不要錢」已成爲大家的口頭禪。爲了吃飽肚子，有人不得不褪下結婚戒指和身上的皮帶去換吃的。

最後，爲了制止這種實際上只對擁有食物的人十分有利的黑市交易，政府部門進行了干預。各省之間都設立了關卡，沒收鐵路上和騎自行車的囤積居奇者的貨物，交給各城市的食品供應部門。囤積居奇者也模仿美國西部片走私的方式，組織夜裡運輸或者賄賂那些自己家裡有挨餓孩子的檢查人員。有時候也會出現用手槍和大刀進行搏鬥的場面。那些走私的小夥子們經過前線的四年磨練，動刀動槍十分熟練，在平地上逃跑時也會利用軍事上掩護的那一套。這種混亂局面一週比一週嚴重，居民們感到越來越不安。因爲人們明顯感到，貨幣一天比一天貶值。鄰近幾個國家用自己的貨幣換下奧匈帝國的貨幣，把兌換老「克朗」的虧空或多或少轉嫁給了貧窮的奧地利。老百姓對貨幣不信任的第一標誌就是硬幣不見了。因爲用銅或鎳鑄造的硬幣抵不上它自身的價值，還是紙幣方便，造價也低。國家雖然開足馬力印鈔票，即便按照魔鬼梅菲斯特的辦法造出盡可能多的紙幣，也依然趕不上通貨膨脹的速度。於是，每座城市，每個小鎮，甚至每個村莊都開始印刷自己的臨時鈔票，這種鈔票到了鄰村就不能使用。後來人們終於認識到，這些臨時鈔票毫無價值，乾脆扔掉了事。如果有一位國民經濟學家能先把奧地利的，後把德國的通貨膨脹的各個階段清楚完整地描寫出來，其驚險程度勢必超過任何一部長篇小說，因爲混亂局面越來越離奇。誰都不知道一件東西是什麼價格，物價隨意飛漲。在一家漲價及時的店鋪裡，一盒火柴要比另一家店鋪高出二十倍，只因爲那家店鋪的主人老實誠懇，還在按頭一天的價格出售。眾人爲了報答店主的忠實可靠，人們奔相走告，不到一小時，這家店鋪的貨便銷售一空，也不管自己是否需要，買到手就好。人們都要物而不要鈔票，即便是一條金魚，或者是一隻舊望遠鏡，也總歸是「物」。最荒唐的就是房租了，政府爲了保護租房人（他們是廣大群眾）的利益，不准提高租金，從而損害了出租人的利益。那時，在奧地利租一套中等大小的公寓房，一年的房租還不夠一頓午飯的錢；這就是說在奧地利全國有五年或十年時間差不多等於白住房（因爲後來連解除租房契約都不准許）。由於這種混亂不堪的局面，社會風氣一週比一週荒謬，道德更加敗壞。出於愛國熱忱而把自己節儉了四十年的積蓄買了戰時公債的人頓時成了乞丐，借債的人逍遙法外，全都不再還債。誰要是遵守分配用糧制度，誰就會挨餓；只有那些厚顏無恥、膽大妄爲的人才能塡飽肚皮。善於行賄的人鴻運亨通；投機倒把的人大發橫財。按批發價出售貨物的人，他的貨物就會被竊取一空；那些精打細算的買賣人總是上當受騙。在通貨膨脹和貨幣貶值期間，再也沒有規範、尺度和價值可言。道德已不再存在，唯有一條準則：投機取巧、隨機應變、無所顧忌。在這個混亂時代，只有跳上那匹飛馳的快馬才不會被它踩在蹄下。

另外，當奧地利人在價值驟變中失去任何規範的時候，有些外國人看到在我們這裡可以渾水摸魚。在通貨膨脹期間——通貨膨脹已持續了三年，而且速度越來越快——國內唯一能保值的東西是外幣。奧地利的克朗放在手中像液體一樣容易流失，所以人人爭著要瑞士法郎和美元。有相當一批外國人充分利用這種經濟狀況，呑噬奧地利克朗抽搐的軀體。奧地利這塊肥肉被外國佬「發現」了。一種災難性的「外國人旅行熱」出現了。維也納所有的大旅館都住滿了那些呑食腐屍的禿鷲。他們見什麼買什麼，從一隻牙刷到一座農莊。他們把私人的收藏和古玩店裡的古董收購一空，直到古玩店主惱怒地發覺自己遭到了一場浩劫。瑞士旅館的看門人、荷蘭的女打字員都住進了環行大道上那幾家大飯店的貴賓客房。這種事似乎令人難以置信，但我作爲一名目擊者可以對下列事實加以證明：在薩爾茲堡那家著名的豪華旅館——歐洲旅館，有一段相當長的時間全部租給了英國的失業者，他們有充足的失業救濟金，在這裡住能過上比老家貧民窟更便宜的生活。沒有不透風的牆，奧地利的生活費用和物價便宜——這是指用外幣購買——這個消息逐漸傳開，越傳越遠。從瑞典、法國又來了一群貪得無厭之徒。在維也納市區，講義大利語、法語、土耳其語和羅馬尼亞語的人比說德語的人還要多。甚至德國也利用自己堅挺的馬克對付奧地利貶值的克朗，因爲開始時，它的通貨膨脹率比奧地利低得多，德國抓住了這個時機。薩爾茲堡是邊境城市，這給我提供了絕佳的機會，來觀察每天過路的掠奪大軍。成百上千的巴伐利亞人從附近的村莊和城鎮擁入這座小城。他們在這裡做衣服，修理汽車，到藥房購買藥品，看醫生。慕尼黑的一些公司向國外寄信或打電報，都到奧地利來辦理，因爲奧地利郵政價格比德國低得多。後來，德國政府終於決定建立邊防檢查站，以制止所有的必需品從價格低廉的薩爾茲堡購買，支持國內的經濟發展。最後，一馬克在薩爾茲堡可頂七十奧地利克朗用。德國海關嚴格執法，從奧地利來的商品一律沒收。但有一種商品無法沒收，就是喝進肚子裡的啤酒。嗜好啤酒的巴伐利亞人每天都拿著市場行情表仔細核算，由於奧地利克朗貶值，在薩爾茲堡的酒館裡用同樣的價錢就能喝上比家裡多四、五公升甚至十公升的啤酒，再也沒有比這個更大的誘惑了。於是，成群結隊的人們帶著妻兒老小從費賴拉辛和賴申哈爾越境過來，爲的是享受一下奢侈生活，灌滿一肚子啤酒，肚子能容納多少就喝多少。每天晚上，火車站就成了酩酊大醉、嘔吐不止的酒鬼們眞正的魔窟；那些喝得不省人事的人，只好被拖上平時用來運箱子的手推車送入車廂，然後火車滿載著這群又喊又唱的發酒瘋的人返回他們的國家。當然，這些快活的巴伐利亞人沒有預見到以後有那麼可怕的報復發生。當克朗穩定下來，馬克卻以天文數字大幅度狂跌下來時，奧地利人也同樣從同一火車站乘車過去，在那邊猛喝便宜的啤酒，重演了啤酒的鬧劇。這兩個國家由於通貨膨脹而形成的啤酒戰是值得我特別回憶的往事之一。也許因爲啤酒戰從小的方面形象又荒誕地把那幾年的瘋狂揭露得淋漓盡致。

奇怪的是，我今天竟然記不起那幾年我們的家庭生活是怎樣安排的。當時在奧地利維持一個人一天的生活需要花費幾萬甚至幾十萬克朗，後來在德國則要數百萬克朗，可這些錢是從哪裡來的？令人不解的是：我們大家都有過這麼多錢。我們習慣了那種生活，也適應了那種混亂的局面。一個沒有經歷過這個時代的外國人從邏輯推理上一定會想到：一個雞蛋在奧地利的價錢相當於過去一輛豪華汽車，後來在德國竟高達四十億馬克——幾乎相當於過去柏林全部房屋的地皮價。人們一定會以爲：婦女們披頭散髮在大街上瘋狂地匆匆而過，商店裡一片荒涼，貨架上空空，什麼也買不到；特別是劇院和娛樂場所全都空空蕩蕩。但令人不勝驚奇的是，實際情況完全相反。人們要求生活連續性的意志遠遠超過貨幣的不穩定性。在金融的混亂中，日常生活幾乎是不受干擾地在繼續。但個人的變化卻非常大，富人變窮了，他們存在銀行裡的錢由於大量發行紙幣而流失了，投機倒把者卻富了。地球像飛輪一樣始終按自己的節奏在旋轉，從不停頓，從不關心個人的命運。麵包師烤他的麵包，鞋匠縫製皮靴，作家寫書，農民種地，列車正點運行，每天早上報紙照常準時送到門口；那些娛樂場所、酒吧、戲院天天爆滿。因爲這種意想不到的事——以往最穩定的貨幣現在天天在貶值，人們現在更重視實際生活——工作、愛情、友誼、藝術和自然——的眞正價值。在苦難之中的整個民族活得比以往更有生氣，更具活力。小夥子和女孩們到山裡遠足，回家時臉已曬得黝黑。舞廳裡的音樂一直演奏到深夜。新的工廠和新的商店到處在興建。連我自己也不敢想，我那幾年的工作和生活竟比以前更富有朝氣。過去我們認爲重要的東西，現在變得更重要了。我們在奧地利混亂的那幾年裡，反而更喜愛藝術，因爲金錢的背叛，反而使我們覺得，我們心中永恆的東西——藝術——才真正可靠。

譬如說，我在最艱苦的日子裡從來沒有忘記去看歌劇。看歌劇的人要在半明半暗的街道上摸索著前進，由於缺煤而限制路燈照明。看一次歌劇要拿一大把鈔票才能買到一張頂層樓座的票，這些錢在戰前足夠訂一年的包廂。由於劇場裡沒有暖氣，觀眾要穿著大衣看戲，並且靠緊鄰座的人以彼此取暖。過去，男人穿筆挺的制服，女人穿貴重的長裙，在劇場裡光鮮亮麗；而現在是一片灰色，既單調又灰暗！誰也不知道上演的歌劇下個星期是否還繼續演出。如果貨幣繼續貶值，而運來的煤只夠用一個星期的話，那麼這座像皇家劇院一樣富麗堂皇的豪華劇院將顯出一片絕望的毫無生氣的景象。樂隊演奏員坐在樂池裡，穿著破舊的燕尾服，也是一片灰濛濛的景象。他們一臉憔悴，由於生活用品匱乏，個個顯得精疲力盡。在那個陰森森的大廳裡，我們這些觀眾也像幽靈一樣。當指揮舉起指揮棒，帷幕漸漸拉開時，出現在我面前的場景是從未有過的精彩。每個演員、演奏員都竭盡全力演出，因爲他們都覺得，這可能是最後一次演出。我們這些觀眾都前所未有地集中精神，細心聆聽，因爲我們也覺得，恐怕這是最後一次看歌劇了。我們大家，成千上萬的人在那幾個星期、幾個月或者幾年裡全都這樣生活，在最後崩潰之前都使出了自己的全部力量。我從來沒有在一個民族身上和我自己心中感覺到像當時那種強烈的生存意志，那就是：生存，繼續活下去。

不過，儘管如此，要我向別人解釋被洗劫一空、貧窮的、多災多難的奧地利當時是怎麼生存下來的，我真不知道該怎麼說。當時，奧地利右邊的巴伐利亞已經建立了共產主義的議會制共和國，它左邊的匈牙利在貝拉·庫恩的領導下變成了布爾什維克；至今我也想不通多災多難的奧地利怎麼沒有發生革命。當時在奧地利並不缺少槍炮彈藥，街道上到處遊蕩著飢餓的、衣服襤褸的復員士兵，他們憤怒地望著那些靠戰爭和通貨膨脹發橫財的暴發戶過著可恥的奢侈生活。在兵營裡已有一個「紅色衛兵」組織正在準備起事，而且不存在任何對立的組織。當時只要有二百個堅決的人，就能拿下維也納和整個奧地利。可是根本沒有發生什麼嚴重事件，唯一的動亂是一群不守紀律的人企圖鬧事，被五十個武裝警察輕鬆地平息下去了。所以，奇蹟變成了現實：這個能源被切斷，工廠、煤井和油田處於停工的國家，這個被搶劫一空，依靠著雪崩般地下跌和失去價值的貨幣維持的國家終於保持下來了，堅持下來了——也許因為它太虛弱的緣故，因為老百姓太飢餓了，一點力氣也沒有了，不可能去進行什麼抗爭；不過，還有自身的原因：天生的善良本性——奧地利人民極神祕的、典型的心理力量。因為最大的兩個政黨，社會民主黨和基督教社會黨，儘管有很大的分歧，卻在最最困難的時期共同組織了聯合政府。兩黨都作了妥協，以防止出現整個歐洲四分五裂的災難局面。社會秩序逐漸得到整頓和治理。我們意想不到的事發生了：這個被肢解的國家依然存在著，甚至以後希特勒向這個在貧困中無比堅強的民族徵募兵員時，它曾準備起來捍衛自己的獨立。

不過，這個國家始終沒有被顛覆，僅僅是從表面上和政治意義上而言，實際上，在戰後最初幾年，一場巨大革命正在它的內部發生。有些東西隨著戰爭失敗而被破壞了，即我們從青年時代一度被培養起來的認為權威不會犯錯誤的信念被破壞了。不過，難道德國人還會繼續敬佩他們那個曾高喊發誓要戰鬥到「最後一息」，在戰敗時卻偷偷逃出自己的祖國的皇帝嗎？難道還會繼續敬佩他們的軍隊首腦、政治家，和那些寫「戰爭」和「勝利」、「困苦」和「死亡」的詩、無休止地進行押韻的詩人嗎？當戰爭的硝煙從國土上消散，國土滿目瘡痍時，人們才覺得戰爭的可怕。在英雄主義的名義下進行的四年殺戮，在合法徵用的名義下進行的四年搶劫，這種道德觀怎麼還會被看作是神聖的呢？國家把公民應盡義務中的一切對自己不利的條款任意取消，國民又怎麼會信任國家的許諾呢？而現在正是那些人，即所謂有經驗的原班人馬幹出了比戰爭這件蠢事還要愚蠢的事：他們締結的和約是相當拙劣和草率的。今天大家都知道——在當時只有我們少數人知道——這種和平顯示不出那種最大的正義的歷史事實。威爾遜認識到這種可能性，他以十分豐富的想像力為世界各國實行眞正持久的和解提出一項具體的計畫。但是，原來的那些將軍和國家領導人以及利益獲得者卻把這個偉大的計畫撕毀了，把它撕成毫無價值的碎紙片。威爾遜曾經向千百萬人許下偉大而又神聖的諾言：這次戰爭將是最後一次；實際上這種許諾只不過是爲了從那些半絕望、半衰竭和喪失信心的士兵身上喚起最後的力量；這種許諾已爲那些利潤巨豐的軍火商和戰爭狂熱的政客們所拋棄。表面上他們對威爾遜的明智、人道的要求表示積極的支持，可是幕後仍然全力推行祕密談判和簽訂密約的伎倆，並且獲得成功。帶著明亮的眼睛看世界的人都覺得自己被騙了，犧牲了孩子的母親們覺得受騙了，回到家鄉淪爲乞丐的士兵受騙了，所有購買戰爭公債的愛國人士受騙了，每個相信國家許諾的人受騙了，所有那些夢想一個全新的、更美好有序的世界的人全都受騙了。我們終於知道，這是故伎重演，那場舊的戰爭賭博已由那些原來的賭徒和新的賭徒重新開始，而我們的生存、幸福、時間和財產都成了那場賭博的賭注。如果整個年輕一代是懷著憤慨和鄙視的心情審視先是戰敗而後又獲得和平的父輩，這又有什麼可奇怪的呢？難道他們不是把一切都搞砸了嗎？難道他們不是什麼也沒預見到嗎？難道他們不是把一切都算計錯了嗎？如果年輕一代從此失去了一切尊嚴，因而怨恨和鄙視自己的父輩，不是很容易理解嗎？整個年輕一代人，他們不再相信父母，不再相信政治家，也不再相信自己的老師；他們對國家的每項法令、每一次公告都抱著懷疑的態度。戰後的一代毅然決然地拋棄了迄今爲止的一切舊觀念，擺脫了一切傳統的束縛，決心由自己掌握自己的命運，告別舊的過去，朝氣蓬勃地走向未來。隨著年輕一代的覺醒，一個嶄新的世界開始了，一種完全不同的新秩序在生活的各個領域開始了。不言而喻，開始的時候不免有些過火：凡是與這一代不同齡的人或事通通在被破除之列。那些十一、二歲的孩子不像以前跟隨父母去旅行，而是男生女生一起以「候鳥協會」[153]會員的名義集體在國內旅遊，後來還去到義大利和北海。學校裡仿效俄國建立了監督老師的學生會。教學計畫被澈底廢除，因爲孩子們只願意學習自己喜歡的東西。純粹由於造反的興趣，對任何有效的規章制度他們都要造反，甚至違背自然法則，造男女永遠有別的反。女孩子剪短了頭髮，風行「小男孩髮型」，從外表上看，分不清是男孩還是女孩；青年男子爲了顯示出女孩子的媚氣，把鬍子刮得淨光；男子之間的同性戀和女子之間的同性戀，不是出於自身的慾望，而是作爲一種對自古以來合法的、正常的戀愛形式的反叛而盛行。生活的每種表現形式都竭力染上激進和革命的色彩，藝術當然也是如此。新的繪畫宣告林布蘭、荷爾拜因和委拉斯奎茲所創作的一切都已過時，並且開始了最粗野狂亂的立體派和超現實主義繪畫的實驗。音樂中的旋律，肖像畫中的相像性，語言中的可領會性，所有這些最基本的原則都被擯斥在外。德語中的冠詞

153 徒步旅行組織，一九一〇年由德國人卡爾·菲舍爾發起，後傳入奧地利。

「der，das，die」不再用了，句子的結構顛倒過來，採用「簡明扼要」的電報文體進行寫作，再用上色彩強烈的感歎詞。除此之外，各種沒有積極意義的文學，即缺乏政治理論的文學，通通被扔進垃圾箱。音樂創作中固執地尋找一種新的調性和一種節拍分離的新方法。建築學中採取了一種由裡向外的建房程序。舞蹈中華爾滋不見了，只剩下古巴人和黑人的形象。時裝方面特別強調裸露的原則而越來越荒唐。在劇院裡，演員穿著燕尾服演《哈姆雷特》，試圖引起爆炸性的戲劇效果。各個領域都開始了大膽試驗的階段，試圖一蹴而就，超過以往的一切既成事實、變化和成就。一個人越年輕學得就越少，與傳統的聯繫就越少，就越來越受歡迎——年輕一代終於成功地向我們父輩的世界進行了大報復。可是我覺得，在這種狂歡節式的瘋狂中，既可悲又可笑的莫過於在許多老一輩知識分子中產生的驚慌失措的窘態，他們害怕自己被別人超過而變得「無足輕重」。毫無疑問，他們在絕望中不得不裝出一副敢幹硬拼的假面孔，試圖邁著笨拙的步伐，一拐一拐地跟在後面，走入最明顯不過的歧途。老實、厚道、鬍鬚灰白的大學教授，在他們賣不出去的靜物畫上再畫上象徵性的立方體和六面體，因爲年輕的校長們（他們到處物色年輕人，越年輕越好）認爲所有這些畫太古典，要從畫廊裡清除，放入倉庫。用完整又清晰的德語寫了幾十年的作家，也跟著潮流把句子寫得支離破碎，以「積極精神」違反語言規律。肥胖的行動遲緩的普魯士樞密顧問在臺上講授卡爾·馬克思的學說。上了年紀的宮廷舞女裸露著三分之二的身體，「僵直」地扭動著身體，跳貝多芬的《熱情奏鳴曲》和荀白克的《昇華之夜》。老人們驚慌失措地追逐最時髦的裝束，使自己變得「年輕」。他們總想迅速找到永不過時的流派，一天比一天時髦，最好隔夜就翻新，這一切成了唯一的虛榮心。

這是一個多麼狂熱、無序和難以置信的時代啊！在那幾年裡，奧地利和德國的貨幣極度貶值，它們的一切價值觀一下子下滑到底。這是一個極端興奮極其眩暈的時代，是急躁和盲從交織在一起的時代。一切奇談怪論和無法捉摸的東西，如通靈術、神祕學、招魂術、夢遊症、人智學、手相學、筆相學以及印度的瑜伽和帕拉塞爾斯的神祕主義，它們都經歷了一個黃金時代。一切比迄今所知的任何一種麻醉品——嗎啡、可卡因、海洛因——更具有刺激性的東西，都十分暢銷。戲劇作品裡充斥著亂倫和弒父的題材。任何正常和適度的東西全都遭到擯斥。但是，我卻不願在我一生中，在藝術的發展過程中，錯過那混亂的時代。就像每次思想革命興起之時總是不顧一切地向前猛衝那樣，思想革命蕩滌了舊傳統令人窒息的空氣，消除了多年的緊張氣氛。不管怎麼說，他們的大膽實踐畢竟起到了寶貴的推動作用。雖然我們對他們的過激做法有些驚愕，但是我們沒有任何理由去責備和傲慢地否定那個時代。因爲，從根本上說，年輕一代試圖彌補我們這一代人由於謹小愼微和漠不關心所耽誤的一切——縱然做得有點過火，有點急躁，他們內心深處的出發點是正確的。他們認爲戰後的時代就應不同於戰前的時代，這必須是一個新時代，一個更美好的世界——這難道不就是我們這些年紀大的人在戰前和戰爭期間所盼望的嗎？很顯然，就是在戰後，我們這些較年長的人再次表現出自己的無能，未能及時成立一個國際組織，來對抗世界上新的危險的政治伎倆。在和談時期，以長篇小說《火線》而獲得世界聲譽的亨利．巴比塞就試圖本著和解的精神把歐洲所有的知識分子團結起來。那個團體將自稱爲「清醒社」，頭腦清醒者。它要把所有的作家和藝術家團結起來，誓與今後任何煽動民族之間仇恨的行爲作無情的抗爭。巴比塞委託我和雷內．席克勒共同領導德語作家小組，這是任務中較艱巨的一部分，因爲在德國還充滿了對《凡爾賽和約》的憤怒情緒。只要德國的萊因蘭、薩爾和美因茲的橋頭堡還被外國的軍隊占領著，要想使有聲望的德國人具備超民族主義的思想，幾乎是沒有希望的。不過，如果巴比塞沒有在困難時期丟下我們不管，那麼建立一個這樣的組織還是有可能的，因爲後來高爾斯華綏以筆會的形式實現了這樣一個組織。巴比塞的俄國之行受到當地群眾的熱烈歡迎，使他堅信資產階級國家和民主不可能促使各族人民建立眞正兄弟般的關係，唯有共產主義才能夠做到。因此，他想悄悄地把「清醒社」變成階級鬥爭的一種工具。可是，我們拒絕接受這種做法，因爲它必然會削弱我們隊伍中澈底變革的激進化做法。於是這個本身有意義的計畫也就提前告吹了。我們在爭取思想自由的奮鬥中，往往因爲過於熱愛自身的自由和獨立而屢屢遭到失敗。

現在只有一件事留在自己的面前：過隱居的生活，安安靜靜地搞自己的創作。在表現主義者和放縱主義者——如果我能這樣說的話——看來，我這個三十六歲的人已屬於業已死去的舊一代作家，因爲我不會矯揉造作投其所好，我的早期作品，我自己再也不喜歡，我在「唯美主義」時期寫的書，我決定一律不准再版。也就是說，我要重新開始，並且等待著，直到這個「主義」那個「主義」的激盪浪潮平息下去。我覺得，我的不虛榮有利於我的淡泊寧靜的心情。因此，我開始寫《世界建築師》系列叢書。爲了尊重事實的眞實性，我已準備了多年。我懷著完全冷靜的心情寫了《馬來狂人》和《一個陌生女子的來信》這樣一些中篇小說。如今，我周圍的國家、周圍的世界逐漸恢復正常，所以我不再猶豫；那段我可以把一切作爲權宜之計的日子已經結束。現在我已到了人生的中途，純粹許諾的年齡已經過去，該是實現許諾和考驗自己，或者澈底放棄的時候了。

又回到世界上

一九一九年、一九二〇年、一九二一年，是奧地利戰後最艱難的三年。這期間，我是在薩爾茲堡與世隔絕的環境裡度過的。我已經放棄了重見世界的希望。戰後的大崩潰、外國人對德國人或用德語寫作的人所抱的仇恨、我國的貨幣貶值，都是災難性的，致使人們準備一輩子都待在自己狹小的天地裡。然而，一切都好起來了，人們重又吃得飽，重又坐在寫字臺旁不受干擾地去工作。已經沒有搶劫，也沒有發生革命。我生活著，感到自己精力倍增。難道我不應重新嘗試自己青年時代的愛好，外出去旅行？

我還沒想到遠途旅行。但義大利就在近處，只有八個小時或者十個小時的路程。難道我不該試一試？我是奧地利人，到了那裡可能會被看作「世敵」，雖然我自己並沒有這種感覺。難道我可以先不友好地把自己拒之門外？難道為了不讓自己的老朋友難堪，就該從他們身邊一擦而過？不，我非要試一試，於是一天中午，我終於越過了國界。

晚上，我到達了維羅納，走進了一家旅館。門房遞給我一張登記表，我塡寫完畢，門房粗略看了一眼，當看到國籍欄內寫著「奧地利」時，他十分驚訝。「您是奧地利人嗎？」他問道。我當時想，他是不是要把我趕出門去。當我作了肯定的回答之後，他顯得十分高興。「見到您我很高興！終於來了一個奧地利人！」這是在「敵國」第一個向我表示歡迎的人，但再一次證實了我戰爭時期就有過的那種感覺：所有的煽動和仇恨的宣傳只會使頭腦一時發熱，而從未觸及歐洲眞正的群眾。一刻鐘後，憨厚的門房親自到我的房間，看是否服務得周到。他熱情地讚揚我的義大利語，告別時我們親切地握手。

第二天我到了米蘭，我重又看到大教堂，在畫廊裡閒逛。在米蘭，我又聽到了舒暢的充滿魅力的義大利歌曲。我在熟悉的街道上漫步，欣賞有點熟悉的異國風光，不勝愉悅。我看到一棟大樓上掛著《晚郵報》的招牌，突然想到我的老朋友朱・安・博爾蓋塞就是那個編輯部的領導人。在柏林和維也納時，我曾經常和凱澤林伯爵、本諾・蓋格爾一起參加博爾蓋塞舉辦的社交活動，度過許多輕鬆愉快的夜晚。他是義大利最優秀最富於熱情的作家之一，在青年人中間影響很大。雖然他是《少年維特的煩惱》的譯者，又是德國哲學的狂熱信徒，在大戰中，他始終堅持反對德國和奧地利的立場。開始時，他緊密地同墨索里尼一起推行反對德國和奧地利的戰爭，後來又同他分道揚鑣。在戰爭期間我曾經有過一個怪念頭，找一個在敵方的老朋友充當調停人。現在，我更加迫不及待地想見見這樣一個「敵人」。我並不想直接到他那裡去，冒吃閉門羹之險。因此我給他留下了一張名片，寫上我的旅館地址。可我還沒有走下樓梯，就有人從身後衝到我面前，一張臉龐高興得春風滿面——正是博爾蓋塞。我們只談了五分鐘，就像往常一樣的誠懇，也許更加推心置腹。因為他也從戰爭中吸取了教訓，所以我們分別在此岸和彼岸的人比以前更親近了。

這種情況到處可見。在佛羅倫斯的大街上，我的老朋友、畫家阿爾貝特・斯特林加突然向我跑來，也不作任何介紹，一把把我抱住，嚇得我妻子還以為這個滿臉鬍鬚的陌生男人要謀害我呢！一切都和戰前一樣，不，比戰前更為誠懇。我舒了一口氣，戰爭已被埋葬，戰爭已經過去。

但是戰爭並沒有眞正過去，只是我們不知道罷了。在善意的希望中，我們都常常欺騙自己，把我們個人的思想與世界的思想混為一談。不過我們不必為自己的錯誤而羞愧，因為那些政治家、經濟學家、銀行家所受的欺騙並不比我們少。他們在那幾年裡同樣被經濟復甦的虛假繁榮所蒙蔽，為了國家安定疲憊不堪。實際上，抗爭已從國家之間轉到社會內部。我在戰後的最初幾天見證的那個場面，我後來才懂得它的深刻意義。我們在奧地利並不大了解義大利的政治狀況，只知道戰後失望情緒嚴重，社會主義傾向甚至布爾什維克傾向日益蔓延。在每堵牆上都可以看到用木炭和粉筆寫就的笨拙的筆跡：「列寧萬歲」。我們還聽說，在戰爭期間一個名叫墨索里尼的社會黨領袖宣布與本黨脫離關係，建立了一個對立的黨派。但是人們對這種現象只抱著一種無所謂的態度。這樣區區一個小黨能翻起什麼大浪來？當時每個國家都有這樣的黨派，在波羅的海沿岸地區到處都有義勇隊員在列隊行走；在萊因蘭和巴伐利亞都成立了分裂主義政黨。到處都有遊行示威和暴動，不過每一次暴動都被鎮壓下去，因而，沒有人想到那些穿黑衫的「法西斯分子」——他們穿的不是加里波第義勇軍的紅色衣衫——在未來的歐洲發展中會成爲重要因素。

在威尼斯，我突然對「法西斯」這個詞有了感性認識。一天下午，我從米蘭來到瀉湖島上那座可愛的城市，到達後竟沒有看到一位搬運夫和一艘遊船。工人和鐵路員工無所事事地站著，雙手插在衣袋裡，正在舉行罷工。當時我拖著很重的箱子，環顧四周，想找人幫忙。我向一個年齡稍大些的人打聽，哪個地方能找到搬運工。他遺憾地說：「您來的眞不是時候。不過我們現在經常罷工，這次是總罷工。」我不知道爲什麼要罷工，也就沒再繼續問下去。我們在奧地利對罷工早已習以爲常，每當社會黨人走投無路時就採用這種貌似最厲害的手段，可事後並無效果。我拖著箱子步履艱難地走著，直到我終於看見旁邊一條河裡有一個划遊艇的人偷偷摸摸地向我招手，接著他把我和兩只箱子弄到船上。船駛開時，有好幾個人向我的船主揮舞拳頭，因爲他成了罷工的破壞者。半個小時後我們到了旅館。住下後，按我的老習慣一定要到外面走一走，我來到集市廣場。那裡極其冷清，大多數商店都緊閉著門，咖啡館裡空無一人。只有一大群工人三三兩兩站在商店的拱廊下，好像在等待什麼特別的事。我便同他們一起等。不一會兒，等待的事情突然發生了，一隊年輕人邁著整齊的步伐從一條巷子裡急促走出來，更確切地說是疾步跑出來，佇列整齊，以訓練有素的節拍唱著一首歌，歌詞的內容我當時不知道，後來才知道是那首〈青年之歌〉。罷工的人數超出這支年輕隊伍百倍，他們在罷工的工人擁來之前，就已經揮舞著棍棒從罷工人群前面飛奔而過。這支隊伍組織嚴密，懷著極大的勇氣。當罷工工人意識到這是對他們的一種挑釁時，他們已跑得無影無蹤，無法把他們抓住。工人們氣憤地聚集在一起，緊握著拳頭，但爲時已晚，再也追不上那支小小的衝鋒隊。

凡是親眼看到的事始終是令人信服的。那時我才第一次明白，我幾乎一點也不了解傳說中的法西斯主義在現實中是怎麼回事。它是一股領導得非常好的力量。法西斯主義能煽起那些堅毅、勇敢的年輕人的狂熱崇拜。從此以後，我再也不能贊同佛羅倫斯和羅馬那些年紀較大的朋友的看法了。他們總是輕蔑地聳一聳肩膀，認爲他們是一幫「僱用來的歹徒」，並以譏笑的口吻談論他們的「魔鬼老頭子」。出於好奇，我買了幾期《義大利人民報》，從墨索里尼的尖銳、簡潔的拉丁式文風中同樣感到那種和奔跑著衝過集市廣場的年輕人一模一樣的堅毅。我當然不會預見到這場抗爭一年之後會達到什麼樣的規模。不過，從那時我就意識到，不僅在這裡，而且在世界各地仍然面臨著一場抗爭，我們的和平還不是眞正的和平。

我們歐洲的表面似乎是風平浪靜的，可它的底下卻潛藏著危險的暗流，這給我敲起了第一次警鐘。第二次警鐘也沒有等好久。由於重新享受到旅行的樂趣，我決定夏天到北海之濱的威斯特蘭去。當時，對一個奧地利人來說，能到德國去旅遊是頗爲誘人的。馬克和我們疲軟的克朗相比，依然保持著良好的信譽，看來，恢復工作正在全面進行。列車都正點到達，旅館裡窗明几淨，鐵路兩旁新住房和新工廠拔地而起。到處都在執行無可指責的規章制度，這種制度在戰前令人討厭，可在混亂時期卻受到讚揚。當然，德國國內仍存在一股緊張的空氣，因爲全國都在等待著，在熱那亞和拉巴洛舉行的最初幾輪談判中，德國作爲一個平等國家，能否實現減少戰爭賠償，或者至少能夠得到眞正諒解的一般的承諾。領導那幾輪在歐洲歷史上具有紀念意義的談判的人，正是我的老朋友拉特瑙。他在戰爭期間充分發揮了組織方面的傑出才能；是他最早認識到德國經濟最薄弱的環節，即易遭致命打擊的原料供應這個至關重要的問題。他及時（在時間方面他也很有預見性）把全部經濟集中到中央控制之下。而在戰後，需要一個人能與對手中最機智最富有經驗的人物去談判，這個外交部長的重任自然又落到他的身上。

我到了柏林之後，猶豫不決地給他打了一個電話。我怎麼可以去打擾一個正在造就時代命運的人呢？他在電話裡說：「是的，很難找出會面的時間。我現在爲了公務不得不犧牲朋友之間的友誼。」不過，他具有充分利用每一分鐘的特殊技巧，很快就找到了我們會面的辦法。他說，他要到幾家使館去拜訪，他是從格魯內瓦爾德出發到那些使館去，要坐半小時的汽車，所以最可行的辦法是我到他那裡去，然後我們在車上聊半小時。他的專注力很強，能夠從對一個問題的思考很快轉到對另一個問題的思考，所以他在汽車裡和列車上的談話，事實上就像他在辦公室裡一樣準確和透澈。我不想錯過這次機會，而且我相信，他能和一個不介入政治但又是他多年好友的人來談談心，同樣會感到高興。那是一次內容豐富的談話。現在我可以證明，拉特瑙還不是一個完全超脫的人，因此他完全是在心情不輕鬆、沒什麼興趣和不耐煩的情況下接受外交部長這個職務的。他預先就知道，他接受的任務暫時還是一項無法完成的使命。在最好的情況下，他只能爭取到四分之一的賠償費，得到一些無關緊要的讓步，但是還不能指望眞正的和平和寬宏大量的對待。他對我說：「也許十年以後吧，到那時我們這些人身體都不行了。尤其是老一輩的人已離開外交界，那些將軍們也只有自己的紀念雕塑默默地立在各個公共廣場上。」他清楚地意識到自己肩負著雙重任務，因爲他是一個猶太人。也許在歷史上難得有這樣的人，內心充滿著無窮的憂慮，抱著十分懷疑的態度，去迎接自己的使命。他很清楚，這個使命不是他憑一己之力能夠完成的，而是只有時代本身才能完成。他已預見到，這一使命還會給他本人帶來危險。埃茨貝格爾[154]就是由於承擔停戰協議中令人不快的義務而遭暗殺的。而魯登道夫卻在接受此項任務之前就不聲不響地離開了德國。從此以後，拉特瑙毫不懷疑，作爲謀求和解的先驅戰士，相似的命運在等待著他。不過，他沒有結婚，沒有兒女，孤身一人。所以他說他沒什麼好怕的；而我也沒有勇氣去提醒他注意自己的人身安全。拉特瑙在拉巴洛的談判中表現相當出色，在當時的條件下可以說是已取得最好的成果，在今天看來，依然如此。他具備及時抓住有利時機的出色才能和政治家的風度，再加上他個人的聲望，使他取得了前所未有的成功。但是國內有些組織變得很強

---

154 馬蒂亞斯・埃茨貝格爾（一八七五—一九二一），德國政治家，第一次世界大戰後任德國政府談判代表團團長，力主接受《凡爾賽和約》，後被狂熱的國家主義者暗殺。

大。那些人詭計多端，他們認爲，只要向戰敗國的國民聲明：我們根本沒有戰敗，任何談判和讓步都意味著對國家的背叛。這樣說的次數越多，就越能招徠更多的人。那些大搞同性戀的祕密團體勢力很大，是當時共和國的領導人所始料不及的。但是共和國的領導人以自由的觀念對那些要把德國的民主永遠消滅的人抱著聽之任之的態度。

我在外交部門前同他告別，當時我萬萬沒想到，那竟是訣別[155]。後來，我在照片中辨認出，我們一起坐車行駛的那條街，正是不久後暗殺者伏擊的那條街，僅僅是由於僥倖，我沒有成爲那場不幸的歷史事件的目擊者。所以我事後對那一事件感到特別痛心。隨著這一悲劇的結束，德國的不幸、歐洲的不幸也就開始了。

那一天，我已到了威斯特蘭，數以千計的療養旅客正在海濱快活地游泳。一支樂隊就像宣布法蘭茲·斐迪南被暗殺的消息那天一樣，照樣爲無憂無慮的避暑的人們演奏音樂。送報人像白色的信天翁一樣穿過林蔭道飛速而來，一邊高喊著：「瓦爾特·拉特瑙被暗殺！」人們驚慌失措，全國震動。馬克迅速貶值，一直跌到用數以兆計的瘋狂比例來計算爲止。通貨膨脹的混亂局面剛剛開始。我們奧地利貨幣貶值的比例達到一比一萬五千時，就認爲已是非常荒唐，現在與德國的通貨膨脹比例相比，簡直是小巫見大巫。如果能把馬克貶值的細節和那些難以置信的事例都寫出來，簡直能寫成一本書；而這本書在今天看來，好似童話一般。我經歷了那樣的日子：早上用五萬馬克買一張報紙，晚上就要用十萬馬克。兌換外幣

155　一九二二年六月二十四日，拉特瑙在去外交部的途中被德國國家主義者暗殺。

不能一下子換完，只好按鐘點分幾次兌換，因爲四點鐘兌換的比價可能要比三點鐘的多好幾倍，五點鐘兌換的比價要比四點鐘的多好幾倍。例如，我給出版商寄一部我寫了一年的手稿，爲了保險起見，我讓他立刻預付給我一萬冊的稿費，當支票到手時，其面值還抵不上一週前寄稿件的郵資。電車票價以百萬計算。帝國銀行用卡車向各支行運送鈔票。十四天後，我在排水溝看到一張面值十萬馬克的鈔票，是一個乞丐看不上扔掉的。當時買一根鞋帶用的錢，在過去可以買一雙鞋子，不，可以買一間有兩千雙鞋子的豪華鞋店；修一扇打碎的玻璃窗比過去買一幢樓的價格還高。一本書的價格比以前一家擁有數百台機器的印刷廠還要貴。用一百美元可以買到庫達姆林蔭道上一幢七層的高樓。幾個剛成年的小夥子在港口發現別人遺忘的一箱肥皂，就可以坐小汽車兜幾個月的風，因爲每天只要賣出一塊肥皂，就可以生活得像貴族一般。而他們的父母，以前是富人，現在卻成了乞丐，處境艱難地到處奔走。送報人現在蓋起了銀行大樓，他在各種外匯兌換中發了橫財。他們中的佼佼者是那個名叫斯廷內斯的大贏家。他利用馬克貶值的時機擴大自己的信貸業務，而自己只買進礦山和輪船、工廠和股票、城堡和農莊；但實際上所有的東西都沒花一分錢，因爲每一筆錢，每一筆貸款最後都等於零。不久，四分之一的德國財富都掌握在他的手中。德國人總是對看得見的成就洋洋自得，於是對他推崇備至，甚至把他捧爲天才，熱烈歡呼。這當然是不正常的。成千上萬的失業者到處都是，他們向黑市商人和坐在豪華汽車裡的外國人揮舞拳頭，因爲他們把整個街道的東西全買光了，就像買一盒火柴那麼簡單。凡是能認字能寫字的人都做起買賣來，想辦法投機倒把，不過每個人的心裡都有一種感覺：大家都在相互欺騙，同時又被一隻爲了使國家擺脫負債和義務蓄意製造這種混亂局面的黑手所欺騙。我自信對歷史了解得很清楚，據我所知，歷史上從來沒出現過與此類似的瘋狂時代，通貨膨脹的比例會如此之大。一切價值都變了，不僅在物質上如此；國家的法規遭到嘲笑；所有的道德規範遭到鄙視；柏林成了世界上罪惡的淵藪。酒吧、遊藝場、小酒館像雨後春筍般冒了出來。相比之下，我們奧地利出現的那種混亂局面不過是在群魔狂舞面前的一次小小的前奏，因為德國人把他們的全部熱情和一絲不苟的作風都搞顛倒了。穿著緊身上衣、塗脂抹粉的年輕人沿著庫達姆林蔭道遊來逛去，不僅是有職業的年輕人，就連中學生都想掙錢。在昏暗的酒吧間裡，可以看到政府官員和大金融家恬不知恥地向喝醉酒的海員獻殷勤。甚至在斯韋東[156]的羅馬也沒有見過像柏林那種舞會上互穿異性服裝狂熱放蕩的場面。上百名男青年穿著女人的服裝，女青年穿著男人的服裝，在警察贊許的目光下跳著舞。在一切價值觀跌落的情況下，那些迄今為止生活秩序並沒有被波及到的市民階層也遭受到一種瘋狂情緒的襲擊。年輕的女孩們把不正常的兩性關係引以為榮，當時在柏林的每所中學，如果一個女孩到了十六歲還是處女，就會被視為不光彩。每個女孩都願意將自己的風流事張揚出去，越有異國情調越好。但是，這種色情本身最令人反感的是它可怕的虛偽。事實上，這種伴隨通貨膨脹而迸發出的德國人的恣意縱欲無非是一味追求時髦而已；那些出身正派的市民家庭的女孩子，她們原本寧願將頭髮簡單地梳向兩邊，而不願意梳男孩子那樣光溜溜的髮型。她們原本寧願用小勺吃蘋果餡餅，而不願喝烈酒。可是每天都遇到的通貨膨脹像脫韁的烈馬一樣飛奔，全國人民都無法忍受，人人都

156 斯韋東（約七〇—一四〇），羅馬傳記作家，他所處的時代正是羅馬帝國安東尼王朝的盛世。

神經緊張。被戰爭弄得滿目瘡痍的國家，實際上都在渴望秩序、平靜、安寧和法紀。整個民族在暗地裡都非常憎恨這個共和國，卻不是因爲共和國粗暴地壓制了放縱的自由，恰恰相反，共和國把自由放得太鬆了。

誰經歷過世界末日似的可怕歲月，都會有這種感覺：事物發展到極限必然產生反彈，而德國正處在這一可怕的過程中。那些使德國陷入亂世的幕後人物，手裡正拿著鐘錶笑嘻嘻地等待著：這個國家情況越糟，對他們就越有利。他們得勢的時刻即將到來。一股反革命勢力已經明目張膽地聚集在魯登道夫周圍，希特勒當時還未掌權，當然擁戴他的人更少些。那些被人扯下肩章的軍官組成祕密團體。那些眼看自己的積蓄被人騙走的小市民悄悄進行聯絡，準備隨時回應任何能恢復正常秩序的號召。對德意志共和國來說，再也沒有比這個更具有災難性的了：共和國本著理想主義的意圖，既給人民以自由，也給敵人以自由。由於德國人民從來都是講秩序守紀律的民族，所以對政府給的自由不知該怎麼辦，正急不可待地盼望有人出來剝奪他們的自由。

德國通貨膨脹結束的那一年（一九二三年）可以說是一個歷史的轉折點。用令人眩暈的一兆馬克兌換一個新馬克的時候，也正是一切都恢復正常之日。事實上，隨著通貨膨脹泛起的汙泥濁水從此迅速消失，酒吧、小酒館也消失了，社會秩序日趨正常。現在，每個人都能清楚地算出自己的得失。大多數人，即廣大人民遭受了損失。可是，這種責任沒有讓那些挑起戰爭的人去負，而是要那些本著犧牲精神恢復新秩序的人來負，他們不但得不到感謝，建立新秩序的責任也落在他們的肩上。再也沒有什麼能像通貨膨脹那樣使全德國人民變得如此充滿仇恨、如此充滿殺機——這是需要我們永遠引以爲戒的。因爲戰爭是殺戮的工具，但人們卻以勝利的號角和鐘聲歡呼勝利的時刻。德國作爲一個根深蒂固的軍國主義國家，曾爲自己一時的勝利無比自豪，與之相反，通貨膨脹卻使德國感到自己受到玷汙、屈辱和欺騙，國家的聲譽遭到損害。整個一代人不會忘記和原諒德意志共和國時期那些苦難的日子，他們不願受屈辱，寧願回到大肆殺戮的時代。不過，這一切離我們還很遙遠。到了一九二四年，從表面上看，這種混亂不堪的局面，猶如飄忽不定的鬼火，似乎已經過去。光明的日子重新到來，秩序得到恢復。我們的內心感激不已。我們再一次認爲，戰爭永遠消失了。我們像以前一樣，又當了無藥可救的大傻瓜。但是，這種自欺欺人的幻想給了我們十年的工作、希望和安全的時間。

在今天看來，從一九二四年到一九三三年短暫的十年時間，是德國通貨膨脹結束到希特勒攫取政權的這十年，我們這一代人作爲見證人和犧牲品，這十年是自一九一四年所開始的一連串災難後出現的一段平安無事的安全時期。並不是說這十年裡沒有出現過任何緊張局勢、動盪不安和危機——特別是一九二九年的經濟危機。不管怎麼說，這十年裡歐洲的和平得到保障，僅僅這一點就具有非常重要的意義。在這十年裡，德國被光榮地接納爲國際聯盟的成員，利用貸款促進了經濟的發展（實際上是祕密擴充軍備），英國裁減了軍備，義大利的墨索里尼接管了對奧地利的保護。世界好像要重新建設自己。巴黎、維也納、柏林、紐約、羅馬，無論是戰勝國的城市還是戰敗國的城市，都變得比以往更加美麗。飛機加快了速度。辦理護照的規定已經放寬。貨幣比價的大幅波動已經停止，人們可以知道收入和支出的具體數字，注意力已不再熱衷於那些瑣碎的表面問題。人們能夠重新工作，集中精力去思考文學藝術等方面的事情。人們甚至在夢想一個統一的歐洲。好像那十年時間，雖然不過是世界上的一瞬間，卻重新把一種正常的生活賦予我們這一代經受考驗的人。

在我的個人生活中最值得注意的是，在那幾年中，有一位客人來到我家，並友好地留了下來，那是我從未期待過的客人——成就。不言而喻，談論我的書取得的表面成就對我來說並不愉快。在一般的情況下，我也不會留下那些可能被看作沾沾自喜或自吹自擂的粗略說明。但是，我有一種特殊的權利，甚至可以說我是在強迫自己對我一生中的歷史事實不再保持緘默。因爲七年以來，即自希特勒上臺以來，我的成就已經成爲歷史。我的數十萬冊甚至數百萬冊書曾在當時的書店和無數家庭中有過穩固的地位。可是在今天的德國，我的書一本也買不到；要是誰還有我的一本書，就要小心謹慎地藏起來。我的書在公共圖書館裡始終被塞在所謂的「毒品櫃」裡，在極少的情況下，除非經過官方批准，才有人爲了「學術上」的需要去看那些書籍——大多數是爲了批判辱罵。我的讀者，我的朋友們給我寫信時，在信封上早就沒人敢寫上我那已列入另冊的眞實姓名。更有甚者，在法國、義大利以及所有目前被奴役的國家，我的書同樣根據希特勒的命令遭到禁止。而在當年，我的書的譯本在那些國家屬於讀者最多之列。如我們的格里爾帕策所說，今天我作爲一個作家，是一個「在自己的屍體後面行走的人」；四十年來，我在國際上所創作的一切，或者說幾乎一切，都被那隻拳頭擊得粉碎。因此，在我談論自己所取得的「成就」時，我說的並非今天屬於我的東西，而是過去屬於我的東西；正如我的家、我的祖國、我的自信心、我的自由、我的沒有偏見一樣，都已屬於過去。如果我事先沒有指出我在被人推入深淵之前所達到的高度，就無法形象地說明我和其他無數相同的無辜者以後又被人推落到有多深。我也無法說明我們整整一代文學工作者是如何一下子被澈底消滅的，因爲我不知道歷史上是否還會有第二個例子。

我的成就不是突然降臨到我家的；它是緩慢地、小心翼翼地來到的。在希特勒用法令的鞭子把它從我身邊趕走以前，它一直忠實地、頑強地與我相伴。我的成就一年比一年高漲。繼《耶利米》發表以後的第一本書，是我的《世界建築師》三部曲中的第一卷《三大師傳》，它爲我開闢了道路；在此之前，曾出現表現主義者、唯意志論者和實驗主義者，不論是這個主義還是那個主義，對堅韌不拔的人來說，那條通向人民的路又暢通了。我的中篇小說《馬來狂人》和《一個陌生女子的來信》深受讀者的歡迎，達到了平常只有長篇小說才會有的程度。這兩篇小說被改編成戲劇，它們的片斷被公開朗誦，後來又被改編成電影。我的那本小書《人類群星閃耀時》成了所有學校的讀物，不久被列入「島嶼叢書」，印數很快達到二十五萬冊。沒幾年時間，我就獲得了在我看來是一個作家最有價值的成就，那就是：一個廣大的讀者群，一批可信賴的讀者，他們期待購買我的每一本新書。他們信賴我，我也不能辜負他們的希望。我的讀者群越來越大，我的每本書剛出版，在德國第一天的銷售量就可以達到兩萬冊，而且報紙上還沒有登過廣告呢！有時我故意避開這種成就，可是它卻出人意料地始終伴隨著我。所以，爲了自娛自樂，我寫了一本《富歇傳》。我把書寄給出版商後，他立刻回信說要印一萬冊。我隨即覆信，請他不要印那麼多。我說富歇是個不會給人好感的角色，況且書裡也沒有任何描寫女人的情節，不會吸引讀者，所以最好印五千冊。一年之後，這本書在德國銷售了五萬冊。可是在同一個德國，今天卻不允許人們讀我寫的一行字。我以一種幾乎是病態的狐疑心情寫的悲劇《沃爾波內》也遇到類似的情況。我原計畫把它寫成詩劇，於是先花了九天的時間用散文體寫出各場次，當然顯得有點鬆散和膚淺。由於德勒斯登宮廷劇院首演了我的第一部劇作《忒耳西忒斯》，我總覺得對該劇院欠了一份情，正巧就在那幾天，劇院偶然來信問我有什麼新的創作計畫，我馬上就把散文體寫的劇本初稿寄去，並表示歉意說：我所寄奉的只是我打算改成詩劇的散文稿。可是劇院立刻給我來了電報，說對我的劇本不需要作任何修改。後來，這個劇本就是以散文的形式登上世界各國舞臺的（在紐約，是由以艾爾弗雷德・倫特爲首的戲劇公會演出的）。總而言之，我在那幾年取得的一切成就，總是受到日益增長的德語讀者忠誠的守護。

由於我爲外國的作品或人物寫評論或傳記時，始終把探求這些作品或人物在其所處的時代裡發生影響或不發生影響的原因爲己任，所以，我在思考過程中不得不反問自己，我的書之所以能取得意想不到的成就究竟是由於哪些特點。最終我才相信，那是由於一種個人的惡習，也就是說，我是一個急躁又易動感情的讀者。在任何一部小說、任何一本傳記裡，或者在一場思想意識的辯論中，任何冗長繁瑣、空乏鋪張、晦澀朦朧、含混不清以及一切畫蛇添足之處，都使我反感。只有每一頁都始終保持高潮，促使人一口氣讀到底的書，才能使我感到完全滿足。我發現，我手裡有十分之九的藏書都是描寫過多，對話囉嗦，有許多配角沒有必要，面鋪得太廣，因而使作品顯得不緊湊，沒有生氣，甚至一些經典名著也有許多拖泥帶水的地方，破壞我的情緒。我曾多次向出版商闡述我那項大膽的計畫，把全部世界名著，從荷馬、巴爾札克、杜斯妥也夫斯基直至《魔山》，進行澈底的縮寫，去掉個別累贅段落，出版一套簡明叢書。只有這樣，所有這些無疑包含著超越時代內容的作品，才能在我們的時代重新生氣勃勃地發揮作用。

我對所有的繁瑣和冗長所抱的反感，勢必會從閱讀外國作品轉移到自己的寫作上，同時教我養成一種特殊的警惕性。本著這種警惕性，我的創作刻意追求輕快和流暢。書的第一稿，我只是信手寫來，把心中所思傾瀉在紙上。同樣，在寫一部傳記時，我首先把一切想到的可供使用的文獻中的細節利用起來，如在《瑪麗．安東尼》這部傳記作品中，我事實上把每一筆帳目都核算過，以確定她個人的開銷；我還研究當時所有報紙和小冊子，從頭至尾仔細研讀了所有的訴訟卷宗。可是在印刷好的書裡，卻找不到素材裡的任何一句話。因爲一本書的第一稿剛剛謄清，對我來說正式的工作才剛開始，即進行壓縮和結構調整；我一遍又一遍地推敲各種表達方式，這是一項無止境的工作，一項不斷地去蕪存精，對內部結構進行精煉的工作。大多數人總是下不了決心對自己所知道的一些事保持緘默，而熱衷於在字裡行間將所知道的一切加以擴展；而我的看法是，絕不能只看表面現象，重要的是了解事物的內情。

這種對作品壓縮的過程，也是使作品更加戲劇化的過程，要在長條校樣上重複一次、兩次和三次，這種反反覆覆的工作成爲一種興趣很濃的捕獵，即在不會影響作品的準確性，同時又能加快節奏的情況下，找出可以刪減的一個字，一句話甚至一大段。我的整個創作中，最使我感到有趣的就是這種刪節工作。我記得有一次，當我特別滿意地放下工作，站起來時，我妻子說我看上去分外高興，我自豪地回答她：「是的，我成功地刪去了一大段，這樣文章更緊湊了。」如果說，我的書被譽爲情節緊湊和富有戲劇性，那麼這種特點並不是由於我天生的性急或者內心的激昂，而僅僅是因爲我採用了去掉多餘的休止符和雜音的條理化的方法。倘若在已寫完的一千頁稿紙中有八百頁被扔進紙簍，只留下二百頁經篩選的精華，我絕不會抱怨的。我的書之所以能夠在一定程度上具備那麼大的影響，那是因爲我嚴格遵循我的原則：寧可在形式上緊湊些，但內容必須是最重要的。我覺得非常幸運，由於我的寫作意圖從一開始就是面向全歐、超越國界的，所以國外的出版商，如法國、保加利亞、亞美尼亞、葡萄牙、阿根廷、拉脫維亞、挪威、芬蘭和中國的出版商，紛紛來信同我聯繫出書事宜。不久，我不得不購買一個特大的書櫃，以便容下不同譯本的樣書。有一天，我從日內瓦國際聯盟的《智力合作》的統計表上看到，我的作品是當時世界上被翻譯最多的（按我的秉性來說，我會認爲它是一篇錯誤的報導）。又有一天，我收到了俄國出版社的來信，說該出版社要出版我的作品的俄文版全集，問我是否同意請馬克沁・高爾基爲全集寫序言。當我還是中學生的時候，我就喜歡高爾基的小說，是偷偷摸摸把書藏在長椅底下讀的，多年來我一直愛戴和敬佩他。但是，我從未想過他會知道我的名字，也沒想過他會讀我的一些作品。至於這樣一位文學巨匠認爲有必要親自動筆爲我寫序，我更是不敢妄想。還有一天，一位美國出版商帶著一封介紹信——好像非這樣不可似的——來到薩爾茲堡我的家，建議出版我的全部著作，並保留連續出版權。這就是瓦伊金出版社的班雅明・許布施。從那以後，他就成了我最可靠的朋友和顧問。當希特勒踐踏了歐洲的一切，我失去了我眞正的故鄉，德國故鄉和歐洲故鄉之後，是他爲我建造了一個文字的故鄉。

這樣一種表面上的成就，很可能產生危險，使人飄飄然，更多地相信自己事先美好的打算，而對自己的能力和作品的效果卻想得很少。一個人不管以什麼方式出名，本身就意味著他自然平衡的狀態遭到了破壞。在一般的情況下，人的名字不過是一個標記，猶如雪茄的外殼一樣，是一個無關緊要的客體，它與眞正的主體本來只有鬆散的聯繫。一旦這個名字取得了成就，這個名字就會身價百倍。名字就會脫離主體成爲一種權力、一種力量、一種自在之物、一種商品、一種資本，而且在各種強烈力量的作用下，成爲一種左右主體並使主體發生變化的力量。那些走運的、充滿自信的人，就會不知不覺地習慣於受這種力量的影響。頭銜、職業、勛章以及名揚天下，都會使他們的內心產生更大的自尊和自信，使他們錯誤地認爲，他們在社會、國家和時代之中占有特別重要的地位。於是他們爲了用本人的力量達到他們那種外在影響的最大容量，就情不自禁地大吹大擂起來。不過，一個天生對自己持懷疑態度的人，他就會把任何一種外在的成就看作一種在那種微妙的處境中使自己保持不變的責任。

我這樣說，並不是說我對我的成就不感到高興。恰恰相反，我的成就使我歡欣鼓舞。不過，我的成就也僅僅限於那種脫離了我這個主體的產物，即我所著的書以及與書相聯的我的虛名。當我偶然在德國一家書店裡看到一個我不認識的小小中學生用一點零花錢買我寫的那本書《人類群星閃耀時》，那情景使我深受感動。當臥鋪車廂的列車員在登記姓名之後，十分尊敬地把護照交給我時，當義大利海關人員因讀過我的一本書而不再對我的行李作檢查時，我心裡也曾沾沾自喜。個人的作用日益擴大的時候，會使一個作家忘乎所以。有一天我到萊比錫去，正巧那天要發行我的一本新書。當我看到我用三、四個月寫完的三百頁的書竟在無意中要花費那麼多的人力時，我內心無比激動。工人們用大木條箱把書捆裝起來，另一些工人唉喲唉喲哼著號子將木箱抬過來，裝上汽車，然後卡車將木箱送到發往世界各地的火車車廂裡。幾十名女孩在印刷車間分層堆放紙張。排字工、裝訂工、搬運工和批發商從早工作到深夜。我自己計算了一下，那些書如果像磚塊一樣排列起來，就能建成一條相當壯觀的馬路。我從不因爲自命清高而輕視物質利益。開始那幾年，我從不敢想我的書能賺錢，或者甚至靠版稅能夠維持生活。而現在，我的書給我帶來了可觀的而且是不斷增長的收入。這些錢似乎可以永遠消除我的一切憂慮——當時誰還會想到我們今天的時代呢？我還能夠慷慨大方地縱情於我青年時代的愛好：蒐集名人手跡，那些最精美最寶貴的聖人遺物在我這裡找到了妥善的歸宿。我能用我寫的，從更深的意義上說，相當短命的作品換來的錢，去換取那些不朽作品的手稿，如莫札特、巴赫、貝多芬、歌德、巴爾札克的手稿。所以我認爲，那種意想不到的表面成就竟無所謂地或者說內心並不情願地落在我身上，眞是一種可笑的舉動。

不過，當我今天說，我只爲我的書所取得的成就和我在文學界獲得的聲譽而高興，但如果好奇心轉移到我個人身上，那麼這種成就只會引起我的反感，我這是在說實話。從我少年時起，我心中最強烈的本能願望就是：永遠保持自由和獨立。我甚至感到，任何一個酷愛自由的人，如果到處刊登他的照片，他身上最美好的東西就會受到阻礙和歪曲。除此之外，我出於愛好而開始的事業，很可能會變成一種職業或企業形式的危險。郵局每天送來大批信件、請柬、通知和要求答覆的諮詢。每當我外出一個月，回來時就得用兩三天時間處理那些堆積如山的郵件，以便讓「企業」的工作恢復正常。儘管我不想這麼做，可由於我的書十分暢銷，使我陷入忙碌不堪的事務中。爲了處理好各種事宜，我必須井井有條、統觀全局、辦事準確、工作熟練，這一切可以說是非常受人尊敬的美德，可是與我的秉性卻格格不入，必將嚴重影響和威脅那種純粹的無拘無束的思考和夢想。所以，越是有人請我到大學講課，出席各種慶典，我就越深居簡出。我從不拋頭露面宣揚自己。我也從未克服那種幾乎是病態的靦腆。直到今天，我還有這種出自本能的習慣：在大廳裡、在音樂會上、在劇院看戲時，總是坐在不顯眼的最後一排；沒有比在臺上或者在拋頭露面的位置讓大家盯著我看更使我難以忍受的了。對我來說，各種形式的隱姓埋名是一種本能的需要。當我還是一個孩子時，我就始終不能理解，爲什麼老一輩的作家和藝術家，像我尊敬的朋友亞瑟・史尼茲勒和赫爾曼・巴爾，總是喜歡穿絲絨茄克衫，燙著鬈髮，讓鬈曲的頭髮飄落在前額上，或者留奇特式樣的鬍鬚，穿與眾不同的服裝，在大街上招搖過市。我深信，任何一個想以非常裝束使自己聞名四方的人，會在不知不覺中使自己的生活變成像韋爾弗爾所說的那種「鏡中人」。人的每一個姿態無不顯示出一個人的風格。過於注重儀表的多樣化，那麼內在的誠懇、自由和無憂無慮就消失殆盡。如果我今天還能重新開始，那麼我會用另一個名字，一個杜撰出來的名字，一個筆名發表我的作品，這樣我就能夠一箭雙雕：既能享受文學成就帶來的幸福，又能享受隱姓匿名帶來的平靜生活。因爲像這樣兩全其美的生活，本身就充滿了魅力和層出不窮的驚喜。

日落

我很喜歡一次又一次地回想從一九二四年到一九三三年這段歐洲相對平靜的時期，也就是攪亂世界的那個人——希特勒——崛起前的十年。因爲我們這一代人在十年之前受的苦難實在太深重了，所以我們把這相對平靜的十年看作十分珍貴的禮物。我們大家都有一種想法，我們一定要在這十年中彌補第一次世界大戰和戰後的艱苦歲月從我們生活中奪走的自由、幸福與精神財富；所以我們發奮工作，心情卻非常舒暢；我們四處漫遊，試圖找到一個新的歐洲，一個新的世界。人們外出旅遊從沒有像這十年裡那麼多。是否青年人忍耐不住，急於彌補他們過去由於彼此隔絕所造成的損失呢？在我們重新被禁錮之前，及時衝出這狹小的天地，這或許還包含一種朦朦朧朧的預感吧？

在那個時候，我經常外出旅行，只不過跟我青年時代的旅行不可同日而語罷了。因爲我在許多國家已不是籍籍無名了，到處都有我的朋友，我的出版人，還有一大群讀者。去那些國家我是作爲作者去的，不再像從前那樣名不見經傳，純粹出於好奇而旅行。這給我帶來很多好處。我能夠更爲有效、更爲廣泛地宣傳我多年以來爲之奮鬥的理想：爭取歐洲精神的統一。我本著這個信念在瑞士和荷蘭發表講演；我用法語在布魯塞爾的藝術宮演講，用義大利語在佛羅倫斯那座具有十三世紀藝術風格、富有歷史意義的大廳——米開朗基羅和萊奧納多·達·芬奇曾在這裡住過——發表演講。在美洲，在大西洋到太平洋彼岸的一次巡迴演講中我又用英語。這是一種完全不同類型的旅行；在那些國家我可以看見該國最優秀的人物，像老朋友似的，不用特意去尋找他們。在我年輕的時候，我對他們深懷敬意，不敢給他們寫一個字；而現在，我們卻成了朋友。現在我已躋身於那個把陌生人傲慢地拒之門外的社交圈子；我可以參觀巴黎聖日爾曼區華麗的宮殿建築和義大利的高級宅邸；我可以看到私人的珍藏；現在，我已用不著在圖書館借閱臺前求助於人，而是圖書館館長親自把館藏善本拿給我看。我還可以在擁有百萬美元資產的古董商那裡，如費城的羅森巴赫博士家做客，每當小收藏家從這些古董店鋪前走過時，總是滿面羞色。於是，我第一次見識到這個所謂的「上層」世界及這個世界的奢華。而這一切無需我向別人請求，是他們自己送上門來的。然而，難道這樣一來我就見多識廣了嗎？不，我依然渴望我青年時代那種無人等候的旅行，而且由於隻身行動，一切更有神祕感，所以我還不願放棄過去那種旅行方式。每當我去巴黎，我儘量避免在到達當天通知羅歇・馬丁・杜加爾[157]、儒勒・羅曼、杜阿梅爾、馬塞雷爾這些最好的朋友。我像大學時候那樣，先在大街上漫無目的地閒逛，重訪那些我年輕時候喜歡的咖啡館和小飯店，讓自己重溫年輕時代的美夢；如果我想寫作，我也是到那些別人想不到的地方去，如布洛涅或蒂拉諾或第戎這樣一些外省的小地方。我覺得，在住過那令人厭惡的豪華大旅館之後，住進小旅館，無人知道自己的行蹤，起居行動完全按自己的意願，是最愜意不過的事了。儘管後來希特勒從我身上奪走了許多東西，但是這種美好的感覺，在這十年裡按自己的意願充分享有內心自由的歐洲式生活，是他既不能沒收，也不可能從我心中磨滅的。

在眾多的旅行中，特別使我激動和受教益的一次旅行是去新的俄國。一九一四年戰爭爆

157 羅歇・馬丁・杜加爾（一八八一——一九五八），法國著名作家。代表作有長篇小說《蒂博一家》。

發前夕，我正在寫一本關於杜斯妥也夫斯基的書，當時我就爲此行作準備了。後來，戰爭打亂了我的計畫，自那以後，又有一種新的顧慮妨礙著我。由於布爾什維克的實驗，俄國對一切有知識的人來說，成了戰後最富有魅力的國家。有人熱烈讚美它，有人瘋狂反對它，但這兩種人都沒有眞正了解它。由於宣傳和同樣激烈的反宣傳，沒有人清楚地知道那裡到底發生了什麼。但是人們都知道，那裡正在進行一些全新的試驗，不管這些試驗是善是惡，它們很可能決定我們這個世界的未來形式。蕭伯納、威爾斯[158]、巴比塞、伊斯特拉蒂[159]、紀德及其他許多人都去訪問了這個國家；當他們回來時，有的興高采烈，有的失望沮喪。這樣反而引誘我親自到這個國家去看看，得出自己的結論。我的書在那裡廣泛流傳，不僅有馬克沁・高爾基爲我撰寫序言的全集，還有定價幾個戈比的廉價普及本在廣大群眾中間流傳。顯然，我到了那裡會受到很好的接待。但是，仍然存在妨礙我成行的因素，因爲在當時去俄國的任何旅行，本身就意味著一次政治表態：要我這個對教條主義和政治深惡痛絕的人，在對一個難以預測的國家進行幾週一般性的觀察之前就表示贊許或否定；要我對一個尚未解決的問題事先就發表自己的判斷。所以，儘管我有強烈的好奇心，我還是下不了決心到蘇維埃俄國去。

---

158 赫・喬・威爾斯（一八六六—一九四六），英國科幻小說家。

159 帕納伊・伊斯特拉蒂（一八八四—一九三五），用法語寫作的羅馬尼亞小說家。代表作有《安格爾舅舅》、《阿德里安・佐格拉菲的故事》。

一九二八年初夏，我收到了一封邀請信，要我作爲奧地利作家代表團的成員到莫斯科參加紀念列夫・托爾斯泰誕辰一百周年的紀念活動，並請我在大會上致辭。我沒有任何理由拒絕這次機會，因爲這次活動是超黨派的，從而我的訪問也就失去了政治色彩。托爾斯泰是一個非暴力的信徒，而不是一個布爾什維克主義者。我寫的那部關於他的書，已有數萬冊在那裡流傳，顯然我有權談談作爲作家的托爾斯泰。而且我還覺得，如果所有國家的作家們都團結一致，共同紀念他們中間最偉大的人物，按照歐洲人的思想方法，這無疑是一場重要的示威。於是，我接受了邀請，而且對這次迅速的決定一點也不後悔。因爲穿過波蘭就已使我大長見識。我沿途看到，我們的時代治癒自己的創傷有多麼快。我在一九一五年曾經看到過的在戰爭中化爲廢墟的加利西亞城市如今已煥然一新。我又一次認識到，十年時間在個人的一生中是一段頗長的路程，而在一個民族的生存中僅僅是一瞬間。在華沙已經看不到交戰雙方的軍隊在這裡兩次、三次、四次激烈戰鬥的痕跡。咖啡館裡坐著時髦的婦女，十分耀眼；穿得筆挺、身材修長的軍官在大街上散步，看上去更像扮演官兵的皇家劇院的演員。到處都可以感受到一股奮發向上、信心十足的自豪的氣氛，因爲如此興隆的新的波蘭共和國是從幾百年的瓦礫堆上建立起來的。離開華沙，我們繼續向俄國邊境駛去。大地越來越平坦，沙土地面越來越寬廣。每到一個車站，當地村莊的居民都穿著色彩鮮豔的鄉村服裝站在車站兩旁，村民們把觀看一趟連接東西方世界的特別快車當作盛事。因爲在當時，每天只有一趟客車從這裡駛向那個禁止外人入境的封閉的國家。邊境車站涅戈洛爾耶終於到了。鐵軌上方高高地懸掛著一條寬大的鮮紅橫幅，上面用西瑞爾文寫著一句標語，我不認識，別人給我翻譯說，那是：「全世界的無產者聯合起來！」我們從這條鮮紅的標語下穿過，踏上了無產階級的帝國——蘇維埃共和國的土地，進入到一個新的世界。當然，我乘坐的列車並不是無產階級的，而是沙皇時代的臥車，比歐洲豪華的列車還要舒適方便。因爲車體寬大，行駛速度比較緩慢，震動也小。我是第一次穿越俄國的大地，奇怪的是，我對這片土地並不感到陌生，覺得一切都那麼熟悉：空曠略帶一點憂傷的草原；草原上的小茅舍；矗立著洋蔥頭形屋頂建築的小城鎮；留著長鬍鬚、一半像農民一半像先知的男人，用善良憨厚的笑聲向我們致意；戴著花頭巾、穿著白色短裙的婦女向我們出售格瓦斯、雞蛋和黃瓜。我怎麼會早知道這一切呢？那是因爲我讀過俄國文學大師，如托爾斯泰、杜斯妥也夫斯基、阿克薩科夫、高爾基的作品，他們用卓越的現實主義手法描繪了「民間」生活。那些穿著白色肥大上衣的普通男子站在那裡，憨態可掬，和藹可親；列車裡年輕的工作人員，有的下棋、有的看書、有的在交談；雖然我聽不懂他們的談話，但我相信自己懂得這些人說的意思，我覺得在他們身上具有青年人那種心神不定、不能自制的精神狀態，由於他們受到了巨大力量的召喚，所以在他們身上迸發出特殊的活力。如果說，托爾斯泰和杜斯妥也夫斯基對「民眾」的愛會在一個人的心中起到回憶的作用，那麼我在列車上就已經對這些單純又動人、聰明又尚缺修養的青年人產生了憐憫之情。

我在蘇維埃俄國度過了高度緊張的十四天。我看、我聽，有時讚賞、有時厭倦，有時歡樂、有時生氣，始終是一股介於冷熱之間的交流電。莫斯科本身就是一個矛盾體——那裡有壯麗的紅場，旁邊是宮牆和洋蔥頭形屋頂的建築，有一點兒韃靼人的、東方的、拜占庭的奇特風格，這也是古老俄羅斯的風格；在紅場的另一端矗立著現代化、超現代化的高層建築，猶如一群陌生的美國巨人。兩者格格不入；被煙燻黑的古代希臘正教的聖像和鑲嵌寶石的聖壇在昏暗的教堂裡影影綽綽地放著金光，而離教堂百步遠的地方卻是一口水晶棺材，裡面躺著穿黑色西裝的列寧遺體。這裡剛剛粉刷過（我不知道是否因爲我們的到來），一邊行駛著幾輛閃閃發光的小汽車，另一邊卻是滿臉鬍鬚、一身油汙的馬車夫輕輕地吆喝著，揮動鞭子驅趕著駕車的瘦小馬匹。我們發表演講的大歌劇院裡燈火輝煌，在無產階級的觀眾面前仍然是一派沙皇時代富麗堂皇的景象。而在郊外，則是一片老式的舊房子，好像髒兮兮無人照料的老人，爲了不致跌倒而互相緊緊地依靠著。所有的一切早就陳舊不堪，可是現在卻想要一下子變得現代化、超現代化。因爲這種急於求成，莫斯科人滿爲患，到處都是亂哄哄的。不論是在商店裡還是在劇院門口，到處是擁擠不堪的人群。由於機構臃腫，所以辦事效率很低，到處是等著辦事的人。理應訂出「制度」的新官僚們熱衷於批條子發文件，一切事情都被耽誤了。那次盛大的紀念大會原定六點，可是直到九點半才開始，當半夜三點我精疲力盡地離開大歌劇院時，演說者還在滔滔不絕地講著；我作爲一個歐洲人，在參加每次招待會或赴約時，總是提前一小時到場。時間就這樣從人的手中白白流走，但在注視和觀察事物時，在討論問題時，卻顯得每一秒鐘都十分重要。俄羅斯人不論對什麼事情都表現出一種熱情；那種煽動人心的祕密力量會在不知不覺中抓住每一個人，使得他們那種難以抑制的興奮、情感和思想一起熾熱地迸發出來。雖然我們無權知道這些人爲什麼和爲了何事竟如此激動，但無疑和新變化的社會氣氛有關；也許一種俄羅斯式的國魂已降落在他們的身上。

　　有很多事情確實了不起。首先是列寧格勒，這座由膽識過人的諸侯們天才地設計的城市，布局宏偉，宮殿氣派。它同時又是《白夜》中令人壓抑的彼得堡，是拉斯科爾尼科夫[160]的彼得堡。冬宮極其雄偉壯觀，裡面的景象使人難忘。我們看到成群的工人、士兵、農民，他們穿著沉重的靴鞋，手裡拿著帽子，緩緩地穿過從前皇帝住過的殿堂，就像在教堂裡走到聖像前面似的。他們在觀看那些繪畫時，心中暗含著一種自豪：現在這裡的一切都是屬於我們的，因此，我們要學會了解這些東西。老師們帶著圓臉蛋兒的孩子們穿過大廳。冬宮的藝術講解員向那些拘謹而又專心的農民講述林布蘭和提香的繪畫；當講解員指向某些畫的細部時，農民沉重的眼皮總會抬起來，怯生生地向上看。那種天眞的、一本正經的學習精神，未免有點可笑，可這是認眞的，到處都可以看到。因爲要想讓這些目不識丁的民眾一夜間就能夠懂得貝多芬和維梅爾[161]，這顯然是揠苗助長。無論是講述這些藝術品的一方，還是要求懂得藝術品價值的另一方，雙方都那麼性急。孩子們在學校裡畫的是最簡單、最粗糙的東西。在十二歲小姑娘的課桌上放著黑格爾的著作和索列爾[162]的書（當時連我都不知道這個人）；甚至連不大識字的馬車夫手裡也拿著一本書，僅僅因爲這是書而不是別的，書就意味著教育，這是新的無產階級的光榮和義務。他們讓我參觀那些中型工廠，並且期待我們的讚揚，就好像在歐洲和美洲還沒有過這樣的工廠。我們不得不裝出一番笑容。一個工人曾非常

160 杜斯妥也夫斯基小說《罪與罰》中的主人公。
161 約翰尼斯・維梅爾（一六三二－一六七五），荷蘭風俗畫家。
162 喬治・索列爾（一八四七－一九二二），法國新聞記者、社會哲學家。

自豪地指著一台縫紉機對我說：「這是電動的。」然後以期待的眼光看著我，似乎我應該大大讚揚一番。因為工人們都是第一次看到這種產品，所以他們虔誠地相信，是革命，是革命之父列寧和托洛斯基設計和發明了這一切。於是我們微笑著稱讚一番，與此同時又暗自覺得好笑。俄羅斯這個國家就是這樣不可思議，像是一個有才能的心地善良的大孩子。我們總是這樣想而且反問自己：這個國家將來真的會像它打算的那樣非常迅速地改變舊面貌嗎？宏偉藍圖也許會變得更加龐大，也許會在俄羅斯人原有的奧勃洛摩夫[163]式的怠倦中變成泡影？我們有時候覺得可信，有時候覺得懷疑；我看得越多，心裡就感到越糊塗。

可是，難道這種思想上的矛盾只有我有？俄國人身上就沒有？難道我們共同紀念的托爾斯泰心靈中就沒有？在去托爾斯泰的故居亞斯納亞波利亞納的火車上，我跟盧那察爾斯基談論過這個問題。盧那察爾斯基對我說：「他究竟是怎樣一個人，是革命者還是反革命者？他自己知道嗎？他作為一個真正的俄國人，想把數千年來世界上的一切在他手中來個翻天覆地。」他微笑著補充說：「完全像我們現在似的，想用唯一的方案改變一切。如果有人把我們稱為有耐性的人，那麼這是把我們俄國人看錯了。我們的身體，甚至我們的心靈都是有耐性的，但是我們的思想卻比任何民族都沒有耐性。我們總是立刻想知道所有的真諦，即『真理』。這位老人就是因此而飽受痛苦。」是呀，確實如此，當我走過在亞斯納亞波利亞納的托爾斯泰故居時，我總有這個想法：「這位偉大的人物是怎樣自討苦吃啊！」我看到一

---

163 俄國作家岡察洛夫的小說《奧勃洛摩夫》中的主人公。

張寫字臺，托爾斯泰曾在這裡寫下不朽的著作，他寫累了，就到隔壁一間很小的房子裡去修鞋，修理那些破舊的鞋子。這裡有一扇門，那裡有一座樓梯，他正是穿過這扇門，通過那座樓梯，逃離這個家，擺脫他自身的矛盾。屋裡掛著一枝槍，在戰爭中他曾經用這枝槍打死過敵人，而他又是一個反對一切戰爭的人。就在那棟矮矮的白色莊園裡，托爾斯泰的生活矛盾，強烈地、形象地浮現在我眼前，而令人奇怪的是，當我向他最後的安息地走去時，原來的哀思之情漸漸淡薄起來。

在俄國，我所見到的再沒有比托爾斯泰的墳墓那麼偉大和那麼使人感動的了。那塊高貴的朝聖地坐落在偏僻、孤寂之處，被一片樹林環抱著。一條窄窄的小路通向那個小山丘，這山丘不過是用土堆成的矩形土山，無人看守，也沒有人保護，只有幾棵大樹爲它遮陰。在墓前，他的孫女對我說，那些參天大樹是列夫・托爾斯泰親手栽下的。他同他的哥哥尼古拉童年時曾從一個村婦那裡聽到這樣一個傳說：人們栽樹的地方將是一塊吉祥之地。因此，他半開玩笑地種下了一些樹苗。到了晚年，老人突然想起那個迷人的預言，於是他立刻表達了自己的願望：死後葬在自己栽下的樹林中間。他的後事是完全遵照他的意願辦的，他的墳塋簡樸得令人心酸，從而使它成爲世界上給人印象最深刻的墓地。一個小小的矩形山丘，上面有參天大樹籠罩著——沒有十字架，沒有墓碑，更沒有銘文！這位偉大的人物入葬時不留姓名，世上再也沒有人像他這樣對自己的姓名和榮譽感到痛苦；他默默地被埋葬在這裡，從外表上看，像一個偶然被發現的流浪漢或者一個不知名的士兵之墓。誰都可以踏進他這塊永久之地，雖然周圍有柵欄，但從來沒有封閉過。唯有人們的敬意護衛著這位永遠不休息的老人最後的安息地。通常，人們總是對陵墓的宏偉壯觀深表驚奇，而這裡的墳塋卻以出奇的簡樸更引起人們的深思。微風像上帝的低語在這座沒有名字的墳墓上沙沙作響，除此之外，便是一片寂靜。人們可以從這裡走過，除了知道這裡埋著一個人，在俄國的土地上埋著一個俄國人，其他便什麼也不知道了。可是，無論是巴黎榮軍院教堂裡大理石拱門之下拿破崙的墓室，君王陵寢裡歌德的靈柩，還是西敏寺裡的墓碑，它們的景象都不及這座在樹林中的、非常安謐的無名墳塋這樣感人至深，因爲在它上面風兒微微低語，而墳墓本身卻沒有留下任何文字和話語。

我在俄國待了十四天，我始終有這種感覺：他們內心裡急於求成，並有點朦朧的陶醉感。可是，究竟是什麼使他們如此激動呢？很快我就獲得了答案：因爲他們是人，而人總會有熱情的衝動。他們所有人都認爲自己已經參與到一個涉及全人類的偉大事業中，他們全都抱著這樣的信念：他們不得不忍受物品匱乏和短缺之苦，都是爲了一個更崇高的使命。他們過去在歐洲人面前的那種自卑感，現在一下子變成了高度的自豪感，就好像他們超過了所有的人：「光明來自東方」，他們是未來的救世主；他們的想法就是這樣誠懇和正直；這就是他們所認識的「眞理」，別人只能夢想的事情將由他們來完成。即使他們給我看那些微不足道的東西，他們也會眼睛明亮起來：「這是我們自己做的。」這個「我們」是指全體人員。替我駕車的馬車夫用鞭子指著一幢新樓，張著大嘴笑著說：「這是我們自己建的。」韃靼人和蒙古人大學生向我走來，驕傲地向我展示他們的書，這個說：「這是達爾文的書！」那個說：「這是馬克思的書！」他們那股神氣，就好像書是他們自己寫的。他們急切地向我們顯示他們擁有的一切，向我們仔細解釋，他們非常感激那些觀看他們「事業」的來賓。那是史達林以前的年代，他們每個人都充分信任歐洲人，用善意的、誠懇的目光望著我們，同我們親切地緊緊握手，像親兄弟一般。而恰恰是這些少數人同時也表現出：他們對我們友好，卻缺乏「尊敬」。因爲在他們看來，人本來就是兄弟，也是同志。我們曾在過去屬於亞歷山大・赫爾岑的宅第裡聚會，不僅有歐洲的作家和俄國的作家，而且還有通古斯族作家、格魯吉亞作家和高加索作家。每一個蘇維埃聯盟國家都爲參加托爾斯泰紀念活動派出了自己的作家代表團。我們同他們中的大多數人都不能互相交談，但能明白彼此的意思。有時，他們中間一個人站起來，徑直朝我們中間一個人走來，指指這位作家寫的書，然後再指著自己的心，意思是說：「我非常喜歡這本書。」接著他緊緊抓住這位作家的手，使勁握著，好像他喜歡得非要把對方的手關節搖散了不可。使人更爲感動的是，他們每個人都帶來了禮物。當時還是困難時期，他們並沒有什麼值錢的東西，可是每人都拿出一點東西給我們留作紀念：一幅不值錢的舊版畫，一本不能讀的舊書，一件鄉間木刻。我回贈給他們的是在他們這裡早已見不到的，在他們看來價值很高的東西，如一把吉列刮鬍刀、一支鋼筆、幾疊優質信紙、一雙軟皮拖鞋，以致我回家時行李少得不能再少。正是這種不用語言表達的熱烈情感，使我們深受感動。我們在這裡受到如此寬厚如此溫暖的禮遇，是我從來沒有經歷過的，因爲在我們那裡還沒有達到四海之內皆兄弟的境界。每次聚會都有一種危險的誘惑。的確，也有一些外國作家在訪問俄國時禁不住這種誘惑，因爲他們受到如此隆重的款待，受到廣大群眾的歡迎和愛戴。他們認爲一定要讚揚這個新政權，因爲在這個政權之下的人民非常喜歡讀他們的書，也喜愛他們本人。禮尚往來，將心比心，本來就是人的本性。我必須承認，我自己在俄國有時幾乎也大唱讚歌，在一片熱烈的氣氛中，我的頭腦近乎發昏。

我之所以沒有跌入魔術般的迷境，與其說是歸功於我內在的克制力量，倒不如說是一位不知姓名的陌生人的提醒，我後來始終不知此人是誰。那是一次與大學生的快樂聚會，會後，學生們圍著我，擁抱我，同我握手。他們的熱情感染了我，我高興地望著那一張張朝氣蓬勃的面孔。最後有四、五個大學生陪我到住處，這些人之中，就有派給我的那位女翻譯，她也是大學生，她什麼都翻譯給我聽。直到我關上旅館房間的門，我才是眞正獨自一人，這是我十二天來第一次獨處，因爲在這十二天裡，我身邊總是有人陪著，有人圍著，我始終被一股暖流推動著。我把外衣脫下放在一旁，這時才發現上衣有沙沙的紙聲。我伸手到衣袋裡，拿出了一封信，是用法語寫的，但不是透過郵局寄來的，一定是有人在擁擠時或擁抱時悄悄塞到我的衣袋裡的。

這是一封沒有落款的信，是一封十分巧妙且通情達理的信，儘管這不是一名「白俄」寫的，可是信中流露出最近幾年來對自由不斷受到限制的憤懣情緒。這位不相識的人寫道：「請您不要相信他們向您說的一切，請您不要忘記，他們向您展出讓您看的一切，他們還有許多東西沒讓您看。您要記住，跟您交談的那些人，他們還沒有把眞心話告訴您，他們不敢，只是講了允許講的話。現在我們大家都受到監視，恐怕您受的監視更多。您的女翻譯每天都向上級彙報您說的每一句話。您的電話被竊聽，每走一步都有監視。」他舉了一系列無法證實的例子和細節。我按照寫信人的要求把信燒了。「請您不要撕碎它，因爲會有人把紙簍裡的碎片拿出來再拼湊起來。」——這時我開始深省一切。我處在誠摯的熱烈氣氛中，在那非常融洽的同志式的氣氛中，有許多機會私下裡同某個人進行無拘無束的交談，難道這一次次的私下接觸都是假的嗎？由於我不懂俄語，無法與眞正的老百姓直接接觸，更何況只有十四天時間，就我所看到的而言，也不過是一望無際的帝國中非常小的一部分！如果我不欺騙自己也不欺騙別人，那麼我一定要說，我得到的印象，在細節上是相當動人和鼓舞人的，但從客觀上講，並沒有多大用處。幾乎所有的作家從俄國回來以後，都很快出版了一本書，不是熱烈的讚揚，就是激烈的反對，而我只不過寫了幾篇文章。我認爲我採取這種保留的態度是正確的，因爲三個月後，許多事情就同我見過的不一樣了；一年之後，經過劇烈的變革，當時說的每一句話都被事實斥爲謊言。不過話又說回來，我在俄國強烈地感受到的那個時代的暴風驟雨式的變革，是我一生中極少經歷的。

當我離開莫斯科時，我的箱子基本上空了。我把能送的東西都送給他們了；他們送給我的東西，我只帶回兩幅聖像，後來我把它們長期掛在我的房間裡，作爲裝飾。不過，我帶回來的最珍貴的東西，是和馬克沁·高爾基的友誼。我和他第一次會面是在莫斯科；兩年以後，我和他在蘇連多再次重逢，他由於健康受到威脅而去那裡療養。我到他家做客，在那裡度過了難忘的三天。

這次會面眞是不同尋常。高爾基不會任何外語，我也不會俄語，按道理講，我們兩人只有默默地相對而坐。幸虧有我們尊敬的瑪麗亞·布德貝格男爵夫人在一旁翻譯，我們才得以交談。高爾基不愧爲世界文學中一位最有天才的敘述家。敘述不僅僅是他的一種藝術表現形式，也是他整個天性本能的集中表現。他在敘述時把自己放到要敘述的事物中，把自己變成敘述的對象。我雖然不懂俄語，但可以從他面部表情中明白他的意思。看上去，他是一個地地道道的「俄羅斯人」，我無法用別的詞來表達。他臉上沒有什麼特殊的地方，這個身材瘦長、頭髮草黃、顴骨寬寬的人，叫人聯想到田裡的農民、馬車夫、鞋匠或無家可歸的流浪漢等等。他是一個道道地地的「老百姓」，是俄羅斯原型的集中體現者。在大街上，人們可能漫不經心地從他面前走過，不會注意到他。只有坐在他的對面，聽他敘述什麼的時候，你才會認出他來。因爲他在無意之中變成了他所要描繪的人。直到今天，我仍然記得，他在描繪遊歷時遇到的一個疲倦、年邁的駝背人時，很自然地把腦袋垂下來，雙肩下垂，眼神陰鬱、倦怠。沒有翻譯，我就已明白了他敘述的是什麼。開始敘述時，他精神抖擻，藍眼睛明亮有神；當他的聲音變得顫抖時，他自己也不知道，他已變成了那個駝背的老人。如果他敘述一些高興的事情，他會立刻大笑起來，輕輕地向後仰著，額頭閃著光。聽他講話確實是一件難以形容的快事，他用熟練的形象動作來表現他敘述的人和物。他身上所有的一切，不論是走路的姿態還是坐相，以及傾聽別人的講話和十分高興的時候，都是那麼實在和自然。一次晚會上，他喬裝成一個貴族，腰間佩帶一把軍刀，眼神頓時變得威嚴無比，他眉毛飛揚、挺胸收腹，在屋裡來回踱著方步，好像是在考慮沙皇的一道諭旨；可是當他一卸裝，他笑得像農家少年那樣質樸。他的生命力簡直是一個奇蹟，他的肺壞了，可他依然活著，這與醫學規律是相違背的。是那種不同尋常的生活意志和堅強的責任感使他頑強地活了下來。每天早上，他用清晰的手寫體寫他的長篇小說，回答本國青年作家和工人提出的成百上千的問題。對我來說，和他在一起，就好像到了俄國，這不是布爾什維克的俄國，也不是今天和以前的俄國；我看到了一個永恆民族的寬闊、堅強、深沉的靈魂。在那些年月裡，他的內心還是猶豫不決的。作爲一個老革命家，他也主張改天換地，他與列寧的個人友誼甚爲密切，但他當時也很猶豫是否完全投靠黨，用他的話來說，是否成爲黨的「牧師或教皇」。他始終感到良心上的壓力，因為在那些歲月裡，每個星期都有新決定，但那些決定與他這樣的人是非常不合拍的。

在那幾天裡，我恰巧成了那樣一種完全是新俄羅斯人的典型場面的見證人，那個場面為我揭開了他的全部矛盾。一艘俄國戰艦在訓練中第一次駛進了那不勒斯。從沒有到過西方世界的年輕水兵們穿著漂亮的制服下船散步，穿過托萊多大街，他們睜大好奇的農民的眼睛，對一切新鮮的東西怎麼也看不夠。第二天，他們中的一群人決定到蘇連多來，來看看「他們自己的」大作家。他們沒有事先通知他，在他們俄羅斯人同胞情誼的思維中，他們覺得「他們自己的」作家會隨時給自己的同胞騰出時間。他們突然來到高爾基的家門前，而他們的想法完全正確，高爾基沒有讓他們等候，就把他們請進去。可是，高爾基第二天笑著對我說，那些青年人在開始的時候對他非常嚴厲。對這些年輕人來說，「公事」高於一切，他們剛踏進這座美麗舒適的別墅就說道：「你怎麼住這樣的房子，你怎麼生活得像資產階級一樣。你究竟為什麼不回俄國去？」高爾基不得不向他們做詳細的解釋。好在事情順利，這些老實規矩的青年人並沒有把這件事看得那麼嚴重。他們無非是顯示一下自己的信念。接著，他們毫無拘束地坐下來，喝茶、聊天，最後告別時，他們一個接一個地同他擁抱。照高爾基的描述，那個場面是非常動人的。他對青年一代輕鬆自由的處事方式非常喜歡，對他們落拓不羈的作風一點也不生氣。他一再重複說：「我們與他們是多麼不同啊。我們不是畏首畏尾就是激烈無比，但從來不能把握自己。」那天晚上，他一直興高采烈。可是當我對他說：「我看你當時的想法是最好和他們一起回家。」他猛地一愣，直瞪瞪地望著我：「這，你是怎麼知道的？說真的，直到最後一刻鐘我還在考慮，我是否把一切：書籍、紙張、手稿通通留下，同那些小夥子一起乘船去航行十四天，這樣也許我會知道俄國現在是個什麼樣子了。一個人在遠離祖國的地方，會把自己學到的最好的東西荒疏，流亡中的我們還沒有一個人爲祖國做出過有益的貢獻。」

高爾基把在蘇連多的療養生活叫作流亡是不對的。他每天都想回國，事實上他也回去過。他不像梅列日科夫斯基那樣眞的被驅逐，書籍被禁止，我在巴黎時曾遇到過這個悲劇性的憤懣人物。他也不像我們今天這樣，按照格里爾帕策的美妙的說法，我們「對兩邊來說都是外國人，沒有祖國」。我們說的是他國語言，無家可歸，隨風飄蕩。眞正的流亡者並不像高爾基所說的那樣。在以後的幾天裡，我曾在那不勒斯探望了一個非常特殊的流亡者，這就是貝內德托．克羅齊。數十年來他曾是青年人的精神領袖，他曾當過參議員和部長，在他的祖國享有各種禮儀上的榮譽，直到他因反對法西斯主義而和墨索里尼發生衝突。他辭去各種官職，隱居起來。這樣也不能使那些強權者滿意，他們要限制他的反抗，必要時甚至要採取懲罰的措施。那些青年人也變得跟過去大不一樣了，他們成了爲反動勢力隨時效勞的先鋒隊。他們衝進他的住宅，打碎他住房的玻璃。但是，這位有一雙大而聰明的眼睛、留著一撮山羊鬍子、看起來更像個普通老百姓的矮胖人物，他並沒有被嚇倒。他沒有離開他的祖國，雖然他接到美國和其他國家大學的邀請，他還是留在家裡，藏在書堆成的大牆後面，繼續辦他的雜誌《批評》。他繼續宣傳他的思想，出版他的著作，他的威望越來越高，以致根據墨索里尼的命令制定嚴格的檢查制度在他面前執行不下去。然而，另一方面，他的學生、同他志同道合的同志卻全部被瓦解了。不管是義大利人還是外國人，要去探望他，都需要非凡的勇氣，因爲當局知道得很清楚，他在自己的城堡裡，即在滿是書籍的書房裡，也會無所不談，直言不諱。所以，他等於生活在一個密封的房間裡，他生活在四千萬同胞中，就像生活在一隻煤氣罐裡似的。我覺得，在一座幾十萬人口的城市裡，在有幾千萬人口的國家裡，這種密封式的孤立是一件可怕的事，同時也是一件了不起的事。當時我還不知道，這種消滅一個人思想的做法比起以後加在我們頭上的做法，還是寬容得多的。我不能不欽佩，這個年邁的老人在每天的抗爭中保持了怎樣清醒和旺盛的精力呵！但是他卻笑著對我說：「恰恰是這種反抗爭鬥使一個人變成年輕人。要是我還當參議員，在精神上我早已變得懶散和逍遙自在，我很容易就老了。對一個有思想的人來說，危害最大的莫過於缺乏反抗精神。自從我孤身一人，青年人也不再來了，我更需要使自己變得年輕。」

過了好多年以後我才懂得，就是折磨、迫害和孤單的不斷升級和強化，也不會把一個人摧垮。生活中的一切重大事情都是這樣。一個人獲得這類認識，從不是透過別人的經驗，而始終只能從自己的命運中獲得。

我從未見過義大利最重要的人物墨索里尼，這應該歸咎於我歷來不願意接近政治人物；即使在我的祖國，小小的奧地利，我也沒有見到國家的領導人，如賽佩爾、陶爾斐斯[164]、舒

164 恩格爾貝特・陶爾斐斯（一八九二－一九三四），奧地利政治家，曾任總理和外交部長等職，一九三四年在納粹分子發動的一次未遂政變中被殺害。

施尼克[165]。本來我有這樣的機會，可是我有意不這麼做。我從我的朋友——他們也是墨索里尼的朋友——那裡獲悉，墨索里尼非常喜歡讀我的書，是義大利第一批最熱心的讀者之一。由於他曾經滿足過我首次向一位政治家提出的請求，所以我本該親自去向他致謝。

事情是這樣的。一天，我接到一位朋友從巴黎發來的快信，信中說有一位義大利婦女有要事到薩爾茲堡來見我，希望我立刻接待她。第二天她就來了。她說的事確實讓人震驚。她的丈夫，一個出身寒微的優秀醫生，是由馬泰奧蒂資助培養成材的。在馬泰奧蒂這位社會黨的領導人被法西斯分子野蠻地殺害以後，心力交瘁的世界良心對這種暴行發出了憤怒的吼聲，整個歐洲都被激怒了。他這個忠誠的朋友是在當時敢於在羅馬大街上公開抬著被害者靈柩的六位勇士之一。但是不久之後，他因爲受到威脅和刁難而出外流亡。但是，馬泰奧蒂家屬的命運使他十分不安。爲了報答他的恩主，他想把馬泰奧蒂的孩子偷偷地從義大利送到國外，可是他們在行動的時候落在密探和破壞分子手中，他本人也在這次行動中被逮捕。由於一提起馬泰奧蒂就會使義大利當局陷入難堪的境地，所以用這樣的理由對他起訴，幾乎對他構不成大罪。可是，那位起訴官卻十分巧妙地與另一件同時發生的暗殺墨索里尼的案件聯繫起來了。於是這位在戰地獲得過最高獎賞的醫生被判了十年監禁。

十分明顯，他的這位年輕妻子是多麼心急如焚。她在信中說，她的丈夫活不過這十年，求我爲反對這項判決做點什麼，要我與歐洲的文學界名人聯合起來，大聲疾呼提出抗議。她

165 庫特・馮・舒施尼克（一八九七—一九七七），奧地利政治家。陶爾斐斯被殺後，他繼任奧地利總理。

請我予以幫助。我立刻勸阻她不要提什麼抗議。我早已知道，自第一次世界大戰以來，所有這樣的公開聲明一點用處也沒有。我竭力向她說明，出於民族的尊嚴，沒有一個國家會在外部的壓力下修改自己的法律。在美國的薩科－萬澤蒂案件[166]中，歐洲的抗議完全幫了倒忙。我懇求她不要在這種思想指導下幹出什麼傻事來，她這樣做，只能使她丈夫的處境變得更糟。因爲如果有人試圖從外部給墨索里尼施加壓力，他也絕不能做出減刑的安排，即使他想這樣做，也是辦不到的。但是，我用誠懇的態度答應她，我將儘量設法幫助她。正巧下個星期我要到義大利去，我在義大利有一些頗具影響力的朋友，也許他們能夠悄悄地爲她丈夫說些好話。

我到達義大利的第一天，就開始辦這件事。但我發覺，我的那些朋友變得謹小愼微，我剛剛說出那位醫生的名字，他們個個臉上流露出爲難的神色，都說沒有辦法，並且說這是完全不可能的。於是我去找一個又一個。如果我這樣回國，我會十分慚愧，也許那個不幸的女人會以爲我沒有給她盡力辦事呢！不過，我還有一條路沒有試一試。現在只剩下一個可能性，那是一條直截了當的路，即寫信給那位掌握生死大權的人，墨索里尼。

我這樣做了，我給墨索里尼寫了一封十分誠懇的信。我在信中說到——但信的開頭我不願意說一些恭維的話，我開門見山說實事——我不認識這個醫生，也不知道實情；但是我見

166 薩科和萬澤蒂是無政府主義者，兩人被指控犯有殺人罪，儘管證據疑點頗多。一九二一年被判有罪，並於一九二七年被處死。

過他那顯然是無辜的妻子。如果她的丈夫在獄中度過那麼多年，那麼，這個沉重的枷鎖便也是加在她的身上。我並不想批評這次判決，而我可以設想，如果她的丈夫不是坐牢，而是被遣送到某個允許妻兒一起居住的荒島上，對這個女人這將意味著救命之舉。

我拿著這封寫給貝尼托．墨索里尼閣下的信，投入了薩爾茲堡的普通信箱。四天以後，義大利駐維也納的公使館給我來信說，墨索里尼閣下讓公使代他對我表示感謝，並說，閣下已滿足我的願望，並已縮短刑期。這時，從義大利也來了電報，證明我所請求的改判已經進行。墨索里尼大筆一揮，親自批准了我的請求。實際上，那個被判刑的醫生很快被赦免了。在我的一生當中，從來沒有像這封信那樣給我帶來如此的快樂和滿足。如果說有一件文字工作曾發揮很大的作用，那麼，我就會懷著感激的心情自然而然地想到這封信。

在風平浪靜的最後幾年裡，外出旅行是十分愉快的。不過，回到家鄉看看倒也覺得愜意。在風平浪靜之中發生的一些事很值得回味。薩爾茲堡這座小城只有四萬人口，因爲它具有浪漫主義色彩，位置又比較偏僻，所以我選擇此處作爲自己的定居之地。這幾年裡，小城發生了巨大變化，到了夏天，它不僅成爲歐洲藝術家聚會的地方，也成了全世界藝術家的大都會。在第一次世界大戰後最艱難的那幾年，爲了幫助在夏季沒有收入的演員和音樂家擺脫貧困，馬克斯．萊因哈特和霍夫曼斯塔爾曾舉辦了幾次演出，尤其是薩爾茲堡教堂廣場上那次稱爲「爲每個人」的露天演出，吸引了不少鄰近地區的觀眾；後來又在這裡試演了歌劇，演出效果越來越好，越來越完美，於是逐漸引起了全世界的注意。最優秀的指揮家、歌唱家和演員懷著好勝的心情一齊擁來，爲了能有機會不僅在自己國內有限的觀眾面前，而且也在國際觀眾面前愉快地表演他們的技藝。薩爾茲堡一下子成了各種藝術節舉辦的地方，吸引了世界各地的人民，彷彿成了新的奧林匹克藝術表演場；每個國家都到這裡來競相展現最優秀的藝術成就；沒有人願意錯過觀看這些精彩的演出。國王和王公們，美國的百萬富翁和電影明星，音樂愛好者，藝術家和詩人，還有那些擺紳士派頭的人，都在近幾年雲集薩爾茲堡。在一個長期不被重視的小小奧地利的偏僻小城，能夠把各國優秀的表演藝術家和音樂大師成功地薈萃一堂，這在歐洲是空前的。薩爾茲堡繁榮起來了。到了夏天，在大街上就可以遇到不少來自歐洲各地和美洲的人，前來尋求藝術最高水準的演出；他們到了這裡，穿上薩爾茲堡的民族服裝，男人穿白亞麻短褲和短上衣，女人一身阿爾卑斯山農婦打扮；轉眼之間，小小的薩爾茲堡一下子左右了世界時裝的風尚。在旅館裡，人們爭著訂房間，前往演出大廳的汽車道上一片光彩奪目的景象，就像從前去參加皇家宮廷舞會的路上一樣，火車站人山人海，其他城市想方設法吸引這股有錢可賺的人流，但是沒有一個成功。薩爾茲堡在這十年之內一直是藝術朝拜者在歐洲的聖地。

可以說，我住在自己的城市裡，一下子等於生活在歐洲的中心。命運又一次滿足了我一個自己幾乎從來不敢想的願望。我們那座在卡普齊納山上的房子成了我歐洲朋友的落腳處，有誰沒有到我們那裡做過客呢？我的貴賓登記簿比我單純的記憶更能說明問題，可是後來，這本登記簿連同這幢房子，還有其他許多物品都落到了納粹黨徒的手裡。我們在那裡同誰沒有度過美好的時光呢？我們從陽臺上眺望美麗的、寧靜的景色，可是我們不知道，在對面的貝希特斯加登山上住著一個要破壞這一切的人——希特勒。羅曼・羅蘭和湯瑪斯・曼都在我家住過，在作家中，我們曾友好接待過赫・喬・威爾斯、霍夫曼斯塔爾、雅各布・瓦塞爾曼、房龍、詹姆斯·喬伊斯、埃米爾·路德維希、法蘭茲·韋爾弗爾、格奧爾格·布蘭德斯、保羅·瓦勒里、簡·亞當斯、沙洛姆·阿施、亞瑟·史尼茲勒等人；在音樂家中，我們也曾熱情接待過拉威爾，理查·史特勞斯、阿爾班·貝爾格、布魯諾·華爾特、貝拉·巴爾托克。還有世界各地的著名畫家、演員、學者，誰沒到過我家呢？每到夏季，這些人給我們帶來多少暢談文學藝術的愉快和美好時光呵！有一天，阿爾圖羅·托斯卡尼尼拾級而上到了我家，從此開始了我們之間的友誼，這友誼使我比以前更懂得喜愛和享受音樂，所以有好幾年時間，我成了他排練時最忠誠的座上客，我不止一次目睹他爲了達到藝術完美無缺的境地而付出的熱情代價。這種一絲不苟的排演，在演出時獲得奇蹟般的成功，也是預料之中的事（我曾在一篇文章中描述過他的排練，可以說堪稱典範，不達到完美無缺絕不罷手）。這時，我才深切體會到莎士比亞說得眞好：「音樂是心靈的養料。」我看了各種藝術比賽以後，眞慶幸自己有與藝術結下不解之緣的好運。夏天的日子是多麼豐富多彩啊！藝術與風景交互輝映，使人多麼陶醉啊！後來我被迫離開這個家，每當我想起這座小城時，一股惆悵和悶悶不樂的感覺便湧向心頭。第一次大戰剛剛結束時，我們在那棟房子裡經受過寒冷和屋漏的苦楚，想到這些，我才感到國泰民安的那幾年在我生活裡所起的作用，那就是使我重又恢復了對世界、對人類的信任。

那幾年裡雖然有許多受歡迎的著名人士來到我家，但在我獨處的時候，依然有一群高貴的人物神祕地圍在我周圍，這就是我前面提到的名人遺墨蒐集本裡收藏著的各個時代最傑出的大師的手跡。我透過這種方式把著名人物的蹤影召喚來了。我十五歲那年就開始了這種業餘愛好，經過幾年的摸索，逐漸取得了經驗，辦法越來越多，熱情越來越高，從單純的一般蒐集達到科學地彙編水準，所以我才能夠說，現在我從事的是一項藝術工作。開始時，我像所有的新手一樣，只追求把名字——名人的簽名蒐集起來；後來才出於好奇的心理，蒐集更多的手稿——作品的初稿或片斷；這些手稿同時使我了解到一個受人愛戴的大師的創作方法。在世界上無數不解之謎中，造物者的祕密乃是最玄妙最深奧的謎。大自然不讓人摸清造物者的祕密：地球是怎麼產生的，一朵小花是怎樣產生的，一首詩是怎麼產生的，一個人是怎麼產生的，大自然從來不讓人看到其中最關鍵的奧祕。大自然毫不留情地、絕不遷就地給自己蒙上了一層面紗。就連詩人和音樂家事後也無法說清靈感產生的那一瞬是怎麼回事。當一部作品變得非常成功時，就是作者本人也弄不清作品的起源和形成的過程；他永遠或者幾乎永遠說不清楚，在他精神非常集中時，一般詞句是怎樣變成詩句的，個別的音節組合是怎樣成爲千古流傳的旋律的。對這種捉摸不定的創作過程能夠提供一點猜測依據的唯一材料的，就是藝術家一頁一頁的手稿，尤其是那些幾經塗改，不準備拿去付印的初稿。後來的定稿就是從初稿逐漸形成的。蒐集所有的偉大詩人、哲學家、音樂家的底稿——這些反反覆覆的修改稿，也是他們艱苦創作的見證——是我蒐集名人手跡的第二階段，也是一個更有意識的階段。到拍賣市場去搜羅這些底稿，我覺得是一種樂趣；我也願意花費精力到藏匿很深的地方去尋找某些底稿。蒐集底稿也是一門科學，因爲我除了蒐集名人的手跡以外，還蒐集所有寫名人手跡的二手書，以及業已出版的手跡本的全部目錄。我已經蒐集到四千多冊有關書籍，從數字上講，這是一筆非常大的、無人可比擬的私人藏書。即便是一個商人也不會用這麼大的精力和熱情傾注於這門科學。現在我可以這樣說，在蒐集名人手跡的三、四十年時間裡，我在這個領域已經成了專家，每一頁重要的手稿在什麼地方，誰收藏著，是如何轉到收藏者手中的，這一切我都知道。我成了一個眞正的鑑定家，一眼就能辨出眞僞。在估價方面，我比很多專業人士還要有經驗。——當然，在文學或者在生活其他方面，我從來不敢說這樣的話。

雖然如此，我蒐集手稿的雄心有增無減。僅僅蒐集反映上千種創作方法的一系列世界文學和音樂方面的手稿已不能使我滿足。單純擴大蒐集量對我也不再有吸引力。我的注意力集中在對蒐集物的精選上，我最後十年的蒐集工作重點就在這個方面。如果我以前是專門蒐集反映詩人或音樂家創作過程的手稿，那麼後來，我蒐集的重點逐漸轉到蒐集藝術家創作鼎盛時期的手稿，即獲得最高成就時期的手稿。換句話說，我蒐集的不僅僅是詩人的任何一首詩的手稿，而是他最優秀詩篇的手稿，而且盡可能是一首不朽之作的手稿——用羽毛筆或鉛筆記錄下靈感中的詩篇已成爲千古絕唱。我正是要從這些不朽巨人遺留下來的珍貴手稿中蒐集到爲世界創作不朽作品的手稿。這種蒐集工作極其不易。

好在我的蒐集工作從來是持續不斷的，如果蒐集到一頁意義重大和更具有特色的手稿，即一頁有永久保存價值的手稿——如果我可以這樣說的話——那麼，我會把過去收藏的任何一頁剔除、賣掉或拿去交換，因爲這已不符合我收藏的最高標準。我覺得很奇怪，有些非常困難的事居然也能成功，除了我之外，只有很少的人具有這種技能，這樣堅韌不拔的毅力，同時又有蒐集這種重要手跡的經驗。我蒐集的最初手稿或者是具有開創性的、永久意義的劃時代宣言文稿，蒐集到最後，先是一皮包，然後是用金屬和石棉加以防護的整整一箱子。由於我今天被迫過著一種飄泊不定的生活，我編寫的收藏品目錄早已丟失，所以我只能列舉幾件收藏品，從中可以窺見處於不朽時刻的世間天才。

我的收藏中，有一張達．芬奇的工作筆記手稿，是向左傾斜的筆體寫的對素描的附注；有四張拿破崙用幾乎不易辨認的字體寫給他在里沃利的士兵們的軍令；還有用大幅印刷紙印的巴爾札克一整部小說，每一印張上都有上千處字跡甚爲清晰的校對，說明他在上面進行了反覆的推敲（幸虧美國的一所大學對這部校樣影印了，它才得以保存下來）。收藏品中有尼采的《悲劇的誕生》這部作品鮮爲人知的最初手稿，這部爲他所愛的科西瑪．華格納而寫的手稿在《悲劇的誕生》發表很早以前就已寫成了；還有巴赫的合唱組曲，格魯克的《阿爾西斯特》詠歎調和亨德爾的詠歎調，而亨德爾的音樂手稿是所有音樂手稿中最爲稀世罕見的。我總是蒐集那些最富有特點的手稿，有幸大部分都蒐集到了，如布拉姆斯的《吉普賽之歌》、蕭邦的《船歌》、舒伯特的千古絕唱〈音樂頌〉、海頓的《皇帝四重奏》中〈上帝保佑〉這首不朽的旋律。在某種情況下，我甚至能夠成功地做到：從蒐集具有獨創性的單一的手稿擴大到蒐集能概括藝術家一生創作個性的手稿。所以，我不僅有一張莫札特十一歲時稚氣未退的手稿，而且還有他爲歌德的〈紫羅蘭〉所譜的歌曲手稿，這是作曲家歌曲創作的一個重要標誌。在莫札特的舞曲中，我收藏的手稿有表現費加羅「不再受人欺凌」[167]的小步舞曲；《費加羅的婚禮》裡的小天使詠歎調；還有那些從來沒有發表的寫給巴斯勒

167 莫札特的歌劇《費加羅的婚禮》中的人物，是一個愛給主人幫閒的音樂師。

的一份很粗魯的信和一首輕佻的卡農樂曲；還有一頁他逝世前不久寫的《狄托》[168]中的一首詠歎調的手稿。我收藏的歌德的手稿，從他九歲時的一篇拉丁文譯文的手稿一直到他去世前不久在八十二歲時作的一首詩的手稿。這中間還有他的不朽名著《浮士德》的一張雙面對開的手稿；還有他的自然科學論文的原稿，許多詩作的手稿以及他一生中各個階段選出來的繪畫手稿。這十五件寶貴的手稿可以概括歌德的一生，清晰地勾畫出歌德的形象。但是，我蒐集的我最崇拜的貝多芬的手稿卻不能概括他的一生。我的發行人基彭貝爾格教授在蒐集歌德和貝多芬的手稿方面是我的對手和競爭者。他是瑞士的大富翁，他蒐集的珍貴的貝多芬手稿是無人可比擬的。但是我收藏的貝多芬的遺物至少可以讓人清楚地看到他一生中最淒涼的時刻。現在沒有任何一家博物館能夠提供這樣的材料。且不說我除了蒐集到他年輕時代的練習本、歌曲〈吻〉和《艾格蒙特》音樂的片斷外，還有說明他一個階段特徵的手稿。我遇到過一次幸運的事，我得到了貝多芬房間裡的全部擺設，這些擺設是貝多芬死後拍賣的，後來由樞密顧問布羅伊寧購得，然後轉讓給我的。這些擺設中，主要是那張大寫字臺和藏在抽屜裡他的兩位戀人的畫像：一幅是吉烏莉塔・古西亞爾蒂伯爵夫人，另一幅是埃爾德蒂伯爵夫人；還有那個直到他臨終一直在使用的床頭錢櫃；那張小型的斜面桌，在他生病臥床時總是在那裡寫樂譜和信件；還有一綹他在臨終床上被剪下的白色鬈髮，以及訃告信函等，還有他用顫抖的手寫下的最後一張洗衣單，可以拍賣的家具物品清單，以及他在維也納的朋友爲他

168 莫札特於一七九一年創作的歌劇。

無依無靠的廚娘莎莉認購遺物的單子。一個眞正的收藏家總會碰到好運氣，在得到貝多芬的一切遺物後不久，我又碰到一次機會，買到三幅他在臨終床上的素描。大家知道，三月二十六日那一天，貝多芬正在彌留之際，舒伯特和他的朋友畫家約瑟夫・特爾切爾想把臨終的貝多芬畫下來。可是那位樞密顧問布羅伊寧卻認爲這是對死者的大不敬，把他們轟了出去。此後那幾份素描匿跡了數百年，直到這位名氣不大的畫家的幾十本素描手稿在布爾諾的一次小小拍賣會上以低得可憐的價格出售時，那三幅素描原件才突然出現。我如獲至寶。不知怎地，好運一個接著一個，一天，一個商人打電話給我，問我是否對貝多芬在臨終床上的畫像眞跡感興趣。我回答說，我已經有了。後來才弄清楚，那張打算賣給我的眞跡原來是丹豪塞非常著名的貝多芬臨終遺像的石版畫。於是，我把所有那些以視覺形式保留了那個值得紀念、眞正不該消逝的最後時刻的畫像收藏在一起。

毫無疑問，我從來不認爲我是這些物品的占有者，而是那些物品在那個時代的保管者。我之所以不是占有者，是因爲把收藏看作是一種藝術性的工作，而不是爲了占有的慾望，據爲己有的慾望，把一切珍品蒐集到一起只是一種癖好。當時我就意識到，蒐集工作本身就是一種創造，要經歷漫長的時間，所以說比我自己的作品更有價值。雖然我蒐集了不少東西，可是我遲遲不能整理出一份目錄，因爲我仍然處於初級階段，工作剛開始進行，蒐集品尚不完善，尚缺少某些名人和某些手稿。經過一番深思熟慮，我決定在我死後把這些獨一無二的收藏品交給一個能滿足我要求的研究所，也就是說，該研究所能每年撥出一定數量的款項，按照我的做法去繼續完善這種收藏。如果這樣做下去，那麼我的全部收藏就不會僵化，而會是一個生氣勃勃的有機體，它會在我身後五十年、一百年的時間裡不斷得到補充和完善，變成越來越完美的齊全的收藏。

可是，對我們這一代經受考驗和磨難的人來說，是不可能想到自己身後事的。隨著希特勒時代的開始和我遠離祖國，我蒐集藏品的興致一下子蕩然無存；再說，也不知道這些東西存放在哪裡更安全。有一段時間，我把一部分藏品放在保險櫃裡，寄存在朋友那裡。後來，我決定按照歌德的話去做，「如果博物館、收藏館和兵器庫得不到繼續充實的話，還不如把它們封存起來。」我寧可與蒐集工作告別。離開奧地利時，我將收藏的一部分贈給維也納國家圖書館，另一部分作爲禮物送給我的朋友們，還有一部分我變賣給了別人；其餘部分，過去和現在的命運如何，我就無從知曉了。我的興趣從此轉到自己的創作上來，而不再爲別人的創作費心勞神。我放棄了收藏，但我並不後悔。因爲在這個敵視一切藝術、一切收藏品的時代，我們這些被追逐被驅趕的人必須重新學會一種新的藝術，即捨得放棄的藝術，同我們過去視爲驕傲和熱愛的一切訣別。

歲月就這樣隨著寫作、旅行、學習、讀書、蒐集、玩樂，年復一年地過去了。當一九三一年十一月的一個早晨我醒來時，我已是五十歲的人了。在薩爾茲堡爲我服務的那個老實誠懇的郵差，這一天對他來說是個倒楣的日子。因爲德國有這樣一種好習俗，一個作家過五十歲生日的時候，報紙就要爲他大大慶祝一番；那位老郵差必須把大批信件和電報從一級級陡峭的臺階上拖上來。我打開信件之前就在思忖，這一天對我來說意味著什麼呢？人生的第五十個年頭被視爲一個轉折點；我不安地回首往事，我已經走過了多少路程；我捫心自問，我是否還要繼續向上奮進。我仔細琢磨已度過的時光，回顧那五十年的生活歷程，我是怎樣從自己的家走進阿爾卑斯山的山區，然後又到那塊傾斜的谷地，同時我的心又不得不想到，那塊谷地很可能是罪惡之地[169]，我沒什麼可感激的。但是出乎我的意料，人們最終給予我的，要比我期望的多得多。各種傳播媒介，我利用它們而求得發展，透過它們發表自己的詩歌、文學作品，所起的作用，遠遠超出我童年時代的大膽夢想。島嶼出版社特地發行了一本我業已出版的各種文本著作的總目錄，作爲慶祝我五十壽辰的禮物。它本身就像一本書，裡面什麼語種都有了：保加利亞語、芬蘭語、葡萄牙語、亞美尼亞語、中文和馬拉提文[170]。傳播媒介還把我的話和思想用盲文、速記、各個國家的鉛字和方言傳播到人民中間，我的生存空間遠遠超出我自己居住的範圍。我和那個時代最優秀的人物結成私人朋友，我欣賞過最完美的演出；我曾遊覽和觀賞過那些不朽的城市、不朽的繪畫和世界上最美麗的風景；我始終自由自在，不受工作和職業的羈絆，我的工作就是我的樂趣，不僅如此，我的工作也給他人帶來了樂趣！還有什麼不幸的事會發生呢？到處都是我的書，難道會有人把這麼多的書毀掉嗎？（當時我是這樣想的，我完全沒料到以後發生的事。）這裡是我的家，難道會有人把我從家裡趕出去？這裡有我的朋友，難道有一天我會失去他們？我曾經毫無恐懼地想到死，想到過疾病，但是從來沒有想到過當前面臨的這種處境，沒有預想到我不得不背井離鄉，作爲一個被驅出家門的人被追逐、被驅趕，再次從這個國家到另一個國家，從這片海

169 指希特勒曾一度居住的薩爾茲堡。

170 印度孟買省中部馬拉提人用的文字。

洋到那片海洋，浪跡天涯。我怎麼也想不到我的那些書籍會被焚毀、被禁止、被宣布為不受法律保護。我沒有想到我的名字在德國會變得像一個罪犯的名字一樣受到指責；我也沒有想到我那一班朋友，他們的信件和電報在我生日那天全都放在我的桌子上。現在當我遇到他們，他們的臉色頓時變得蒼白。我沒有想到，我三、四十年孜孜不倦所做出的一切業績竟會被一筆抹殺。我沒有想到我生活中十分穩固的一切會很快地分崩離析。我沒有想到在我的事業即將達到頂峰的時候竟要我這顆精疲力盡的心去重新開始一切。說眞的，在慶祝我五十壽辰的那一天，我做夢也沒有想到以後會發生那麼多不可思議的荒唐事。當時，我非常滿足，我熱愛我的工作，也熱愛我的生活，我無憂無慮，即使我不再寫作，我已出版的書籍也足夠我生活。我似乎得到了一切，萬事如意。那種安全感，早年我在家庭中獲得，而後又在戰爭中失去，現在依靠自己的力量又重新獲得。我還會有什麼非分之想呢？

可是，奇怪的是，恰恰是在我知道不希望得到任何其他東西的時候，在我心中出現了一種莫名的不快。在我的心中好像總是隱藏著一個疑問（不只是我自己），要是你的生活四平八穩地這樣下去，始終這樣一帆風順，始終這樣有條不紊，始終有收穫，始終這樣舒適和沒有新的焦慮和磨難，難道果眞就不錯了嗎？這種富裕的、完全有保障的生活難道不是完全符合你的本性嗎？我沉思著，在房子裡走來走去。我住的那棟房子，已按照我的意願修理得相當漂亮了。難道我不應該永遠在這棟房子裡生活下去？不應該始終坐在那張寫字臺前寫我的作品，一本接著一本寫下去？然後又等著一筆又一筆的版稅？漸漸變成一位受尊重的先生，用正派端莊的德行維護自己的名聲和著作？與一切意外事件、一切焦躁不安和一切危險隔絕？難道我應該在筆直的、平坦的大道上繼續這樣生活下去，一直到六七十歲？我一直這樣夢想著，對我來說，出現一些其他的事，一些新鮮事，一些使我不安、焦急同時又能促使我年輕的事，豈不是更好嗎？因爲這些事能夠促使我去從事新的、也許是比較危險的抗爭。在每個藝術家的心中都隱藏著一種莫名其妙的矛盾：生活十分坎坷的時候他渴望安寧，可是當生活十分安寧的時候，他反而渴望坎坷。在我五十歲生日那一天，內心深處居然有一種邪念：但願能發生一些再一次把我從安全舒適的環境中強拉出去的事，但願出現迫使我不能正常繼續生活下去、必須從頭開始的事。難道我這是害怕年老、害怕衰退、害怕遲鈍的表現？抑或是一種神祕的預感，它讓當時的我爲了尋求內心的發展而渴望另一種更艱苦的生活？對此，我無法知道。

我之所以不知道，是由於在那個特殊的時刻，從無意識的朦朧中產生出的想法，根本無法說清楚，也肯定不是從清醒的意識中產生的。它只是我感到的突然出現的一種念頭，也許並不是我自己的想法，而是從莫名其妙的深淵裡發出來的鬼念頭。它已經在我周圍，而我並未覺察。控制我生活的那股神祕力量是不可捉摸的，它曾滿足過我許多從未希望也不敢希望的願望。但是，現在這股神祕的力量卻舉起了自己的手，要把我的生活擊個粉碎，迫使我在自己生活的廢墟上重新建立更爲艱難困苦、完全不同的另一種生活。

希特勒的崛起

在那些決定時代命運的巨大運動開始之時，恰恰是歷史本身阻礙了同時代人對它們的認識，這是不可抗拒的歷史規律。我是什麼時候第一次聽到阿道夫·希特勒這個名字的，我已經記不清了。但這個名字我們已經知道多年。現在，我們幾乎每天，甚至每秒鐘都聯想起或提到這個名字。這個人給世界帶來如此深重的災難，歷史上還沒有一個人像他這樣。不管怎麼說，那肯定是相當早的事了，因爲薩爾茲堡離慕尼黑只有兩個半小時的火車路程，可以說是慕尼黑的鄰居，只要那裡發生了什麼事，很快就會傳到薩爾茲堡來。我只記得有那麼一天，可我記不準是哪一天啦！一位熟人從慕尼黑來，悲歎地說，那裡又鬧起來了，特別是那裡有個叫希特勒的傢伙煽風點火，他用野蠻的大打出手的伎倆搗毀群眾大會的會場，用最下流的方式煽動人們反對共和國，反對猶太人。

當時，希特勒這個名字我聽後是空洞的，沒有分量的，對我是沒有作用的。我認爲，在當時混亂的德國出現的那些煽動分子和暴亂分子的名字，不用多久就消失得無影無蹤。比如說，帶領波羅的海部隊的上校艾哈特的名字，卡普將軍的名字，政治謀殺者的名字，巴伐利亞共產主義者的名字，萊茵地區分裂主義者的名字，志願軍頭目的名字，這幾百個名字，就像發了酵的泥塘裡泛起的氣泡，既不會爆炸，也不會留下什麼，只能發出一股惡臭，把德國身上尚未癒合的傷口裡的腐爛過程清楚地顯示出來而已。有一次，我偶然看一份《米斯巴赫報》，是新納粹運動經辦的（這份報紙後來發展成《人民觀察報》）。米斯巴赫只不過是個小村莊的名字，這份報也辦得粗俗下流，誰會關心它呢？

我幾乎每個星期都越過國界到賴興哈爾和貝希特斯加登這兩個邊境小鎮去一次，我不止一次看到穿著翻口長筒靴和褐色襯衫的青年學生隊伍，隊伍一次比一次大。他們每個人的手臂上都戴著顏色鮮明的卐字形袖標，他們舉行集會、遊行，趾高氣揚地唱著歌，高喊著口號穿過大街，把巨幅標語貼在牆上，下方飾以卐字號。我第一次領悟到，這些突然冒出來的烏合之眾背後一定有一些有錢有勢的人在支持他們。當時希特勒只能在巴伐利亞的啤酒館裡發表演說，他一個人絕沒有力量把幾千名年輕人武裝成一支耗費如此浩大的隊伍。必定有一個更強的人物在推動這次新「運動」。因爲他們的軍服都是簇新的，「衝鋒隊員」從一個城市被派到另一個城市，竟然擁有一個相當大的停車場，停放「衝鋒隊員」全部簇新的汽車、摩托車和載重車。這與那個窮困時代老兵穿著破舊的制服走來走去形成了強烈的對比。另外，顯而易見，肯定有軍隊的領導人對這些年輕人進行過戰術上的訓練——正是人們當時所說的「準軍事」訓練——而且肯定是國防部提供了物質條件，才能有條不紊地進行技術訓練。希特勒一開始就是德國國防部祕密情報處的密探。不久，一次偶然的機會，我目睹了這種事先經過訓練的「戰鬥行動」。在邊境一個小鎮上，社會民主黨人正以和平的方式進行集會，突然有四輛大卡車急馳而來，車上全是些拿著橡皮棍的年輕納粹黨徒。就像我在威尼斯聖馬可廣場看到的那樣，這些納粹黨徒閃電般向毫無準備的人群進行突然襲擊，他們用的是同一種法西斯的襲擊方法，只不過他們更加訓練有素了，用德國官方的話來說，他們對細枝末節都作了系統的準備。隨著一聲哨響，他們迅猛地跳下汽車，拿著橡皮棍向集會的人群衝去，警察還來不及干預，工人們還沒能聚集在一起，他們就已重新登上汽車，飛馳而去。使我驚詫不已的是，他們跳下蹦上攀登汽車的準確動作，都是嚴格按暴徒頭目的哨聲完成的。看得出來，每個年輕隊員事先都訓練過，用什麼技巧，從汽車的哪個輪子爬上跳下，跳到哪個位置，以避免與他人相撞，不至於給同夥造成危險，他們的肌肉和神經早已爲此有所準備。這絕非只靠人的機靈就能辦到的。他們手的動作，肯定早已在營房或在練兵場練了幾十次或者上百次了。一眼就能看出，從一開始，訓練這支部隊就是爲了襲擊、暴力和恐怖活動。

不久，我便聽到在巴伐利亞州舉行的那種地下演習。當大家都熟睡以後，那些青年隊員便悄悄溜出房間，集合在一起，進行夜間野外訓練。國防軍的軍官或退役軍官訓練這支部隊；國家或者黨的祕密資助人出錢支持。政府當局對這些稀少的夜間演習並不大注意。當局是眞睡著了嗎？還是在睜一隻眼閉一隻眼？當局對這個新運動是袖手旁觀呢，還是在暗地裡火上澆油？不管怎麼說，曾經暗地裡支持這個運動的當局，後來也被這個運動所採用的殘暴手段和快速行動驚駭得不知所措。一天早上醒來後，當局發現慕尼黑已落入希特勒的手中，所有行政部門都被他們占據，報紙在手槍的逼迫下宣告革命已勝利完成。一籌莫展的共和國只是做夢似的望著魯登道夫將軍，把他看作從雲霧中降臨的救星，看作能戰勝希特勒的首選。希特勒很會掩飾自己，反把他們愚弄了。那次想征服德國的著名啤酒館暴動是從上午開始的，到了中午就完蛋了（我在這裡並不想敘述世界史）。希特勒逃跑了，不久就被捕，那個運動也隨之消失。到了一九二三年，卐標記不見了。衝鋒隊和希特勒的名字幾乎被人遺忘了。沒有人去想他可能會成爲一個掌權人物。

若干年後，希特勒又出現了，是當時對現狀不滿的浪潮匆匆把他推出來的。通貨膨脹、失業、政治危機，還有外國愚蠢的舉動，使德國民族人心動盪。各階層都迫切要求建立秩序，對他們來說，秩序從來就比自由和權力更重要。歌德也曾經說過，沒有秩序比不公更令他厭惡。所以，當前誰許諾建立秩序，一下子會有幾十萬人跟著他走。

但是，我們並沒有注意到這種危險。少數作家還在那裡花費精力讀希特勒的書，可是他們不分析研究他的綱領，只是十足文人氣地從藝術角度分析這本書的得失，嘲諷他那枯燥無味的散文和華而不實的風格。民主主義的大報紙也不去提高讀者的警惕性，而是一味安撫讀者，說什麼依靠重工業和冒險借來的錢來維持那種耗巨資的宣傳運動，肯定不可避免地在明天或後天就會澈底破產。可是在外國，他們永遠不能理解這樣一個基本道理，那就是，在這些年裡德國人爲什麼低估和輕視希特勒的爲人和他不斷擴大勢力的做法：這是因爲德國從來就是一個等級森嚴的國家，而且在等級觀念的基礎上還要加上根深蒂固的對「學歷」的崇拜。在德國，除了一些將軍外，所有的高級職務都是由受過「高等教育」的人擔當；與此相反，在英國卻有一個勞合・喬治[171]，在義大利有個加里波第和墨索里尼，在法國有一個布里昂[172]，他們都是從平民走上國家最高職位的。一個還沒有讀完市立中學、更談不上讀過大學的人，一個還在成年男子收容所過夜而常年過著不明不白的生活——至今還沒有弄清是怎麼一回事——的人[173]，竟然也能接近一個馮・施泰因、俾斯麥、比洛親王[174]曾占有的職位，這對德國人來說是完全不可思議的。德國的知識分子是最重視學歷的，在他們眼裡，希特勒只

171 勞合・喬治（一八六三—一九四五），英國自由主義政治家，一九二二年任首相。

172 阿里斯提德・布里昂（一八六二—一九三二），法國政治家和外交家，一九二六年獲諾貝爾和平獎。

173 指希特勒。

174 馮・比洛親王（一八四九—一九二九），德國外交家和政治家，一九〇〇年任帝國首相。

不過是一個啤酒館裡好煽風點火的小丑。這種看法使他們上了大當。他們認爲這個人絕不會變成一個非常危險的人，而希特勒在幕後支持者的幫助下，獲得了廣泛階層的有力支持。即使他在一九三三年一月的一天當上總理，竟還有一大批人，甚至包括那些推他上臺的人，誤認爲他只是臨時占據那個職位，把納粹奪取政權看作一首臨時的插曲。

希特勒上臺以後，他的眞面目才大量表現出來。許多年以來，他向各方許願，取得各個政黨領導的支持；這些黨派領導人都以爲自己在利用這個無名小卒的神祕力量達到各自的目的。後來，希特勒在重大的政治事件中正是採用同樣的伎倆：以發誓並以德國人的忠心，先和他想剷除消滅的人結盟。他的上臺說明他的這種伎倆已取得了初步勝利。所以他心裡明白，用許諾欺騙各方人士已大見成效，在他掌權的那一天，即便在最對立的陣營裡也竟然爆發出一片歡呼聲；在荷蘭的多倫市君主政體主義者們看來，他是皇帝最可靠的開路先鋒；在慕尼黑古老的巴伐利亞維泰爾斯巴赫王族的君主政體主義者們也都感到歡欣鼓舞，他們把他看作「自己人」；德意志國家主義者們希望他爲他們把木頭劈成小塊，以便投入自己的爐子裡，所以他們的領袖胡根貝格[175]根據事先的協定爲自己在希特勒內閣里弄到一個重要職位。他確信自己站穩了腳跟，可是沒過幾個星期，那份協議猶在，他卻被趕出了內閣。重工業家們感到，由於希特勒的存在，他們就可以從布爾什維克的恐怖中解脫出來，他們極希望他能登上權力的寶座，他們多年來暗中用錢把他扶植起來的；而那些日益貧困的小市民也同樣舒

175 阿爾弗雷德·胡根貝格（一八六五—一九五一），德國工業家、政治家。

了一口氣，因爲希特勒曾在上百次集會中答應他們要「打破利息的桎梏」。小商人想起了要關閉大商店——他們最危險的競爭者——的許諾（這個許諾從未實現過）。特別歡迎希特勒的要算是軍界了，因爲他用軍事眼光看待一切，痛罵和平主義。甚至社會民主黨也不像人們想像的那樣非常不高興希特勒青雲直上，因爲他們希望他扼殺他們的死敵——那些擠在背後的令人討厭的共產黨人。最不相同，甚至是對立的黨都把這個對各階層、各政黨、各種傾向的代表作過許諾並發過誓的「無名小卒」當作自己的朋友。甚至德國的猶太人也沒感到有什麼不安。他們自欺欺人地認爲一個「當上部長的雅各賓派」就不再執行雅各賓派的激進政策了。德意志帝國的一個總理理所當然地會阻止反猶太主義煽動者的野蠻行徑。再說，這樣的一個法律已經固定下來，有國會裡大多數議員監督著他，每個公民按照憲法的規定行使自己的自由平等的權利，希特勒怎能胡作非爲呢？

不久，國會縱火案發生了，國會消失了，戈林撒出了他的暴徒，霎時間，德國的一切法律化爲烏有。當人們知道，集中營就設在和平的環境中，祕密審訊室就設在兵營，無辜的人不經法律的審判和任何手續就被處死，不禁毛骨悚然。有人對自己說，這只能是一次喪失理智的瘋狂表現而已，這種事不會在二十世紀繼續存在，然而這一切才剛剛開始。世界人民密切注視並首先拒絕相信這難以置信的事。可是，就在這幾天裡我看到了第一批逃難的人，他們趁著夜色翻過薩爾茲堡山地或者蹚過邊界。他們面黃肌瘦、衣衫襤褸、驚慌失措地盯著當地的人；一場躲避慘絕人寰迫害的可怕大逃亡已從他們開始了。當我看到這些被驅趕的人群時，我卻沒有預見到，他們蒼白的臉色已預示了我的命運；我們大家都會是那個人暴行的犧牲品。

一個人想在幾個星期裡把三、四十年裡形成的對世界的信念徹底改變，談何容易。我們依然相信法律，相信德國的良知、歐洲的良知、世界的良知會持久永存，野蠻總有限度，它必將在人性面前毀滅。這一切是我堅定不移的信念。由於我繼續留在這裡，爲了親自試一下到底會出現些什麼事，所以我必須坦白承認，在一九三三年和一九三四年這兩年我們生活在德國和奧地利的人遇到的每件事都會出現上百次上千次之多，在幾個星期前，我們還認爲根本不可能。我們這些自由獨立的作家對出現的一些困難、煩惱、敵對行動事先是清楚的，這也是很自然的事。國會縱火案剛發生不久，我便向我的出版者說，我的書很快會在德國成爲過去時。我永遠不會忘記他聽到我的話時那驚愕的神情，他說：「誰會禁止您的書呢？」他說這話的時候是一九三三年，所以他還是很驚奇：「您可從來沒有寫過反對德國的一個字或者干預過政治啊！」我看到的所有難以置信的暴行，諸如焚書和使用殘酷的刑具，幾個月以後都成了事實。僅在希特勒掌權一個月之後。對此，那些思想深遠的人是無法理解的。因爲國家社會主義慣用的欺騙伎倆，在時機成熟之前，他們不會暴露自己目標的全部激進性。所以納粹分子總是小心謹慎地運用自己的手法：像用藥一樣，先用一定的劑量，間歇一會兒再用一粒藥丸，然後停一會兒，看看它的效力如何，世界的良知是否受得了這個劑量，而由於歐洲的良知總是持「與己無關」的態度，所以藥的劑量越加越大，直到把整個歐洲毒死爲止。歐洲這樣做，是因爲暴行在「國界的那邊」。這種做法有損於我們的文明，也是我們文明的恥辱。希特勒並沒有什麼天才之舉，但他運用慢慢試探、逐步升級的戰術，對付一個首先在道德上、而後在軍事上變得越來越弱的歐洲，卻是非常成功的。那個早就決定的行動：消滅一切言論自由和一切不唱讚歌的獨立書籍，也是運用試探的方法在德國全面展開的。當時在德國並沒有頒布公開禁止我們著作的一項法律——那是兩年後才頒布的。一開始，他們沒有頒布任何禁書的法律，只是採取小心翼翼的試探，看看能走多遠。對我們著作的第一次攻擊是唆使那些不負正式責任的人，即身爲納粹黨徒的大學生們去幹的。他們爲了貫徹蓄謀已久的全面抵制猶太人的決定，導演了一場「民眾憤怒」的醜劇，他們也是用同樣的伎倆，暗示大學生們對我們的著作表示公開的「憤慨」。德國的大學生對於能夠公開表現他們的反動思想是十分興奮的。他們在一處又一處的大學裡聚眾鬧事，把我們的書從書店裡拿走，帶著他們的繳獲品，舉著旗幟，向一處公共廣場走去。在那裡，他們按照德國古老的習俗，把書釘在恥辱柱上示眾，這種中古時代風行的惡習現在又變成了一種時髦。我今天就有一本曾釘到恥辱柱上的我自己的書，那是一位友好的大學生在執行完任務後搶救出來的，送給我作爲紀念。有時，他們把這些書放在大堆的柴薪上，口中念著愛國主義的口號，一把火將書燒成灰燼。很遺憾，那時已不允許他們燒活人。雖然宣傳部長戈培爾經過長時間的猶豫不決之後，最終決定焚書，但是這件事始終不敢公開，好像都是大學生幹的。但公眾卻沒有從大學生焚書和其他爲非作歹的行動中吸取一丁點的教訓。當時的德國對這些反常行動視而不見，再一次清楚地說明了民眾毫無警惕性。儘管書商們受到警告，不准把我們的書放在櫥窗裡，儘管沒有一家報紙敢於登載這些書的廣告和評論，但是眞正的讀者卻絲毫沒受影響。在尚未設立監獄和集中營的那個時候，我的書雖然在一九三三年和一九三四年遇到不少刁難和凌辱，但銷售量幾乎同以前一樣多。爲了把幾十萬甚至幾百萬德國讀者從我們身邊強行拉開，非得把那個「保護德意志民族」的規定，即把印刷、出售和傳播我們的著作說成是政治犯罪的規定變成法律不可。那時的德國讀者還是喜歡讀我們的書，而不願意讀那些突然冒出來的帶著野蠻血腥味的詩人的作品。他們願意在我們的創作中忠實地陪伴我們。

能在德國和卓越的同代人湯瑪斯・曼、亨利希・曼、韋爾弗爾、佛洛伊德、愛因斯坦及其他一些人——他們的著作遠比我的重要——共同承擔那種文學創作遭到剝奪的命運，與其說是一種恥辱，倒不如說是一種光榮。不過，無論是哪種形式的殉道都令我十分反感，所以我很不願提及那種共同命運。可是，十分奇怪的是，恰恰是我自己使納粹分子，甚至使希特勒本人處於特別尷尬的境地。在所有被剝奪公民權的人中，唯有我一人引起上峰的爭論。我創造的人物形象在貝希特斯加登[176]別墅裡的高層人物和最高層人物中間成了最令人惱火的爭論不休的問題，這使我感到很滿足。在我一生中又增添了一件令人高興的事，因為我讓那個新時代最強有力的人物阿道夫・希特勒也不時地惱怒。

在新政權成立的最初幾天裡，我就被無辜扣上一條暴亂的罪名。當時全德國正在放映一部根據我的中篇小說《灼人的祕密》改編的同名電影。本來沒有人對此片表示任何不滿。可是在國會縱火案——納粹黨徒嫁禍於共產黨的企圖破滅——以後，竟發生了這樣一件事：在電影院招牌和《灼人的祕密》的廣告前聚集著一群人，他們互相擠眉弄眼，哄堂大笑。不一會兒，蓋世太保就明白了他們在片名前大笑的原因。當天晚上，警察騎著摩托車在街上巡邏，命令電影院停止上映這部影片。從第二天起，我的《灼人的祕密》就從所有的報紙

---

176 德國東南邊境小城，希特勒和納粹首領的別墅所在地。

和一切張貼廣告的柱子上消逝得無影無蹤。其實，禁止這樣一部電影，甚至焚毀我的全部書籍，在當時是相當簡單的事。不過，在特殊的情況下，他們對我也無可奈何，因爲在關鍵的時候他們不能同時反對另一個人，此人就是他們極需要用來維護他們在世界上聲望的人物，德意志民族最偉大、最著名，當時仍健在的音樂家理查·史特勞斯。我當時剛剛與他一起完成了一部歌劇。

那是我第一次和理查·史特勞斯合作。在這以前，從史特勞斯的歌劇《埃列克特拉》和《玫瑰騎士》起，他所有歌劇的歌詞都是由胡戈·馮·霍夫曼斯塔爾寫的。我從來沒見過理查·史特勞斯本人。霍夫曼斯塔爾死後，理查·史特勞斯透過我的出版人跟我說，他很想寫一部新歌劇，問我是否願意爲他這部歌劇寫歌詞。我對這樣的請求感到莫大的榮幸。自從馬克斯·雷格爾爲我早期的詩歌譜曲以來，我一直不斷地生活在音樂和音樂家的圈子裡。我同布梭尼、托斯卡尼尼、布魯諾·華爾特、阿爾班·貝爾格等人結成了親密的友誼。但我不知道，在我們同時代的音樂家中，還有誰比理查·史特勞斯更能引起我的興趣，爲他效勞。理查·史特勞斯是純日爾曼血統的音樂世家偉大後裔中的最後一位了。這個偉大的世系，從亨德爾、巴赫到貝多芬、布拉姆斯，一直延續到我們這個時代。我馬上表示同意，並在第一次會面時就向史特勞斯建議，用班·強生[177]的《沉默的女人》作爲這部歌劇的主題。史特勞斯對我這一建議理解得非常清楚、非常迅速。這對我來說確是莫大的驚喜。我從未想

177 班·強生（一五七一—一六三七），英國戲劇家，代表作有諷刺喜劇《福爾蓬奈》等。

到過，他對藝術的理解力竟會這麼敏捷，他的戲劇知識竟是那麼驚人。我在敘述那部歌劇素材的時候，他就已經把它戲劇化了。更令人驚異的是，他把素材和他的音樂才能結合得天衣無縫。他對自己能發揮所長的地方了如指掌。我一生中見過不少藝術家，可是從來沒有一個藝術家像他那樣清醒而又客觀地對待自己。我們剛開始合作，史特勞斯馬上就向我坦承，一個七十高齡的音樂家不再具有音樂靈感的原始魔力。他說，他再也創作不出像《狄爾愉快的惡作劇》或《死與淨化》那樣的交響樂作品，因為恰恰是純音樂才需要一種最高級的創作活力。不過，歌詞還會讓他產生靈感。他說，他還能夠將已寫完的和已經形成的主題用音樂的語言把它表現出來，對他來說，音樂旋律會自然而然地從那些意境和詩歌中緩緩流出。因此，到了晚年，他就專門從事歌劇創作了。他說，他雖然清楚地知道，歌劇這種形式已經過時，而且華格納的創作是偉大的高峰，沒有人能超過他，「但是，」他用粗獷的巴伐利亞人的笑聲補充道，「我可以繞開他走。」

我們把歌劇的基本輪廓搞清以後，他又向我提了幾點應注意的要點，他讓我有絕對的自由，因為一種預先用威爾第歌劇格式化的歌詞永遠激發不了他的靈感，只有富有詩意的作品才能引起靈感橫溢。如果我能構思出節奏多變的歌詞，他會非常高興。他說：「我不像莫札特那樣擅長運用旋律，我一直是從短的主旋律開始的。但是，我知道以後怎樣去變奏這個主旋律，自由地裝飾這個主旋律，把蘊藏在主旋律中的一切都挖掘出來。我知道，直到今天還沒有人效仿我的做法。」我對他的這種坦誠態度再一次感到驚歎不已。說實在的，史特勞斯的作品幾乎沒有超過幾個節拍的旋律；正是這種短旋律加深了音樂的表現力，像《玫瑰騎士》的華爾滋就是如此。主題確定後，他又是怎樣用賦格作曲法把它變成絢麗而又完美的音樂啊！

像我們第一次會面時一樣，每次會面無不使我對他滿懷敬慕之情，讚賞這位年邁的大師在創作中充滿自信和實事求是的作風。有一次，我和他單獨坐在薩爾茲堡藝術節演出大廳裡，觀看他的《埃及的海倫》內部彩排。大廳裡沒有其他人。周圍是一片黑暗。他專心地傾聽著。我突然看到，他先是輕輕地，後來不耐煩地用手指敲著座椅扶手。他輕聲對我說：「不好，很不好！我再也想不起什麼來了。」幾分鐘之後他又說：「我乾脆把它刪掉吧！哦，上帝啊，太空洞了，太冗長了，太冗長了！」又過了幾分鐘他又說：「您說，這麼辦不錯吧！」他評判自己的作品是這麼客觀，這麼實事求是，好像他是第一次聽到這種音樂似的，好像那音樂不是他而是別人創作的。他這種衡量自己的做法從來沒離開過他，這不能不使人感到驚奇。他對自己的評價恰如其分，他是一個怎麼樣的人，有多大的本事，他知道得一清二楚。他不喜歡把自己和別人相比較，不在意自己比別人強多少，還是比別人差多少。他同樣不喜歡知道自己在別人眼裡的身價。只有創作本身才能使他感興趣。

史特勞斯的創作是一個非常奇特的過程。他沒有那非凡的魔力，也沒有藝術家的「顛狂」，更沒有像傳記中所描繪的貝多芬和華格納那樣的沮喪和絕望。史特勞斯在創作時既實際又冷靜；他在作曲的時候，和約翰．塞巴斯蒂安．巴赫一樣，和所有技巧高超的藝術家一樣，安靜又有規律。每天從早上九點起，他坐在桌旁接著昨天作曲結束時的地方繼續創作，直到十二點或者午後一點。下午休息時玩紙牌，謄寫兩、三頁總譜。他像一般的作曲家一樣，用鉛筆寫初稿，用墨水筆寫鋼琴總譜。晚上他或許到劇院指揮樂隊。他的生活極有規律，所以神經衰弱這類病與他無緣。他的藝術智慧晝夜都一樣，都是那麼光輝、明晰。當僕人敲門進來，給他拿來指揮樂隊穿的燕尾服時，他就放下工作，站起來，乘車去劇院。他指揮樂隊時是那麼鎮定和自信，就像他下午玩紙牌時一樣。到了第二天，他的靈感又準確無誤地出現在頭一天創作結束的地方。因爲史特勞斯是按照歌德的話來「指揮」自己的思想靈感的；他認爲能力就是藝術，甚至所有的能力都是藝術，像他用詼諧的話所說的：「一個眞正的音樂家應該是什麼樣子呢？他得能夠爲一張菜單譜曲才算夠格。」任何困難不但嚇不倒他，而且給這位日益取得成就的大師帶來不少樂趣。我今天還高興地記得，有那麼一次，他得意洋洋地對我說：「我給一位女歌唱家出了一個難解的謎語，她要猜出來，必然要費一番腦筋。」他說這話的時候，眼睛放射著光芒，使人感覺到有股神祕的魔力深深地隱藏在這個奇特的人身上。他的工作方法首先是準時、按部就班、實實在在，就像手工業工人那樣。他工作時好像心不在焉，給人一種不信任之感，恰似他的那副面孔一般。他的面龐屬於一般的圓形，胖乎乎的，像孩童的面頰，額角微微偏後，乍一看，平淡無奇。可是你仔細看下去，就會看到他那一雙藍眼睛是那麼明亮、那麼炯炯有神，你立刻就感到，在那張平凡的面孔背後隱藏著一股特別神祕的力量。尤其是那雙眼睛，是我在音樂家身上看到的最清澈的一雙眼睛，它不僅具有魔力，也顯示出深邃的智慧，是一雙眞正認識到自己使命的人的眼睛。

在那次令人振奮的會面之後，我回到了薩爾茲堡，立刻開始了歌劇的寫作。出於好奇，我想試一下他是否能接受我寫的詩句。兩個星期以後，我把第一幕的稿子寄給他。他很快給我寄來一張明信片，上面寫著一句歌唱大師的名言：「一鳴驚人。」他對我寫的第二幕同樣熱烈祝賀，還寄來了他寫的歌曲的頭幾句：「啊！我終於發現了你，我可愛的孩子！」他那種喜悅的心情，或者說是對我的鼓勵，爲我以後的創作帶來了難以形容的快樂。理查・史特勞斯對我寫的歌詞沒有改動一句，只有一次因爲多聲部的需要，要求我再加上三四行字。我們之間就這樣開始了最眞摯的友誼。我請他到我的家裡來，他也請我到他住的加米施小鎮去。在他的家裡，他用細長的手指在鋼琴上按照我的初稿斷斷續續爲我演奏了整部歌劇。在完成了這部劇以後，我又接著動手寫第二部，而他也毫無保留地同意了第二部歌劇的基本梗概。完全像事先預約了似的。其實，我們之間既沒有協議，也沒有義務。

一九三三年一月，希特勒上臺之時，我們的歌劇《沉默的女人》第一幕的鋼琴總譜已全部完成。可是幾個星期以後，當局下令，嚴厲禁止在德國舞臺上演出非雅利安人的作品，或者有猶太人參與的作品，這一駭人聽聞的強制措施甚至連死人也不放過。萊比錫音樂廳前的孟德爾頌的站像被拆除了，此種暴行激怒了世界上所有音樂界的朋友。這個禁令的下達，對我來說，意味著我們那部歌劇也就算完了。我原以爲理查・史特勞斯自然會放棄和我的合作，與別人再另搞一部作品。而他並沒有這樣做。他給我寫了一封又一封信。倒是他多次提醒我，說我應該爲他下一部歌劇準備歌詞，因爲當時他正爲第一部歌劇配樂。他表示，不許任何人禁止他和我的合作。我不得不坦率地承認，在整個形勢的變動下，他一直對我恪守朋友的忠誠。當然，他也採取了一些預防措施，這些措施對我來說自然是格格不入。他經常接近權貴，常常同希特勒、戈林、戈培爾見面，當福特萬格勒[178]公開對抗希特勒的時候，他竟

178 威廉・福特萬格勒（一八八六—一九四五），德國著名指揮家。

接受了納粹的國家音樂局總監的任命。

他公開參加納粹組織，對當時的納粹分子來說是極端重要的事。因爲當時最有名的作家和最有名的音樂家無不憤怒地對納粹分子嗤之以鼻。那些與納粹分子一個鼻孔出氣的人或者投奔納粹的少數人，在最廣泛的藝術圈子裡不過是無名之輩。就在這個難堪的時刻，這位德國最有名望的音樂家公開倒向納粹一邊，從粉飾太平這個意義上來說，他給希特勒和戈培爾帶來了不可估量的好處。史特勞斯對我說過，希特勒在維也納流浪的那幾年裡，就用自己辛辛苦苦掙來的錢去格拉茨看他的歌劇《莎樂美》，希特勒很尊重他。當時，在貝希特斯加登的節日晚會上，除了華格納的作品外，幾乎只演唱史特勞斯的歌曲。史特勞斯同納粹共事，是有許多重要的打算的。但不同的是，對他這個眞誠地信奉藝術唯我主義的人來說，哪一種政權都一樣。他曾作爲宮廷樂隊的指揮爲德國皇帝演奏過；曾爲皇帝的軍樂配曲；後來又作爲維也納宮廷樂隊的指揮爲奧地利皇帝服務。在奧地利，在德意志共和國，這兩個國家都喜歡他。他迎奉納粹，還出於對他生命攸關的利益，用納粹的話說，他負有巨債。他的兒子娶了一個猶太妻子，他肯定擔心他最疼愛的孫子們會被當成廢物踢出校門；他的新歌劇受到我的牽連，他以前的歌劇又受到非純雅利安種的胡戈・馮・霍夫曼斯塔爾的牽連，他的出版商也是一個猶太人。他覺得，給自己找一個靠山是當前的首要舉措，於是他決定邁出這一步。他遵主子的旨意到任何地方去指揮，他爲奧林匹克運動會寫了一首讚歌。同時，他在給我來的一封憂鬱又十分坦率的信中說起，他對那項委任並沒有什麼興趣。事實上，在這位藝術家的神聖自我中，他所關心的只有一點：讓自己的作品發揮作用，特別是看到那部新歌劇上演。那部歌劇同他的心貼得特別近。

他向國家社會主義做出這樣的讓步，對我來說，肯定使我陷入十分尷尬的境地。因爲很容易產生這樣的印象：好像我暗地裡參與了此事，或者說，在作家藝術家聯合抵制的行動中，我同意這一例外。我的朋友們從各方面斥責我，他們公開反對我們倆合作的歌劇在德國上演。但是，首先，我原則上反對這種公開的群起而攻之的做法，其次，我也不願意給這位天才的理查·史特勞斯製造麻煩。史特勞斯畢竟是當時健在的最偉大的音樂家，他已經七十歲了。他爲那部歌劇花了三年時間，在這三年裡，他對我只有友好的情誼、正直和勇氣。所以，對朋友們的種種責難，我只有採取沉默，讓它自由發展，我認爲這是明智之舉；再說，我想不出別的辦法。我只能採取這種完全消極的態度，給德意志文化的新衛道者增添更多的困難。除此之外，我還知道，納粹的國家文化局和宣傳部挖空心思地想尋找一個好聽的藉口，以確立一項對他們自己那位最偉大的音樂家的禁令。譬如，他們把那部歌劇的腳本拿到所有官員和名人那裡去徵求意見，希望找到一個藉口，如果在《沉默的女人》裡有類似於《玫瑰騎士》裡的場面：一個年輕男子從一個已婚女人的臥室裡走出來，那事情就可能好辦多了！他們可以抓住這種傷風敗俗的藉口，大力宣揚必須捍衛德意志的仁義道德。這種雞蛋裡挑骨頭的做法也沒能讓他們如願，因爲我的劇本裡沒有任何傷風敗俗的描寫。他們還不死心，他們把蓋世太保那裡的卡片索引和我的全部著作都翻了一遍，沒有找到我對德國（同樣對地球上的任何國家）說過任何一句貶低的話或者描寫過任何一項政治活動。雖然他們繼續在活動、在試探，可是所作的決定原封不動地又回到了他們的手裡。他們是否應該在全世界面前剝奪這位年邁的音樂大師——是他們自己將納粹音樂的大旗塞到他手中的——演出自己歌劇的權利或者是否我這個詞作者的名字斯特凡·茨威格能夠同史特勞斯並列寫在節目單上。這不僅玷汙了德國大劇院，也給納粹德國造成了奇恥大辱。他們挖空心思和他們苦不堪言的絞盡腦汁的做法多麼令我暗自高興啊。我已經預料到，即使我不參與，或者更確切地說，即使我不置可否，我那部音樂喜劇幾經周折，也會不可避免地發展成一種具有黨派色彩的刺耳音樂。

納粹黨對了結這件事一直下不了決心。可是到了一九三四年初，不管納粹黨是想違反自己的法律，還是想反對這位當時最偉大的音樂家，無論如何，再也不能繼續推遲了。歌劇的總譜、鋼琴曲譜、歌詞腳本早已印刷完畢；歌劇的角色已經選定，並且進行了排練；道具服裝已經在德勒斯登皇家劇院預訂好了。可是戈林和戈培爾以及國家文化局、文化委員會、教育部和憲兵隊等有關部門，都沒有取得一致意見。爲了一個歌劇搞到這步田地，已經夠荒唐了；「《沉默的女人》事件」終於成了一件轟動全國的大事。所有部門都不敢打破僵局，誰也不敢下令「同意」或者「禁止」。現在別無辦法，只好交給德國的主人、黨魁阿道夫・希特勒親自定奪。我的作品在這以前受到很多納粹分子的青睞；特別是那本《富歇傳》，他們曾把它看作政治上毫無顧忌的榜樣，他們經常對該書加以研究和討論。可是，在戈培爾和戈林之後，最後一位至高無上的人不得不仔細閱讀我那部三幕抒情歌劇。我私下透過各種管道得知，他們沒完沒了地召開會議。最後，史特勞斯被召到德國那位至高無上的人面前。希特勒親自告訴史特勞斯，他將破例批准那部歌劇演出，儘管這樣做也是違背新德意志帝國的有關法律的。希特勒做出這樣的決定，完全像他和史達林、莫洛托夫簽署的和平友好條約一樣，不是出於他的本意，而是在玩弄權術。

納粹德國不舒服的日子終於來到了，被納粹譴責的茨威格的名字又出現在戲劇海報上，各個劇院將再次上演他的一部歌劇。我當然不能出席那次演出，因爲我知道劇院大廳裡肯定擠滿了穿褐色制服的人；人們甚至估計希特勒本人也會出席其中的一場演出。這部歌劇獲得極大的成功。我必須向音樂評論家們表示我的敬意。他們中間有十分之九的人很高興地利用這次機會，以便再一次，或許是最後一次表達他們內心對種族論的反抗。他們用盡美好的言辭評論我寫的腳本。在柏林、漢堡、法蘭克福、慕尼黑，幾乎所有的德國劇院都立刻預告那部歌劇下一次演出的時間。

第二次演出剛過，突然晴空一陣霹靂。一夜之間，德勒斯登和整個德國都接到通知：禁止那部歌劇上演。更有甚者，我看到史特勞斯辭去國家音樂局總監的消息。大家都知道，肯定發生了特別的事情。過了很長時間，我才弄清了事情的全部眞相。事情是這樣的：史特勞斯又寫給我一封信，他在信中督促我馬上創作一部新歌劇的腳本。他在信中以驚人的坦率表明了自己的態度，這封信落到了蓋世太保的手裡，然後被擺在了史特勞斯的面前。這樣，史特勞斯不得不立刻辭職，那部歌劇也立刻遭到了禁演，只能在自由的瑞士和布拉格以及義大利上演，那是當時還沒有拜倒在種族歧視腳下的墨索里尼特別批准的。而德國人從此再也聽不到他們自己的、當時依然健在的、最偉大的老音樂家寫的那部令人銷魂的歌劇中的任何一個音符了。

當那件事情沸沸揚揚的時候，我正在國外，因爲我覺得動盪的奧地利使我無法安靜地工作。我在薩爾茲堡的家離邊境非常近。我抬頭就能看到貝希特斯加登山，阿道夫·希特勒就住在這座山上。我們的鄰居是一個非常討厭、令人不安的國家。因爲我住在德意志帝國的邊界這邊，我對德國虎視眈眈地望著奧地利的危險情況，比住在維也納的朋友們了解得更加深刻。在維也納，坐在咖啡館裡的人，甚至政府的官員們，都把國家社會主義看作「那一邊」發生的事，認爲它絕不會觸及奧地利。有嚴密組織的社會民主黨不是依然存在嗎？它幾乎得到半數國民的支持。自從希特勒的「德國基督教徒」公開非難基督教，並公開宣稱自己的元首「比耶穌基督還要偉大」以來，希特勒不就成了基督教民主黨和社會民主黨的共同敵人嗎？法國和英國不也成爲奧地利民族聯盟的捍衛者了嗎？墨索里尼不是早就宣稱義大利要堅決承擔保護國的責任嗎？他不是說要保證奧地利的獨立嗎？就連猶太人對面前發生的一切也漠不關心，好像剝奪醫生、律師、學者、演員的自身權利的事情是發生在遙遠的中國，而不是發生在只有三個小時火車路程的同樣講德語的地方。奧地利人悠然自得地坐在自己家中；他們開著汽車到處兜風，除此以外，他們還有一句口頭禪式的安慰話：「那邊的事不會長久的。」由此使我回想起在我短暫的俄國之行時，在列寧格勒和我的出版者的一次談話。他對我說，他曾經非常有錢，有過美好的生活。我問他，爲什麼不像許多人那樣在革命一爆發就馬上離去？「哎呀，」他回答說，「那個時候誰會相信像一個委員會和士兵共和國這樣的事情能存在超過兩個星期的時間呢？」當時的奧地利人也同他一樣，出於同樣的生活意志，自己欺騙自己。

薩爾茲堡緊鄰德國的邊界，我們在這裡看到的事比較清楚。狹窄的邊界河上人來人往，年輕人夜間悄悄渡河去接受那邊的訓練；煽動家們坐著汽車或者拄著登山杖扮成純樸的「遊客」越過邊界，在奧地利各地建立起他們自己的「基層組織」。他們開始招募新成員，同時威脅說，誰不表態支持他們，誰以後就會受到懲罰。這使得奧地利的警察和政府官員戰戰兢兢。我越來越感覺到，人們開始動搖，亂了方寸。我在薩爾茲堡有一個青年時代的朋友，他也是一位知名作家，我和他有三十年的密切交往。我們相互稱「你」，而不用客氣的「您」。我們互相題詞贈書，我們每個星期都能見一次面。有一天，我在大街上看到這個老朋友和一位陌生的先生走在一起，我看到他立刻在一個和他毫無關係的櫥窗旁站住，背對著我，興致勃勃地向那個陌生人比劃著什麼。好奇怪，我想，他肯定看到我了。但這也可能純屬偶然。第二天，他突然打電話給我，問是否可以下午到我家來談談。我答應了，可是有點納悶，因爲我們從來都是在咖啡館見面的。結果，雖然他是緊急來訪，卻沒有說什麼重要的事。我馬上明白了，他一方面想繼續保持我們之間的友誼，但又怕受到懷疑。因此他表示，在這座小城市裡與我的關係不想太密切。這件事引起了我的注意。不久我就覺察到，平時常來往的許多熟人過了一段時間都不見了。我的處境變得兇險了。

我當時還沒想到澈底離開薩爾茲堡，但我像往常一樣，決定到外國去度過冬天，以避開那裡小小的緊張氣氛。可是我萬萬沒有預料到，我於一九三三年十月離開美麗的家園時，竟成了一種告別。

我打算去法國工作，度過一月和二月。我熱愛這個有文化的美麗國家。我把它看作我的第二故鄉，我在那裡沒有覺得自己是外國人。瓦勒里、羅曼・羅蘭、儒勒・羅曼、安德烈・紀德、羅歇・馬丁・杜加爾、杜阿梅爾、維爾德拉克、尚・理查・布洛克，這些文學界的領袖都是我的朋友。我的書在那裡擁有幾乎和在德國一樣多的讀者。在那裡，沒有人把我看成外國作家，看成陌生人。我熱愛那裡的人民，熱愛那一片土地，熱愛巴黎。我在那裡的生活就像在家裡一樣，所以，每逢我從巴黎北站下車時，總會有這種感覺：我「回來」了。可是，我這次離開家是由於特殊的情況，我比往常提早動身，我想在耶誕節後再到巴黎，這段時間我到哪裡去呢？我回想起來，自我上完大學至今已過了四分之一世紀，可是我還沒有重訪過英國。我跟自己說，爲什麼總待在巴黎，爲什麼不去倫敦住上十天半月呢？爲什麼不用另一種眼光去看看闊別多年的那些博物館，看看那個國家和那個城市呢？作了決定以後，我就沒有乘特別快車去巴黎，而是坐上了去法國北部港口城市加萊的火車。三十年後又一個十一月的日子，我在維多利亞車站下了車，這裡依然是迷霧濛濛。剛到倫敦，我碰到的第一件新鮮事就是不像以前那樣從車站坐馬車去旅館，而是換成了汽車。霧，灰色的霧，依然是那麼柔和陰涼。我還沒有向這座城市望一眼，三十年前聞到過的那種嗆鼻、潮濕、鬱悶的空氣，如今又把我包圍起來。

我帶的行李很少，同樣，我對倫敦也沒抱很大的希望。在這裡，我沒有幾個要好的朋友；英國作家和我們歐洲大陸的作家，彼此之間來往甚少；他們的民族傳統與歐洲大陸國家的傳統不同，他們不喜歡交往，喜歡在自己的小圈子裡過一種獨善其身的生活。我已經記不太清了，從世界各地寄到我家、堆在我桌面上的許多書籍中，是否能找到一本英國作家作爲禮物贈給我的書。我曾在德勒斯登的赫勒勞遇到過一次蕭伯納。有一次，威爾斯在訪問薩爾茲堡時到過我家，雖然我的很多著作都已譯成英文，但在這裡並不出名，英國一直是我的作品產生影響最小的國家。在我同美國、法國、義大利、俄國出版商結成私人友情的時候，我還沒有見到過一位在英國出版我著作的公司經理。因此之故，我做好了心理準備，等待忍受三十年以前的那種陌生感覺。

而事實並非如此，剛剛過了幾天，我就感覺到在倫敦有種說不出來的舒適。並非是倫敦大變樣，而是我本身變了，我增加了三十歲。經過戰爭和戰後過度緊張的年代以後，我特別渴求安靜的生活，不想再聽到政治方面的事。在英國也有各種政黨，這是很自然的事。有輝格黨和托利黨，一個保守黨、一個自由黨和一個工黨，它們之間的爭論與我何干。就是在文學界也有門戶之見和各種流派，必然有各種爭吵和隱蔽的抗爭，我完全站在圈外，我不但感到生活舒適，而且我終於又置身於一種溫良恭儉的市民氣氛之中。前幾年裡，再也沒有什麼東西比我在農村和城市裡感覺到的仇恨和緊張更毒害我的生活的了。我還必須事事提防，以免陷入無休止的爭論之中。倫敦的居民沒有那種驚慌失措的表情，在倫敦的社會生活中，誠實、禮貌具有較高水準，而我們的國家由於欺騙成性變得不仁不義，我們與倫敦有天壤之別。倫敦的居民生活得祥和、滿足；他們的注意力主要放在自己的花園和個人的愛好上，並不關心鄰居的事。我在這裡自由地呼吸，自由地思想和考慮問題。但是，我留在倫敦的根本原因是爲了一部新作品。

事情是這樣的。當時，我的《瑪麗・安東尼》剛剛出版，我正在審校《伊拉斯謨》的校樣。在這本書裡，我試圖描繪一位人道主義者的精神面貌；這位人道主義者儘管比專業的世界改造者更清楚地理解時代的荒謬，可是他卻不能用自己的全部理智去阻止這種荒謬，這才是最可悲的。在完成這部影射現實的作品後，我打算寫一部醞釀已久的長篇小說。我寫的傳記夠多了，應該換個題材了。可是到倫敦的第三天，很快發生了一件事。由於我對作家名人的手跡感興趣，我就到大英博物館的公共閱覽室裡去觀看正在展出的手跡，其中有一份關於處死蘇格蘭女王的手寫報告。我情不自禁地想：瑪麗・斯圖亞特究竟是怎麼一回事呢？她眞的參與謀害了她的第二個丈夫？又或者不是她？因為晚上沒有可看的東西，我便買了一本關於這位女王的書。那是一首讚歌，它像保護聖靈一樣保護她。一本膚淺又愚蠢的書。由於無法滿足我的好奇心，第二天我又買了另一本書，這本書的內容同上一本完全相反。一個說她好，一個說她壞，這引起了我極大的興趣。我向人打聽，哪本書說得眞實，可是沒有人能說出來。於是我自己動手尋找材料，探索事實，不知不覺地陷入兩者的對比之中。於是，我在沒有眞正弄清眞實歷史的條件下，開始寫作一本關於瑪麗女王的書。爲了寫這本書，我有好幾個星期都沒有離開圖書館。當一九三四年初我重新回到奧地利時，我就決定，我要在安靜的環境裡把這本書寫完，我要重新返回我喜愛的倫敦去。

用不了二、三天的時間，我就看出奧地利的局勢在不到幾個月的時間裡變得這麼糟糕。從寧靜安全的英國來到狂熱好鬥的奧地利，就像在七月裡酷熱的紐約，從一間有空調的涼爽房間一下子走到熾熱的大街上一樣。德國納粹的報刊開始慢慢破壞宗教界和市民階層的神經；奧地利人感到經濟壓力和德國的顚覆勢力越來越大。陶爾斐斯政府爲維護奧地利的獨立，抵禦希特勒，一直拼命尋找最後一根支柱。法國和英國離得太遠了，它們對奧地利的態度也太冷淡了；捷克斯洛伐克依然抱著宿怨，同奧地利作對。這樣，只剩下義大利了。當時，義大利正在爭取成爲奧地利在經濟上和政治上的保護國，爲了奧地利保護阿爾卑斯山的關卡和的里雅斯特。可是墨索里尼卻爲這種保護提出了苛刻條件：奧地利要順應法西斯主義潮流解散議會，從而把民主澈底埋葬了。如果不消滅或者剝奪社會民主黨的權力，這個奧地利最嚴密的政黨是不可能答應墨索里尼的條件的。若要摧毀這個政黨，沒有別的辦法，只有依靠殘酷的暴力。

陶爾斐斯的前任伊格納茨・賽佩爾已經針對那些恐怖活動建立了一個組織，即所謂的「民團」。從外表上看，這是一個極爲可憐的組織。它是由外省的小律師、退伍軍人、不明身分的人、失業的工程師組成，他們對自己的處境感到失望，並且他們之間也瘋狂地仇恨起來。他們終於找到了一個所謂的領袖，年輕的施塔勒姆貝爾格親王。這位親王曾一度拜倒在希特勒的腳下，反對德意志共和國，謾罵民主，現在卻率領著自己的雇傭兵成了希特勒的敵人而到處遊蕩，並且聲稱「要罷許多人的官」。那些民團的人到底想幹些什麼，現在還不完全清楚。實際上，民團的士兵無非是想混一口飯吃。他們的全部力量不過是墨索里尼的拳頭，是他推著他們向前走的。那些標榜愛國的奧地利人，實際上正在用義大利提供的刺刀砍自己坐的樹墩，可悲的是，他們自己並沒有覺察。

社會民主黨比較清楚地認識到，眞正的危險究竟在什麼地方。從這個黨本身來說，它並不需要害怕公開的抗爭。它自己有武器，還能透過總罷工使所有的鐵路、水廠、電廠陷入癱瘓。該黨也清楚，希特勒正等待一場所謂的「赤色革命」發生，有了這個藉口，他就能以「救世主」的名義，命軍隊開進奧地利。在這種形勢下，對社會民主黨來說，比較妥當的解決辦法是：犧牲自己大部分的權力甚至取消國會，以便達成一項可以接受的妥協方案。當時的奧地利正處在希特勒主義的威脅陰影中。在迫不得已的情況下，一切有理智的人都會支持這種折衷方案。甚至像陶爾斐斯那樣多謀善斷、雄心勃勃但又完全現實的人，也傾向於聽從大家的意見。可是年輕的施塔勒姆貝爾格和他的同夥，即民團的另一個頭目法伊上校，他們則要求保衛聯盟交出它的武器，同時要求消滅任何民主、平等和自由的苗頭。社會民主黨則反對這類要求，雙方陣營陷入劍拔弩張的地步。人們感覺到，一場決戰正迫在眉睫，我懷著大家都有的緊張心情，充滿預感地想起了莎士比亞的話：「這麼惡劣的天氣沒有一場暴風雨是不會放晴的。」

我在薩爾茲堡只住了幾天，便馬上去了維也納。恰恰是二月的頭幾天，那場暴風雨突然爆發了。民團在林茨襲擊了工會的駐地，他們以爲這裡有軍火庫，想要奪取軍火。工人們以總罷工來回擊他們。陶爾斐斯再次命令，用武力鎮壓那次純粹是人爲製造出來的「革命」。所以，正規的國防軍用機槍和大炮威逼維也納的工人區，整整進行了三天艱苦的巷戰。這是西班牙內戰前歐洲民主和法西斯的最後一次較量。工人們在裝備精良的強大軍隊面前堅持了三天。

那三天我正在維也納，因而是那次決戰的見證人，也是奧地利毀滅自己獨立自由的見證人。但是，作爲一個誠實的見證人，我會老老實實說，我事先一點沒有看到那次革命，而我認爲那純粹是荒唐。要盡可能眞實而又清楚地說明當時的眞相，必須有挺身而出的勇氣來揭穿那些浪漫主義的胡思亂想。我覺得，最能體現現代革命的技術和本質特點的，莫過於那場發生在城市裡幾個個別地區，因而大多數居民並沒看到的革命。所以看起來特別奇怪：在一九三四年二月具有歷史意義的日子裡，我就在維也納，可是我絲毫沒有看到維也納發生的那些重要事件，什麼也沒看到，就連事件發生的時候，我也一無所知。大炮的轟擊，許多房子被侵占，幾百具屍體被運走，如此等等，我既沒有聽到，也沒看到。可是在紐約、倫敦、巴黎的報紙讀者卻清楚地知道事件的眞正過程。後來，我多次確鑿無疑地發現了那種奇怪的現象：在我們這個時代，離發生事件的地方只隔著十條街的人，遠不如相隔數千公里以外的人知道得清楚。幾個月後的一個中午，陶爾斐斯在維也納被暗殺，當天下午五點半我就在倫敦街頭看到這條消息。我馬上給維也納打電話，使我驚奇的是電話居然很快就接通了；更加使我驚奇的是，在電話裡我獲悉，在維也納離外交部只有五條街道的人竟不如倫敦街頭的人知道得多，知道得早。我必須以維也納所經歷的那次革命作為例子，從反面加以說明：今天同時代的人要想親眼看到那些改變世界和改變自己生活的事件是多麼不容易啊，如果他不是碰巧在現場的話。當時，我所經歷的全過程是：那天晚上，我同歌劇院芭蕾舞女導演瑪加蕾特．瓦爾曼在環城大道咖啡館見面，我是步行去環城大道的，正當我漫不經心地穿過馬路時，突然有幾個穿舊軍服的人端著槍向我走來，問我到哪裡去。我告訴他們，我要到那家咖啡館去，他們才放我過去。我既不知道那些衛兵為什麼突然出現在街頭，也不知道他們具體的任務是什麼。實際上，當時在郊外已經打了好幾個鐘頭的槍戰，可是在市內的人並不知道。第二天晚上我想回薩爾茲堡，當我回旅館結帳時，旅館門房對我說，恐怕走不成了，鐵路不通車了，工人在罷工；另外，市郊正發生什麼事。

第二天的報紙對有關社會民主黨人的一次暴動的報導相當含糊，好像說它已被平息。實際上，那天的戰鬥已達到白熱化的程度，政府決定先用機槍然後用大炮對準工人住宅區。可是我並沒有聽到大炮響。我想，如果那時整個奧地利被占領，那麼，它不是被社會黨人，就是被納粹黨人或共產黨人所占領。我也許就像慕尼黑人那樣什麼也不知道，他們早晨醒來，才從《慕尼黑最新消息》上看到，他們的城市已落入希特勒的手中。當時，市內的一切都像往常一樣平靜、有條不紊，而郊區的戰鬥依然非常激烈。我們天真地相信官方的報導，認爲一切都已解決，一切都已結束。我去國家圖書館查閱資料，那裡坐著許多大學生，他們在看書、學習，跟往常一樣；所有的商店都正常營業，完全沒有什麼不安的跡象。一直到第三天，一切都過去了，人們才獲知零星的眞相。鐵路交通還沒有恢復，第四天早晨我才啟程返回薩爾茲堡。在薩爾茲堡的大街上，我遇見幾個熟人，他們急切地走來向我打聽，維也納到底發生了什麼事。而我，作爲那次革命的「親歷者」，不得不老老實實地回答他們：「我不清楚。最好還是買一份外國報紙看看。」

奇怪的是，事件結束後的第二天，我一生中最重大的抉擇突然落在我身上。從維也納返回薩爾茲堡再到我的家已是下午，家裡的桌子上堆滿校樣和信件，等我把拖欠的工作幹完，已到深夜了。翌日早晨，我還在床上躺著，就有人敲門，是我們那位忠實的老僕人，若不是我事先同他有約，他平時是不會來叫醒我的。他一臉的驚慌失措，他說，請我下去一趟，警察先生來了，要同我談話。我有點吃驚，穿上晨服，走下樓去。樓下站著四名便衣警察。他們通知我，他們是奉命來搜查的，說什麼我應該交出所有藏在家裡的共和主義者保衛同盟的武器。

我今天必須承認，開始的一剎那我幾乎驚得不知說什麼好。我家裡會有共和主義者保衛同盟的武器？實在是太荒唐了！我不屬於任何黨派，也從不過問政治，我已經有好幾個月不在薩爾茲堡了，這豈不是世界上最可笑的事嗎？一個軍火庫居然設在我的家裡，怎麼沒有人看見把槍支彈藥向山上運送呢？我沒有什麼好回答的，只好冰冷冷地說：「請，您搜吧。」那四個警察穿過房間，打開一些箱櫃，又敲敲牆壁。從他們搜查時馬馬虎虎的神情看，我馬上就明白了，這種搜查純粹是一種形式，他們自己也不相信在這所房子裡存著武器。半小時後，他們宣布搜查完畢，然後便走得無影無蹤。

這場惡作劇在當時爲什麼使我如此憤慨，恐怕需要從歷史上加以說明。因爲近幾十年來，歐洲和世界上的人幾乎已經忘記了，個人的公民權利和自由曾是多麼神聖。可是自一九三三年起，搜查、逮捕、查抄財產、逐出家園、流放以及各種形式的貶謫幾乎成了家常便飯。在我認識的歐洲朋友中，無一人沒有經歷過這種遭遇。在一九三四年初的奧地利，無故搜查一個公民的住宅，被認爲是一種莫大的恥辱。對像我這樣一個完全脫離政治、多年來沒有行使過公民權的人進行搜查，必須有特殊的理由。事實上，那是奧地利的典型做法。薩爾茲堡的警察局長出於無奈，不得不對每夜用炸彈和爆炸物擾亂居民的納粹分子採取嚴厲措施。而這需要很大的勇氣，因爲納粹黨會採用恐怖手段加以反擊。當局每天都收到恐嚇信，信中說，要是他們「迫害」納粹分子，必將爲此付出代價。從統計資料看，納粹分子所說的報復的話，一直是百分之百兌現的。那些忠實的奧地利官員，在希特勒進駐的第二天就被關進了集中營。可想而知，搜查我家清楚地表明，那些人對任何人都採取這種所謂的安全措施。我在這個本身並不重要的插曲背後反而發覺，奧地利的局勢變得多麼嚴峻，從德國來的壓力是多麼強大。自從那幾個警察到過我家後，我就再也不喜歡我那個家了。一種直覺向我襲來，這個插曲只不過是大規模侵犯人權的可怕的前奏。當天晚上，我就把最重要的文件捆裝成包，決定從此長期在國外生活。我覺得，人世間最重要的是個人的自由，所以那種離別比離開家園和離開祖國的意義更深遠。我的家人對那所住宅的眷戀勝過對自己的家鄉，我們全家人都熱愛那片土地。可是我更渴望自由。我沒有跟我的朋友和熟人說明我的打算，兩天後徑直返回倫敦；到了倫敦後的第一件事，就是通知薩爾茲堡當局，我已決定放棄我的住宅。那是我脫離自己祖國的第一步。不過我知道，自從維也納發生事變那幾天以來，奧地利已經失敗——當然我還不能預測，我將因此失去多少。

和平的瀕死狀態

羅馬的太陽已經沉沒。
我們的白晝已經過去。
黑雲、夜露和危險正在逼近，
我們的事業已成灰燼。

——莎士比亞《尤利烏斯・凱撒》

我在倫敦的頭幾年，多少有點像高爾基在蘇連多一樣，有點流亡的感覺。即便是在那次所謂的「革命」之後，納粹企圖用突然襲擊和暗殺陶爾斐斯等卑鄙手段占領那個國家，奧地利依然存在著。我的祖國又繼續掙扎了四年，自然我可以隨時回去。我還沒有失去自由，也沒有被驅逐。我的書完好無損地放在薩爾茲堡的家裡。我身邊帶著奧地利的護照，奧地利還是我的祖國，我還是奧地利公民——有全部公民權的公民。那種可怕的、沒有親身經歷過便無法體會的失去祖國的處境還沒有開始。那是一種攪亂神經的感覺，好似睜著清醒的眼睛在一片空虛中渾渾噩噩，心裡卻很明白，無論你在哪裡落腳，隨時都會引起人的反感。而我才處在這種尷尬境地的最初階段。

當我一九三四年二月底在維多利亞車站下車的時候，心裡有一種異樣的感覺：決心在那裡長期居住的城市和過去只是短暫逗留的城市，看上去有些不一樣。我不知道我會在倫敦住多久，只有一點對我是重要的，那就是我又可以從事自己的創作了，又可以維護我的人身自由和內心的自由了。由於一切財產都是累贅，所以我沒有計畫買房子，只是租了一套簡單的公寓，房間剛夠用，我少量的書可以放在兩個壁櫥裡。我是一刻也離不開書的。房間裡還可以放一張寫字臺，這已滿足了我作爲腦力勞動者所需要的一切。要是有客人來，就沒有住的地方了。我寧願住在最狹小的房間，可以隨時出去旅行。我的生活在無意中變成了臨時性的，不能再作長遠的打算。

第一天晚上——天已經黑了，牆壁的輪廓在昏暗中漸漸模糊起來——我踏進剛剛布置好的小房間時，不覺吃了一驚。在一剎那間，我彷彿走進了大約三十年前我在維也納爲自己布置的那個小房間。因爲兩個房間一般大小，牆上同樣貼著那句對書的祝辭，同樣掛著那幅布萊克的畫：《約翰王》；這幅畫一直陪伴著我，國王夢幻般的眼睛始終望著我。我需要時間鎮靜一會兒，因爲維也納的那套小房間，我已經多年沒有想到它啦。難道那是我的生活——相隔這麼長的時間——退縮到過去的象徵？難道我自己變成了幽靈的象徵？當我三十年前在維也納爲自己選定那間斗室時，我的命運已經開始。當時我還沒有創作出什麼來，或者說，還沒有創作出重要作品；我寫的書，我本人的名字還沒有在祖國生根。現在——在驚人的相似的環境裡——我的著作已經從自己的語言環境中重新消失了。我寫的一切，現在對德國來說已經相當陌生。朋友們都已疏遠，昔日的聯繫已經中斷。貯有收藏品、繪畫和書籍的住房已經失去，我現在像三十年前一樣，又被一片陌生所包圍。我當初努力做過的、學過的、享受過的一切，看來都已飄逝。我已經五十歲了，但又要重新開始，又要坐在寫字臺前當學生，早上疾步去圖書館——只是不再那麼虔誠，不再那麼熱情罷了；頭髮已經灰白，疲憊的心靈蒙上了薄薄的沮喪。

每逢談到有關一九三四年到一九四〇年我在英國的情況時，我總有些猶豫，因爲我已經踏進了我們今天的時代，並且我們大家幾乎都同樣經歷過這個時代，懷著同樣由廣播報紙煽動起來的不安，懷著同樣的希望和同樣的煩惱。今天我們大家很少懷著驕傲的情感去回想政治上的迷惘，而是懷著可怕的情感回想那個時代曾把我們引向何方；要想說明過去，勢必要先控訴一番，可是在今天，我們誰還有這種權利呢？再說，我在英國的生活處處謹慎節制。我知道自己不善於克制自己內心的無限惆悵，所以我在半流亡和流亡的全部日子裡，斷絕了一切社交活動。我私下裡想，當他們在討論時局的時候，我這個外國人怎敢在他們面前說三道四呢？在奧地利的時候，我對那些領導人愚蠢的作爲尚且無能爲力，我怎麼能夠去評價英國領導人的作爲呢？我只是這個美麗島國的一個客人，我很清楚，如果我——用我們比較清楚、比較可靠的消息——指出希特勒將給世界帶來的危險，那麼英國人就會認爲這僅僅是我個人的看法。當然，如果親眼看到他們那些明顯的錯誤而緘口不語，有時也是困難的。眼看著英國人最高尚的道德、誠懇正派、毫無猜忌地信賴別人的眞誠意願，竟被事先精心策劃的宣傳所濫用，是多麼令人傷心呵！他們一再受蒙蔽，認爲希特勒只是要把邊界周圍的德國人聚集到自己的身邊就心滿意足了；爲了表示感謝，希特勒會把布爾什維克主義剷除，這樣的誘餌確實產生了不同尋常的效果。只要希特勒在演說中說出「和平」這個詞，英國的報紙就會熱烈歡呼，而忘記了他所犯下的罪行，也就不再思考德國如此瘋狂地擴軍備戰到底是想幹什麼。從柏林回來的旅客盛讚德國的新秩序和新秩序的設計大師，那是因爲他們的旅行訪問是經過預先精心安排的，他們受到的是恭維般的接待。英國開始默認那位新領袖「要求」建立大德意志帝國是合乎情理的——可是沒有人理解，奧地利是歐洲大牆裡的一塊基石，誰要是把它挖掉，全歐洲必然垮臺。我以焦急的心情感受到英國人和他們的領導人存在著那種被人誘騙的天真和高尚的輕信，因爲我曾親眼目睹衝鋒隊員兇惡的嘴臉，並聽到他們唱：「今天，德國屬於我們，明天，將是全世界。」政治局勢越緊張，我就越避免同別人交談，避免任何公開的活動。在英國，我從沒有在一家報紙上發表一篇同時局有關的文章，從沒有在電臺上講過話，從沒有參加公開的討論會；在過去的世界裡，唯有對英國，我沒有說過一句話。我生活在斗室裡，比我三十年前作爲大學生住在維也納的那間小屋裡，更加無聲無息。因此，我今天沒有權利作爲一個名副其實的見證人去描述英國；後來，我不得不承認，在戰前我並未眞正認識到英國最深沉、最內在，只有在最危險的時刻才能表現出來的力量。

在英國我並沒看到幾個作家。我剛開始接近的那兩位作家約翰·德林克沃特和休·沃波爾，又恰巧提前被死神帶走了。較年輕的作家，我更不常遇到。由於我作爲一個外國人深負著一種不幸的不安全感，我避免去俱樂部、宴會廳和一切公共場所。即便如此，我還是經歷了一次眞正難忘的特別歡樂，我看到兩位思想最敏捷的人物，蕭伯納和赫·喬·威爾斯進行了一次私下成見極深的但表面文雅得體的爭論。我事先並不知曉他們之間那麼深的隔閡究竟是怎麼造成的；在這兩位作家之間那種一觸即發的緊張關係，在他們互相問候的時候就已經讓人覺察到了。他們彼此之間像開玩笑似的嘲笑對方，所以我當時既尷尬又深感有趣。他們之間必然有重大的原則分歧，可能不久前已經消除，或者，要透過這次午宴來加以解決。這兩位在英國享有盛譽的大人物在半世紀以前均是文學團體費邊社的成員，當時他們尙且年輕，肩並肩地爲年輕的社會主義奮鬥過。從那以後，他們都按自己個性的特點發展，彼此之間的距離越距越遠。威爾斯堅持自己積極的理想主義，憧憬著人類的美好未來；而蕭伯納則相反，他越來越用懷疑、嘲諷的目光觀察未來和當代現實，以檢驗自己冷靜的「愉快的戲劇」。他們的外部形態也隨著歲月的流逝而形成鮮明的對照。蕭伯納，這位年已八旬的老人精神抖擻，他只吃核桃和水果，嘴巴不時發出「格格」的響聲；他身材高大、瘦長，不知疲倦，十分健談，經常發出朗朗笑聲，他比以前更喜歡自己的奇談怪論。而威爾斯，這位樂天派的作家也已是六旬的老人了，比以往更追求享受、安逸，他身材矮小，面頰紅潤，偶然輕鬆愉快的表情背後有一種無情的嚴肅。蕭伯納善於進攻，能迅速又巧妙地變換進攻點；而威爾斯在戰術上長於防衛，他不動聲色，猶如一個教徒、一個信念堅定的人。我很快得到這樣的印象，威爾斯來我這裡不僅是爲了一次友好的午宴談話，而且也是爲了一場原則的爭論。正因爲我不知道他們的思想分歧的背景，我不免感到氣氛有點緊張。兩個人的每一個表情、每一個目光、每一句話，都反映出一股傲慢的氣質和相當認眞的好鬥情緒；就像兩個擊劍手在正式激烈的交鋒之前，總是先用小小的試探碰擊來試一試自己隨機應變的能力。蕭伯納思路敏捷，當他回答或者避開某個問題時，他那濃眉下的眼睛總是閃閃發光，他喜歡幽默和文字遊戲，在過去的七十年裡，他在這方面可謂登峰造極，他對此深感自豪。在輕聲的長時間的笑聲中，他濃密的白鬍子不時顫抖；他的頭稍微偏斜，好像他總是注視著自己手中那把劍是否刺中了對方。而威爾斯，他面頰紅潤，有一雙深沉的眼睛，他言辭尖銳，表達直截了當；他的理解力也同樣敏捷，但他不喜歡華麗的詞藻和拐彎抹角的手段，而喜歡單刀直入。這場舌戰宛如擊劍一般，進行得非常激烈，非常迅速。劍光閃閃，你來我往，你刺我擋，我擊你閃，好像其樂無窮，使得觀戰的人對這場擊劍比賽你來我往的技藝怎麼讚揚都不過分。在這場快速的、始終在高水準上進行的對話背後卻隱藏著一種精神上的憤怒，它是以英國人高貴的風度，透過最文雅的辯論形式表現出來。那就是寓嚴肅於遊戲，寓遊戲於嚴肅。兩個極端對立的人的一場針鋒相對的爭論，表面上看是由某件事引起的，實際上早就有我不知道的原因和背景。不管怎麼說，我所看到的是兩位英國最優秀的人物所進行的一場十分精彩的爭論。而後來他們在《民族週刊》繼續了好幾個星期的論戰卻沒有引起我的一點興趣，因爲文字論戰遠不如那次激烈的對話引人入勝，因爲只有抽象的論據，而見不到活生生的人。那些實質問題也不再顯得那麼清楚。但是，才智很高的人之間發生摩擦，是非常難得的。這場爭論使我茅塞頓開。不管在這之前或者之後，我從未在喜劇裡聽到過這樣精彩的對話藝術，因爲他們的對話藝術並非刻意追求什麼戲劇效果，而是極自然達到的。

可是那幾年，我在英國只是占了一個空間，我整個的靈魂並沒有在英國。恰恰是對歐洲的憂慮，那種痛苦的、壓迫神經的憂慮，促使我從希特勒掌權到第二次世界大戰爆發的那幾年裡，經常外出旅行，甚至兩次渡過大西洋。我外出旅行也許是出於一種預感：只要世界還向我開放，只要輪船在航道上還能安全行駛，我就應該在更黑暗的時代到來之前多積累一些常識和經驗；使我下如此大的決心去旅行的原因，也許還有那種渴望：我想親眼看看，當我們這個世界被不信任和不和睦破壞得不成樣子的時候，大西洋彼岸的世界是怎樣建設的；我甚至還有一種隱隱約約的預感：我們的未來，我自己的未來，是在遠離歐洲的大西洋彼岸。美利堅合眾國邀請我作環美演講旅行，這給了我一次極好的機會看看那個強大的國家的豐富多彩的生活，看看那個國家從東到西、從南到北萬眾一心的決心。不過，我對南美的印象也許更深刻。我愉快地接受了國際筆會的邀請，到那裡去參加大會。在那個時刻，我更覺得，沒有比超越國家和超越語言的思想團結更爲重要的了。在那次旅行之前，我在歐洲的最後幾個小時用可怕的警告伴我上路。一九三六年夏天，西班牙內戰爆發。表面上看，那次戰爭不過是這個美麗又可悲的國家的內部矛盾造成的；但實際上，卻是兩種不同意識形態的勢力集團爲自己未來的目的而進行的抗爭。我是從南安普敦乘英國輪船啟程的，我原以爲，爲了避開戰爭地區，輪船會繞開往常停靠的第一站，西班牙西海岸城市維哥。但出乎我的意料，輪船竟駛進了這個港口，且允許旅客上岸玩幾個鐘頭。當時的維哥掌握在佛朗哥黨徒的手中，離眞正的戰場還很遠。在那不多的時間裡，我還是看到了一些著實使人心情沉重的事情。市政廳前飄動著佛朗哥的黨旗，市政廳門前有不少年輕人，他們穿著農民的服裝，在牧師的帶領下，排著隊。他們顯然是從附近農村來的。我開始還不知道，當局叫他們來做什麼？是臨時招募的工人？或許是來領救濟金的失業工人？可是一刻鐘後，我看到同那些青年一樣的年輕人從市政廳出來，但已經大變樣，他們穿著簇新的軍服，佩帶著槍和刺刀，在軍官的監視下，登上嶄新鋥亮的汽車，穿過幾條街道，向城外開去。我一陣害怕。我不是在什麼地方看見過這樣的場面嗎？第一次是在義大利，後來是在德國！那些簇新的軍裝、嶄新的汽車和機槍突然出現在這裡和那裡。我又一次反問自己，是誰提供的軍裝？是誰付的錢？是誰把這些一貧如洗的年輕人組織起來？是誰驅使他們反對現政權、反對選舉產生的國會、反對合法的人民代表機構？據我所知，國庫掌握在合法政府手中，軍火庫同樣也在合法政府的控制之下。那麼，那些新汽車、那些武器肯定是從外國運進來的，毫無疑問，是從近鄰葡萄牙越境而入的。可是，到底是誰提供的、是誰付的錢？這是一股想取得政權的新勢力，也是一股四處活動的勢力，同樣也是一股喜歡暴動、需要暴動的勢力。我們信仰並爲之終生奮鬥的一切思想、和平、人道、友善，在這股勢力看來，早已成爲古董了。這是一個祕密的組織，他們隱藏在自己的辦公室裡和康采恩裡，狡猾地利用青年人的幼稚思想爲自己的權力欲望和自己的事業服務。他們信奉暴力，想用新的、難以捉摸的伎倆把舊時野蠻的戰爭帶給我們不幸的歐洲。一個親眼所見、親身感受到的印象對心靈產生的巨大力量遠遠勝過報紙上許多文章和小冊子產生的力量。我從來沒有比那一時刻更震驚過，我親眼看到這些無辜的小夥子被神祕的幕後操縱者用武器武裝起來，讓他們同自己的同胞打仗。我突然預感到，這就是我們面臨的現實，也是歐洲面臨的現實。輪船停了幾個小時之後又起錨了，我趕快上船，走進船艙裡。要是再多看一眼這個美麗的、遭到外國罪惡蹂躪的國家，我會更加痛苦。我覺得，歐洲由於自己的瘋狂已瀕臨滅亡。歐洲，我們神聖的故鄉，我們西方文明的搖籃和聖殿，正在走向死亡。

這以後看到阿根廷國土上的和平景象，當然令人更加欣慰。那裡是另一個西班牙，西班牙的古老文明在這一片新的、遼闊的、沒有流過血、沒有被仇恨毒化的土地上得到保護和延續。那裡有豐足的糧食、過剩的財富和利潤，那裡有無限的空間和未來的糧食。對此我感到莫大的欣慰，也給我帶來了新的信心。數千年來，文明不就是從一個國家傳播到另一個國家的嗎？如果一棵大樹被斧頭砍倒，只要種子保留下來，就不愁它不會發芽、開花和結果。像大樹一樣，我們世世代代所創造的一切會一代一代傳遞下去，永不枯竭。可是，人們必須學會從更大的範圍去思考，從長遠的時間去衡量。我對自己說，不要單從歐洲的角度考慮問題，而是應該跳出歐洲來考慮問題；不要把自己埋葬在逐漸消亡的過去，而應該參與重建新的歷史。因爲在這座百萬人口的新城市裡，所有居民都對我們的大會表現出滿腔熱情，所以我才感覺到，我們在那裡並不是外人；在那裡，對思想統一的信仰——我們把最美好的東西都貢獻給這種信仰——依然具有生命力，仍然有價值，仍然在起作用。我感到，在飛速發展的時代，縱然是大洋也不能把我們分開。在那裡，一個新任務代替了舊任務：那就是在更廣闊的範圍內、在更大膽的設想中建設我們所渴望的共同事業。如果說我最後一瞥看到戰爭將近，而對歐洲失去了信心，那麼，我在南十字座下卻又開始有了新的希望和新的信仰。

巴西給我留下同樣深刻的印象，也給了我很大的希望。那片得天獨厚的土地上有世界最美麗的城市；在那片廣袤的國土上，至今還有鐵路、公路，乃至飛機未曾到過的地方。在那裡，歷史文物保存得比歐洲還要精心；第一次世界大戰的遺毒還沒有侵入到此地民族的風尚和精神中。那裡的各族人民都和平地生活在一起，他們禮貌待人，不像我們歐洲，各民族之間存在著仇恨。那裡的人不是由荒謬的血統論、種族論和出身論來劃分的，而是大家一律平等。一種奇妙的預感使我事先就覺得，我可以在那裡安靜地生活，那裡的空間爲未來的無限繁榮提供了條件。可是在歐洲，各國爲了一點點空間而付諸武力，使得政治家們焦頭爛額。那裡的大地期待著人們去開發，用現代的技術去充實。歐洲文明所創造的一切都能夠在那裡以其他的新形式得到富有成效的延續和發展。那裡純大自然的千姿百態使我賞心悅目，我已看到了自己的未來。

但是旅行，持續不斷地到另一片星空下，另一個世界去旅行，並不意味著就能脫離歐洲、擺脫對歐洲的擔憂。看起來，大自然對人類的報復幾乎是兇狠的，當人類成功地用技術把大自然最隱祕的規律掌握在自己手中時，技術反而擾亂了人類的心靈。技術帶給人類最壞的災難，莫過於阻止我們逃避現實，哪怕只是一剎那的逃避。我們的祖輩，當他們遇到災難的時候，便可逃到偏僻孤獨的地方；可是現在，在同一時間，不管身處世界的任何地方，我們都能知曉或感受到某個地方發生的事件。儘管我距離歐洲那麼遙遠，可是我隨時都知道歐洲的命運。在巴西的伯南布戈城登岸的那一天夜裡，南十字星座就在我們頭上。我疲憊不堪地走在黑色皮膚的人群中間，忽然從報紙上看到轟炸巴塞隆納和槍殺一位西班牙朋友的消息。幾個月前，我曾與這位朋友共同度過了愉快的幾個小時。在德克薩斯州，我坐在飛馳的臥鋪車廂裡，行駛在休士頓和一座石油城之間，我突然聽到有人發瘋似的大聲喊叫，原來是不知哪位旅客把車廂裡的收音機轉到了德語電臺。列車的車輪正在德克薩斯的平原上滾滾向前，我卻在車廂裡聚精會神地聽希特勒發表煽動性的演說。不論是白天還是黑夜，我無時不在懷著痛苦的憂慮思戀著歐洲，眷戀著歐洲中間的奧地利。在眾多危險的地區中——從中國到埃布羅河和曼查那雷斯——唯有奧地利的命運特別令我關心，這似乎是一種狹隘的愛國主義吧。但是我知道，整個歐洲的命運全部繫在那個小國身上——它正是我的祖國。如果我今天回過頭來，試圖指出第一次世界大戰後的那些政治錯誤，那麼，我認爲最大的錯誤是：歐洲和美洲的政治家沒有執行簡單明確的威爾遜計畫，反而歪曲了。他的中心思想是給小國自由和獨立的權力，不過他認識到，這種自由和獨立只有在所有大國和所有小國都參加一個有約束力的組織的前提下才能得到確認。由於還沒有建立那種組織——眞正的、全面的國際聯盟——而無法實現綱領的那一部分，即給小國家以自主權；因而人們製造出來的不是平靜，而是連續不斷的緊張空氣。因爲再也沒有比小人的狂妄欲望更危險的了。所以，那些小國剛建立起來的時候，碰到的第一件事就是大國之間你爭我奪的陰謀，爲自己獲得一小塊土地而爭吵不休。波蘭人同捷克人打仗，匈牙利人向羅馬尼亞人開戰，保加利亞人和塞爾維亞人交火；而在這些對抗中，唯有小小的奧地利敢於同龐然大物德國對抗。這個支離破碎、殘缺不全的奧地利，它的統治者曾一度想支配全歐洲；現在，我不得不一再重複，奧地利已成爲歐洲城牆上的一塊基石。我知道，在我居住的那座有百萬人口的英國最大城市裡，所有人都沒有那種心理準備：奧地利、捷克斯洛伐克、巴爾幹，都會被希特勒公然吞併。他們也覺察不到納粹黨利用維也納這根槓桿把整個歐洲撬起，翻了個個兒。希特勒依靠他在維也納發展的眾多組織將維也納牢牢掌握在自己手中。只有我們奧地利人才知道，希特勒是在一種由憤恨激起的欲望驅使下向維也納進軍的。他在最窮困潦倒的時候就住在這座城市裡，現在他要以凱旋的統帥身分進入這座城市。所以，每逢我匆匆忙忙回一趟奧地利，又越過邊界返回時總是忍不住舒一口氣：「幸虧希特勒還沒有來。」回頭一望，那好像是最後一次了。我看到災難是不可避免的；這些年裡，當別人每天早上泰然自若地看報時，我卻有數百次從內心裡害怕看到這樣的大寫標題：奧地利完了。當我裝作早已不關心奧地利的命運時，我是怎樣在欺騙自己啊！我每天從遙遠的地方爲奧地利緩慢的最後掙扎而痛苦，比在奧地利的朋友感受更爲深切。他們以爲愛國主義遊行就能鎮住希特勒，每天相互打氣：「法國和英國不會拋棄我們，首先是墨索里尼絕不會答應。」他們相信國際聯盟、相信和平條約，就像病人相信貼有漂亮商標的藥一樣。他們無憂無慮地、幸福地過著他們的日子，而看得非常清楚的我，心都快要碎了。

我最後一次回到奧地利，沒有別的理由，而是我內心對那越來越近的災難的恐懼促使我親自去看一看。一九三七年秋，我爲探望老母親回了一趟維也納。因爲我在倫敦有較長一段時間無事可幹，更沒有急事。幾個星期以後的一天中午，那是十一月底的時候，我穿過攝政王大街回家，在路上買了一份《標準晚報》。那天正是英國掌璽大臣哈里法克斯勛爵飛往柏林的日子，他第一次試圖和希特勒本人進行談判。在《標準晚報》頭版上，我只粗略地看了一下，右邊版面是黑體字，列舉了哈里法克斯想同希特勒達成諒解的幾點內容，其中一條是有關奧地利的。從字裡行間我感覺到或者說我已經看到，他在出賣奧地利。因爲除此之外，同希特勒談判會有什麼結果呢？我們奧地利人全都知道，希特勒在這一點上絕不會讓步。値得注意的是，把那次討論的內容歸納爲幾點綱領，唯獨出現在那份午間出版的《標準晚報》上，而在下午晚些時候出版的報紙上卻又不見了。（我後來聽到謠傳，說報上的消息是義大利公使館設法弄到的，因爲義大利在一九三七年最怕德國和英國背著它搞聯合。）在《標準晚報》上的消息，大概沒有多少人注意到，它的眞實性我也無從判斷。我只知道，我對這個消息吃驚不小；這就是說，希特勒已經在同英國談判有關奧地利的問題了；現在我並不羞於承認，當我看那份報紙時，我的手在發抖。不管消息是眞是假，那幾年來我還沒有這樣激動過，因爲這個消息似乎有一點點眞實，也就意味著奧地利開始完蛋了，歐洲城牆上那塊基石會塌下來，隨之歐洲也會崩潰。我立即轉過身，跳上一輛寫著開往「維多利亞火車站」的公共汽車，向帝國航空公司駛去，想打聽一下是否有第二天早上的機票。因爲我想再去看一次我年邁的母親、我的家、我的故鄉。很巧，我買到了一張飛機票，我飛快地將東西塞進箱子裡，飛往了維也納。

我的朋友們對我如此迅速突然地回到維也納感到十分奇怪。當我說出我的憂慮時，他們嘲笑我是庸人自擾，譏諷我是那位先知耶利米。他們問我，是否知道奧地利人現在百分之百地支持舒施尼克？他們喋喋不休地讚揚「愛國陣線」組織的盛大遊行；我在薩爾茲堡看到過這種遊行，絕大多數示威者在外衣領上別著一個統一的徽章，憑徽章彼此照應，避免發生危險。同時，爲了謹愼起見，他們早已在慕尼黑納粹黨那裡登了記——我學過的歷史和自己寫的歷史夠多了，我知道得太清楚了：大批群眾總是突然倒向勢力大的一邊。我同時也知道，他們今天高呼「舒施尼克萬歲」，明天他們就會用同樣的勁頭高呼「希特勒萬歲」。可是，在維也納所有同我交談過的人都表現出天眞的無憂無慮。他們互相邀請聚會，穿著燕尾服，吸著香菸（他們根本沒有料到自己不久就會穿上集中營囚犯的衣服）。他們忙著購買耶誕節禮物，把自己的家布置得更漂亮（他們也沒想到，幾個月後，這些東西會被洗劫一空）。古老的維也納永遠是那麼悠然自得，我以前非常喜愛它的悠然自得，我整個一生都在夢想這種無憂無慮的生活。維也納民族詩人安岑格魯貝爾曾把這種無憂無慮概括成一句簡練的格言：「你不會出什麼事的。」可是，這種無憂無慮第一次使我感到痛苦。終有那麼一天，突發的事件也會使他們痛苦的。雖然我的這些朋友，在維也納的朋友，他們比我聰明，不會有心靈上的痛苦，只會在大難臨頭時才開始覺得痛苦。而我呢，在事先想像中就感到痛苦，當大災眞的降臨時，又產生了第二次痛苦。我無法理解他們，也無法使他們理解我。從第二天起，我再也不去警告任何人了。何必去打擾那些不願別人打擾的人的安逸生活呢？

不過，我如果說，當我在維也納的最後兩天望著我在那裡出生的城市每條熟悉的街道、每座教堂、每座花園和每個古老的角落時，我總有懷著一種「永不會再有」的絕望的感覺。人們以後不會再把我的話當作故弄玄虛，而認爲完全是眞話。我擁抱我母親時，也懷著這種暗藏的「這是最後一次了」的感覺。我對這座城市的一切，對這個國家的一切都懷著「永別」的情感。這是一次告別，也是一次訣別。列車途中經過薩爾茲堡，那裡有我生活了二十年的住宅；但是，火車進了站，我卻沒有下車，雖然從車窗裡能夠看到山丘上我家的房子，回憶那些消逝的歲月，可我並沒有下車去看，看了又有什麼用呢？——我們永遠不能再住進那座房子了。在列車越過邊界的那一刻，我就像《聖經》裡的老祖公羅得一樣，知道身後的一切都是塵土和灰燼，一切都凝結成像鹽一般苦澀的歷史。

我覺得，當希特勒要實現自己仇恨的夢想，將作為凱旋的統帥占領這座曾經遺棄過他——一個窮苦潦倒、一事無成的年輕人——的城市維也納的時候，我就預見到了一切可能發生的可怕的事情。一九三八年三月十三日爆發了慘無人道的事件，那一天，奧地利以及全歐洲都成了赤裸裸的暴力的戰利品！但是，我對這種慘無人道的想像，與事實相比顯得多麼保守、多麼懦弱又是多麼可憐呵！現在，假面具已經完全撕下來了。由於其他國家公開表現出畏懼的情緒，不敢理直氣壯地對付侵略者，所以殘暴勢力不再顧忌任何道德約束了，也不再需要——英國、法國乃至世界還算個什麼？——利用從政治上消滅馬克思主義這個虛偽的藉口。現在不僅是擄掠搶奪，而且每個人都在恣意放縱自己的復仇私欲。大學教授被迫用赤裸的雙手去擦洗馬路；虔誠的白鬍子猶太人被拖進寺廟，狂吼亂叫的年輕人逼著他們跪下齊聲高呼「希特勒萬歲」。這些年輕人像抓兔子一樣把無辜的人抓在一起，押他們到衝鋒隊的營房去打掃廁所。病態的、卑劣的仇恨狂人過去只能在黑夜裡妄想一切，如今卻在光天化日之下發洩出來了。他們闖進居民的住宅，從嚇得發抖的婦女耳朵上搶走珠寶首飾——類似這樣的洗劫在中世紀野蠻時期也曾發生過；不過那種折磨別人的無恥私欲、對心靈的摧殘，以及花樣翻新的侮辱都是過去不曾有過的。所有的罪行已不是由個別人，而是由千千萬萬遭到折磨的人記錄下來的。在一個平靜的環境裡——不是我們這個道德淪喪的時代——閱讀這些紀錄報告使人心驚肉跳，一個空前絕後的仇恨狂人在二十世紀這座文化名城裡犯下了滔天大罪。因爲那是希特勒在他的軍事和政治的勝利中最最可怕的一次勝利，這樣一個人居然成功地運用不斷升級的策略，砸碎每一條法律。在那種「新秩序」面前，殺一個人不需要法庭審判，其冠冕堂皇的理由則會使世人咋舌；拷刑在二十世紀是不堪想像的。當時，人們把沒收財產明明白白地稱爲搶掠。可是現在，在一個又一個聖巴托洛繆之夜[179]之後，在衝鋒隊員的營房裡和鐵絲網的後面，每天都把人打得死去活來，還談什麼正義呢？還談什麼人世間的痛苦呢？一九三八年，在奧地利被占領以後，慘無人道、無法無天的野蠻粗暴的罪行在我們的世界已遍地開花了，這是數百年來從未有過的現象。要是這座不幸的城市維也納在以前發生了這樣的事，就足以遭到國際的唾棄，可是到了一九三八年，世界的良知在忘卻和原諒這些暴行之前，就已經沉默，或者至多嘟囔幾句。

那些日子裡，每天都有來自祖國的呼救聲，是我一生中最可怕的日子；我知道，每天都有我最親近的朋友被非法拖走、被拷打、被侮辱；我爲每一個我所愛的人擔驚受怕，卻又無

---

179 指十六世紀法國巴黎屠殺新教徒之夜。

能爲力。今天，我並不羞於說，當我老母親去世的消息傳來時——當時我們把老母親留在維也納——我並不感到吃驚，也不感到悲痛——這個時代把我們的心變得如此麻木、如此反常——而是相反，我感到一種寬慰，因爲我知道，她再也不必遭受各種痛苦和危險了。她已八十四歲了，雙耳幾乎全聾了，她就住在我們家的老宅裡。根據新的雅利安人法律，她可以暫時不被驅逐。我曾經想，再過些時候，用什麼辦法把她接到國外。可是不久，在維也納發布的第一批法令中就有一條規定擊中了她。她已八十四歲，體力不支，只能每天出去走一走，走上五分鐘或十分鐘之後，總習慣在環形大道旁或者公園的椅子上坐坐歇歇。希特勒在這座城市裡剛當了八天的新主人，就下發了殘酷的禁令：不准猶太人坐在長椅上。這是專爲折磨人的肉體想出來的禁令中的一條。如果說，搶劫猶太人的財產總還有他們的一點邏輯，也可理解，因爲他們可以把從工廠、私人住宅、別墅裡搶來的東西獎賞給自己的部下，將空缺職位賜給自己人。戈林的私人畫廊之所以富麗堂皇，要歸功於那種大規模的搶劫。可是不讓一位老婦人或者一位精疲力竭的老先生坐在長椅上喘一口氣，居然發生在二十世紀裡，也只有那個傢伙才能幹得出來；而千百萬人卻把這個傢伙尊爲那個時代最偉大的人物。

幸運的是，我的母親再也不會受到那些野蠻行爲的侮辱了。在維也納被占領幾個月後，她就去世了。我今天不能不把一件跟她的去世有聯繫的小事寫出來，我覺得，正是這些小事對說明一個正在到來的時代至關重要，類似的事在今後的時代再也不會發生。一天早晨，八十四歲的老太太突然失去知覺，請來的醫生很快就說，她可能活不過那天晚上，醫生還僱來一個女看護——一個大約四十歲的女人——守護在老太太臨終的床邊。我母親僅有的兩個兒子——我和我的哥哥——正巧都不在她身邊，當然無法趕回來，因爲即使我回到臨終母親的床邊，對德國新文化的維護者來說也是一種罪行。於是我的一位堂兄決定在老太太屋裡過夜，這樣，在她斷氣的時候，還有個家人在場。我的那個堂兄當時已六十歲了，身體也不太好，事實上，一年之後他也死了。當他正準備在隔壁搭床過夜時，女看護出現了——我今天寫這件事，對她是相當不光彩的——她解釋說，很遺憾，按照納粹的新法律，她是不能在要死的人身旁過夜的。她說，我的堂兄是猶太人，她作爲一個不到五十歲的女人，即使在一位將死的老太太身邊，也不可能和我堂兄在同一住所裡過夜。按照這位挑剔者的心願，一個猶太人首先應該考慮到的是：不要給她帶來種族上的恥辱。她又說，她當然對這種規定也感到非常苦惱，可是她又必須遵守這些法律。於是，爲了能讓女看護守在我臨終的母親身旁，我堂兄被迫離開了這個住所。現在人們也許會理解：我爲什麼慶幸我母親沒有繼續活下去。

奧地利的局勢突變也給我的生活帶來了變化。起初我認爲奧地利的變化是無關緊要的，僅僅是形式上換了一個政府，可是我的舊奧地利護照失效了，我不得不向英國當局申請一張白卡，即一張無國籍者的身分證。過去我常常在世界主義的美夢裡爲自己私下描繪這樣的情景：沒有國家、不用爲某個國家承擔責任，就這樣讓所有的人沒有區別地生活在一起，該是多麼美好，又多麼符合我自己內心的情感啊！可是，我又不得不再次確認：我們的幻想是多麼有限，恰恰是那些最重要的感受，只有自己親身經歷過才能明白。十年前，我在巴黎遇到過梅列日科夫斯基，他抱怨地對我說，他的書在俄國遭到禁止，當時我沒有經歷過這種事，所以不痛不癢地安慰了他幾句；面對當前國際上流行的通病，說什麼都無濟於事。可是，當我的書在德國消失時，我才清清楚楚地理解了他的抱怨。因爲我寫的書只能透過翻譯，以合乎譯文的習慣和改變了的媒介形式才能出版，所以我在英國的地位不如在其他國家裡高。因此，我在這段時間裡——當時，我在前廳申請人坐的長凳上等了一陣之後，才被允許進入英國官員的房間——才懂得，把自己的護照變成一張外國的身分證意味著什麼。因爲過去我有權要求得到奧地利的護照，每一個奧地利領事館的官員或者警察局的官員都有義務立即給我這個享有一切公民權的人簽發護照。可是現在，我要得到那張英國的外國人身分證，就必須提出申請。這是一種經申請得來的照顧，而且這種照顧隨時都可能被收回。一夜之間我又降了一級。昨天還是一位外國客人，在某種程度上還是一位有身分的紳士，我在那裡支付外匯並且納稅，現在我卻變成了一名流亡者。我被降至那類少數人中間，雖然他們還不屬於不名譽的一類人。從此之後，我每到一個國家，那張白色身分證上的簽證都得由本人提出特別申請。因爲所有國家都對我這個身分歸屬不清、沒有法律保護、無國籍的人表示不信任，我們這類人同其他人不一樣，如果我們在某個國家變得令人討厭或逗留時間太長，必要時，他們就會驅逐我們或把我們遣返回自己的國家。我不由自主地想起幾年前一個流亡的俄國人同我說的話：「早先，人只有一個軀體和一個靈魂，今天還得外加一個護照，不然人們不會把他當人看待。」

事實上，自第一次世界大戰以來，最使人感到世界意識大倒退的，可能莫過於限制人的行動自由和減少人的自由權利。一九一四年以前，世界是屬於所有人的。每個人想到哪裡就到哪裡，想在那裡待多久就待多久；沒有什麼同意不同意，沒有什麼允許不允許。當我今天同年輕人講述我一九一四年以前去印度、美國旅行那些事情時，我總是高興地看著他們一再流露出驚奇的神情，那個時候不用護照，或者根本沒有護照這回事。人們上下車，不用問人，也沒有人問；今天要填一百多張表格，那時一張也不用填。那時候沒有許可證，也沒有簽證，更談不上刁難；那些國境線不過是象徵性的邊界而已，人們可以像越過格林威治子午線一樣暢通無阻地越過那些邊界。而今天，由於彼此之間那種病態的不信任，海關官員、警察、憲兵隊已經把邊界變成了一道鐵絲網。直到第一次世界大戰以後，由於民族主義作祟，世界才變得失常，而且，第一個看得見的現象，也是我們這個世紀的精神瘟疫，就是對外國人的仇視：仇視異族人，至少害怕異族人。到處都在抵制外國人，驅逐外國人。早先對付罪犯的一切侮辱手段，現在都用在每一個旅行前或正在旅行的旅客身上了。那些旅客一定要交出左側、右側和正面的照片，頭髮要剪短露出耳朵，還要留下指紋，過去只要求拇指指紋，現在則要十個指頭的指紋；此外還要出示各種證明，健康證明，防疫證明，警察局證明，推薦信；還必須出示邀請函和親屬的地址；也必須有品行鑑定和經濟擔保書；還要填寫、簽署一式三、四份的表格，如果那一大堆表格中缺少了，哪怕一張，那麼你也就丟失了自己。

看來都是些小事。一開始我也覺得這是些雞毛蒜皮的小事。可是這些毫無意義的「瑣事」使我們這一代人毫無意義地浪費了不可挽回的寶貴時間。如果我今天算總帳，我在那些年裡不知塡寫了多少表格，每次旅行時不知寫了多少聲明、賦稅證明、外匯證明、過境和居留許可證明，還有申報和註銷手續。我在領事館和官署的前廳裡不知站了多少小時，坐在不知多少官員面前，他們有的和善、有的不友好、有的無聊、有的過於熱情。我在邊境檢查中不知經歷過多少次搜查和盤問。後來我才感覺到，人的尊嚴在這個世紀裡丟失了多少啊！

我們年輕的時候曾迷信地夢想過，我們這個世紀能成爲自由的世紀，成爲世界主義即將到來的時代。那些非生產性的、同時也是侮辱人格的陋習浪費了我們多少生產、多少創作、多少思想呵！因爲，我們每個人在這幾年裡用更多的時間和精力去研究官方的這些規定，而不是去研究文學藝術。到了一座陌生的城市或者一個陌生的國家，不再像過去那樣首先去博物館、風景區等，而要先去領事館或警察局領取居住許可證。過去，我們大家坐在一起，常常是談論波特萊爾的詩或者熱烈地討論文藝問題，而現在，談論的卻是被盤問的情況、許可證的情況，打聽是要申請長期簽證還是旅遊簽證。結識一個領事館的小小女官員會節省不少時間，同她搞好關係甚至比和托斯卡尼尼或者羅曼．羅蘭這樣的人的友誼更重要。憑著天性我一直感覺到，人是客體而不是主體，所以沒有什麼權利，一切都是官方賜予的。生活在現在的人們不停地受盤問、登記、編號、檢查、蓋章，沒完沒了。就是今天，我，作爲一個出生在自由時代、不接受教訓的人，作爲一個夢想的世界共和國的公民，我一直覺得護照上加蓋的圖章猶如犯人臉上的烙印；每次盤問、每次檢查猶如一種侮辱。我知道這是些小事，一直是些小事，那是一個人的生命價值比貨幣價值跌落得更快的時代裡的小事。但是，只有當人們抓住這些小事的特點，以後時代的人才能把正常的精神狀態和精神失常的狀態完整地記錄下來，而那種精神失常的狀態卻深深地影響著兩次大戰之間的我們這個世界。

也許我早就放縱慣了，我的敏感是由於近幾年來世界的巨大變化刺激而生成的。不管是哪種形式的流亡，都不可避免地破壞人的生活本身的平衡。如果人失去了立足之地——只有親身經歷過，才能有切實的體會——就沒有了主心骨，就覺得更沒有把握，連自己都不信任了。我毫不遲疑地承認，自從我必須依靠外國人身分證或護照生活在異國的那天起，我就覺得主體的我與客體的我是分離的。和原來的我、眞正的我相一致的一點天性永遠地被破壞了。現在的我比原來的我更加謹小愼微了。我——早先是一名世界主義者——今天時常有這樣的感覺，好像我在外國能夠呼吸到的空氣也是我的福分似的。我心裡自然明白，這種想法是極荒謬的，可是什麼時候理智才能戰勝感情呢！我幾乎用了半個世紀的時間來陶冶我的心，讓我的心作爲一顆「世界公民」的心而跳動，但是沒有成功。在我失去護照的那一天，我已經五十八歲了，這時我才眞正發現，一個人隨著祖國的滅亡所失去的，要比那一片有限的國土大得多。

但是，並非只有我一人有這樣的不安全感。動亂不安開始漸漸遍及全歐洲。從希特勒占領奧地利的那天起，政治局勢始終晦暗不明。在英國，那些曾經悄悄地爲希特勒開路，希望能以此換來國家和平的人，現在變得更加愼重了。自一九三八年以來，在倫敦、巴黎、羅馬、布魯塞爾，在所有的城市和農村都不再有什麼議論，因爲不管議論的話題有多麼天南地北，最終必然歸結到那個不可避免的問題上，即是否可以以及怎樣才能避免或至少推遲戰爭。當我今天回顧戰爭的恐懼在歐洲不斷上升的那幾個月，我記得，其中有二、三天的時間，人們重又充滿信心。在這二、三天裡，人們再一次，也是最後一次有這樣的感覺：陰雲總會消散，人們又會像往常那樣和平地、自由地生活。奇怪的是，正是那二、三天在今天被認爲是當代史上最恥辱的日子，那就是張伯倫同希特勒在慕尼黑會談的日子。

我知道，今天人們很不願意回憶那一次會談，在那次會談中，張伯倫和達拉第有氣無力地靠在牆邊，在希特勒和墨索里尼面前拱手投降。但是，我在這裡希望忠於事實的眞相，我一定要說，每一個在倫敦經歷過那兩三天的人，都說那次會談好極了。只是到了一九三八年九月的最後幾天，局勢才變得令人絕望。張伯倫剛剛第二次從希特勒那裡飛回來，幾天以後人們才知道發生了什麼事。張伯倫到德國去，是爲了在戈德斯貝格毫無保留地同意以前希特勒在貝希特斯加登向他提出的要求。可是，幾個星期前還能使希特勒感到滿足的條件，現在已填不滿他那歇斯底里的欲望了。綏靖政策和「爭取再爭取」的政策可悲地失敗了。英國的輕信思想一夜之間化爲泡影。英國、法國、捷克斯洛伐克以及整個歐洲只有這樣選擇：要麼在希特勒的淫威面前屈服，要麼拿起武器同他對抗。看來，英國是下定了決心，人們對備戰不再保持沉默，而是公開示威。工人突然出現了，他們在倫敦的公園裡，在海德公園、攝政王公園，特別是在德國大使館對面築起了防空洞，以防備轟炸。艦隊也作了戰時動員，總參謀部的軍官經常在倫敦和巴黎之間飛來飛去，爲了共同制定防務措施。開往美國去的船隻擠滿了外國人，他們想及時到達安全地帶。自一九一四年以來，這是英國人第一次覺醒。人們走起路來顯得更加嚴肅和沉重。大家望著房屋和繁華的街道，心裡暗自盤算：炸彈會不會明天就落在它們上面？人們在屋裡圍著收音機，有的站著，有的坐著，收聽晚間新聞。籠罩著全英國的可怕的緊張氣氛深深印在每個人的心田裡，雖然看不見，卻能感覺到。

接著召開了那次具有歷史意義的國會會議，張伯倫在會上作了報告，他說，他要再次努力，試圖和希特勒達成協議，並且再次，也就是第三次向希特勒建議，爲了拯救岌岌可危的和平，他願意到德國任何地方去會見希特勒。但他的建議還沒有得到答覆。國會會議進行期間，回電來了，電報說希特勒和墨索里尼同意在慕尼黑舉行會議。這個消息傳到國會會場，戲劇性的一幕發生了，這在歷史上是絕無僅有的。英國國會失去了控制，議員們跳起來，喊叫著，拍著手，大廳裡歡笑聲此起彼伏。多少年來，在這座莊嚴的大廳裡第一次爆發出如此歡樂的情緒。從人的感情上講，那是一齣精彩的戲，拯救和平的純眞熱情戰勝了英國人老成持重的一貫作風。但從政治上看，這種樂觀情緒的爆發是一個絕大的錯誤。因爲國會及國家透過這次熱情的歡呼，暴露出它們對戰爭的深惡痛絕，爲了和平，它們非常願意做出一切犧牲、放棄自己的利益乃至放棄自己的威信。張伯倫就是這種人，他到慕尼黑不是去爭取和平而是去乞求和平。在當時還沒有人預料到，這將是一次投降。所有的人，我不否認，也包括我自己，都認爲張伯倫去慕尼黑是爲了談判。大家都在焦急等待的那三天到來了，在那三天裡，整個世界彷彿都停止了呼吸。在公園裡，人們挖壕溝，兵工廠忙個不停，有的地方架起了防衛大炮，防毒面具也分發到個人，疏散倫敦孩子的計畫已經制訂，還做了很祕密的準備，有的人不理解這種準備，但每個人都知道這些準備是針對誰的。早晨過去了，中午、晚上過去了，深夜過去了，人們等待著報紙，聽著收音機發出的消息。一九一四年七月又在那一剎那出現了，人們憂心忡忡地、精神恍惚地等待著會談是成功還是失敗。

不久，消息突然傳來了，它像一陣颶風把壓在人們胸口上的烏雲吹得無影無蹤，人的心裡亮堂了，情緒輕鬆多了。張伯倫、達拉第同希特勒和墨索里尼完全取得了一致，而且，張伯倫成功地同希特勒達成了一項協定，那項協定隱瞞了今後和平解決國與國之間可能產生的一切衝突的辦法。看起來，好像是一位本身並不顯赫的、平淡無奇的政治家，憑著自己的堅韌不拔的和平意志終於取得了決定性的勝利。在這最初的日子裡，激動的人們都感激他。人們在收音機裡首先聽到的是題爲「爲了我們時代的和平」的那則報導，它向我們這些經過考驗的一代人宣告：我們可以再次在和平中生活，可以再一次無憂無慮地爲建設一個更美好的世界出力。可是今天，沒有一個人說眞話，企圖否認我們當年怎樣被那漂亮的言辭所迷惑。誰能相信一個吃敗仗的人竟會凱旋式地榮歸？倘若倫敦的廣大群眾知道張伯倫從慕尼黑回來的那天早上的具體時間，一定會有幾十萬人到克羅伊頓機場迎接他，向他祝賀，向他歡呼；正如當時我們所有人相信的那樣，是他拯救了歐洲的和平和英國的榮譽。報紙出版了，上面的照片表現了張伯倫神氣十足地大笑著站在機艙口，手裡揮動那份具有歷史意義的文件，它向大家宣告了「爲了我們時代的和平」。張伯倫把這份文件當作送給他的人民的一件珍貴禮物。張伯倫的面容平時非常呆板，帶著一種類似痛苦的表情，顯得有點神經質。當晚電影院已放映了機場的場面，看電影的觀眾從座位上站起來，歡呼，喊叫。他們相信，世界將會出現新的和睦局面，懷著欣喜若狂的情感，幾乎要互相擁抱起來。對當時在倫敦、在英國的每個人來說，那是空前絕後、震撼人心的一天。

我喜歡在那些具有歷史意義的日子裡到大街上轉悠，以便更強烈、更形象地去感受那種氣氛，去眞正呼吸那個時代的空氣。工人們停止了在公園裡挖防空洞的工作，他們圍成圈高興地在聊天，因爲有了「爲了我們時代的和平」，那些防空洞已成了多餘的東西。我聽到兩個小夥子用流利的倫敦話開玩笑說，希望把那些防空洞改成地下廁所，以彌補倫敦公共廁所的不足。每個人都高興地跟著大家笑。所有人都像雨後的花草，顯得精神飽滿、生機勃勃。他們走起路來腰板更直了，肩膀更輕鬆了；平時顯得冷淡的英國人的眼睛，這會兒也閃爍著愉快的光芒。當人們知道那些房子不會遭到轟炸，那些房子好像顯得更漂亮了。公共汽車裝飾得更好看了，陽光似乎更加燦爛了，成千上萬人的生活由於那些迷人的字眼顯得更加美好、更加豐富多彩了。我自己也感覺到異常的興奮。我不知疲倦地走下去，越走越快，越走越輕鬆。一股新的信心浪潮有力地、歡快地推著我向前去。突然，有一個人從皮克第利街拐角那邊向我急促走來。他是一位英國政府官員。我們只是互相認識，他是一個感情不易衝動、非常內向的人。一般情況下，我們見了面只是禮貌地相互打打招呼，他從來不喜歡和我攀談。可是現在他一直向我走來，眼裡閃爍著光芒。他說：「您覺得張伯倫怎麼樣？沒有人相信他，可是他做到了。他沒有讓步，他挽救了和平。」他神采飛揚。

他們大家都是那種感覺；我在那一天也是那種感覺。第二天仍是幸福的一天，報紙還是一片歡呼，交易所裡行情猛漲。多少年來，從德國第一次傳來友好的聲音，在法國有人提議給張伯倫豎立紀念碑。唉，可惜那只是火焰最終熄滅以前的最後的閃爍。在以後的幾天裡，各種令人不安的細節透露出來了：向希特勒的投降是多麼澈底呵，多麼卑鄙地出賣了自己曾鄭重答應援助和支持的捷克斯洛伐克。過了一個星期，眞相大白了。投降已不能滿足希特勒的欲望了。條約上簽字的墨跡還未乾，希特勒就違反了所有條款。戈培爾肆無忌憚地公開吹噓，他在慕尼黑會議上把英國逼得走投無路。偉大的希望之光破滅了，它雖然只照亮了一、二天的時間，卻溫暖過我們的心。我不能也不想忘掉那幾天。

從我們眞正知道慕尼黑究竟發生了哪些事情起，我在英國反而看不到幾個英國人，這是荒謬的。當然責任在我，因爲我回避他們，或者更確切地說，避免和他們交談，雖然我比以往更敬佩他們。他們對成群結隊而來的難民表現得慷慨大方，他們有高貴的同情心和樂於助人的精神。但在他們和德意志人之間，在這一方和那一方之間，內心產生了隔閡：我們已經遭遇到的事情，他們還沒有遭遇到。我們了解已經發生了什麼，還會發生什麼；而他們卻不願去弄清——有一部分人是違心的——他們不顧一切現實，堅持自己的幻想：說出的話就是算數的，條約就是條約，只要理智地和希特勒談判，只要憑著人性同他談判，是能夠同他談下去的。數世紀以來，英國的領導人物由於民主傳統，他們所幹的工作都是正義的，站得住腳的。他們不可能承認或者不願承認，一種欺世盜名、無視道德的新伎倆正在他們身邊形成。那個新德國覺得哪些準則、條約妨礙他們，在與各國打交道時就會隨意踐踏。英國人對一切冒險行爲視而不見，反而自認爲清醒和高瞻遠矚，那個狂人那麼快、那麼容易達到了那麼多的目的，竟還要鋌而走險，這是不可能的。他們始終相信和希望，那個狂人首先會針對別的國家——最好針對俄國！然後在這段時間裡，再與他達成某些諒解。可是我們反而知道，最可怕的事必將發生。我們每個人都在照片上看到被打死的朋友，還有被拷打的同伴，這使我的眼光深沉嚴厲，更加敏銳無情。我們這些被歧視、被驅逐、被剝奪了權利的人知道，搶掠財物剝奪權利，不論採取何種藉口都不顯得過分或者虛僞。所以，我們這些經過磨難和正準備經受磨難的人——我們這些流亡者——說的話與英國人說的就不一樣。如果我說，除了極少數的英國人之外，在當時的英國，我們這些人是唯一認識到全部危險和不被表面現象所迷惑的人，這絕不是誇大其辭。正像當初在奧地利那樣，我在英國依然帶著一顆破碎的心和痛苦的敏銳目光，極清楚地預見到不可避免的危險，只不過我在這裡成了一個外國人，作爲一個被收留的客人，不能再向他們提出警告罷了。

所以，當我們的嘴唇預先嘗到未來的苦澀的時候，我們這些被命運打上犯人烙印的人也只不過在自己人中間說說罷了。我們爲這個親切收留我們的國家而憂慮，我們的內心是多麼痛苦啊！不過，即使在最黑暗的時代，能與一位德高望重的思想大師一起談話，也是一件極為欣慰的事，會給我帶來無限的安慰和精神的鼓舞。在災難到來前的最後幾個月裡，我有幸和西格蒙特・佛洛伊德度過了美好的數小時，使我終生難忘。幾個月以來，我一直想到這位八十三歲、多病的佛洛伊德還留在希特勒占領下的維也納。後來，他最忠誠的學生、智慧超群的瑪麗・波拿巴公主成功地將這位住在被奴役的維也納裡最重要的人物救了出來，並送到倫敦。那是我一生中非常幸福的一天：我在報上看到，他已踏上島國。我原本以為我永遠失去了這位最尊敬的朋友，如今，我卻又看到他從冥府歸來。

西格蒙特・佛洛伊德是一位偉大的、嚴謹的學者，在我們那個時代，還沒有人像他那樣深化和擴大過有關精神的知識。我是在維也納認識他的，他在那裡被看作一個固執己見、一板一眼、十分怪僻的人而受到敵視。他狂熱地追求眞理，但同時又清楚地認識到任何眞理都有侷限性——他曾經對我說過：「很少有百分之百的眞理，就像沒有百分之百的酒精一樣！」他曾離開大學和它那學院式的謹小慎微的研究工作，毫不動搖地衝向至今無人涉足、始終膽怯地回避的人世間最祕密的性衝動世界，即當時被莊嚴宣布為「禁區」的領域。自由世界無意中覺察到，這位樂觀的、毫不畏懼的學者以他的潛意識學說無情地破壞了它所謂透過「理智」和「進步」來逐漸控制性衝動的理論。這位學者無情地揭開了偽善者的面紗，使自由世界回避難堪的問題的辦法岌岌可危。可是，不僅僅是大學，也不僅僅是老派的神經病醫生行會——那些醫生聯合起來，一致反對這位令人討厭的「離經叛道者」，在這位善於揭開偽善者面紗的人面前感到無比恐懼的，還有整個世界——整個舊世界、舊思想、倫理的「常規」——以及整個時代。醫生們開始慢慢地集體抵制他，使他失去了自己的診所，可是他的理論和他提出來的那些最大膽的試驗，那些醫生在學術上駁不倒，他們只有採取維也納的方式：用諷刺、挖苦，或者使之變成庸俗的笑料，來扼殺他關於夢的理論。只有少數他的忠實信徒每星期都聚在這位孤獨者的周圍，舉行討論晚會。精神分析說這門新學科就是在這些討論晚會上逐步形成的。早在佛洛伊德爲寫他的奠基性著作而在廣闊思想變革的領域蒐集材料之前，這位傑出人物在道德上毫不動搖的堅強態度已經贏得了我對他的敬佩。他畢竟是一位科學家，年輕人都夢想以他爲榜樣。在他還沒有最後證實和絕對有把握之前，他對論斷總是小心謹愼，從不提早透露出去。但是，一旦他的假設得到證實，就是全世界都不接受這個理論，他也要爲之奮鬥。他個人非常謙虛，但是爲自己學說的每一信條而戰鬥時，卻是十分執著。他捍衛自己認知的內在眞理，始終不渝。人們恐怕想不出比他在思想上更無畏的人物。佛洛伊德隨時都敢說出自己的想法，即使他知道，這樣清楚、直截了當地說出來，會使人感到不安和不快。他從未想過用最小的——哪怕只是形式上的——讓步來改變自己孤立的處境。我今天可以斷言，如果佛洛伊德謹愼地把他的理論粉飾一下，把「性慾」寫成「情愛」、把「慾念」說成「追求的渴望」，還有，不要總是直截了當地說明那些最終結論，而是用婉轉的象徵手法寫出來，他就不會受到學院派的任何抵制，反而能把他所發現的理論的五分之四發表出來。可是，凡是涉及他的理論和學說的地方，他從不遷就。外界的抵制越強烈，他的決心就越大。如果我爲道德勇氣——世界上唯一不要求別人犧牲的英雄主義——這一概念尋找一個象徵性的人物，我始終認定有一雙安詳、深邃的眼睛，具有男性清秀容貌的佛洛伊德。

他給他的祖國增添的榮譽是世界性的和超越時代的，可是現在，他卻從祖國逃到了倫敦，按照他的年齡，他早已是一個年邁、身患重病的人了。但他不是一個軟弱的人，不是一個卑躬屈膝的人。我曾暗自擔心，他在維也納一定經歷了所有的苦難，現在見到他，想必他會義憤填膺或者心神不寧。可是我發現，他比以前更開朗，甚至精神更飽滿。他領著我到倫敦郊區一棟住宅的花園裡。「我住的地方更漂亮了吧？」他問我，曾經非常嚴肅的嘴角露出輕鬆的微笑。他把自己喜愛的那些埃及小雕像拿給我看，那是瑪麗・波拿巴幫他搶救出來的。「我不是又待在家裡了嗎？」寫字臺上放著他的手稿的大張對開紙，他已八十三歲高齡，每天仍用清晰的圓形字體寫作，他那股精神勁頭，跟他風華正茂時不相上下。他堅強的意志戰勝了一切，戰勝了病魔、年邁和流亡。在他漫長的戰鬥歲月裡，從未外露的善良本性現在第一次從他的身上迸發出來。只是年齡使他更溫和，坎坷的磨練使他更加寬容。我現在發現，他有時候做出溫順的姿態，這是我以前在這個善於克制的人身上從未見到過的。現在，他把一隻胳膊搭在一個人的肩上，眼睛從鏡片後面熱情地望著你。這些年來，我和佛洛伊德的每次談話，對我來說，都是莫大的精神享受。我既學到不少東西，同時我也對他欽佩不已，我覺得自己能夠理解這位毫無成見的人所說的每一句話。沒有一種坦率的自白能使他吃驚，沒有一種論斷能使他激動。對他來說，教育別人清楚地看待事物並以清楚的感覺分析問題，已是他生活中的本能願望。但是，使我最感激的是在他生命的最後一年——令人心情沉重的一年——進行的那次無可代替的長時間談話。當我踏進他房間的一剎那，外面世界的瘋狂彷彿消失了；最殘酷的事也抽象化了；最混亂的思想馬上澄清了；眼前的急事願意服從全局的指揮了。我第一次體會到，他是一位超脫自己的眞正的智者。他不再把痛苦和死亡看作自己的私事，而是把它們看作超越個人的觀察和研究的對象：他的死和他的生命一樣，是一種道德上的偉大業績。當時佛洛伊德已在重病之中，病魔很快就會從我們這裡把他奪走。他戴著一口假牙，說話很困難，他每吐一個字都要費很大勁，所以聽者也很費力。但是他不讓朋友一句話不說就走。他對自己鋼鐵般的意志特別重視，他讓朋友們看到：和他身體的小小痛苦相比，他的意志更爲堅強。他的嘴巴由於病痛而扭曲了，他在寫字臺上一直工作到他生命的最後幾天。即使他由於病痛睡不著覺——他平時一直睡得深沉、安穩，這是他八十年來力量的保證——他也絕不服用安眠藥或注射麻醉劑。他不願用這種方法來抑制自己蓬勃的精神，哪怕只有一小時。他寧願清醒地被病痛折磨，寧願在病痛中思考，也不願被麻木。他要當精神上的英雄，直到最後時刻。這場痛苦的戰鬥持續得越久，就越可怕，越說明他了不起。死神一次又一次地把它的陰影越來越清楚地投在他的臉上，死神使他的面頰枯癟乾瘦，使他的太陽穴從鬢角上突出來，死神扭歪了他的嘴巴，使他的嘴唇無法說話，可是死神對他的眼睛卻無能爲力。那是一座破壞不了的燈塔，這位英雄的精神巨人就是從這裡觀察世界的。眼睛和思想直到他最後的時刻依然是那麼明亮和清醒。在最後幾次探望時，有一次，我是帶著薩爾瓦多・達利一起去的，我認爲他是我們新一代中最有才能的畫家，他對佛洛伊德也無限崇敬。我和佛洛伊德談話時，他就在一旁速寫。我從不敢把達利的速寫拿給佛洛伊德看，因爲他已經把佛洛伊德身上的死神畫了下來。

這場最強烈的意志抗爭，即我們時代最敏銳的思想家同死神的搏鬥，變得越來越殘酷；直到他自己清楚地認識到——「清楚」對他來說是思想的最高境界——他已不能再寫作，不能再工作了，他才像一位羅馬英雄似的，要求醫生結束他的痛苦。那是一個偉大生命的壯麗結束；在這個兇殺成性的時代，在所有的死亡之中，他的死是最值得紀念的。當我們這些朋友將他的靈柩埋進英國的土地時，我們知道，我們把祖國的精華奉獻給了那片土地。

在那個時候，我常常和佛洛伊德談論戰爭和希特勒的殘暴。他作爲一個有人性的人，對此深爲震驚；可是作爲一個思想家，他對那些殘暴的行徑一點也不覺得驚異。他說，有人總是責罵他是一個悲觀主義者，因爲他否認文化能戰勝本能；現在人們看到——這自然不會使他驕傲——他的觀點得到了最確切的證實，野蠻殘酷、自然的毀滅本能在人的心靈中是無法剷除的。也許在未來的世紀裡能夠找到一種在各民族的生活中至少能壓制那種本能的辦法；可是在平常的日子裡，那些本能存在於最內在的本性中，輕易不會暴露，就是加上必要的壓力也不行。在他生命的最後幾天裡，他還在關心猶太人的問題和猶太人面臨的悲劇。可是這位科學巨人在這方面也沒找出什麼解決方案，他清楚的頭腦還沒有找到答案。不久前，他發表了一本研究摩西的著作。他認爲，摩西不是猶太人，而是埃及人。他這種在科學上幾乎站不住腳的論點，不僅大大傷害了那些虔誠的猶太教徒，也傷害了那些有民族意識的猶太人。那本書恰恰是在猶太民族最險惡的時刻出版的，這使他深感不安。他說：「現在有人奪走了猶太人的一切，我又把他們中最優秀的人奪走了。」我必須承認他說得對，每一個猶太人現在都變得異常敏感，因爲在這次世界悲劇中，他們是眞正的犧牲品，在任何地方都是犧牲品。早在遭受這次打擊之前，他們就已惶恐不安，誰都知道，所有的壞事總是首先落在他們頭上，遭殃最多的也是他們。誰都知道，當前那個古今未有的仇恨狂人，要凌辱和驅趕的也是他們，他要把他們趕到世界的盡頭，趕進地獄。一個星期接一個星期，一個月接一個月過去了，逃到這裡的人越來越多。後到的逃難者比起先來的逃難者越來越悲慘，精神越來越頹喪。那些動作最快、最先離開德國和奧地利的人還能救出衣服、箱籠和一些物品，有些人甚至帶了錢。但是，一個人相信德國的時間越長，就越是捨不得離開可愛的家園，他受到的懲罰就越大。納粹先是剝奪了猶太人的職業，不讓他們去劇院、電影院、博物館，不讓猶太研究者去圖書館。這些猶太人有的出於忠誠，有的因為惰性，有的由於膽怯，有的出於傲慢而留在家中；他們寧願在國內受辱，也不願流落他鄉當乞丐受欺凌。不久，納粹禁止他們用僕人，拆走他們家的電話和收音機，緊接著沒收他們的住宅，最後讓他們戴上大衛王之星的標誌，竭盡汙辱之能事。戴上這個標誌，不論走到哪裡都會被認出來，人們把他們看作被掃地出門的人、無賴漢，像躲麻瘋病似的躲開他們，嘲笑他們。他們所有的權利都被剝奪了。任何摧殘心靈、摧殘肉體的暴行都被看作一種取笑的手段強加在他們身上。對每一個猶太人來說，那句古老的俄國諺語突然變成了嚴酷的眞理：「在討飯袋和監獄面前，沒有人是安全的。」沒有離開的猶太人通通被送到集中營。德國人的管教使最傲慢的人也屈服了。然後，納粹把他們的衣服扒光，只剩下內衣內褲，口袋裡只剩十馬克，再把他們逐出家園而不管其去向。他們站在國界旁，再到領事館苦苦哀求，可是幾乎都沒有用，因爲哪個國家要這些被搶得精光的人呢？有誰願意要這些乞丐呢？我將永遠不會忘記，當我有一次走進倫敦的一家旅行社，我看到的是怎樣一番情景啊：那裡擠滿了逃難的人，幾乎全是猶太人。他們願意到任何國家、任何地方，到北極的冰窟，或者到撒哈拉大沙漠火一般的盆地，只要離開這裡，只要能夠繼續逃難，因爲他們的逗留期限已滿。他們必須繼續向前走，帶著妻子兒女走到另一片陌生的星空之下，走到一個語言陌生的國度裡，走到那些陌生的人群中，走到那些不喜歡他們的人群中。我在這裡碰到一個以前非常富有的維也納工業家，同時他也是我們當中最有學識的藝術收藏家之一。剛一開始，我沒認出他來，他的頭髮已經變得那麼白，人已變得那麼老，精神變得那麼疲憊。他顫悠悠地用雙手扶著桌子。我問他想到哪裡去。他說：「我不知道，有誰還會問我們到哪裡去。哪裡允許我們去，我們就去哪裡。有人跟我說，這裡大概可以得到去海地或者聖多明哥的簽證。」聽到這些話，我心中不覺一震，一個帶著兒孫的疲憊不堪的老頭居然戰戰兢兢地希望到一個他在地圖上都沒有好好看過一眼的地方去，只是爲了到那裡繼續去乞求，繼續過流落異鄉、得過且過的生活！在他旁邊的一個人急切地問，怎樣才能去上海，他聽說中國還會接受他們這些人。他們就是這樣一個挨著一個，擁擠不堪地坐在一起；他們過去是大學教授、銀行經理、商人、地主、音樂家；他們每一個人都準備帶著生活中可憐的破爛漂洋過海。他們什麼活都幹，什麼都能忍受，只要能離開歐洲，永遠地離開，越遠越好！那是一群面黃肌瘦、像鬼一樣的人。突然有一個念頭湧向我的心頭，使我不勝震驚：這裡五十個備受折磨的人不過是那支五百萬、八百萬甚至一千萬猶太大軍的零星先頭部隊，那支大軍已經在他們後面出發，不久就會蜂擁而至。那幾百萬被搶光，接著又在戰爭中遭受苦難的人正等著慈善機構的派遣，等著當局的批准和一點路費，那巨大的人流如驚弓之鳥在希特勒的焦土政策面前倉皇出逃，聚集在歐洲各國邊境火車站的周圍，擠在監獄裡。他們是一個完全被掃地出門的民族，納粹不承認他們，兩千年來，這個民族沒有什麼過高的要求，只要求不再流浪，只要求有一塊歇腳的安靜、和平的土地。

猶太人的悲劇在二十世紀達到了最悲慘的地步，因爲他們再也找不到他們所經歷的悲劇意義何在，無法找到自己錯在何處。所有在中世紀被逐出家門的人，我們的祖先至少知道，他們爲何而受難：是爲了自己的信仰，爲了自己的律法。他們把對自己眞神始終不渝的信仰看作靈魂的守護神，今天的猶太人早就把它丟到一邊了。他們在自豪的幻覺中生活和受難。作爲世界和人類的創造者的優秀民族，命中註定會有特殊的遭遇和特殊的使命，《聖經》中預示的那些話語就是他們的戒律和教規。要是有人把他們拋入火堆，他們就把《聖經》緊貼在胸口，他們會由於內心燃燒的火而感覺不到火堆裡的熱。要是有人把他們驅逐出境，對他們來說還有一個最後的故鄉，那就是眞神。沒有一種世間的權力，沒有一個皇帝，沒有一個國王，沒有一間宗教法庭能把他們從眞神身旁趕走。在宗教把他們團結在一起的時間裡，他們仍然是一個集體，因而仍然是一種力量。倘若有人驅逐或趕走他們，那是由於他們自己的過錯而受到的處罰，他們就以自己的宗教信仰、以自己的風俗習慣，有意識地把自己和世界上其他民族隔離起來。可是二十世紀的猶太人早已不是一個集體，他們已經沒有共同的信仰，他們自己作爲猶太人沒有什麼値得自豪的，恰恰相反，他們感到的是一種負擔，他們不再意識到自己的使命。在日常生活中，他們把自己神聖書籍中的戒律拋到一邊，他們再也不說那古老的共同語言。他們已經生活在、融合在自己周圍的各個民族裡，融合在普遍的生活中是他們越來越迫切的願望，爲的是面對種種迫害能得到和平，在永遠的逃亡中能得到休息。所以，他們已經融化在其他民族裡，他們已經是法國人、德國人、英國人、俄國人，而早已不再是猶太人了，所以他們互相之間已不再理解，沒有共同語言了。可是現在他們就像街上的垃圾一樣被人掃在一起，又被趕到一起來了。他們有的是住在柏林豪華住宅裡的銀行經理和正統猶太教堂的執事，有的是巴黎的哲學教授，有的是羅馬尼亞的馬車夫，有的是出殯時僱來的哭靈婦女，有的是洗屍體的人，有的是諾貝爾獎獲得者，有的是音樂會上的女歌唱家，有的是作家，有的是釀酒工人；有的腰纏萬貫，有的一貧如洗；他們中間，有大人物，也有小人物，有虔誠的教徒，也有思想開明的人，有高利貸者，也有賢哲之士，有猶太復國主義者，也有民族同化論者；有德意志猶太人，也有西班牙、葡萄牙猶太人，有正義者也有非法之徒。在這些人的背後，還有一大群以爲早已逃脫了咒語而無法確定自己該屬於哪個民族的人，還有改宗教的猶太人和混血的猶太人。現在，幾百年以來第一次，又有人把猶太人自己早已覺得不再存在的共性重新強加在他們身上，那就是從《出埃及記》開始就一再出現的共性：驅逐猶太人。可是爲什麼這樣的命運總會降臨到他們身上呢？而且是一而再、再而三地降臨到他們身上？這種毫無道理的迫害究竟原因何在？有何意義？又有何目的？把他們趕出各個的國家，卻不給他們一塊立足之地。有人說：別和我們住在一起！可是又不告訴他們應該住在哪裡。人們把罪責加在他們的頭上，可是，又不讓他們用任何方法去贖罪。所以，他們在流亡的路上睜著焦急的眼睛注視著——我爲什麼要逃亡？你爲什麼要逃亡？你和我爲什麼要一起逃亡？我既不認識你，又跟你毫無關係，我既不懂你的語言，也不了解你的思想，爲什麼我要和你一起逃亡？爲什麼我們大家要一起逃亡？沒有人能解答出來。即便是那些日子裡我常常與之交談的佛洛伊德——我們那個時代頭腦最清楚的天才——也不知道這種荒謬中有什麼目的，又有什麼意義。但是，也許這正是猶太教的最終意義：透過猶太教謎一般地長期存在，一再向上帝重複《約伯記》中的那個永恆的問題，以便這個問題在世界上不致完全被忘記。

當人們誤以爲早已死去並已裝入棺材的東西，突然又以相同的形式和姿態重新向他們走去的時候，沒有比這更可怕的了。一九三九年夏天到了，《慕尼黑協定》連同它的短命的「爲了我們時代的和平」的幻想早已過去。希特勒已經違背自己的誓言和許諾，襲擊了殘缺不全的捷克斯洛伐克，併呑並了它，梅梅爾[180]已被德軍占領；被煽動得忘乎所以的德國報紙大肆叫囂著要奪得但澤和波蘭走廊。英國也從眞誠的輕信中痛苦地清醒過來。就連未曾受過教育的普通人，儘管只是從直覺上厭惡戰爭，現在也開始對戰爭表示異常憤怒。任何一個平時十分矜持的英國人現在都會同另一個人攀談起來。看守我們公寓的門房，開電梯的服務員，打掃房間的女僕都在談論此事。他們當中沒有一個人清楚地知道發生的事，但每個人都仍記得那件事，那件不可否認的公開的事：英國首相張伯倫三次飛往德國拯救和平，但是他的曲意逢迎卻沒有使希特勒感到滿意。曾經聽到國會裡有過強硬的聲音：「停止侵略！」人們到處都感覺到英國正在爲未來的戰爭作準備（或更確切地說，爲反對戰爭作準備）。淺色的防空氣球又開始在倫敦上空飄浮——看起來就像孩子們玩的大灰象玩具，純潔無邪。人們又在修築防空掩體，對已經分發的防毒面具進行仔細的檢查。局勢變得像一年前那麼緊張，或許更緊張。因爲這一次作爲政府後盾的不再是老實和輕信的老百姓，而是堅決的、憤怒的人民。

我在那幾個月裡已經離開倫敦，隱居在巴斯[181]鄉間。在我一生中，我從來沒有像當時那

180 今立陶宛克萊佩達，臨波羅的海。
181 英格蘭西南部城市。

樣感覺到自己對世界上發生的事無能爲力。在倫敦，我是一個清醒的、有思想的、遠離一切政治的人，我獻身於自己的工作，默默地、堅持不懈地把自己的歲月變成作品。但是也有少許人，他們待在一個看不見的祕密處，人們不認識他們，也未曾見過他們，他們只待在柏林的威廉大街、巴黎的奧賽碼頭、羅馬的威尼斯宮，還有倫敦的唐寧街裡。就這麼十個或二十個人在爲人們不知道的祕事談話、寫信、打電話、訂條約。他們其中只有極少數人特別機智和有才幹。他們做出沒有別人參與的決定；外人對那些決定的細節一無所知。可是他們卻用這些決定左右著每一個歐洲人的生活，也包括我本人的生活。現在，我的命運不是掌握在我自己手中，而是由他們控制著。他們毀滅或者愛護我們這些無權無勢的人，他們賜予我們自由或者強迫我們受奴役。他們在千百萬人面前決定戰爭還是和平。而當時我同其他人一樣，坐在自己的房間裡，像一隻蒼蠅似的不能自衛，像一隻蝸牛似的沒有力量。然而，他們決定的事，是關係到生死存亡的大事，關係到內心最深處的我和我的未來，關係到我頭腦裡正在形成的想法，關係到已產生或正在產生的計畫，關係到我的起居，關係到我的意志、我的財產、我所有的一切。當時，我像被判了刑的犯人一樣，眼望著空室，面對四壁靜候著，陷入毫無意義、無能爲力的等待之中。我左右的那些同伴在詢問、在猜想、在閒聊，好像我們中間某個人知道或者能夠知道，他們將怎樣和用什麼來控制我們。這時電話來了，一個朋友問我，我對這一切怎麼想。報紙來了，它更使我心煩意亂。收音機響了，聽到的都是些前後矛盾的話。我走進小巷，遇到的第一個人就向我這個同樣一無所知的人打聽，是否會發生戰爭。人們在不安中打聽、閒聊、議論，雖然他們清楚地知道，他們多年以來積累的全部知識、所有的經驗、一切的預見，在那十幾個沒有人認識的人的決定面前毫無價值。他們心裡明白，他們在二十五年之內第二次對命運感到束手無策，無力掌握；他們也知道，那些讓太陽穴嘭嘭脹痛的想法是沒有任何意義的。我終於無法忍受大城市倫敦的一切，因爲在那裡的每個街角都貼滿海報，那些熙攘刺耳的話語像瘋狗似的向我撲來；因爲我無意中在擁擠的人群中從每個人的臉上看出，他在想什麼。原來我們想的是同一件事，只是想戰爭會不會爆發，只是想在這次決定性的賭博中是輸還是贏。在這次決定性的賭博中，我的整個生命、我最後幾年的歲月、我那些尚未寫成的書，以及我迄今的使命和我生命的意義，一切都成了賭注。

可是在外交的賭盤上，彈子慢悠悠地滾動著，慢得使人火燒火燎的難受，它滾過來滾過去，滾過來滾過去；一會兒紅一會兒黑，一會兒黑一會兒紅；希冀和絕望，好消息和壞消息，就是這樣一直定不下來。我對自己說，忘掉這些吧！離開這裡吧，逃避到我內心的叢林最深處，即躲進我的工作之中，躲進只有我一個人的地方去。在那裡，我不再是國家公民，不再是可怕賭博的籌碼。在一個變得瘋狂的世界上，我的智力只有在這個地方才能理智地發揮作用。

我不缺少工作任務。多年來，我一直在爲一部有關巴爾札克及其作品的兩卷本巨著積累素材。但我從來沒有勇氣去寫一部涉及範圍如此廣泛、時間跨度這麼大的作品，現在恰恰是煩惱給了我勇氣。我到巴斯去隱居，爲什麼偏偏去巴斯呢，那是因爲，輝煌的英國文學中有許多最優秀的作家，首先是菲爾丁，是在那裡寫作的。那座小鎮比英國任何一個城市更忠實、更強烈地反映出另一個世紀——十八世紀——靜謐的面貌。但是，這種柔和、幽雅、秀麗的景色與世界正在產生的不安和我的思想形成了多麼痛苦的對比呵！一九三九年八月的英國和一九一四年最美麗的七月的奧地利，在我的腦海裡完全一樣：迷人又美麗。天空湛藍，一望無際，像上帝的和平帳篷；太陽溫暖的光輝依然照耀著草地和森林，大地上盛開著絢麗多彩的鮮花，世界上一派歌舞昇平的景象——而世上的人們卻在加緊備戰。面對著安靜的、茁壯的、茂盛的草木，面對著巴斯山谷裡令人陶醉的安謐氣息，我不由得想起了一九一四年巴登嬌媚的景色。相比之下，那種瘋狂的冒險在當時顯得多麼不可思議呵。

我像過去一樣，不願相信戰爭是眞的。我又一次準備夏季旅行。一九三九年九月第一週，國際筆會代表大會在斯德哥爾摩召開。因爲我這個兩棲人不再代表任何國家，瑞典同行請我以貴賓的身分參加。後來的幾週，中午、晚上的每個小時都被友好的東道主事先安排好了。我早就訂妥了船票，但是緊急動員的消息接踵而來。按常理，我應該馬上把我的書籍、我的手稿捆紮好，儘快離開這個可能成爲交戰國的大不列顚島，因爲在英國，我是一個外國人，一旦打起仗來，我便成了一個敵對的外國人，種種可以想像得到的限制自由的法規就會落到我的頭上。可是我心中有些無法解釋的想法阻止我儘快離去。一半是固執，我不願一次又一次地逃難，因爲我的命運到處都一樣；一半是因爲疲乏。「我們命該遇到這樣的時代。」我用莎士比亞的話對自己說。如果這樣的時代要降臨在你的頭上，你這個快六十歲的人就別再和它抗衡了！就算你盡最大的努力，用你的全部生命，也駕馭不了這樣的時代。所以我依然留在英國。我要盡可能安排好我的生活；同時，由於我打算第二次結婚，我不願耽誤時間，以免戰爭爆發，會因爲我屬於敵方交戰國的人而被扣留，或者有意想不到的事件使我和未來的生活伴侶長期分離。於是，九月一日（星期五）上午，我們去巴斯民政局登記結婚。那位官員拿著我的證件，顯得格外熱情和友好。他像這個時代的每個人一樣，理解我們要求儘快辦理的願望。結婚儀式打算安排在第二天；那位官員拿起筆，開始用漂亮的圓形字體把我們的名字寫進他的登記簿裡。

就在這一瞬間——大約是十一點鐘——裡面套間的房門突然被打開，一位年輕的政府官員急速走進來，一邊走一邊穿大衣，在安靜的房間裡大聲喊道：「德國人入侵波蘭，戰爭爆發了！」這句話像重錘一樣打在我的心上。可是我們這一代人已習慣了冷酷無情的打擊。「這不一定是戰爭吧！」我說，心裡也是這樣想的。而那位官員怒不可遏。「不，」他高聲喊了起來，「我們上當夠多了！我們不能每六個月就受一次騙！現在該結束了。」

當時，那位已經開始爲我們填寫結婚證書的官員若有所思地擱下了筆。他思考了一下說，我們畢竟是外國人，在交戰的情況下，就自然而然地成了敵對的外國人。他不知道是否允許在這種情況下登記結婚。他說，他很抱歉，他要向倫敦請示。——接著是兩天的等待。希望、擔心，那是心情極焦急的兩天。星期天上午，收音機宣布了英國向德國宣戰的消息。

那是一個不同尋常的上午，我默默地從收音機旁走開，收音機裡傳來了一條在數百年裡都不會被湮沒的消息。這條消息肯定會全面改變我們這個世界，改變我們每個人的生活。在默默聆聽這條消息的那些人中間，將會有成千上萬的人死去。這條消息對我們大家來說，是悲哀和不幸，絕望和危險，也許若干年後，這條消息還會具備另外的意義。戰爭又降臨了，比以前發生在世界上的任何一場戰爭都來得可怕，範圍更廣泛。一個時代結束了，一個新時代又開始了。我們默默地站在那間突然變得鴉雀無聲的房間裡，互相回避著對方的目光。外面傳來鳥兒不知憂愁的啾啾聲，它們在和煦的暖風裡輕鬆愉快地做著各種親昵的遊戲，樹枝在金色的陽光下輕輕搖動，樹葉像嘴唇一樣在輕柔地觸吻。大自然，古老的母親，又一次無法體會她的造物的苦痛。

我走進自己的房間，把東西裝進我的小箱子。如果以前那位有地位的朋友對我說的話應驗的話，那麼我們在英國的奧地利人應該被算作德國人，所以各種限制會接連而來；也許當天晚上我就不能睡在自己的床上。我的地位又降了一級。那條驚人的消息傳來一小時之後，我在英國已不僅僅是一個外國人，而且還是一個「敵邦的外國人」；我將被強行放逐到一個我搏動的心臟不願待的地方去。因爲對一個早已被趕出德國的人來說——由於他的種族和反對德意志的思想方式的緣故——現在居住在另一個國家，而根據一項官僚主義的法令，非要把他劃進身爲奧地利人從來就不屬於的集體裡，這樣的處境豈不更荒唐？大筆一揮，我生命的全部意義豈不變得荒謬絕倫？我一直用德語寫文章、想問題，但我頭腦裡想到的一切念頭，我腦子裡產生的一切願望，都是屬於爲世界自由而戰的國家。我過去的所有聯繫都被扯斷了，過去所有的一切，曾經有過的一切，都被粉碎了。我知道，這次戰爭過後，一切都必須重新開始。而我內心深處的願望已成爲泡影，四十年來，我把自己信念的一切力量都貢獻給了這個願望：實現歐洲的和平統一。我害怕人類之間互相廝殺的戰爭甚於害怕自己的死亡，現在戰爭第二次爆發了。我整個一生熱烈追求人性和精神上的團結一致，在那個比其他任何時候都需要牢不可破的團結的時刻，由於受到嚴重的排擠而感到無能爲力。我感到了一生中從未有過的孤獨。

爲了最後看一眼和平的景象，我又一次徒步下山，向那座小鎭走去。它靜靜地沐浴在中午溫暖的陽光下。在我看來，它與平時沒有兩樣。人們仍然用自己習慣的步伐走著自己習慣的路。看不出他們有任何匆忙的神情，也看不見他們聚在一起聊天。他們在星期天仍然那麼安詳、泰然自若。在這一瞬間我問自己：難道他們到此刻還不知道發生了戰爭嗎？不過，他們畢竟是英國人，他們善於克制自己的感情，他們不需要大張旗鼓、不需要喧囂和音樂來增強自己堅強、剛毅的決心。這跟奧地利在一九一四年七月的那些日子裡多麼不同呀！話又說回來，那時我還是一個毫無經驗的青年，而現在我有無數回憶壓在心頭，已是心事重重的老人，這兩者也是有很大的不同呵！我知道戰爭意味著什麼。當我看到熱鬧熙攘、五光十色的商店時，我在一片幻覺中重又看到一九一八年的景象：商店被搶劫得空空蕩蕩，好像在用空洞的眼睛凝視著我。我在幻覺中看到憔悴的婦女在食品店前排起長隊；哀傷的母親、傷患、殘廢者，和一切的恐懼不安又像幽靈一般回到了今天陽光燦爛的中午。我回憶起當年那些老兵，他們衣服襤褸、面容疲憊，他們是怎樣從戰場上回來的啊！我跳動的心經歷了那次戰爭的全部過程。但今天，戰爭還沒有露出它那可怕的景象。而且我知道：過去的一切又全完了，所有的偉績早已化爲烏有——歐洲，我們曾爲它而活著的故鄉，遭到了澈底的破壞，連同我們自己的生活。有點不同的是，一個新的時代開始了，但是要達到這個新時代，還要經歷多少地獄和煉獄啊！

驕陽普照著大地。正如我在回家的路上忽然注意到我面前的影子一樣，我也看到了這次戰爭後面有另一次戰爭的影子。戰爭的影子將貫穿我們全部的時代，不會再從我這裡消失；戰爭的影子將籠罩我日日夜夜產生的每一個念頭；也許它的暗影也蒙住了這本書的某些章節。可是不管怎麼說，每一個影子畢竟還是光明的產物，而且，只有經歷了光明和黑暗、和平與戰爭、興盛和衰敗的人，才算是眞正生活過。

作者年表

年代	生平紀事
一八八一年	生於維也納。
一九〇四年	從維也納大學畢業，獲博士學位。
一九〇四年	發表《艾利卡·埃瓦德之戀》。
一九一七年	茨威格寫作反戰的戲劇《耶利米》。
一九一九年	和弗里德里珂·馮·溫特妮茨結婚。
一九二七年	他完成歷史特寫《人類群星閃耀時》。
一九二八年	茨威格到蘇聯旅行，他的作品經由高爾基的努力出版了俄語譯本。
一九二九年	他完成《舊書商門德爾》。
一九三〇年	茨威格將他的作品《精神療法》提辭獻給愛因斯坦。
一九三三年	當納粹黨在德國掌權的時候，茨威格決定前往倫敦。
一九三五年	他為理查·史特勞斯歌劇《沉默的女人》撰寫了劇本。
一九三五年	他到南美旅行。
一九三六年	茨威格的作品在德國被掌權者查禁。結束第一次婚姻。
一九三八年	奧地利也陷入納粹掌控，茨威格移民英國。他跟夏洛特·阿爾特曼結了婚。
一九四一年	他出版了強烈控訴法西斯對思想的專制統治的經典名作《象棋的故事》和自傳《昨日的世界》。
一九四二年	二月二十二日，和妻子夏洛特·阿爾特曼於巴西里約熱內盧自殺。

國家圖書館出版品預行編目資料

昨日的世界：一個歐洲人的回憶 / 史蒂芬．茨威格 (Stefan Zweig) 著；徐友敬等譯 . -- 初版 -- 臺北市：五南圖書出版股份有限公司，2023.06
面；公分 . -- (大家身影；20)
譯自：Die Welt von Gestern : Erinnerungen eines Europäers
ISBN 978-626-366-017-5(平裝)

1.CST: 茨威格 (Zweig, Stefan, 1881-1942) 2.CST: 回憶錄

784.418 112005104

大家身影 020

昨日的世界

一個歐洲人的回憶

作　　者 —— 史蒂芬．茨威格（Stefan Zweig）
譯　　者 —— 徐友敬 等
發 行 人 —— 楊榮川
總 經 理 —— 楊士清
總 編 輯 —— 楊秀麗
副總編輯 —— 陳念祖
責任編輯 —— 郭雲周、李敏華
封面設計 —— 陳亭瑋
出 版 者 —— 五南圖書出版股份有限公司
地　　址：臺北市大安區 106 和平東路二段 339 號 4 樓
電　　話：02-27055066（代表號）
傳　　真：02-27066100
劃撥帳號：01068953
戶　　名：五南圖書出版股份有限公司
網　　址：https://www.wunan.com.tw
電子郵件：wunan@wunan.com.tw
法律顧問 —— 林勝安律師
出版日期 —— 2023 年 6 月初版一刷
定　　價 —— 600 元